ma petite bibliothèque **Doctissimo**

votre bébé de 0 à 3 ans

sous la direction du Docteur A.J.R. Waterston

MARABOUT

Sommaire

Introduction

Pour élever un bébé puis un jeune enfant dans les meilleures conditions de santé et de bien-être, les jeunes parents doivent disposer d'informations et de savoir-faire auxquels ils puissent accéder facilement. À l'arrivée de leur nouveau-né, ils ont de grandes responsabilités : le nourrir, lui apporter les soins et le réconfort nécessaires, mais aussi le protéger des dangers existants et de la maladie. Ces responsabilités sont très lourdes, d'autant plus lorsque l'enfant naît prématurément ou lorsqu'il s'agit de jumeaux. Souvent pris par l'urgence ou le manque de temps, ces jeunes parents doivent pouvoir trouver sur-le-champ des réponses à leurs questions et être en mesure de suivre ces conseils de façon exacte et efficace : dans certaines situations, il y va de la vie de l'enfant.

Même si vous allez être secondés par des spécialistes du milieu médical (pédiatre, puéricultrice), en tant que parents, vous êtes en première ligne pour prodiguer les soins quotidiens nécessaires à votre enfant, et pour identifier les éventuels problèmes qui pourraient nécessiter une consultation médicale. C'est pourquoi prendre soin d'un bébé peut être source de grande anxiété, les jeunes parents étant la plupart du temps inexpérimentés, et les jeunes enfants prompts à réclamer leur attention. Par ailleurs, des domaines essentiels au bien-être de l'enfant – comme l'évolution de l'alimentation ou le calendrier des vaccins – nécessitent de suivre des étapes précises dans les délais indiqués.

Aucun parent, généraliste ou même pédiatre ne détient l'intégralité du savoir-faire pédiatrique contemporain, et aucun des livres actuellement sur le marché n'offre de connaissances suffisamment vastes sur le sujet. C'est la raison pour laquelle a été créé cet ouvrage, élaboré en collaboration avec une équipe de pédiatres. Il sera un précieux compagnon tout au long des premiers mois de vie de votre enfant.

Grâce à la contribution de différents experts, des spécialistes de l'allaitement, des nutritionnistes, des pédiatres reconnus et des spécialistes du comportement de l'enfant, ce livre met à votre disposition les informations les plus récentes et les plus complètes sur tous les aspects de la vie et du soin du nouveau-né et du jeune enfant. Dans chacun de ses chapitres détaillés et complets, vous apprendrez à vous assurer que votre bébé dort et se nourrit correctement et en toute sécurité, ainsi qu'à interpréter ses pleurs et à y répondre. Vous aurez aussi toutes les informations nécessaires afin de protéger la santé de votre enfant et d'éviter les dangers possibles, mais aussi tout ce qu'il faut savoir si vous avez eu des jumeaux, si votre enfant est né prématurément ou avec des besoins particuliers. Le guide « mois par mois » vous donne une vue d'ensemble des étapes de la vie d'un bébé, puis d'un jeune enfant. Un chapitre entier est consacré au thème de sa croissance et de son développement, et quelques pages sont adressées spécialement à ceux qui deviennent parents pour la première fois, avec des conseils spécifiques sur la préparation de la maison à l'accueil d'un nouveau-né, et sur tous les aspects de leur rôle de parents.

Docteur en médecine, FRCP, FRCPCH, DRCOG, DCH

1 Préparer l'arrivée de votre bébé

Préparer votre maison

Si vous êtes tentés, comme le sont de nombreux futurs parents, de vous lancer dans des travaux de peinture, de décoration ou de réparation de votre maison, essayez d'avoir terminé tous ces projets un mois avant la date du terme, et même avant si possible. Les femmes enceintes (et les nouveau-nés) ne doivent pas être exposées à la poussière, au désordre et aux odeurs de peinture, inévitables sur un chantier ; il est donc préférable de faire exécuter ces travaux par une autre personne que la future maman, ou par un professionnel.

JUMEAUX, TRIPLÉS, ET PLUS

Avant toute chose, vous allez devoir régler certains problèmes pratiques. La plupart du temps, les jumeaux naissent avant terme. Il est beaucoup plus difficile de savoir à l'avance à quel moment vous allez accoucher, et la possibilité que ces jumeaux soient prématurés doit être prise en compte. Par ailleurs, vous allez devoir accoucher dans un établissement médicalisé. Même si elles se font parfois par voie basse, les naissances multiples ont généralement plus de risques que les autres de nécessiter une césarienne. Il faut également prévoir un temps de récupération post-partum plus long en cas de césarienne.

Si vous envisagez d'utiliser un couffin dans les premiers temps, vous devrez en avoir deux, comme vous allez devoir avoir bien d'autres choses en double exemplaire : deux sièges auto, deux balancelles, une poussette double. Cependant, il n'est pas nécessaire de doubler tous vos achats de vêtements de bébé : vos jumeaux peuvent se partager les petits bodies et les pyjamas. Il est cependant préférable d'acheter en plus grand nombre certains éléments généralement peu nombreux dans un trousseau de layette classique.

Avec des jumeaux, les dépenses montent vite. Une fois que vous aurez acheté presque tout en double exemplaire, vous aurez dépensé beaucoup d'argent. Si possible, empruntez du matériel et des vêtements à des amis ou à des connaissances, ou pensez à vous équiper dans les boutiques de troc.

LA CHAMBRE DE VOTRE BÉBÉ

Que votre bébé soit installé dans une chambre bien à lui ou que vous lui aménagiez un coin dans une autre chambre, il est important que les meubles et les espaces de rangement soient agencés de la façon qui vous permettra le plus facilement de poser et de prendre votre bébé dans son lit, de le changer, de l'habiller et de le bercer. Placez le lit contre un mur. Une fois installé dans son lit, votre bébé ne doit pas pouvoir accéder à une fenêtre, à un cordon de rideau ou de store, ou à tout autre meuble. Il va également de soi qu'il vaut mieux éviter de placer le lit contre un mur mitoyen avec une pièce bruyante, ou à un endroit où il serait exposé à la lumière directe du soleil au lever du jour ou pendant ses siestes.

La table à langer doit être bien calée contre un mur et à bonne distance des fenêtres. Il est judicieux de placer un autre meuble juste à côté, sur lequel disposer couches, lingettes et crèmes de soin. Cela permet d'avoir à portée de main tout le matériel nécessaire lors des changements de couche, et donc d'éviter de laisser le bébé sans surveillance sur la table à langer, même pour un court instant.

La meilleure place pour une poubelle à couches est, bien sûr, juste à côté de la table à langer. Il peut également être appréciable de disposer d'un fauteuil à bascule confortable dans une chambre de bébé, car il arrive qu'on y passe plusieurs heures d'affilée. Près de ce fauteuil, placez une lampe de faible intensité que vous pourrez utiliser pour lire. Cette lampe pourra également servir de veilleuse. Pensez aussi à installer un réveil ou une pendule sur lequel vous

pourrez lire l'heure de votre fauteuil, afin de savoir depuis combien de temps vous allaitez.

Les tire-lait électriques, parfois volumineux, peuvent être installés à n'importe quel endroit de la maison, mais les jeunes mamans qui les utilisent les disposent généralement à côté de leur fauteuil. Prévoyez un rangement pratique pour la pompe, les accessoires et les livres ou magazines que vous pourrez lire en tirant votre lait.

Vous allez également avoir besoin de commodes, d'armoires, de bacs de rangement et d'étagères où placer les vêtements, les jouets et les livres de votre bébé.

Meubler la chambre de bébé

Quel que soit le style de mobilier et de décoration que vous choisissiez, la priorité doit être donnée à la sécurité (voir chapitre 12). Il est également important de privilégier les produits faciles à nettoyer.

Il n'est pas indispensable que tous les meubles soient à une taille d'enfant – une commode ou un placard de taille standard, par exemple, fera parfaitement l'affaire pour ranger les vêtements de votre enfant bien des années durant.

Si vous disposez d'un espace limité, pensez à utiliser des endroits comme le dessus d'une armoire pour stocker les vêtements ou les jouets peu utilisés, ou le derrière d'une porte pour accrocher un sac à couches ou à jouets.

TABLE À LANGER

Vous allez changer un nombre incalculable de couches ; alors choisissez une table à langer d'une hauteur qui vous convient, c'est-à-dire qui ne vous oblige pas à vous pencher en avant pour changer votre nouveau-né. La sécurité est un critère essentiel : à mesure que votre enfant grandira, il gigotera de plus en plus et pourra rouler sur le côté, ce qui induit un risque de chute. Idéalement, votre table à langer doit avoir des bords surélevés sur trois de ses côtés. Elle doit être équipée d'un coussin ou d'un matelas à langer confortable pour votre bébé, qui soit facilement nettoyable, et recouvrir la totalité de sa surface supérieure. Vous pouvez aussi acheter une table équipée d'un plateau amovible lavable. Votre bébé va porter des couches jusqu'à 18 mois minimum, alors préférez une table assez large pour accueillir en plus de votre enfant un livre ou un jouet avec lequel se distraire. Certaines tables à langer sont équipées de baignoires qui se glissent sous le plan à langer ou d'étagères sur lesquelles ranger des produits d'hygiène ou des jouets.

POUBELLES À COUCHES

La plupart des parents préfèrent les modèles de poubelles fermées (afin de limiter les émanations d'odeurs). Si vous envisagez de vider la poubelle de couches souvent, vous pouvez vous contenter d'une poubelle et de sacs en plastique de petite taille. Il est possible de surélever les poubelles de petite taille en les posant par exemple sur un tabouret afin d'éviter de devoir se pencher trop en avant. Vous pouvez aussi tout simplement opter pour une poubelle à pédale. Si vous envisagez de ne la vider que tous les quelques jours ou que vous utilisez des couches lavables, un bac de plus grande contenance sera plus approprié.

ACCESSOIRES

Une veilleuse ou une lampe à faible intensité offre un éclairage suffisant pour vous permettre de venir surveiller votre enfant la nuit sans le réveiller. Placez-en une près du fauteuil où vous vous installerez pour le nourrir.

Un thermomètre sera nécessaire afin de vous assurer que la température de la chambre de votre bébé reste idéale, c'est-à-dire à 18 °C.

Les mobiles amuseront votre bébé lorsqu'il pourra observer ce qui se passe autour de lui. Ils se fixent généralement sur le bord d'un lit à barreaux.

LIT

Les critères de sécurité à prendre en compte dans le choix d'un lit et d'un matelas sont abordés à la page 194. Les autres questions à vous poser sont de savoir si vous souhaitez un lit évolutif que vous pourrez continuer d'utiliser lorsque votre enfant sera autonome, ou si vous souhaitez un modèle équipé de tiroirs de rangement qui se glissent dessous.

RANGEMENTS

Malgré leur petite taille, les bébés peuvent accumuler un volume très important d'affaires qui doivent être rangées soigneusement. Vêtements, jouets, produits de toilette et autres articles de puériculture plus encombrants encore (baignoire, paquets de couches) doivent rester à portée de main tout en gardant une place fixe et stable. La plus grande partie des vêtements peut être rangée dans des tiroirs, mais vous pouvez également choisir une table roulante, plus polyvalente. Il est également possible de ranger les affaires de tous les jours dans des boîtes empilables ou dans des paniers. Il vous faudra aussi un sac à linge sale.

Un sac à couches peut également être suspendu au mur près de la table à langer afin de garder les couches à portée de main. Pour les lingettes et sacs jetables, pensez aux boîtes distributrices très pratiques, que vous pouvez rassembler avec les produits de toilette. Les jouets peuvent être rangés sur des étagères ou dans des rangements muraux à poches.

PRODUITS DE TOILETTE

Voici une liste des produits principaux dont vous aurez probablement besoin à l'arrivée de votre bébé à la maison :

- gel antiseptique pour les mains (pour se nettoyer les mains sans eau) ;
- paracétamol infantile (Doliprane® ou autre) ;
- spray nasal d'eau de mer ;
- crème hydratante ;
- thermomètre (les plus fiables sont les modèles digitaux à voie rectale) ;
- crème ou onguent pour le change* ;
- savon* ;
- shampoing* ;
- coton hydrophile ou lingettes (sans parfum et sans alcool) *;
- alcool à 70° (optionnel, pour les soins du cordon ombilical).

* Lire le chapitre 2 avant d'acheter ces produits.

FAUTEUIL

Vous allez passer de nombreuses heures à nourrir votre bébé ; choisissez donc pour le faire un fauteuil dans lequel vous serez bien maintenue. Certains modèles sont inclinables, à bascule, ou sont équipés d'un repose-pieds assorti. Assurez-vous que son revêtement soit nettoyable à l'éponge, ou recouvert d'une housse en plastique.

Le matériel de puériculture

De nombreux articles vous seront utiles ou pratiques pour vous occuper de votre bébé. Là encore, le plus important est de vous assurer qu'ils répondent aux normes de sécurité et qu'ils sont faciles d'entretien.

SIÈGE AUTO

Il vous faudra un siège auto adapté aux nouveau-nés pour le trajet qui vous ramènera de la maternité jusqu'à chez vous. Idéalement, il doit être équipé d'une ceinture de sécurité cinq points. Le siège doit être installé sur le fauteuil avant ou arrière dos à la route, et jamais sur un fauteuil équipé d'un airbag. N'attendez pas le moment du trajet de retour de la maternité pour l'installer dans votre voiture, car sa mise en place peut être compliquée et prendre un certain temps. Pour en savoir plus sur les sièges auto, consultez la page 427.

TRANSAT

Le transat est très utile dans les moments où votre bébé est réveillé et que vous voulez qu'il soit installé auprès de vous en toute sécurité pendant que vous êtes occupée à autre chose. Certains modèles réglables permettent de maintenir le bébé non seulement allongé mais aussi dans une position plus droite, et sont conçus pour le bercer doucement.

Si votre maison possède deux étages, pensez à acheter un transat supplémentaire afin de pouvoir en laisser un à un endroit de chaque étage qui vous conviendra. Si vous en avez un à l'étage et un au rez-de-chaussée, vous n'aurez que votre bébé à porter dans les escaliers, vous n'aurez pas le transat en plus.

BALANCELLE

La balancelle pour bébé est d'une aide précieuse pour calmer bébé pendant les fameux pleurs du soir et permet de le faire patienter dans le calme pendant que vous êtes occupée à prendre votre repas. Il en existe des modèles manuels et d'autres qui fonctionnent à piles. Assurez-vous que votre balancelle est équipée d'un harnais à l'entrejambe qui évitera que votre bébé glisse vers l'avant, d'un revêtement amovible et lavable aux coutures solides et doté de fixations robustes, et d'un siège matelassé inclinable.

COUFFIN

Ce petit lit transportable peut être placé à côté de votre lit afin que vous n'ayez pas à aller chercher votre bébé dans une autre pièce lorsqu'il se réveillera pour téter la nuit. Il permet aussi de faire dormir votre bébé pendant les sorties à l'extérieur de la maison. Certains sont équipés d'un trépied et/ou d'un ciel de lit. L'inconvénient des couffins est leur petite taille : votre bébé sera vite trop grand pour dormir dedans.

POUSSETTE OU LANDAU

Vous allez être confronté à un vaste choix, mais n'oubliez pas que seuls les landaus et les poussettes pliables à plat (et non les poussettes canne) conviennent à un nouveau-né. Si vous souhaitez utiliser une poussette pliable à la manière d'une poussette canne, vous allez devoir mettre votre bébé dans une nacelle, car ce type de matériel n'est adapté qu'à partir de 6 mois. Le siège ne permettra pas de le mettre en position allongée, et ne sera pas assez rembourré pour un nouveau-né. Les landaus sont robustes, mais plus difficiles à manœuvrer et plus encombrants.

La solution la plus pratique est la poussette ; il en existe un large choix, qu'elles soient simples, doubles, ou plus. Les poussettes pliables à plat sont généralement robustes et adaptées aux nouveau-nés, qui doivent pouvoir être allongés sur une surface molletonnée. Les modèles les plus luxueux sont vendus avec une nacelle pliable, un siège multi-positions et un panier de shopping situé sous le siège. Sur certaines, la hauteur des poignées est réglable, Des recherches récentes semblent indiquer que les bébés transportés dans des poussettes face à l'inconnu, sans la stimulation du face-à-face avec l'adulte, auraient tendance à se sociabiliser plus lentement.

MATÉRIEL ALIMENTAIRE

Selon que vous aurez opté pour l'allaitement ou pour le biberon, il vous faudra le type de matériel adapté. Les tire-lait électriques permettent de tirer le lait maternel plus facilement et plus vite. Voir chapitre 3.

Les grandes décisions

Avant la naissance de votre bébé, vous allez devoir prendre certaines décisions importantes pour vous comme pour lui. Il s'agit en particulier du type d'accouchement que vous souhaitez vivre, du choix de l'allaitement ou du biberon, de la circoncision pour un petit garçon, des personnes qui vous aideront à vous occuper de votre bébé, et de son prénom.

LA NAISSANCE

Même si l'accouchement est la chose la plus naturelle du monde, tous les types d'accouchement ne comportent pas les mêmes risques.

Si vous choisissez un accouchement naturel, c'est-à-dire sans prise en charge médicale de la douleur, vous évitez les risques, minimes mais bien réels, que sont les effets secondaires des antalgiques ou de la péridurale sur votre bébé. Vous serez également plus alerte immédiatement après l'accouchement, et mieux à même d'allaiter.

Si, au cours de l'accouchement, vous choisissez de demander une péridurale, il se peut qu'il faille utiliser les forceps en fin de travail. Autre complication plus courante de la péridurale : les maux de tête après l'accouchement, qui obligent à rester allongée sur le dos pendant un jour ou deux, et peuvent nécessiter la pose d'un second cathéter au niveau de la péridurale. Plus rarement, une infection peut survenir à l'endroit de la ponction.

Si vous optez pour un accouchement dans l'eau (et non une baignoire de relaxation afin de soulager la douleur), cela peut également entraîner certains risques pour votre enfant. Certains bébés ont montré des signes de détresse respiratoire ou ont contracté une pneumonie après avoir inhalé de l'eau. Il est aussi arrivé que des bébés se noient à leur naissance. On a également pu observer de graves infections dues à des bactéries présentes dans l'eau.

Si vous accouchez à l'hôpital ou en clinique, vous aurez à votre disposition une équipe médicale complète. (En France, le gynécologue n'intervient qu'en cas de problème, sinon l'accouchement se fait avec une sage-femme). L'anesthésiste, par exemple, se tient prêt à intervenir si vous choisissez la péridurale, et d'autres spécialistes (gynécologue, pédiatre) sont présents sur place en cas de nécessité. Vous disposez également du matériel de surveillance médicale le plus sophistiqué ; il est par exemple possible de passer une échographie ou d'effectuer des tests d'analyses médicales sur place. Par ailleurs, un pédiatre peut soit assister à votre accouchement, soit intervenir immédiatement après si votre bébé présente un problème médical.

Si vous accouchez par césarienne programmée – ce qui peut être le cas si vous attendez des jumeaux, des triplés ou plus, si votre bébé se présente par le siège ou

Les examens médicaux du nouveau-né

Si votre bébé naît à l'hôpital ou en clinique, il sera probablement examiné par un pédiatre à sa naissance. (Si vous accouchez à domicile, c'est la sage-femme qui effectuera ses premiers examens médicaux).

TEST D'APGAR

Votre bébé sera examiné à 1 minute, puis à 5 minutes de sa naissance, afin de réaliser le test d'Apgar. Créé par le docteur Virginia Apgar, il permet d'évaluer rapidement la santé générale d'un nouveau-né. Les lettres du mot « Apgar » désignent également les critères observés pour ce test : apparence, pouls, grimace, activité et respiration. Pour chacun de ces critères, on attribue un score de 0,1 ou 2 au bébé (voir encadré ci-contre). Il est rare qu'un bébé ait un score total de 10, et tout score supérieur à 6 est estimé satisfaisant. Un score bas n'est pas forcément un signe de mauvaise santé future de votre enfant ; il signifie simplement qu'il a besoin d'aide et de surveillance médicale pendant quelque temps.

EXAMEN CLINIQUE COMPLET

Avant sa sortie de la maternité, un médecin examinera la colonne vertébrale, l'anus, les doigts et les orteils de votre bébé, pour s'assurer qu'ils sont correctement formés. Il lui fera également faire des mouvements des hanches afin de vérifier qu'elles fonctionnent bien et que leur position est normale. Enfin, le médecin pèsera votre bébé et mesurera sa taille et son périmètre crânien.

TEST DE GUTHRIE

Après les premières vingt-quatre heures, un médecin effectuera sur votre bébé le test de Guthrie, qui consiste à lui prélever une goutte de sang au talon. L'analyse de cette goutte de sang permet de vérifier le bon fonctionnement de sa thyroïde, et de détecter une anomalie du métabolisme rare appelée « phénylcétonurie ». S'il y a une maladie héréditaire particulière présente dans la famille, un dépistage pourra être effectué. Les tests proposés peuvent varier d'un établissement et d'un médecin à l'autre ; il est donc important de demander quels sont ceux auxquels votre bébé va être soumis.

TRAITEMENTS PRÉVENTIFS

Dans de nombreuses maternités, on donne aux nouveau-nés un supplément de vitamine K, généralement par voie orale sous la forme de gouttes, plus rarement sous la forme d'une piqûre. En effet, les bébés naissent souvent avec une carence en vitamine K, pourtant indispensable à une bonne coagulation. Votre bébé en recevra de nouvelles doses au cours des semaines suivantes.
Avant de rentrer chez eux, certains bébés sont également vaccinés contre l'hépatite B, dans les cas où un membre de la famille proche est atteint de cette inflammation du foie.

SIGNE	POINTS		
	0	1	2
Apparence	Pâle ou bleutée	Corps rosé, extrémités bleutées	Rose
Pouls	Non détectable	Inférieur à 100	Supérieur à 100
Grimace (réflexes)	Ne répond pas aux stimulations	Grimace	Pleure avec énergie, éternue et renifle
Activité (tonicité musculaire)	Flaccide (activité nulle ou faible)	Des mouvements des extrémités	Activité importante
Respiration	Absente	Lente, irrégulière	Bonne, l'enfant pleure

qu'il est très gros, si vous avez certains problèmes médicaux, ou si vous avez déjà accouché par césarienne (il arrive aussi que certaines complications nécessitent un accouchement en urgence) – vous allez subir une intervention invasive (parfois sous anesthésie générale), et probablement rester plus longtemps à l'hôpital ; vous serez plus limitée dans vos gestes pour tenir votre bébé dans vos bras et pour l'allaiter confortablement. Il se peut que votre bébé ait des difficultés à respirer et qu'il tète moins efficacement.

Si vous accouchez à domicile avec l'aide d'une sage-femme, et qu'un problème survient, vous devrez être transportée à l'hôpital afin d'y être examinée. Le temps nécessaire au trajet retardera d'autant les soins dont vous pourrez avoir besoin, ce qui peut induire des conséquences négatives sur votre santé ou celle de votre enfant.

LA CIRCONCISION

Cet acte chirurgical qui consiste à retirer le prépuce (le surplus de peau qui recouvre le gland, à l'extrémité du pénis) est pratiqué depuis l'Antiquité. Dans les familles juives, la tradition veut que les petits garçons soient circoncis au huitième jour de leur vie. La majorité des musulmans fait également circoncire les petits garçons, un peu plus tard dans leur enfance.

Des études ont montré que les petits garçons circoncis ont statistiquement un peu moins de risques de contracter une infection des voies urinaires. Chez les hommes circoncis, le risque d'attraper le virus du HIV à la suite d'un rapport non protégé avec un(e) partenaire séropositif(ve) est moins élevé. Ils sont également moins exposés à d'autres maladies sexuellement transmissibles. C'est également vrai pour le cancer du gland. La circoncision a pour autre avantage de faciliter les soins du gland ; elle favorise donc une meilleure hygiène. Elle permet enfin d'éviter le phimosis, une affection caractérisée par un prépuce trop étroit pour se rétracter derrière le gland, et qui peut être très douloureuse.

Cependant, nombreux sont ceux qui pensent que la circoncision est une pratique douloureuse et inutile. Les infections des voies urinaires sont assez rares chez le petit garçon, et plus rare encore est le cancer du gland.

Par ailleurs, le nettoyage du gland n'est pas une chose si difficile. Vers l'âge de deux ou trois ans, le prépuce d'un petit garçon peut déjà être rétracté, permettant ainsi un nettoyage soigneux. Le phimosis n'est pas très répandu et peut se soigner. Dans certains cas, enfin, l'intervention peut elle-même entraîner des saignements et une infection.

La circoncision présente certains avantages, mais aussi certaines complications. Elle est douloureuse, mais très supportable sous anesthésie. Le pour et le contre étant assez équilibrés et donc difficiles à départager, le mieux est de faire comme bon vous semble. Si vous accordez une grande importance à la facilité de nettoyage du gland et à la minimisation des risques d'infections rares, choisissez la circoncision. De même, si vous avez des raisons religieuses de le faire ou que c'est une tradition dans votre famille, et que vous pensez que votre fils risque de se sentir différent de ses proches si vous ne le faites pas circoncire, il semble plus raisonnable de le faire. D'un autre côté, si la douleur et les risques d'infection même minimes qu'elle suppose l'emportent à vos yeux, renoncez-y. Vous pouvez également essayer de vous demander ce qu'en pensera votre fils quand il aura 15 ans.

LE PRÉLÈVEMENT DE SANG DE CORDON

Dans certaines maternités, encore peu répandues en France, vous pouvez choisir de faire conserver le sang contenu dans le cordon ombilical de votre bébé. Ce sang contient des cellules souches produites par votre bébé, qui ont la capacité d'évoluer en différents types de cellules du sang et d'autres tissus de l'organisme (muscle, foie, etc.). Si votre enfant devait être amené un jour à avoir besoin d'une greffe de moelle osseuse (ou d'un autre organe), les cellules souches prélevées à sa naissance seraient parfaitement compatibles avec les siennes, il n'y aurait aucun risque de rejet par son système immunitaire, et donc aucune nécessité de traitement destiné à minimiser les réactions de rejet immunitaire. Les cellules souches peuvent être cultivées artificiellement ou conservées à l'état congelé pour une utilisation ultérieure.

Si votre maternité pratique le prélèvement de sang de cordon, ces cellules souches peuvent être prélevées au moment de la naissance. Il faut pour cela un kit de prélèvement fourni par la banque de sang placentaire la plus proche. Une fois le cordon ombilical coupé, votre médecin ou votre sage-femme va introduire une aiguille dans la veine ombilicale et prélever un peu de sang pour le conserver. Ce prélèvement s'effectue sur la partie du cordon ombilical qui n'est plus reliée au bébé, mais au placenta. Lorsqu'il n'y a pas de prélèvement de sang de cordon, ce sang placentaire n'a pas d'utilité et est jeté.

Même s'il tend à se faire moins rare, le prélèvement de sang de cordon n'est pas sans inconvénients : certains enfants qui continuent par exemple de développer une leucémie avaient déjà des cellules leucémiques dans leur sang placentaire, qui peuvent les réinfecter.

Aujourd'hui, de plus en plus de maternités françaises pratiquent le prélèvement de sang placentaire. Elles sont situées à proximité des banques de sang placentaire françaises : Besançon, Bordeaux, Paris Saint-Louis, Créteil, Lyon, Grenoble, Montpellier et Poitiers. Le réseau de banques est géré en partenariat par l'Agence de biomédecine, l'Établissement français du sang (EFS) et le registre France Greffe de moelle.

À l'étranger, de plus en plus de banques privées proposent aux futurs parents de recueillir et d'assurer la conservation de sang de cordon de leur enfant. Ces banques, qui viennent parfois démarcher les jeunes parents jusqu'en France, laissent espérer aux familles que les cellules souches du sang de cordon pourront un jour être utilisées afin de reconstituer différents organes (vessie, foie, valves cardiaques) en cas de maladie. Attention : ces applications sont aujourd'hui impossibles et restent confinées au domaine de la recherche fondamentale.

ALLAITEMENT OU BIBERON

Les avantages de l'allaitement sont nombreux (voir encadré page 21), et il existe très peu de raisons médicales de ne pas le faire. Vous pouvez sans problème allaiter des jumeaux (voir page 92), ou un bébé prématuré (voir page 113).

Cependant, on vous conseillera d'éviter l'allaitement dans les cas suivants : si vous êtes porteuse d'une infection susceptible d'être transmise au bébé *via* le lait maternel, comme le HIV, si vous avez un zona ou un herpès sur la poitrine près du téton, ou si vous prenez des médicaments qui peuvent passer dans le lait maternel et le rendre nocif pour votre bébé, comme des tranquillisants (Valium et autres), de l'aspirine ou des amphétamines.

CHOISIR DE NE PAS ALLAITER

Si vous ne savez pas si vous souhaitez allaiter ou pas, donnez-vous une semaine ou quelques jours pour essayer : il se peut que cela vous plaise ! Si vous ne souhaitez pas allaiter, cependant, il est possible que vous ressentiez une certaine pression visant à vous pousser à le faire. Même si vous pouvez avoir certains regrets de priver votre enfant des bienfaits de l'allaitement, le lait infantile reste une très bonne alternative. Le lait maternel est ce qu'il y a de mieux pour votre bébé d'un

7 raisons d'allaiter votre bébé

1 **Le lait maternel est reconnu comme le lait le plus adapté à l'humain.** Si les laits infantiles s'efforcent de s'en approcher autant que possible pour ses qualités nutritionnelles, ils ne lui seront jamais équivalents.

2 **Le lait maternel contient des anticorps**, des cellules immunitaires et des agents antimicrobiens, qui contribuent à protéger votre bébé des infections.

3 **L'allaitement permet de créer un lien particulier entre vous et votre bébé.**

4 **L'allaitement est une solution beaucoup plus économique que le lait infantile,** et il permet de nourrir votre bébé facilement où que vous alliez.

5 **L'allaitement peut faire diminuer les risques d'allergies ou d'eczéma chez votre bébé.**

6 **Il a été affirmé que les enfants allaités gagnent environ 2 ou 3 points de Q.I.**

7 **En moyenne, les enfants allaités sont moins exposés à l'obésité.**

point de vue nutritionnel, mais le lait en poudre ne le seconde que de très peu, et constitue une alimentation parfaitement adaptée.

VOUS FAIRE SECONDER

Même si un pédiatre va vous être assigné durant votre séjour à la maternité, vous devrez en choisir un près de chez vous pour les visites médicales à effectuer au fil des mois (voir page 22). Par ailleurs, si vous souhaitez vous faire aider chez vous pour vous occuper de votre bébé, vous pouvez faire appel à une puéricultrice de PMI qui vous rendra visite à domicile (visites remboursées par la Sécurité sociale), mais également à une nourrice agréée ou à une baby-sitter. Il se peut aussi que vous souhaitiez vous faire aider dans les tâches ménagères à votre retour de la maternité : dans certaines conditions, vous pouvez bénéficier d'une participation financière de la CAF à des services d'aide ménagère à domicile.

LE PÉDIATRE

Si vous habitez dans une petite ville, le choix d'un pédiatre sera assez facile à faire puisqu'il est probable qu'ils soient peu nombreux à y exercer. Mais si de plus grandes possibilités s'offrent à vous, demandez à d'autres parents autour de vous de vous parler de leur expérience auprès de leur pédiatre. Cela vous permettra de savoir ce qu'ils apprécient chez lui, mais aussi ce qu'ils n'apprécient pas. Ne vous renseignez pas uniquement sur ses compétences et sur son contact avec les patients, mais aussi sur la facilité d'obtenir un rendez-vous et sa disponibilité les week-ends et jours fériés, ou sur sa propension à répondre aux questions qui lui sont posées.

Lors de votre première visite chez le pédiatre, profitez-en pour lui poser quelques questions sur le fonctionnement de son cabinet. Mais surtout, déterminez si vous vous sentez assez en confiance pour lui confier le suivi médical de votre enfant. Bien souvent, en ce domaine, votre intuition sera le meilleur indicateur.

LES CENTRES DE PMI ET LES PUÉRICULTRICES

Dans chaque département français, vous trouverez des centres de PMI (Protection maternelle et infantile). La PMI est un service gratuit de santé publique ; son rôle est de promouvoir la santé des enfants et des familles. Elle met à votre disposition une équipe composée de médecins, de puéricultrices, de sages-femmes, d'auxiliaires de puériculture et de psychologues.

La mission des puéricultrices de la PMI est de vous aider et de vous accompagner dans l'apprentissage de votre rôle de parents après la naissance de votre enfant. Elles ont suivi, auparavant, la formation de sage-femme ou celle d'infirmière. Elles sont présentes dès la maternité, où, en tant qu'infirmières spécialistes de l'enfant, elles prodiguent les premiers soins médicaux aux nouveau-nés.

Le retour à la maison avec un nouveau-né peut réserver bien des surprises : bébé pleure, il ne boit pas bien, il se réveille la nuit... Si vous en faites la demande, une puéricultrice du service de PMI peut venir vous rendre visite à votre domicile pour vous apporter aide et conseils sur tous les aspects du soin au bébé (allaitement et alimentation, toilette, sommeil, habillement, rythme de vie, relation avec les frères et sœurs, etc.). Elle est également disponible par téléphone et lors de ses permanences à la PMI, et travaille en lien avec l'équipe médicale.

ZOOM SUR... le pédiatre idéal

Qu'il soit un homme une femme, le pédiatre idéal est calme et patient, facilement disponible et n'effectue pas ses consultations dans la hâte. Il sait vous mettre en lien avec les spécialistes dont vous pouvez avoir besoin. Lorsqu'il est absent, il est remplacé par un autre pédiatre aussi compétent que lui, qui sait où se trouve le dossier de votre bébé. Il vous accueille rapidement après votre arrivée en salle d'attente, et crée avec vous et avec votre enfant une relation de confiance car il vous connaît bien. Il est très consciencieux et vous apporte des conseils préventifs (qui vous préparent à ce qui vous attend par la suite). Il ne craint pas de dire qu'il ne connaît pas la réponse à vos questions, et lorsque c'est le cas il la cherche et vous rappelle pour vous la donner. Il prescrit des médicaments de façon judicieuse et adaptée. Il prend le temps de parler avec vous de sujets autres que ce qui est strictement médical (les problèmes de sommeil, les crises de pleurs, la jalousie entre frères et sœurs, etc.), répond aux questions par téléphone et respecte votre opinion lorsque lui et vous n'êtes pas d'accord.

2 Prendre soin de votre nouveau-né

Premières réactions

Ce chapitre aborde les toutes premières semaines de vie d'un bébé né après un accouchement sans problème particulier. Cependant, si votre enfant est en unité de néonatalogie ou qu'il a des problèmes médicaux, passez aux chapitres 4 (« L'enfant prématuré ») et 13 (« L'enfant aux besoins particuliers »).

PÈRES ET MÈRES

La nature a « programmé » les mères pour avoir d'instinct l'envie de prendre soin de leur nouveau-né, de le nourrir et de le protéger, et il se peut que vous soyez étonnée par la puissance de ces sentiments. La plupart des femmes ressentent également une immense joie et un attachement profond et immédiat à leur bébé, même si pour d'autres jeunes mamans, cet attachement met plus de temps à se manifester. Les jours suivant l'accouchement, vous allez connaître des hauts et des bas émotionnels vertigineux. Et quel que soit votre tempérament habituel, il est très probable que les sentiments et la passion qui vous animent prennent le dessus sur votre côté plus rationnel. Il se peut que vous vous retrouviez à pleurer en essayant de nourrir votre bébé qui ne semble pas avoir très faim. Qu'importe que le pédiatre vous ait dit que les bébés ont souvent tendance à beaucoup dormir et à manger peu pendant les tout premiers jours ; même si cela vous a rassurée momentanément.

Les pères, eux aussi, vont connaître des moments d'exaltation et de liesse. Vous allez mesurer l'amour immense que vous portez à votre compagne et vous vous sentirez plus proche d'elle que jamais. Lorsque vous prendrez votre bébé dans vos bras pour la première fois, toutes les réticences et les craintes que vous aurez pu avoir jusque-là s'envoleront pour laisser place à un sentiment de gratitude et d'émerveillement. Vous allez aussi ressentir un instinct de protection très fort, et la première de vos préoccupations sera d'assurer la sécurité et la prospérité de votre famille.

Par moments, cependant, vous pourrez vous sentir négligé et mis à l'écart. Tout le monde considère que c'est votre compagne qui est chargée de nourrir et de calmer votre bébé, à eux deux ils sont le centre de toute l'attention. Vous pouvez vous sentir délaissé, relégué à de basses tâches d'organisation du retour à la maison, et en concurrence avec les grands-parents ou les autres membres de la famille pour tenir votre bébé dans vos bras. D'un autre côté, il se peut que vous vous réjouissiez secrètement que votre compagne soit censée savoir comment s'occuper de votre bébé, car vous vous sentez plutôt maladroit et inexpérimenté pour toutes les tâches quotidiennes que cela représente.

Vous allez tous deux poser sur votre bébé un regard ébahi et admiratif, vous émerveiller devant sa perfection et vous extasier devant le prodige de la création d'une nouvelle vie. Avant sa naissance, vous n'aviez qu'une vague image de ce à quoi votre bébé allait ressembler, mais aujourd'hui c'est un vrai petit être humain. Vous allez peut-être frémir à l'idée que non seulement il est là, mais qu'en plus vous êtes responsables de son bien-être. Et il est possible que vous ne vous sentiez pas du tout à la hauteur de cette responsabilité. Mais vous allez apprendre étonnamment vite.

LE BÉBÉ

La psychologie d'un bébé est assez simple. Il ne connaît que deux états d'esprit : la satisfaction et l'insatisfaction.

Pour qu'il soit satisfait, ses besoins fondamentaux doivent être assouvis. S'il se sent en sécurité, qu'il n'a ni trop froid ni trop chaud, qu'il est rassasié et confortablement installé, tout va bien. Mais si l'une de ces choses manque, votre bébé le manifestera par des pleurs vigoureux.

La vie en dehors de l'utérus est pleine de découvertes. Goûter du lait pour la première fois, respirer profondément, pousser un cri : même s'il ne fait pas tout cela intentionnellement, quel changement déjà par rapport aux neuf mois de confinement dans l'obscurité qui ont précédé !

L'apparence de votre bébé

Lorsque votre enfant vient au monde, sa peau est mouillée et sale, couverte d'un mélange de sang maternel et de liquide amniotique. Parfois, une substance visqueuse et blanchâtre, appelée « *vernix caseosa* », reste collée aux plis de ses jambes ou à ses oreilles. Ses cheveux, s'il a plus qu'un duvet invisible, sont plaqués sur son crâne. Sa tête a souvent une forme conique (s'il est né par voie basse), mais elle sera bien ronde s'il est né par césarienne. Elle peut également être légèrement allongée vers l'arrière s'il était en siège.

Après avoir pris son premier bain, il ressemble déjà plus au bébé que vous aviez imaginé. Sa peau est d'une jolie couleur rosée, même si le bout de ses doigts est sans doute un peu violacé et que de temps à autre ses mains et ses pieds sont légèrement bleuis par le froid (le sang met du temps à arriver dans les parties du corps les plus éloignées du cœur). Son visage est clairsemé de minuscules petits boutons blancs, appelés « *milium* », qui sont en fait des pores bouchés, et qui disparaîtront bientôt.

La plupart du temps, votre bébé garde les yeux fermés. Il a les paupières gonflées et, lorsqu'il est allongé sur le côté (les infirmières couchent généralement les nouveau-nés sur le côté droit), son œil droit peut avoir l'air plus gonflé que le gauche. Lorsqu'il ouvre les yeux, il est normal qu'il se mette à loucher de temps à autre pendant un mois ou deux après sa naissance. Il se peut aussi qu'il n'ait pas encore de cils ou de sourcils. Ne soyez pas inquiet, ils apparaîtront bientôt.

La posture qu'il prend est la même que celle à laquelle il était contraint dans l'utérus. Il a les jambes arquées et bien souvent les deux pieds tournés vers l'intérieur (mais il n'est pas rare non plus qu'ils soient tournés vers l'extérieur ou vers l'arrière, les chevilles complètement fléchies). Il tient ses poings bien serrés, et si vous les ouvrez pour mettre votre doigt dans sa paume, il s'y accroche fermement (c'est le réflexe d'agrippement).

Chez les garçons, la peau du scrotum a un aspect gonflé et une couleur rosée ou brune. Si c'est une fille, les grandes lèvres de la vulve sont également gonflées et roses.

Sur son nombril, le reste du cordon ombilical dépasse de son corps. Pendant les premières heures qui suivent la naissance, ce morceau de cordon reste souple et a une couleur blanche ou jaune clair. Une pince l'enserre afin d'empêcher le sang de continuer à s'écouler par la veine ombilicale. Au bout d'un jour ou deux, il aura séché et durci, et sa couleur sera devenue brun foncé. La pince n'aura alors plus d'utilité.

LA PEAU DE VOTRE BÉBÉ

Votre nouveau-né vient de passer neuf mois immergé dans l'eau, entouré du liquide amniotique de l'utérus. Bien souvent, juste après la naissance, la peau des bébés se met à peler, en particulier au niveau des plis des poignets, des chevilles, et de l'aine. On dirait qu'ils muent pour éliminer la peau de leur vie aquatique. La couche de peau qui la remplace est douce, souple, caractéristique des bébés un peu plus grands. Il arrive fréquemment que les nouveau-nés arrivent avec des marques de naissance sur la peau. Elles peuvent être de tailles, de couleurs et de formes diverses, et sont généralement sans gravité (voir encadré page 30).

L'ÉRYTHÈME DU NOURRISSON

Désignées dans le milieu médical par le terme « *erythema toxicum neonatorum* », l'érythème se manifeste sous la forme de taches rouges diffuses avec en leur centre des petites rugosités blanches à jaune pâle, qui peuvent ressembler à des piqûres d'insecte. Ces taches ont la particularité d'être très éphémères, et peuvent disparaître en quelques minutes ou quelques heures seulement. La cause de l'érythème du nourrisson reste à ce jour inconnue, mais aucun traitement n'est nécessaire : en une semaine ou deux, il disparaîtra de lui-même.

LES EFFETS HORMONAUX

Juste avant sa naissance, votre bébé a été exposé à une concentration très élevée d'hormones féminines. Cela peut avoir pour effet de faire gonfler ses mamelons, que ce soit une petite fille ou un petit garçon. La stimulation hormonale des glandes mammaires peut également entraîner chez le bébé la production de quelques

ZOOM SUR... le nombril de votre bébé

En fonction de la force avec laquelle votre bébé aura tiré sur son cordon ombilical lorsqu'il était in utero, celui-là pourra se présenter de trois manières différentes. Si le cordon était plutôt court, ou s'il était plutôt long mais que votre bébé s'était enroulé dedans, il aura été soumis à plus de tension et le nombril sera proéminent. Si le bébé a très peu tiré sur le cordon avant sa naissance, son nombril sera rentré. Enfin, s'il n'a que modérément tiré sur le cordon, son nombril sera au même niveau que la peau de son ventre. Si le nombril de votre bébé est très proéminent, soyez patient : la plupart du temps, le nombril finit par retrouver un aspect normal.

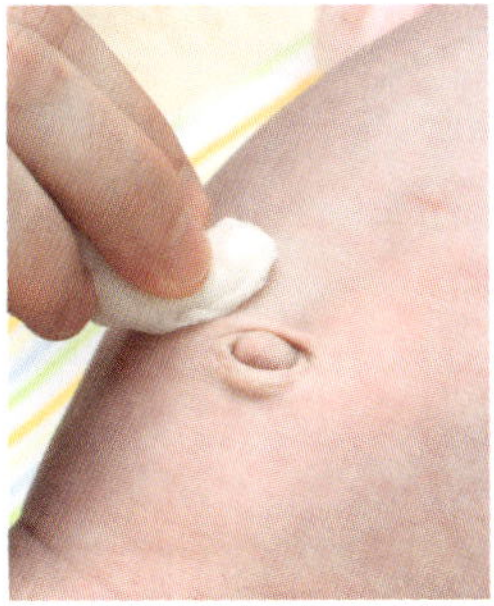

gouttes de lait. Il n'est pas recommandé de presser ses petits mamelons pour faire sortir ce lait. Ces gonflements (et, le cas échéant, la présence de lait) sont généralement à leur maximum lorsque le bébé est âgé de 2 ou 3 semaines, puis ils disparaissent.

Les hormones féminines de la mère peuvent avoir un effet particulier sur les filles. Il arrive qu'une petite fille ait dans ses premiers jours de vie des pertes vaginales épaisses et blanches, de texture filandreuse. Elles n'ont rien d'inquiétant et il suffit de les essuyer en lui changeant sa couche. Lorsque le niveau d'hormones maternelles diminuera dans son organisme, il est possible que quelques gouttes ou même de petits caillots de sang s'écoulent de son vagin. Cela est normal également.

DES TACHES COLORÉES DANS LA COUCHE

Il n'est pas rare de voir dans la couche mouillée d'urine d'un nouveau-né quelques taches de couleur brune ou rose saumoné. La teinte brune s'explique par une très forte concentration de l'urine, tandis que les taches rosées sont dues au niveau élevé de cristaux d'acide urique excrétés dans l'urine des nouveau-nés.

Les marques de naissance

Les hémangiomes sont constitués d'une très forte concentration de petits vaisseaux sanguins sur une zone localisée. Même si ces vaisseaux sont déjà présents à la naissance, il se peut que vous ne les voyiez pas comme une tache de naissance jusqu'à ce que votre bébé (et ces vaisseaux sanguins) se mettent à grandir. Lorsqu'ils sont visibles à la naissance, les hémangiomes forment une tache plane très nette, généralement de couleur violacée pâle. À mesure qu'ils évoluent au cours des premiers mois (généralement en prenant du relief), ils ont tendance à s'étendre en surface, à prendre une couleur rouge foncée et un aspect bosselé. À ce stade, ils évoquent une grosse fraise. L'hémangiome grossit pendant les six à neuf premiers mois de la vie, puis il rétrécit et perd sa couleur. La grande majorité des hémangiomes, même les plus gros, aura disparu dans les deux ans. Il arrive plus rarement qu'un hémangiome de taille importante pose problème en raison de son emplacement près de structures essentielles (l'œil, le nez ou la bouche), ou sur des zones sujettes aux irritations (mains ou zones recouvertes par la couche). Il existe des traitements (injections de cortisone, rayons laser) efficaces pour réduire les hémangiomes, mais comme ils finissent généralement par disparaître spontanément, ils sont réservés aux cas « problématiques ».

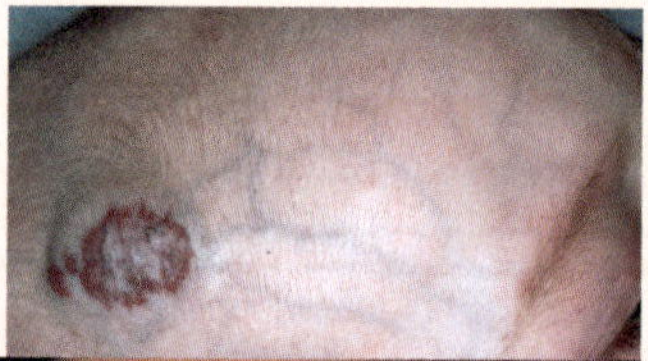

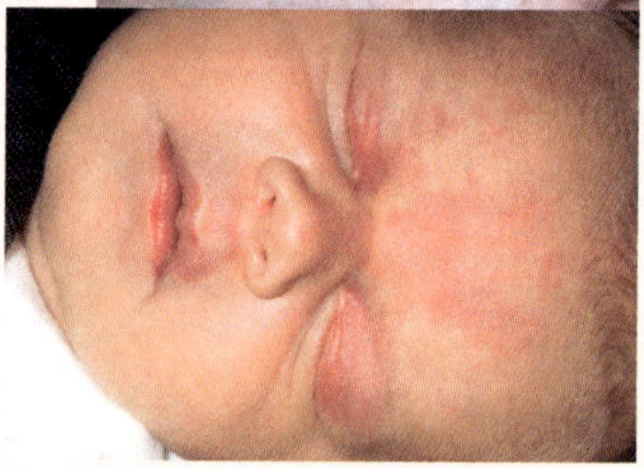

Les angiomes plans (appelés « taches de vin ») sont également constitués d'une très forte concentration de vaisseaux sanguins dans la peau, mais, à la différence des hémangiomes, ils sont visibles dès la naissance et ne grossissent pas ensuite. Ils sont plats et de couleur rouge rosé, et se situent le plus souvent dans la nuque (on les appelle alors « morsure de la cigogne »), sur la paupière supérieure (« baiser de l'ange »), sur le nez ou juste au-dessus, ou sur le front. Ces marques de naissance tendent à s'atténuer progressivement jusqu'à disparaître. Lorsque votre bébé pleure ou qu'il pousse pour évacuer des selles, l'angiome plan prend momentanément une couleur plus foncée.

Les taches pigmentaires sont des taches de couleurs gris noir étendues et lisses qui peuvent avoir plusieurs centimètres de diamètre. Elles n'ont aucune incidence médicale et le seul problème qu'elles posent est d'ordre esthétique. Elles sont généralement situées dans le bas du dos ou sur le haut des fesses et on les appelle également « taches mongoliques » car leur forme évoque une carte de la Mongolie. Les taches pigmentaires peuvent aussi être situées sur le dos de la main, l'omoplate ou l'épaule. Curieusement, elles sont plus fréquentes chez les bébés d'ascendance noire et asiatique. Elles deviennent en général de moins en moins visibles avec l'âge.

Le naevus (dont le pluriel est *naevi*) est une tache noire qui peut être lisse ou en relief. Comme l'hémangiome, il peut n'apparaître que quelque temps après la naissance. Bon nombre d'entre eux sont de petite taille et ressemblent à ce que l'on appelle sur un enfant plus vieux ou sur un adulte un « grain de beauté». Certains sont de taille plus importante. Ils ne disparaissent pas mais ne grossissent pas non plus, et, dans des cas très rares, peuvent entraîner des cancers de la peau (mélanome).

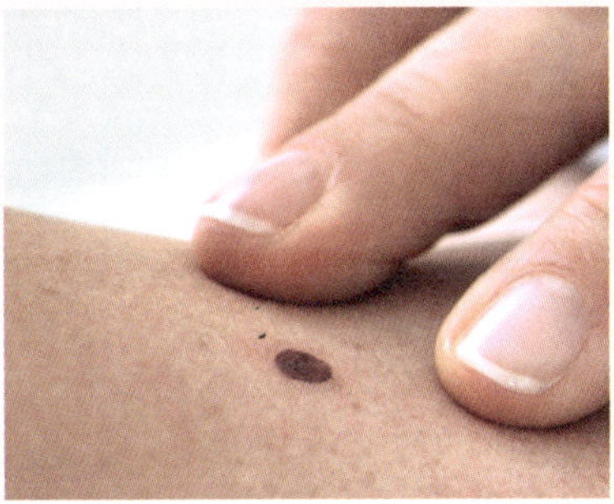

Ce que votre bébé sait faire

Maintenant que votre bébé est là, vous avez beaucoup à faire – le bercer, le nourrir, lui faire faire son rot, lui donner son bain, le calmer quand il pleure, le changer et l'habiller, par exemple – mais ce que lui fait dans la journée est assez limité et guidé par la nécessité biologique et le réflexe. Il passe la majeure partie de ses journées à dormir. Quand il a faim ou qu'il veut un câlin, il pleure. Lorsqu'on lui met la tétine ou le sein dans la bouche, il se met à téter. Et quand il est rassasié, il s'arrête. Juste après s'être nourri, son activité intestinale s'accélère et souvent, par réflexe, il expulse ses selles à ce moment-là. Lorsqu'il perçoit un mouvement ou un bruit soudain, il sursaute. Et quand vous le prenez dans vos bras, il aime entendre les battements de votre cœur et se serrer contre vous.

Le canal lacrymal bouché

Un des problèmes courants que votre enfant peut rencontrer est celui du canal lacrymal bouché. Cela se manifeste par un écoulement des yeux, deux ou trois semaines après la naissance. L'œil dont le canal lacrymal est bouché aura tendance à pleurer plus que l'autre, car au lieu d'être drainées à l'arrière de l'œil par le canal, les larmes s'évacuent par l'œil, à l'avant. Un autre signe de canal bouché est la survenue de conjonctivites à répétition (voir page 470), qui se manifestent par la présence de mucus dans l'œil. Les bébés ayant un canal bouché contractent des infections légères de l'œil, car les microbes censés être évacués par le canal lacrymal (avec les larmes) stagnent dans l'œil. Un canal bouché finit généralement par se déboucher, à un moment ou à un autre de la première année de vie de l'enfant.

En attendant cette guérison spontanée, essuyez les larmes séchées et le mucus qui s'accumulent en raison des conjonctivites. Si la quantité de mucus devient très importante et se reforme souvent dans la journée une fois essuyé, votre médecin peut vous prescrire quelques gouttes antibiotiques à mettre dans l'œil de votre bébé. Des médecins ou des infirmières peuvent également suggérer de masser avec le doigt la zone sous laquelle passe le canal lacrymal, afin de stimuler l'évacuation, mais ne le faites pas sans que l'on vous ait d'abord montré la bonne façon de faire. Dans les rares cas où le canal lacrymal ne se déboucherait pas, il peut être percé par un pédiatre en passant une fine sonde par le coin interne de l'œil jusque dans le canal lacrymal.

4 comportements étonnamment normaux

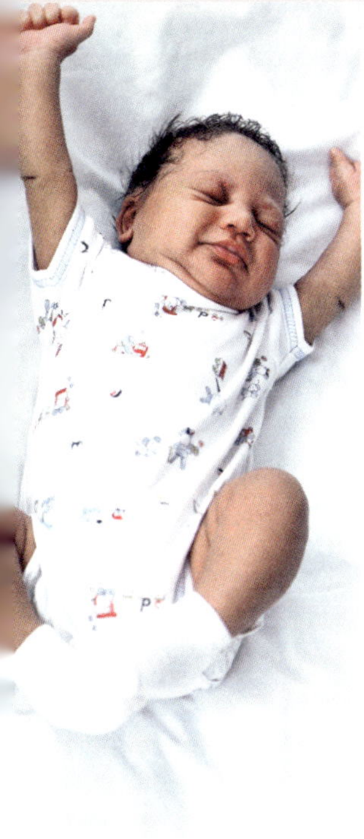

Voici quelques réactions fréquentes et normales chez le nouveau-né, mais souvent inattendues pour les parents.

1 **Il a le hoquet.** Il se peut que votre bébé soit pris d'un hoquet pendant plusieurs minutes. En général, il n'en est pas incommodé, et il n'y a rien à faire pour l'aider à le faire passer.

2 **Il renifle et il éternue.** Il est possible que votre bébé, en inspirant tout à coup très fort, renifle bruyamment. Il est aussi fréquent qu'il éternue : c'est un réflexe qui sert à l'aider à nettoyer son nez.

3 **Il tremble.** De temps à autre, il se peut que la jambe ou le bras de votre bébé soit agité de secousses régulières, ressemblant aux tremblements des adultes lorsqu'ils ont froid. C'est un signe de son immaturité neurologique. À la différence des convulsions, avec lesquelles on peut les confondre, ces tremblements cessent lorsqu'on prend simplement le bras ou la jambe pour l'immobiliser, et ils sont très réguliers, répétant chaque fois le même mouvement (les convulsions, elles, se manifestent par des mouvements beaucoup plus saccadés et désordonnés).

4 **Il sursaute.** Au son d'un bruit, d'un mouvement ou d'une vibration soudaine, votre bébé peut froncer les sourcils, crisper les paupières et raidir les bras au-dessus de sa tête. Cet ensemble de gestes s'appelle « réflexe de Moro », et il subsistera pendant quelques semaines ou mois.

Il sait également très bien attirer votre attention et fait tout ce qu'il faut pour devenir le centre de votre nouvelle vie. Et même si cela va rester vrai, au bout de quelques semaines il préférera votre visage à celui d'autres personnes, et lorsqu'il croisera votre regard, il vous sourira. À partir de ce moment, tout ira de mieux en mieux entre lui et vous !

DORMIR

Passé les premières heures de vie où ils sont très éveillés, les nouveau-nés entrent en général dans une phase de deux ou trois jours où ils dorment énormément. Ils passent en moyenne dix-huit heures par jour à dormir profondément.

ÉVITER LES DÉFORMATIONS DE LA TÊTE

Il est recommandé de coucher les bébés sur le dos pour les faire dormir. Des recherches ont en effet montré que cette position permettait de diminuer les risques de mort subite du nourrisson (voir page 74). En revanche, la position allongée sur le dos peut entraîner une déformation du crâne, qui prend alors une forme inégale. En effet, lorsqu'ils sont allongés sur le dos, les bébés tournent la tête souvent du même côté. Par exemple, si votre bébé se tient toujours la tête tournée vers la droite lorsqu'il est couché (et il est couché presque tout le temps, de jour comme de nuit), il se peut que vous constatiez au bout d'un moment que le côté droit de son crâne s'est aplati. Cela s'explique par le fait que cette partie de son crâne en plein développement s'écrase sous le poids de sa tête et prend la forme plate du matelas ou de toute autre surface sur laquelle il est couché. Si vous le laissez continuer à se tourner toujours du même côté, l'aplatissement du côté droit de sa tête sera de plus en plus visible, et il se peut même que son oreille droite semble placée plus en avant que la gauche. Pour éviter ces déformations, appelées « plagiocéphalies », encouragez votre bébé à regarder de l'autre côté que celui qui a sa préférence. Vous pouvez pour cela placer du côté en question des objets qui attireront son regard et qu'il ne pourra voir qu'en tournant la tête (la fenêtre, ou une lampe). Vous pouvez aussi le tourner de 180° (c'est-à-dire le coucher les pieds à la place où est habituellement sa tête) pour l'obliger à se tourner dans la direction opposée à celle qu'il préfère.

SE NOURRIR

Au cours des tout premiers jours, il est également courant qu'un bébé ne montre pas beaucoup de signes de faim. Et comme la nature est bien faite, le lait maternel met trois ou quatre jours après l'accouchement à être produit en abondance : c'est à ce moment exact que votre enfant va commencer à se réveiller plus souvent et à réclamer à boire plus vigoureusement. Certains nouveau-nés ne passent pas par la phase de sommeil des trois premiers jours et réclament à être nourris dès le début, mais la plupart n'ont pas faim pendant cet intervalle. Si ces quelques jours de calme ont l'avantage de vous laisser vous reposer un peu et vous remettre de l'accouchement, il se peut que cela vous inquiète. Votre instinct nourricier de maman peut vous amener à vous angoisser inutilement. Il n'y a pas lieu de penser que vous laissez votre bébé s'affamer ; cependant, vos émotions ayant tendance à perturber votre bon sens rationnel à cette période de votre vie, il est possible que vous ayez du mal à ne pas vous inquiéter.

LA PERTE DE POIDS

Votre bébé est né gonflé d'eau, peut-être pour que son corps soit mieux « rembourré » lors de la rude épreuve de la naissance, ou pour avoir suffisamment de réserves d'hydratation pendant les deux ou trois premiers jours où il dort beaucoup. Il est également né les intestins remplis de méconium (voir paragraphe suivant). Au cours des jours qui suivent sa naissance, il va uriner et évacuer

ZOOM SUR... la couleur des selles de votre bébé

Le lait infantile est blanc, et le lait maternel généralement d'un blanc légèrement grisé. Mais les selles des bébés sont rarement de la même couleur. Qu'est-ce qui détermine leur couleur ? Après être passé dans l'estomac, le lait entre dans le petit intestin où il est mélangé à de la bile produite par le foie et par la voie biliaire. Les bactéries présentes dans l'intestin de votre bébé, et en particulier dans le côlon (ou gros intestin), sont capables de transformer les composants de la bile. Les premières phases de la destruction de la bile produisent des molécules de couleur jaune. La suite de la digestion par les bactéries peut leur donner une couleur brune. Cependant, plus vite se fait le transit dans les diverses parties du système digestif, moins les bactéries ont le temps de transformer la substance verte en d'autres couleurs. Lorsque votre bébé sera plus grand et que vous introduirez des aliments solides dans son alimentation, la couleur d'un aliment et celle des substances digestives conditionneront également la couleur de ses selles. C'est pourquoi ses selles seront, par exemple, vertes lorsque son transit aura été rapide et que les composants de la bile seront relativement intacts. Si le transit a été un peu plus long et que les bactéries ont eu plus de temps pour décomposer la bile, les selles seront jaunes. Et si le transit est encore plus lent et que les bactéries transforment entièrement la bile, les selles seront alors de couleur marron.

son méconium souvent et, comme il mange peu, il va perdre du poids. Cette perte de poids n'est pas un signe de de sous-alimentation, c'est une question mathématique : les quantités qu'il évacue (urine et selles) sont plus importantes que celles qu'il absorbe (lait). Il est normal que votre nouveau-né perde jusqu'à 10 % de son poids initial, mais il va rapidement se mettre à reprendre du poids lorsque l'équation s'inversera et qu'il absorbera des quantités plus importantes que celles qu'il évacuera !

LE MÉCONIUM ET L'ÉVACUATION DES SELLES

Avant la naissance, les intestins de votre bébé contiennent déjà des fèces sous la forme de méconium. Au cours des deux ou trois premiers jours, il va en évacuer une assez grande quantité. Le méconium est une substance de couleur vert-noir et de consistance épaisse et collante. Une fois que tout le méconium a été évacué, les selles prennent une couleur jaune, verte ou brune, elles sont très coulantes et légèrement grumeleuses. Si vous allaitez, les selles de votre bébé seront très liquides, mélangées de petits grains plus solides, et elles seront évacuées fréquemment. Il est courant qu'un nouveau-né aille à la selle six, huit ou même dix fois par jour. Ces selles sont parfois projetées en un jet assez puissant.

Le lien affectif

Au fur et à mesure du temps passé ensemble – le temps des câlins, des repas, ou de la toilette de votre bébé –, votre amour et votre désir de protéger ce petit être vont grandir pour devenir un sentiment très fort. Le lien affectif qui se tisse progressivement entre vous et votre enfant est souvent déjà très fort à la naissance.

Au moment de sa naissance, votre nouveau-né est très éveillé et prêt à téter. Il a les yeux ouverts et, lorsque vous le prenez dans vos bras, vous pouvez vous observer longuement l'un l'autre. Curieusement, cet état initial ne dure qu'environ une heure en moyenne, mais il permet au père et à la mère de connaître dès les premiers instants la joie d'être parents. Les échanges avec votre enfant stimulent l'amour que vous avez pour lui.

À la naissance, cependant, votre enfant ne connaît pas encore le même attachement pour vous. Il est totalement dépendant de vous, et son comportement exploratoire est destiné à faire naître chez vous les sentiments évoqués plus haut. Mais, en grandissant, il apprendra à vous connaître, il s'attachera à vous, et vous préférera à toute autre personne. L'attachement qu'il ressent pour sa mère est particulièrement intense et, lorsqu'il aura atteint l'âge de 9 ou 10 mois, il n'appréciera pas du tout d'être séparé d'elle (c'est la phase dite d'« angoisse de la séparation »).

Lorsque l'enfant a des frères et sœurs, il crée également avec eux des liens très forts. Même si un grand frère ou une grande sœur peut parfois ignorer le nouveau-né, ou être jaloux de l'attention qu'il reçoit, un mécanisme inné l'encourage tout de même à s'y attacher. Lorsque votre nouveau-né n'aura encore que quelques mois, votre enfant aîné va découvrir qu'il a une capacité particulière à calmer ou à distraire son petit frère ou sa petite sœur. Votre bébé trouvera son aîné amusant et ils échangeront de joyeux éclats de rire. Cela permettra sans doute à l'aîné d'apprécier la présence du bébé. Quelques mois plus tard encore, votre bébé semblera avoir une admiration sans bornes pour son aîné(e), qu'il soit gentil ou pas avec lui. Les bébés sont probablement « programmés » pour se rapprocher de leurs aînés.

Les moments d'échange entre vous et votre nourrisson devraient faire naître en vous de profonds sentiments d'attachement. Si vous avez l'impression que ce n'est pas le cas, parlez-en à votre pédiatre ou à une puéricultrice. Il se peut que ce soit parce que vous souffrez de dépression postnatale (également appelé « *baby blues* »), ou d'un autre trouble.

Le soulever et le coucher

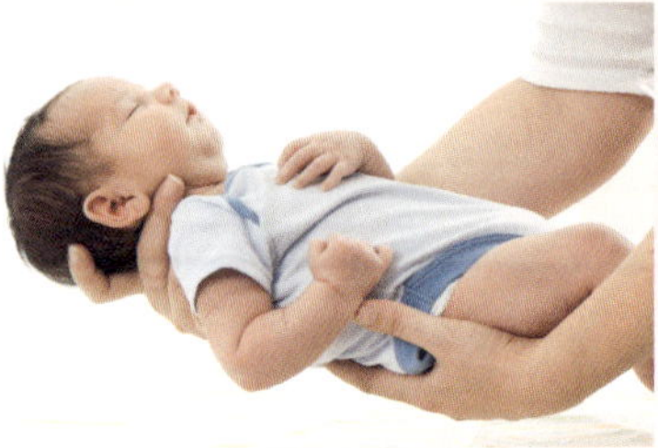

1 Glissez une main sous sa nuque, de façon à bien maintenir sa tête, et l'autre main sous ses fesses. Soulevez-le lentement en le maintenant dans sa position. S'il est réveillé, vous pouvez lui parler doucement, ce qui contribuera à le rassurer pendant que vous le soulevez.

2 Tenez votre bébé avec la tête légèrement surélevée par rapport au reste de son corps. Approchez-le de vous. S'il est réveillé, regardez-le dans les yeux tout en le portant.

3 Amenez-le contre votre poitrine. Faites glisser la main qui lui tenait la nuque vers le bas afin que vos deux mains se rejoignent vers le milieu de son dos.

4 Faites glisser le bras qui tient la tête du bébé vers le haut jusqu'à ce que votre main se retrouve sous sa nuque, en gardant votre autre main sous ses fesses. Décollez-le doucement de vous et abaissez-le pour le poser sur une surface plane.

Le tenir et le porter

Contre votre épaule

C'est la façon la plus confortable et la plus tendre de tenir votre bébé. Comme pour le soulever, il faut soutenir ses fesses et sa nuque avec chacune de vos mains. Votre bébé peut ainsi se blottir contre votre cou et les battements de votre cœur le rassurent.

Blotti dans vos bras

Une façon bien pratique de porter votre bébé en le protégeant des chocs accidentels est de le maintenir son dos avec vos deux mains rejointes l'une au-dessus de l'autre, de façon que sa tête vienne se caler dans le creux de votre coude.

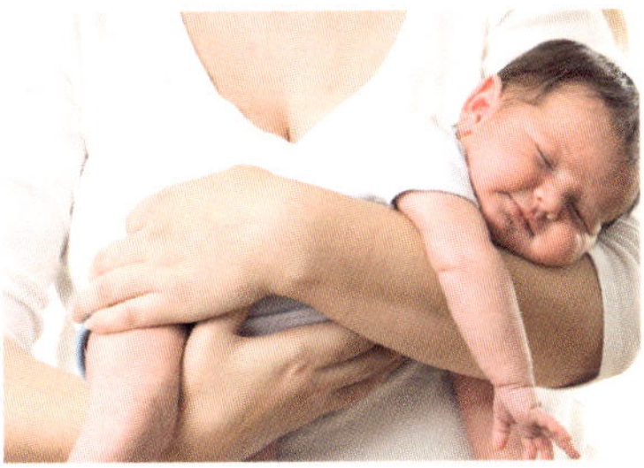

Sur le ventre

Cette façon de le tenir permet de vous reposer les bras lorsqu'ils sont fatigués ; elle offre aussi à votre bébé l'occasion de regarder les choses sous un autre angle. Elle est également très appréciable en cas de coliques du nourrisson. Posez votre bébé sur un de vos avant-bras, la tête dans le creux de votre coude. Votre autre bras se glisse entre ses jambes de façon que votre main vienne se placer sous son ventre.

Faire sa toilette

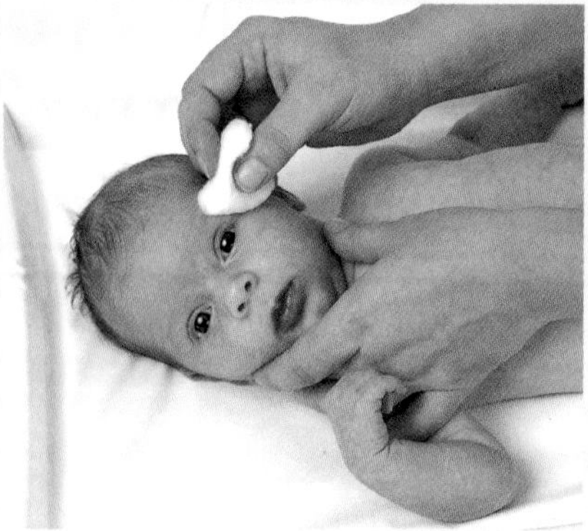

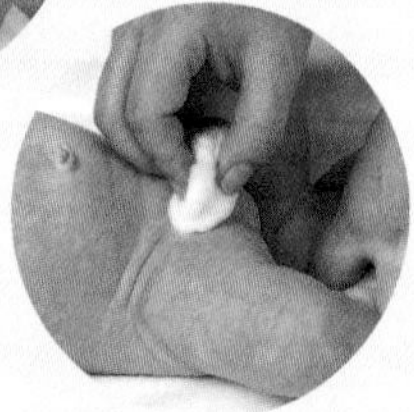

Les yeux et les oreilles
À l'aide d'un coton imbibé d'eau stérile, essuyez chaque œil, par-dessus et par-dessous, du coin interne vers le coin externe. Changez de coton à chaque œil et à chaque passage, afin d'éviter d'« étaler » les microbes. Nettoyez également les oreilles en passant un autre coton humide autour du pavillon et derrière. Ne nettoyez pas l'intérieur des oreilles.

Le cou
Passez un coton humide dans les plis de peau, puis séchez en tamponnant avec une serviette sèche.

Les mains
Desserrez les poings de votre bébé pour voir s'il y a de la saleté entre ses doigts et sous ses ongles. Procédez par essuyage et faites sécher en tamponnant comme pour le cou.

Les pieds
Nettoyez le dessus et le dessous des pieds de votre bébé, ainsi que ses orteils, en les écartant un à un doucement. Séchez-les en les tamponnant avec une serviette sèche.

Le ventre et les jambes
À l'aide d'un autre coton imbibé d'eau, essuyez-lui le ventre, puis, avec un nouveau coton, passez dans les plis situés à l'endroit où ses jambes et son tronc se rejoignent. Nettoyez le creux des plis en faisant des mouvements de l'intérieur vers l'extérieur afin d'éviter de transmettre des infections à la zone génitale (cela est particulièrement important pour une petite fille). Faites ensuite sécher à l'aide d'une serviette sèche, en vous assurant bien qu'aucune trace d'humidité ne reste dans les plis.

Faire sa toilette

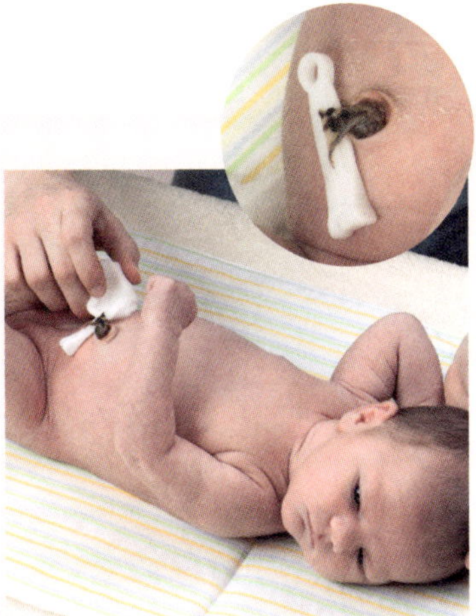

LE SOIN DU CORDON OMBILICAL

Laissez le cordon sécher à l'air libre. Il cicatrisera bien plus vite si vous le laissez aussi dégagé que possible. Évitez en particulier de le recouvrir d'un pansement ou d'une couche en matière plastique et, s'il est mouillé, assurez-vous qu'il sèche ensuite entièrement.

Le nettoyage du cordon

À l'aide d'un coton imbibé d'alcool à 70° (ou de toute autre solution antiseptique indiquée par votre médecin), essuyez délicatement le cordon et son pourtour ainsi que les fissures du nombril. Veillez à bien laisser sécher la zone.

Une fois le cordon tombé

Il est possible que le nombril saigne encore un peu en continuant à cicatriser. Il est recommandé de le nettoyer quotidiennement en le laissant bien sécher jusqu'à ce que la cicatrisation soit terminée.

LAVER UNE PETITE FILLE

À l'aide d'un coton humidifié, nettoyez les grandes lèvres de chaque côté, sans passer entre elles. Faites toujours des mouvements du haut vers le bas en changeant de coton à chaque passage. D'une main, saisissez-la par les chevilles pour la soulever légèrement et nettoyez-lui les fesses à l'aide d'un coton propre. Nettoyez l'arrière de ses cuisses et même son dos, si nécessaire. Faites ensuite sécher la zone en la tamponnant.

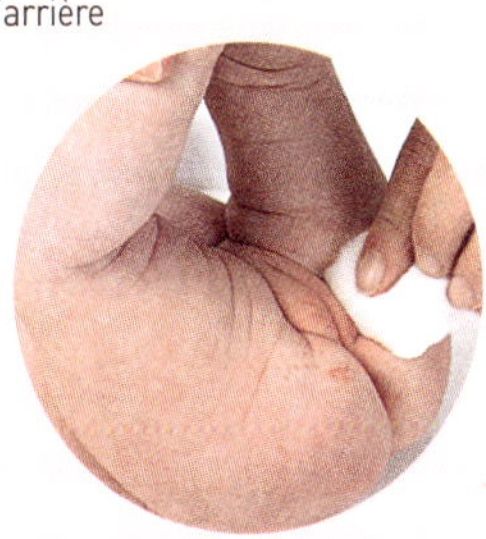

LAVER UN PETIT GARÇON

À l'aide d'un coton propre imbibé d'eau, essuyez le pénis par mouvements du haut vers le bas. Ne remontez pas le prépuce. Nettoyez également le pourtour du scrotum. Changez de coton à chaque passage. En tenant votre bébé par les chevilles, soulevez légèrement ses fesses et nettoyez la zone anale, ses fesses et l'arrière de ses cuisses. Faites ensuite sécher la zone en la tamponnant.

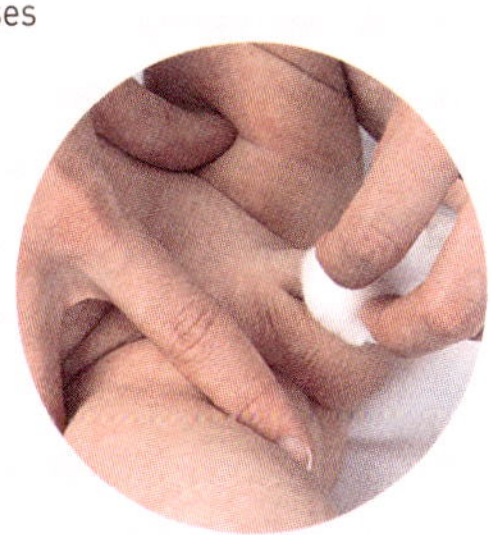

Changer une couche

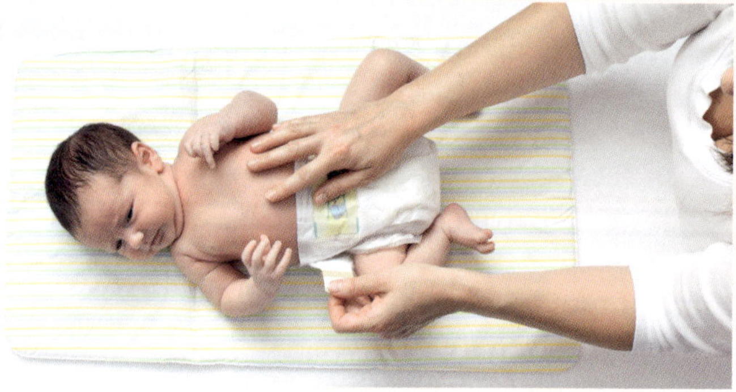

1 Assurez-vous d'avoir à portée de main tout ce dont vous allez avoir besoin – couches, coton, eau stérile et sac à couches. Prenez votre bébé et posez-le sur le dos sur le matelas à langer. S'il est habillé, déshabillez-le de façon qu'il soit en body ou même simplement en couche. Défaites les attaches, les boutons-pressions ou les bandes Velcro qui ferment la couche.

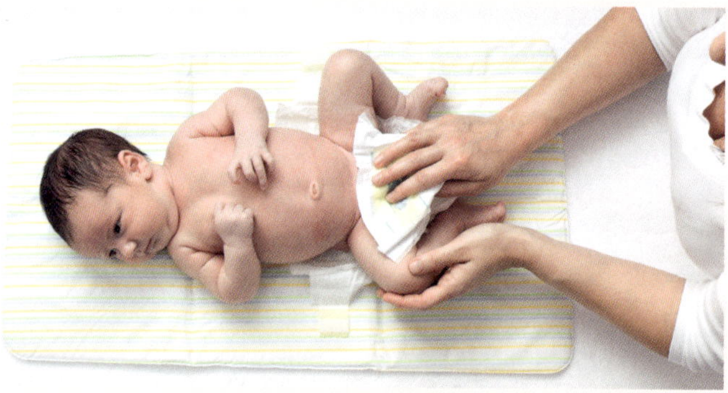

2 Retirez la couche en en faisant glisser une partie non souillée sur la peau du bébé pour faire un premier essuyage. Si c'est un garçon, il se peut que la sensation soudaine de l'air frais le fasse uriner. Posez un mouchoir en papier sur son pénis pour éviter au jet de vous arroser ou, si la couche est juste mouillée (et non souillée), tenez-la au-dessus de la zone génitale jusqu'à ce que le danger soit écarté.

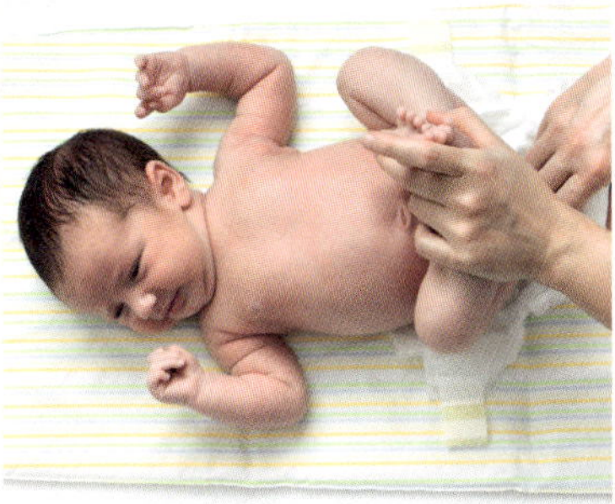

3 Roulez la couche d'une main et placez-la hors de portée des petits coups de pied de votre bébé. Nettoyez tous les petits plis de peau. Faites ensuite sécher par tamponnage, en faisant particulièrement attention aux plis de peau sujets aux irritations.

4 Dépliez une couche propre. Soulevez les jambes de votre bébé et faites-la glisser sous ses fesses. Faites-la ensuite remonter entre ses jambes. Si votre bébé est un petit garçon, veillez à ce que son pénis soit dirigé vers le bas afin qu'il n'urine pas sur la partie ventrale de la couche.

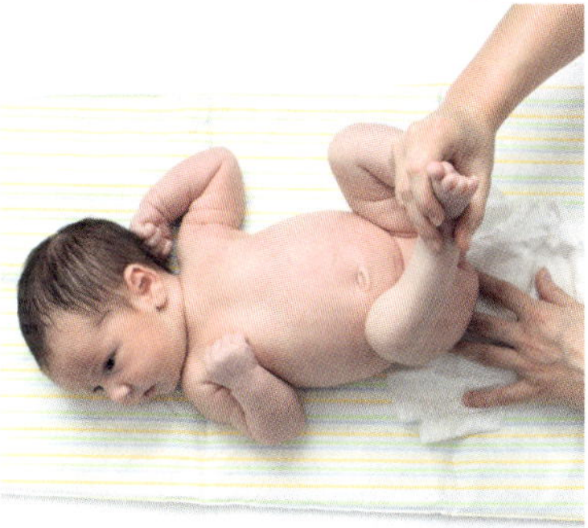

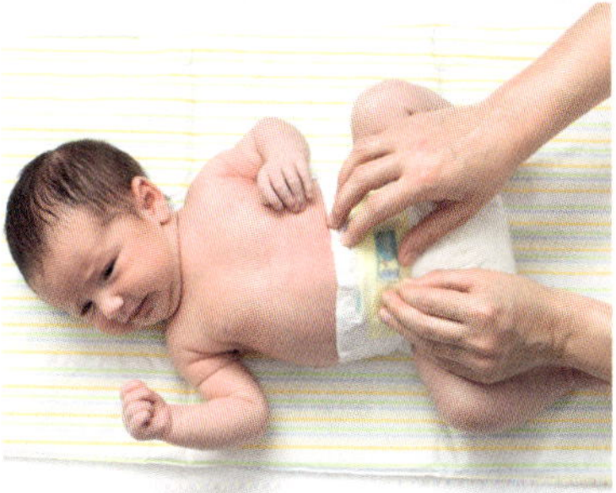

5 Fermez la couche de chaque côté et rentrez vers l'intérieur le rebord situé sur son ventre. Une fois votre bébé rhabillé, jetez la couche souillée dans une poubelle, si c'est un modèle jetable, ou dans un bac à couches si c'est une couche lavable.

Prendre le bain

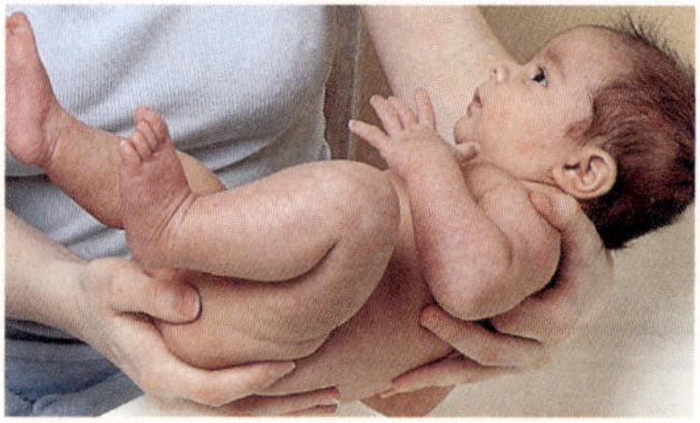

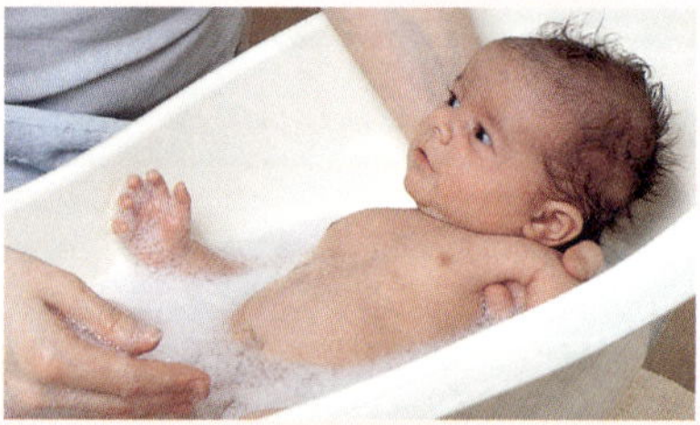

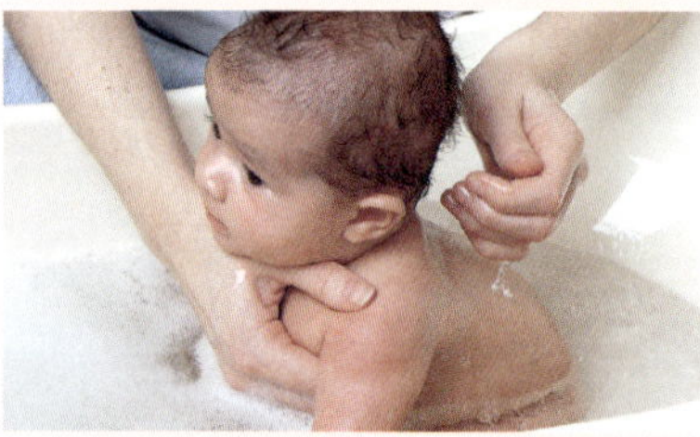

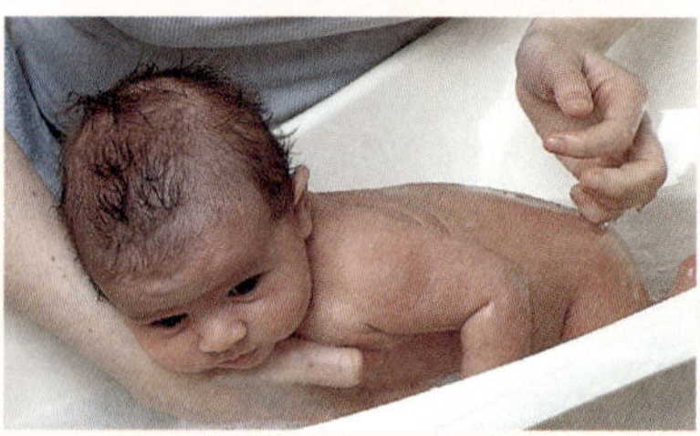

Plongez votre bébé dans l'eau. Mettez-vous à genoux à côté de la baignoire. En tenant votre bébé avec une main sous ses fesses et l'autre sous sa nuque, plongez-le ensuite dans l'eau en commençant par ses fesses, puis son dos.

Lavez d'abord sa poitrine et son ventre. Tout en continuant de lui soutenir la tête et les épaules, tenez-le fermement en plaçant votre main sous son aisselle afin qu'il ne glisse pas dans l'eau ou qu'il ne tourne pas sur le côté. À l'aide de votre autre main, lavez-lui le torse.

Lavez son cou et le haut de son dos. Mettez votre bébé dans une position un peu plus verticale, en maintenant sa poitrine dans votre main. Versez doucement de l'eau sur son dos et dans son cou.

Lavez ensuite le bas de son dos. Penchez votre bébé un peu plus en avant encore, en prenant bien garde que son visage reste hors de l'eau, et rincez le bas de son dos et ses fesses.

Sortez-le de l'eau. Allongez de nouveau votre bébé en arrière pour le remettre dans la position initiale.

Le séchage

Préparez à l'avance la serviette de bain sur un matelas à langer, non loin de la baignoire. Utilisez-la pour sécher votre bébé en le tamponnant délicatement – avec un soin particulier pour les petits plis de peau. Vous pouvez l'enrouler dedans pour le réchauffer, mais évitez de lui recouvrir le visage.

Enfiler un body

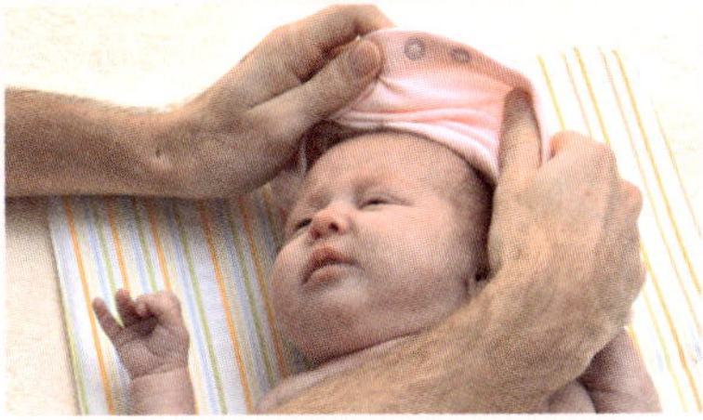

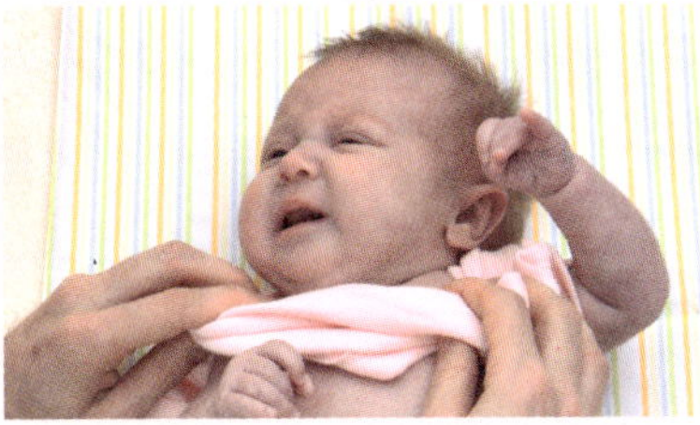

1 Allongez votre bébé sur un matelas à langer. Des deux mains, remontez le tissu de manière à le rassembler à l'encolure du body. Faites passer le body derrière la tête de votre bébé, en élargissant bien l'ouverture. Soulevez délicatement sa tête. Placez l'ouverture sur le haut de son crâne, puis faites-la descendre doucement par-dessus son visage jusque sur son cou.

2 Ajustez le tissu autour de son cou. Prenez une manche, roulez-la vers le haut dans une de vos mains et tenez-la en plaçant votre pouce dedans. Avec votre autre main, prenez délicatement le poignet de votre bébé et faites-le passer dans la manche, que vous déroulerez ensuite sur son bras. Recommencez avec l'autre manche. Tendez bien le tissu sur son ventre. S'il y a des boutons-pressions, soulevez légèrement les fesses de votre bébé pour faire remonter la partie arrière de l'entrejambe entre ses cuisses, puis fermez les boutons-pressions.

Retirer un body

Un body propre (par la tête). Votre bébé allongé sur son matelas à langer, défaites les boutons-pressions s'il y en a. Faites remonter le body sous ses aisselles. D'une main, pliez une manche en accordéon, et de l'autre, dégagez doucement son bras de la manche. Recommencez avec l'autre manche. Remontez ensuite le body sur son cou, en élargissant l'ouverture du col autant que possible afin d'éviter que le tissu ne vienne frotter son visage. D'un seul geste, faites passer le body par-dessus son visage jusque vers le haut de son crâne. Soulevez-lui doucement la tête pour prendre le body.

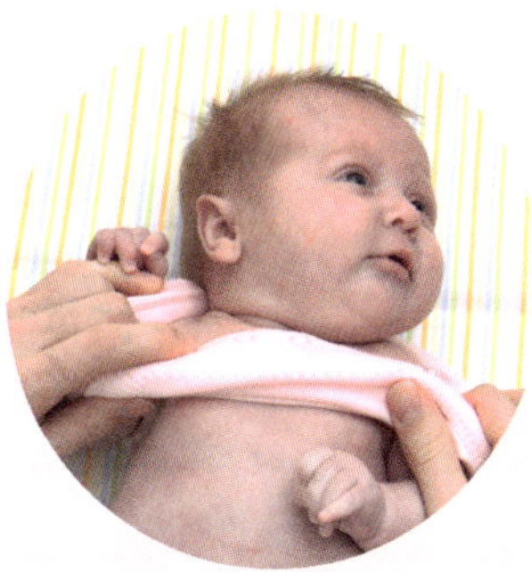

Retirer un body (suite)

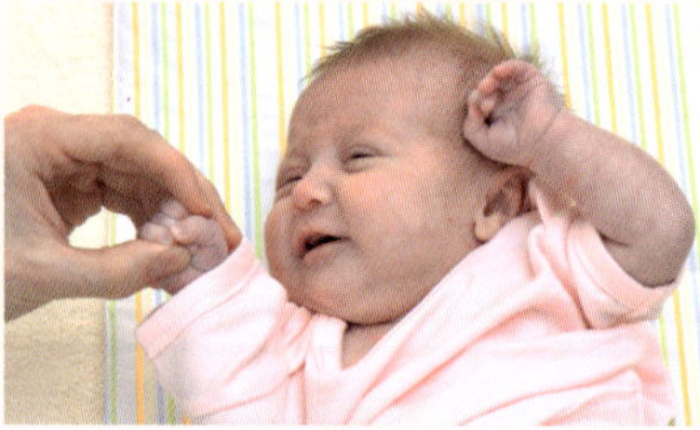

Un body sale (par les jambes). Retirez la couche souillée et nettoyez rapidement les fesses de votre bébé. Soulevez-lui doucement la tête. Tirez un des côtés de l'encolure pour la faire passer par-dessus l'épaule, puis recommencez de l'autre côté. Posez de nouveau sa tête et faites glisser l'encolure le long de chaque bras. Puis élargissez-la de nouveau et retirez délicatement chaque bras de sa manche. Rassemblez le tissu du body et faites-le glisser le long de ses jambes.

Enfiler une grenouillère

1 Ouvrez tous les boutons-pressions et disposez la grenouillère à plat sur le matelas à langer de votre bébé. Allongez votre bébé dessus. Commencez par lui enfiler les manches. Remontez chaque manche en accordéon et faites-la passer autour du poignet de votre bébé, en vous assurant que ses doigts ou ses ongles ne soient pas accrochés au passage. Si les poignets sont étroits, il peut être nécessaire de les élargir pour faire passer ses mains.

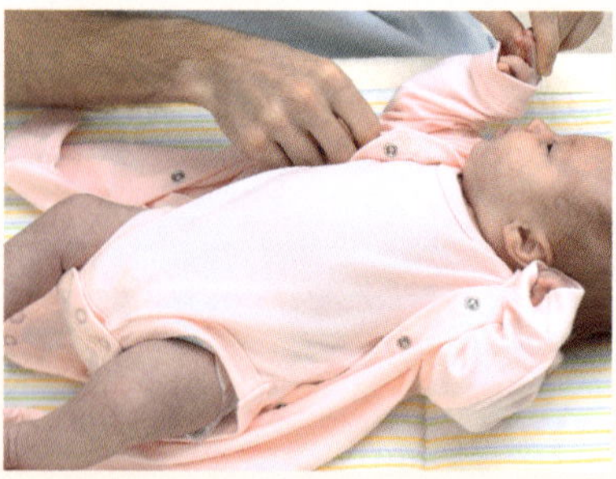

2 Enfilez ensuite les jambes. Une jambe de la grenouillère après l'autre, rassemblez le tissu afin de placer son pied bien au fond de la jambe. Puis faites remonter le tissu le long de sa jambe.

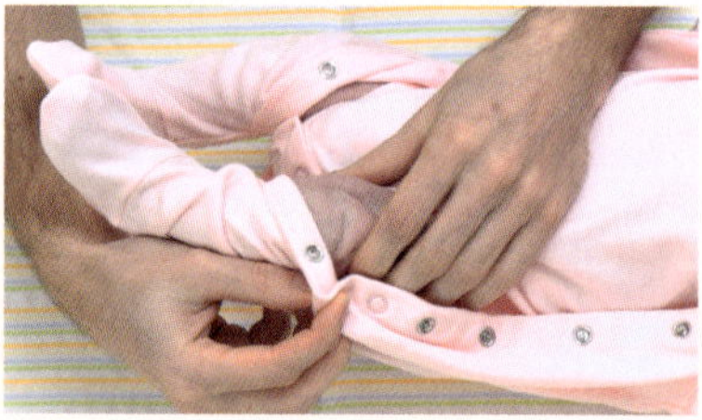

Porter et manipuler votre bébé

Vous allez souvent prendre votre bébé dans vos bras – pour le nourrir, pour le coucher, ou pour le câliner lorsqu'il pleure –, il est donc important de connaître les bons gestes. Si elle n'est pas maintenue, la tête d'un tout-petit bascule en arrière ou en avant, il faut donc soutenir sa nuque d'une main pendant que l'autre est placée sous ses fesses pour le soulever jusqu'à ce qu'il soit bien en sécurité dans vos bras ou que sa tête s'appuie sur votre épaule (voir pages 38-39). Regarder son enfant dans les yeux tout en effectuant ces gestes permet de renforcer le lien parent/enfant.

Votre bébé apprécie beaucoup d'être contre vous – en particulier s'il entend les battements de votre cœur. Être emmailloté ou enroulé dans une couverture avec les membres maintenus contre son corps peut être très rassurant, car cela lui rappelle l'espace confiné de l'utérus. Nombre de bébés n'aiment pas se retrouver nus ; mieux vaut donc éviter au maximum de l'exposer à l'air lorsque vous lui donnez son bain ou que vous l'habillez. Cependant, le contact peau à peau, par exemple lors de l'allaitement, peut être source de grand plaisir pour le parent comme pour le bébé.

Si vous adoptez tout de suite la bonne position pour soulever votre bébé, vous vous éviterez de futurs maux de dos, lorsqu'il pèsera beaucoup plus lourd. C'est lorsqu'il est allongé sur le dos qu'un bébé est le plus facile à soulever aussi, s'il est allongé sur le ventre, faites-le rouler sur le côté pour le retourner, et placez-vous face à lui, ses pieds dirigés vers vous. Tenez-vous les jambes légèrement écartées, fléchissez les genoux et gardez le dos bien droit tout en le soulevant pour l'amener contre vous. Cette position est également valable lorsque vous le reposerez.

Quand vous tenez votre bébé dans vos bras, il est important de rester attentif à la position de sa tête par rapport à votre corps. Assurez-vous que sa tête est bien calée contre vous, ou gardez une main protectrice sur sa nuque quand vous le portez en marchant, en particulier lorsque vous traversez des couloirs ou passez des portes, ou que vous êtes à proximité d'objets à hauteur de sa tête.

PORTE-BÉBÉ ET HAMAC DE PORTAGE

Si vous êtes le genre de personne à aimer faire deux choses à la fois, en l'occurrence porter votre bébé et pouvoir vous déplacer dans la maison ou utiliser vos mains, alors le porte-bébé ou l'écharpe de portage sont l'accessoire idéal pour vous. Mais cela suppose bien sûr que vous et votre bébé en appréciez tous deux l'utilisation.

Porte-bébé

Avantages

Le poids de votre bébé est réparti sur les deux épaules, ce qui est plus confortable pour les plus longues sorties.

Désavantages

L'ajustement des bretelles et de la bande dorsale peut être assez long. Si vous et votre partenaire êtes de gabarits différents et que vous envisagez de l'utiliser tous les deux, il vous faudra faire un réglage chaque fois qu'il aura été utilisé par l'autre. Une alternative possible consiste à acheter deux porte-bébés, chacun réglé à la taille d'un des deux parents.
La taille des trous pour les jambes du bébé doit être ajustée afin qu'ils soient assez étroits pour éviter à votre bébé de glisser dedans.

Un porte-bébé ressemble à un sac à dos, mais se porte sur l'avant du corps. Deux ouvertures pour les jambes dans le bas de la partie molletonnée permettent à l'enfant de rester bien droit contre votre poitrine. Le porte-bébé s'ajuste sur les épaules par des bretelles réglables et dans le dos au niveau de la bande dorsale, et vous permet de transporter votre bébé, ainsi bien calé, contre vous. Un nouveau-né ou un jeune bébé doit être installé face à vous, mais un bébé plus âgé (qui tient sa tête) peut également être installé face à la route, ce qui lui permet d'observer autour de lui.

Le hamac de portage se porte en bandoulière, et votre bébé peut y être installé aussi bien allongé qu'assis, les fesses calées dans la partie creuse. La plupart des parents qui l'utilisent portent leur bébé dans une position intermédiaire entre ces deux extrêmes. Votre bébé peut s'y tenir allongé face à vous, tourné vers le haut, ou tourné vers l'extérieur. Il existe un vaste choix de marques et de styles de porte-bébés et de hamacs.

N'oubliez pas de tenir compte du tissu du porte-bébé ou du hamac lorsque vous faites le calcul des couches vestimentaires dont votre bébé a besoin : certains tissus, assez chauds, peuvent l'incommoder.

FAIRE LE BON CHOIX

Quel que soit votre choix, il est important de suivre attentivement les instructions du fabricant : la sécurité de votre bébé en dépend. Plus important encore : vérifiez les indications de poids du produit que vous achetez. De nombreux porte-bébés et hamacs de portage ne sont pas conçus pour les nouveau-nés ou les prématurés, même s'il existe des modèles destinés aux bébés dont le poids ne dépasse pas 1,5 kg. (Il existe également des porte-bébés pour jumeaux, mais le poids des deux bébés devient rapidement trop lourd pour ce mode de portage).

N'utilisez pas le produit si vous ne pouvez pas voir le visage de votre bébé lorsqu'il est installé dedans. Cela vaut tout particulièrement pour les tout petits bébés en porte-bébé : ne mettez pas votre nouveau-né dans un porte-bébé si sa tête ne dépasse pas la partie supérieure de la poche.

Hamac

Avantages

Facile à installer et à ajuster.
Il existe un vaste choix de couleurs et de styles.
La plupart des hamacs de portage permettent d'allaiter sans en sortir le bébé. Certains modèles comportent un surplus de tissu, dont l'objet est de vous recouvrir, vous et votre bébé, pendant que vous allaitez, ou de le protéger du soleil.
Une fois replié, un hamac de portage prend peu de place dans un sac à langer.

Désavantages

Le poids de l'enfant pèse sur une seule épaule. Cela peut être fatigant si vous portez votre bébé dans le hamac un long moment. Pour résoudre ce problème, il est possible de changer d'épaule régulièrement. Vous pouvez également opter pour une écharpe de portage.
Une écharpe de portage ressemble à un hamac, mais permet de répartir le poids de l'enfant sur les deux épaules.

Lorsque vous portez votre bébé avec l'un ou l'autre de ces accessoires, votre poids est entraîné vers l'avant. Vous allez donc devoir compenser en vous cambrant vers l'arrière. À mesure que votre bébé grandira, il se peut que vous ressentiez des tensions ou des douleurs dans les muscles des épaules et du dos. C'est que le moment est arrivé de cesser d'utiliser ce type d'accessoire. À ce stade, si votre bébé tient sa tête en position assise, une alternative consiste à passer au porte-bébé dorsal, qui permet de porter votre bébé par derrière, face à la route (voir page 281).

RASSURER VOTRE BÉBÉ

Votre rôle en tant que parents est de choyer votre bébé. Le chapitre 8 aborde en détail la question de savoir quand et comment répondre aux pleurs de votre enfant, mais sentez-vous libre de le câliner à tout moment lorsqu'il a besoin de vous.

Les câlins, les bercements et l'emmaillotage sont autant de méthodes qui ont fait leurs preuves. Vous pouvez les accompagner de musique et de paroles ou de chansons douces murmurées à son oreille.

Le change

Vous allez passer beaucoup de temps à changer la couche de votre enfant. Il a été estimé qu'un bébé utilise environ six mille couches entre sa naissance et l'acquisition de la propreté.

LES COUCHES

Il existe des couches lavables et des couches jetables. Étant donné le rôle très important que les couches vont jouer dans votre vie au cours des deux prochaines années, il est primordial que vous choisissiez celles qui sont le mieux adaptées à votre mode de vie. Les jetables ont une plus grande capacité d'absorption, les fesses du bébé sont donc mieux maintenues au sec, et elles sont plus pratiques. Mais, sur le long terme, elles reviennent également plus cher que les couches lavables. Les couches jetables doivent être soigneusement emballées et jetées, et les couches lavables doivent être rincées, stérilisées, lavées et séchées. Ces dernières peuvent aussi nécessiter l'utilisation de culottes imperméables et de garnitures optionnelles, même s'il existe des modèles imperméabilisés à l'extérieur. Certains parents choisissent d'utiliser alternativement des lavables et des jetables. Un nouveau-né utilise généralement pas moins de douze couches par jour, même si ce chiffre passe à sept le reste de la première année, et à environ cinq lorsqu'il est un peu plus grand encore.

Si vous envisagez d'utiliser des couches lavables en tissu, lavez-les une fois avant de les mettre à votre bébé. N'utilisez pas d'adoucissant : cela les rendrait moins absorbantes. Cependant, vous pouvez ajouter un demi-verre de vinaigre blanc au rinçage final.

CHANGER UNE COUCHE

Vous trouverez des explications détaillées des étapes d'installation d'une couche jetable aux pages 42 et 43.

Le nettoyage de la zone de change est le même dans les deux cas. Utilisez du coton hydrophile, un gant de toilette humide ou des lingettes (en vente dans le commerce) pour retirer les traces de selles et d'urine de la peau de votre bébé. Si vous choisissez d'utiliser une crème pour le change ou un onguent, appliquez le produit sur les zones de peau qui sont directement en contact avec la couche, car ce sont les plus exposées aux irritations.

Changer la couche d'une petite fille nécessite une hygiène particulièrement soigneuse. L'essuyage doit se faire par mouvements « d'avant en arrière », de la zone génitale vers l'anus. Une fois qu'un coton, un gant de toilette ou une lingette est souillé ou est entré en contact avec la zone anale, il ne doit plus être utilisé pour nettoyer la vulve. Chez les petites filles plus âgées, il a été observé qu'une technique de nettoyage inadaptée pouvait faire augmenter le risque d'infections des voies urinaires (généralement causées par les microbes présents dans les fèces). Le même principe est donc appliqué aux nouveau-nés et aux nourrissons. Mais sachez que, même en prenant toutes les précautions possibles lors du nettoyage, il arrivera plusieurs fois par semaine que votre petite fille souille sa couche de telle manière que ses fèces recouvriront sa zone vaginale.

La différence d'anatomie entre les petites filles et les petits garçons, chez qui la distance est plus grande entre l'anus et l'urètre (par lequel est expulsée l'urine) fait que le changement de couche d'un petit garçon nécessite une moins grande prudence. Il n'est pas nécessaire de respecter le principe d'essuyage « d'avant en arrière ». Cependant, une autre forme de prudence est nécessaire : lorsque vous ouvrez sa couche et qu'il se retrouve exposé à l'air, il se peut que vous soyez arrosé par un jet d'urine !

CRÈMES POUR LE CHANGE, ONGUENTS ET TALC

Faut-il appliquer une crème ou un onguent lorsque vous changez la couche de votre bébé ? En théorie, cela permet de créer sur la zone de peau en contact avec la couche une barrière protectrice contre les produits irritants à l'origine de l'érythème fessier, ce qui tient de la logique. Cependant, l'efficacité d'un produit ou d'un autre n'a jamais été prouvée, pas plus que les différences d'efficacité entre produits équivalents. Par ailleurs, il est clair que les talcs et poudres ne créent pas de barrière protectrice et ne sont pas efficaces contre l'humidité dans la couche. Pour ces raisons, et parce qu'il peut être dangereux d'inhaler le talc qui se disperse dans l'air pendant l'application, il est déconseillé d'utiliser du talc ou de la poudre pour le change.

La plupart du temps, l'utilisation de crèmes et d'onguents pour le change tient à la tradition et à la culture familiale. Deux écoles sont apparues : dans la moitié des familles environ, on applique régulièrement un onguent ou une crème dans l'espoir de prévenir l'apparition de l'érythème. S'il apparaît tout de même, on suggère de changer de marque ou de type de produit pour soigner cet érythème (pour revenir au produit initial après guérison). Dans les autres familles, on n'utilise habituellement pas de crème ou d'onguent, mais, lorsque l'érythème apparaît, un produit élu est utilisé pour le soigner (dont on cesse toute utilisation après guérison). Aucune de ces deux méthodes n'ayant prouvé son efficacité sur l'autre, faites comme bon vous semble. Si cela marche, tant mieux ! Si cela ne marche pas, essayez l'autre méthode (voir aussi le paragraphe ci-dessous sur l'érythème fessier).

L'ÉRYTHÈME FESSIER

Même si les irritations sont très courantes, le plus étonnant reste que votre bébé puisse passer autant de temps avec une couche sale ou mouillée sans qu'il en résulte d'irritations ! La peau des bébés a une admirable capacité de résistance naturelle. L'érythème fessier est, à l'origine, causé par l'irritation due au contact avec l'urine et les selles ou, plus exactement, par plusieurs facteurs combinés.

L'humidité de l'urine fait macérer la peau, détruisant ainsi la barrière

Prévenir l'érythème fessier

- Changez la couche souvent.
- Utilisez des couches jetables, dont la capacité d'absorption est meilleure. Évitez les couches trop serrées, qui augmentent les frottements.
- Utilisez une crème ou un onguent pour créer une barrière protectrice contre les irritations et l'humidité. (L'efficacité de ces produits n'a pas été clairement établie.)

protectrice naturelle contre les autres facteurs d'irritation. Les couches jetables ultra-absorbantes sont bien plus efficaces pour garder la peau à l'abri de l'humidité que celles en tissu. Des études ont montré que les bébés qui portent des couches jetables sont moins exposés à l'érythème que ceux qui portent des couches en tissu.

Les frottements entre la peau et la couche entraînent également une dégradation des couches supérieures protectrices de l'épiderme. De simples frottements répétés dans une couche propre suffisent à provoquer des irritations, la réaction étant décuplée avec une couche souillée. Le rôle joué par les frottements dans l'apparition des irritations est visible à la façon dont se répartit l'érythème sur la peau : il est plus fréquemment présent sur les zones les plus en contact avec la couche, et plus rare dans les plis de peau des cuisses.

Par ailleurs, les déchets organiques eux-mêmes (urine et selles) peuvent abîmer la peau. Les selles contiennent des résidus de bile (aussi appelés sels biliaires) et d'enzymes digestives, qui peuvent attaquer la peau et entraîner des lésions locales.

C'est dans un environnement acide (de pH bas) que les barrières protectrices naturelles de la peau sont les plus efficaces. L'urine, cependant, est souvent de composition alcaline (de pH élevé). La diarrhée, qui entraîne souvent un érythème, est également de pH alcalin. Pour ne rien arranger, les enzymes digestives présentes dans les selles sont activées par un pH alcalin.

Le rôle des bactéries et des levures dans l'apparition de l'érythème fessier n'a pas fait l'objet de beaucoup de recherches, mais il est très possible qu'elles en jouent un. *Candida*, qui est une levure, est bien connu pour se développer dans les environnements humides, et il infecte souvent les peaux déjà irritées. Pour prévenir

Soigner l'érythème fessier

- Changez la couche souvent.
- Nettoyez la peau délicatement à l'aide d'un gant de toilette mouillé d'eau ou d'une lingette sans alcool.
- Exposez la peau irritée à l'air. Le mieux est de laisser votre bébé sans couche aussi longtemps que possible. Il est également possible de tenir votre bébé sur vos genoux, en disposant sous lui une couche ouverte.
- Utilisez une crème ou un onguent de protection (vaseline ou crème à l'oxyde de zinc).
- Si toutes ces mesures sont inefficaces, reportez-vous au paragraphe « Érythème fessier persistant ».

l'apparition de l'érythème fessier ou le soigner, il faut réduire au maximum les différents facteurs qui en sont à l'origine.

ÉRYTHÈME FESSIER PERSISTANT

Il se peut que l'érythème subsiste. Il y a à cela deux raisons principales : tout d'abord, les causes ayant à l'origine entraîné l'apparition de l'érythème peuvent être toujours présentes. Il peut s'agir de l'exposition répétée à une diarrhée récurrente, ou d'un contact prolongé avec l'urine lorsque le bébé garde la même couche la nuit. Tant que l'irritation et ses causes sont présentes, il est difficile de soigner l'érythème.

La candidose (infection de la peau causée par la *Candida*) est une autre cause fréquente d'érythème persistant. Cette levure, présente dans les intestins, arrive dans la couche par le biais des fèces. Elle se multiplie également lorsque votre bébé prend un antibiotique par voie orale, ce qui augmente donc les risques d'apparition d'un érythème. (Le nombre plus grand d'organismes, ajouté à la diarrhée souvent entraînée par les antibiotiques, font augmenter fortement la probabilité d'érythème). Les candidoses apparaissent généralement sur des peaux déjà irritées. Il se peut donc qu'à un érythème que vous étiez déjà occupé à soigner vienne s'ajouter, au bout de quelque temps, une infection secondaire lorsqu'une candidose survient.

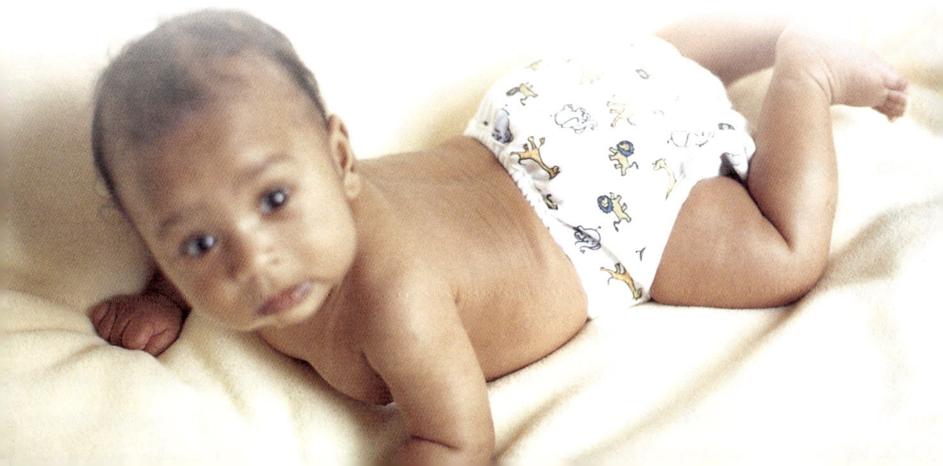

Si vous pensez que votre bébé a une candidose, consultez votre pédiatre. Même si les traitements varient, on utilise généralement un onguent efficace contre les levures, comme le clotrimazole ou la terbinafine. Certains médecins recommandent également d'ajouter de l'hydrocortisone en crème afin de traiter dans le même temps l'érythème sous-jacent.

Le soin du cordon ombilical

À la naissance, une pince (ou « clamp ») est posée sur le cordon ombilical, qui est coupé afin de le détacher du placenta. Peu de temps après, le morceau de cordon ombilical qui reste va se flétrir et durcir. Il se détache généralement du corps du bébé au bout d'une semaine ou deux. Pendant les quelques jours avant qu'il se détache, vous remarquerez peut-être quelques gouttes de sang ou des petits amas de mucus jaune ou vert à la base du cordon. Cela fait partie du processus de cicatrisation, et ne signale en rien une infection.

Les pédiatres recommandent généralement de bien laisser sécher la zone ombilicale afin d'accélérer la cicatrisation et de permettre au cordon de tomber plus rapidement. Cela suppose de bien replier la bordure de la couche afin que le nombril ne soit pas recouvert d'une couche humide. Il est également recommandé de remplacer le bain par une toilette au gant éponge, et de n'immerger le bébé dans l'eau qu'une fois le cordon ombilical tombé.

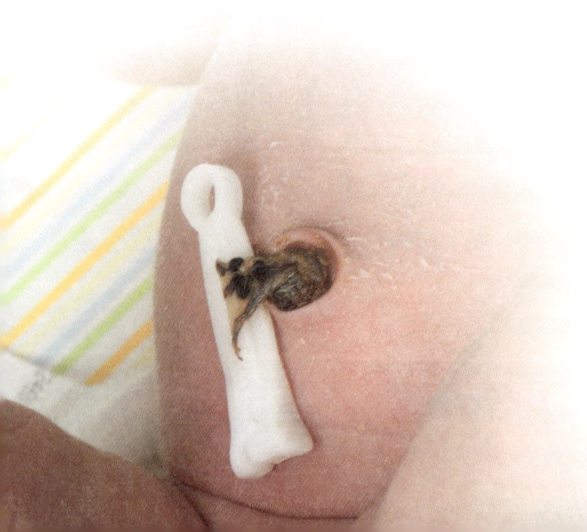

Les pédiatres recommandent généralement de nettoyer la base du cordon quotidiennement avec de l'alcool à 70°, mais des recherches récentes ont conclu que le simple fait de laisser sécher le cordon était aussi efficace contre la survenue d'infections.

Entre la naissance et le détachement du cordon, si vous constatez des saignements, des croûtes ou que le nombril suinte, utilisez un coton imbibé d'alcool ou une solution antiseptique pour nettoyer le nombril, en éliminant soigneusement les petites croûtes et autres impuretés (voir page 41).

LE GRANULOME OMBILICAL

La présence de petites croûtes et de mucus après le détachement du cordon ne dure généralement que deux ou trois jours. Si cela dure plus longtemps, il est fort probable que la cause en soit un granulome, c'est-à-dire un petit morceau de cordon qui reste attaché au bébé alors que le reste est tombé, à l'origine du suintement. Vous pouvez ne rien faire (si vous avez décidé de laisser le cordon sécher naturellement), ou continuer à le nettoyer avec de l'alcool à 70°, ou bien encore faire appel à votre pédiatre qui peut recouvrir le granulome d'un produit appelé « nitrate d'argent ».

L'INFECTION OMBILICALE

Si la peau autour du nombril prend une couleur rouge rosé, cela peut être un signe d'infection bactérienne. Vous devez alors consulter votre pédiatre immédiatement.

LA HERNIE OMBILICALE

Tous les bébés naissent avec une déficience de la paroi musculaire abdominale. Les muscles latéraux qui vont des côtes à l'os pubien se forment autour du cordon ombilical, à l'endroit où il rentre dans le corps du fœtus. Il n'y a donc pas de couche musculaire sous le nombril. Après la naissance, les muscles se rejoignent progressivement pour combler cette déficience. Cependant, chez certains bébés, le nombril va être repoussé vers l'extérieur lorsque la pression augmente dans la cavité abdominale (c'est-à-dire quand il pleure ou qu'il pousse). À noter que la taille de la hernie est déterminée par le diamètre de la zone sous le nombril dépourvue de couche musculaire. Cependant sa hauteur est sans relation avec la taille de la défaillance. Les hernies ombilicales sont généralement sans conséquence clinique, elles finissent par se résorber d'elles-mêmes et ne nécessitent pratiquement jamais d'intervention chirurgicale.

Les soins après une circoncision

Si vous choisissez de faire circoncire votre fils, l'opération est réalisée soit à la maternité, soit dans les quelques jours qui suivent votre retour à la maison, le plus souvent au huitième jour de vie du bébé. À la fin de l'opération, le médecin pourra envelopper le pénis de votre bébé dans une compresse de gaze imprégnée de vaseline, qui peut généralement être retirée le lendemain ; mais si on vous conseille d'attendre plus longtemps, suivez les instructions qui vous sont données. Avant de retirer la compresse de gaze, commencez par la mouiller, puis déroulez-la délicatement. Il arrive souvent qu'elle adhère à la peau du pénis, c'est pourquoi il se peut que votre bébé se mette à pleurer un peu au moment de la retirer. Ne vous affolez pas si vous voyez également quelques gouttes de sang perler lorsque vous retirez la compresse. Prenez une compresse propre et appliquez-la sur l'endroit qui saigne pendant une ou deux minutes. S'il y a plus que quelques gouttes de sang, prenez une compresse propre et appuyez délicatement, mais fermement, sur l'endroit qui saigne. Retirez la compresse au bout de deux ou trois minutes. Recommencez si le saignement persiste, mais si vous ne parvenez toujours pas à l'arrêter, appliquez de nouveau une compresse et appelez votre pédiatre. Une fois la compresse retirée, vous pouvez appliquer de l'onguent sur un carré de gaze de 5 cm de côté, ou bien tout simplement recouvrir d'onguent l'extrémité du pénis, en laissant la couche faire office de compresse.

Pour créer une barrière protectrice entre la peau sensible du gland et les agents irritants de la couche, on vous prescrira peut-être un onguent antibiotique ou un produit à base de vaseline.

Après la circoncision, le gland tout entier est rouge vif et, lorsque commence la cicatrisation, des petites croûtes de mucus vert ou jaune peuvent se former et adhérer sur la peau. Il est aussi courant et normal de trouver quelques taches de sang dans la couche, à l'endroit où elle est en contact avec le pénis, ou que quelques gouttes de sang perlent au moment où vous nettoyez le pénis.

Une fois la compresse initiale retirée, vous pouvez nettoyer la zone de la circoncision au moment du changement de couche. Si vous avez protégé le pénis par un carré de gaze, retirez-le. À l'aide d'un coton propre humidifié d'eau stérile, tamponnez doucement le gland. Éliminez les croûtes et les impuretés si elles se détachent facilement. Laissez le pénis sécher à l'air libre. Appliquez ensuite la compresse de gaze imbibée d'onguent. La zone de change peut être nettoyée avec un gant de toilette ou une lingette, à l'exception de la circoncision tant qu'elle n'est pas cicatrisée. En refermant la couche, assurez-vous qu'elle maintient le pénis bien fermement, cela évitera que le pénis soit ballotté dans la couche (ce qui est beaucoup plus irritant).

Pendant un jour ou deux après la circoncision, les pleurs de votre bébé peuvent signifier qu'il a mouillé sa couche et qu'il est gêné, mieux vaut alors le changer. Le pénis ne prendra pas son apparence définitive avant un certain temps, mais la cicatrisation est en général terminée au bout d'une semaine ou deux. La couleur rouge vif du gland s'atténue et, lorsque la cicatrisation est finie, il est d'une teinte mauve bleutée.

Il est judicieux de prendre l'habitude de nettoyer le sillon situé à la jonction entre le gland et la verge. S'il n'est pas éliminé régulièrement au moment du changement de couche ou du bain, le mucus épais sécrété par la peau à cet endroit peut entraîner des adhésions (la peau du bout de la verge reste collée à celle du gland et se soude à elle en grandissant).

Les infections à la suite d'une circoncision sont rares, mais si votre nouveau-né a une poussée de fièvre ou qu'il pleure plus qu'à son habitude, cela peut être un signe d'infection. La verge, qui n'est pas touchée par la circoncision, doit garder sa couleur normale : un rougissement de la peau à proximité du gland peut indiquer une infection. Appelez votre pédiatre immédiatement si vous pensez que votre fils a peut-être une infection : ce type d'infection peut avoir des complications assez graves.

La toilette et le bain

Un nouveau-né ne peut se salir que de façon très limitée, en dehors de la zone de la couche. Il a également la peau très sensible et n'aime pas du tout être immergé dans l'eau, la toilette au gant ou à l'éponge (voir ci-après) est donc le meilleur moyen de le laver tout en permettant au cordon ombilical de rester au sec.

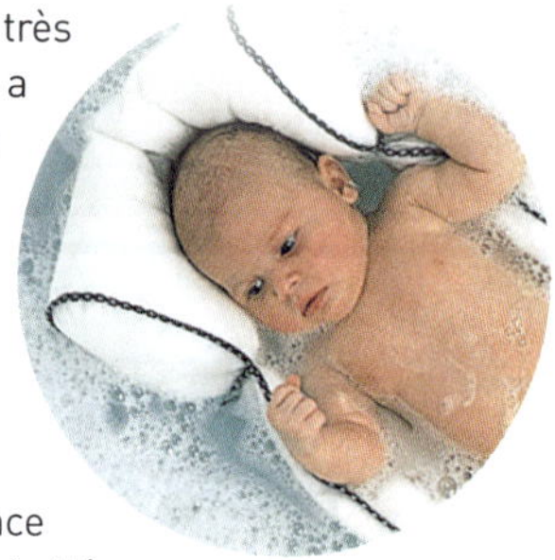

LA TOILETTE À L'ÉPONGE

Le plus facile est d'allonger votre bébé sur une surface plane recouverte d'une serviette propre, à proximité du lavabo. À l'aide d'une petite bassine remplie d'eau chaude savonneuse, mouillez un gant éponge ou du coton et essuyez votre bébé. Rincez-le et séchez-le ensuite rapidement avec une autre serviette.

LE BAIN

Il vous faudra une baignoire pour bébé à fond antidérapant. Elle servira jusqu'à ce que votre bébé sache se tenir assis droit sans dossier – vers l'âge de 6 mois environ. Remplissez la baignoire de 5 à 8 cm d'eau. Commencez toujours par verser l'eau froide, puis ajoutez l'eau chaude. Testez la température avec votre coude, mais si vous n'êtes pas sûr qu'elle convient, utilisez un thermomètre de bain. Il doit indiquer 37 °C. Assurez-vous que la température ambiante est suffisante, et que la baignoire est bien stable, sur une surface étanche, et à l'abri des courants d'air.

Les fontanelles

À la naissance, les os du crâne de votre bébé ne sont pas encore entièrement soudés, c'est pourquoi certaines petite zones, sur le dessus de sa tête, sont souples au toucher. Ces zones s'appellent fontanelles. Même s'il faut bien sûr rester prudent en les approchant, car le cerveau de votre bébé y est plus vulnérable, elles sont recouvertes d'une membrane solide, il n'est donc pas nécessaire d'éviter tout contact avec elles. Lorsque vous passez dessus pour laver et sécher les cheveux de votre bébé, procédez simplement avec douceur, comme pour le reste de sa peau. Elles ne seront pas complètement refermées avant les 2 ans de votre enfant environ.

ZOOM SUR... les shampoings et les savons

Pour laver la peau et les cheveux de leur enfant, la plupart des parents utilisent un savon pour bébé et un shampoing pour bébé. On dit généralement que les produits de toilette pour bébé sont « plus doux » ou « moins agressifs »... mais est-ce vrai ? En réalité, non. Il n'y a pas d'avantage à utiliser un savon pour bébé plutôt qu'un savon classique pour laver la peau d'un bébé. Pour tout dire, de nombreux médecins recommandent d'utiliser un savon pour adulte contenant des agents hydratants, pour le bain des bébés. Par ailleurs, le seul avantage d'un shampoing pour bébé est sa formule incluant des ingrédients qui piquent moins lorsqu'ils entrent accidentellement en contact avec les yeux, même s'ils piquent tout de même. Il n'y a vraiment pas de raison de considérer qu'un shampoing pour adulte serait dangereux ou « agressif ».

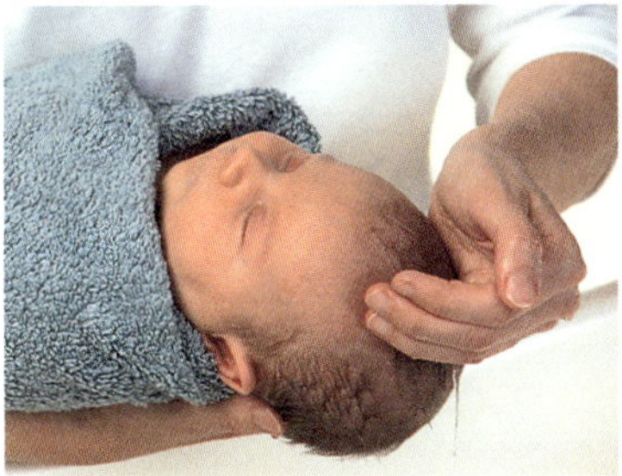

Avant de commencer à déshabiller votre bébé, rassemblez à portée de main tout ce dont vous allez avoir besoin. En plus du matériel nécessaire pour le bain lui-même, il vous faut un gant de toilette propre et doux, une serviette de bain propre et sèche pour essuyer votre bébé, une couche, et les vêtements que vous allez lui mettre après le bain.

Suivez les indications de la page 40 et procédez rapidement – les nouveau-nés et les nourrissons peuvent facilement avoir froid ; il faut donc que votre bébé reste nu le moins longtemps possible. De plus, il est possible qu'il pleure pendant toute la durée du bain, ce qui vous incitera sans doute à vous dépêcher. Pour lui laver les cheveux, vous pouvez utiliser de l'eau savonneuse plutôt que du shampoing. Commencez par les zones les plus propres et finissez par les plus sales, afin de limiter la propagation des microbes d'une partie du corps à l'autre.

Dès que vous sortez votre bébé du bain, enveloppez-le dans une serviette en prenant bien garde de ne pas lui recouvrir le visage. Séchez-le par tamponnements délicats, avec une attention toute particulière pour les plis de peau des cuisses, de la zone de change, des aisselles et du cou. Mettez-lui sa couche et ses vêtements, en laissant les parties encore dénudées sous la serviette.

Certains parents ressentent le besoin de baigner leur enfant tous les jours, mais il n'y a pas vraiment de raison de le faire. Outre le fait qu'il salit ses couches, sa seule occasion de se salir est lorsqu'il régurgite du lait. De nombreux bébés transpirent en dormant, mais cela ne les rend pas sales pour autant. Un bain tous les deux jours peut suffire. Cependant, si vous voulez intégrer le bain à un rituel du coucher de votre bébé ou que vous tenez tout simplement à lui donner un bain chaque jour, il n'y a aucune raison de ne pas le faire.

LE LAVAGE DES CHEVEUX

Commencez par mouiller la tête de votre bébé, puis appliquez le savon ou le shampoing. Rincez ensuite à l'eau claire. Pour lui sécher les cheveux, procédez par tamponnages légers. Utilisez un coin de la serviette : si vous lui recouvrez le visage, cela peut lui faire peur.

LES CROÛTES DE LAIT

Également appelées « casque séborrhéique », les croûtes de lait se manifestent par l'apparition de plaques de sébum qui se détachent du crâne à la manière de grosses pellicules (voir aussi Dermatite séborrhéique, page 483). Lorsque ces plaques tombent sur le front, le visage, les oreilles et le cou et irritent la peau, des petits boutons peuvent apparaître. On confond souvent à tort ces irritations avec l'acné du nourrisson.

Un traitement n'est pas forcément nécessaire, car ces petits boutons et les croûtes en elles-mêmes sont inoffensifs. Mais si vous le désirez, vous pouvez éliminer les croûtes, ce qui permettra de faire disparaître les petits boutons dont elles sont la cause. Massez doucement le crâne de votre bébé à l'huile d'amande douce et laissez poser quelques minutes. Puis faites un shampoing en frottant doucement le cuir chevelu. Un shampoing quotidien permet d'éviter l'accumulation de croûtes. Notez que, pendant les premiers jours du traitement, les irritations sur le visage vont s'accentuer, avant de commencer à s'atténuer.

L'eczéma est une autre affection de la peau à laquelle les bébés peuvent être sujets. Il se caractérise par des plaques sèches et rugueuses (voir page 483).

Le soin des cheveux et des ongles

Certains bébés naissent avec une chevelure bien fournie, tandis que d'autres n'ont qu'un léger duvet. Qu'ils soient épais ou fins, les cheveux d'un nouveau-né finissent toujours par tomber au bout d'une quinzaine de jours – ce qui inquiète souvent les parents, mais est parfaitement normal. Il se peut également que votre bébé naisse avec l'ensemble du corps recouvert d'un fin duvet, appelé lanugo. Ce duvet disparaîtra lui aussi au bout d'une quinzaine de jours.

Au début, les cheveux de votre bébé n'ont besoin que d'un entretien très simple : essuyez-les avec une éponge ou un gant de toilette mouillé, et brossez-les avec une brosse douce. N'utilisez pas de peigne, qui peut accrocher le cuir chevelu et blesser votre bébé. Sa tête est particulièrement fragile du fait des fontanelles. Cependant, n'ayez pas peur de la manipuler : assurez-vous simplement que tout contact avec elle se fait avec la plus grande douceur.

Un brossage doux et un lavage régulier des cheveux de votre bébé contribuent à prévenir l'apparition de croûtes de lait.

LES ONGLES

Les ongles d'un nouveau-né sont souvent assez longs et il faut les raccourcir afin d'éviter qu'il se griffe. Vous saurez que le moment est venu de le faire quand il commencera à s'écorcher – ou à vous écorcher ! Généralement, les ongles d'un nouveau-né doivent être raccourcis tous les trois ou quatre jours. Limez-lui les ongles plutôt que de les lui couper : avec des ciseaux, vous risquez de lui arracher des petits bouts de peau, ce qui non seulement est inconfortable pour lui, mais peut également entraîner des infections. Vous pouvez aussi les raccourcir en les mordillant avec vos dents – votre bouche est plus sensible qu'une paire de ciseaux. Pour éviter que votre bébé se griffe ou qu'il puisse s'écorcher s'il a la peau sèche, vous pouvez lui mettre une paire de moufles en tissu léger.

Les ongles de pied ont tendance à pousser moins vite que ceux des mains, et ils sont souvent enfoncés dans la peau qui les entoure, ce qui les rend plus difficiles à couper. Pour éviter que la lime se prenne dans la peau de votre bébé, limez-les bien droit. Cependant, si l'opération lui occasionne toute de même de petites blessures, arrêtez le saignement en appliquant un mouchoir en papier, puis désinfectez à l'aide d'une solution ou d'un onguent antiseptique.

L'habillage

Les parents prennent beaucoup de plaisir à habiller leur bébé : il existe un large choix de vêtements tous plus mignons les uns que les autres. Gardez cependant à l'esprit que c'est à vous uniquement que vous faites plaisir en dépensant beaucoup d'argent pour de jolis vêtements ; votre bébé, lui, n'a aucune conscience d'être bien habillé ou pas, et s'en fiche éperdument.

HABILLER VOTRE NOUVEAU-NÉ

Par principe, les bébés n'aiment pas être habillés et déshabillés, la sensation de nudité leur est déplaisante, et ils n'apprécient pas du tout qu'on leur enfile un vêtement par-dessus la tête. Simplifiez-vous la tâche (pour vous et pour lui) en ayant tout à portée de main, et ne laissez jamais votre bébé seul lorsqu'il est posé en hauteur, qu'il sache se retourner ou pas.

L'habillage peut être un moment de tendresse, de chatouilles et de baisers sur le ventre, mais attention à ne jamais brusquer votre bébé.

LE COUVRIR COMME IL FAUT

Lorsque vous habillez votre enfant, vous devez prendre garde à ce qu'il soit suffisamment couvert, mais pas trop non plus. Il doit avoir ni trop chaud ni trop froid, mais se sentir « juste comme il faut ». Votre bébé peut supporter des temps très froids – dites-vous que les Esquimaux eux aussi font des bébés ! – ou très chauds, s'ils sont habillés de façon adéquate.

Prenez comme repère le nombre de couches vestimentaires que vous devez portez vous-même pour vous sentir bien. Votre bébé a besoin d'à peu près autant de vêtements que vous. Les prématurés qui sont encore très petits (en

dessous de 2,75 kg) ont besoin d'une épaisseur de plus. Si vous utilisez un porte-bébé, comptez-le comme une couche vestimentaire.

Il est habituel d'enfiler un vêtement supplémentaire lorsqu'on sort en extérieur par temps très froid ; cependant évitez que votre bébé soit engoncé dans ses vêtements. Si vous n'êtes pas sûr que votre bébé soit suffisamment couvert, passez votre main (chaude) sous ses vêtements pour toucher sa poitrine ou son dos – ils doivent être un peu plus chauds que votre main. Par temps chaud, votre bébé pourra rester en couche et en body, et même parfois en couche seulement.

LES VÊTEMENTS

Choisissez des vêtements doux au toucher pour la peau de votre bébé. Les fibres naturelles comme le coton et les lainages doux permettront de maintenir votre bébé au chaud tout en laissant sa peau respirer.

Vérifiez l'intérieur de chaque vêtement afin de vous assurer qu'il ne contient pas de coutures ou d'étiquettes qui pourraient le gêner. Les étiquettes peuvent être coupées, mais les coutures en relief vont gêner votre bébé.

Les vêtements pouvant être tachés ou salis assez rapidement, en particulier au niveau de la couche et à l'encolure, il faudra les changer et les laver fréquemment.

Choisissez des vêtements aux couleurs résistantes et lavables en machine qui peuvent passer au sèche-linge. Évitez ceux qui doivent être lavés à la main et nécessitent d'être repassés.

Les bodies qui se ferment par boutons-pressions à l'entrejambe ne remontent pas sur le ventre comme le font les simples tee-shirts, ils maintiennent donc mieux votre bébé au chaud. Choisissez-les à encolure américaine (dégagée sur les épaules), cela les rendra plus faciles à enfiler par la tête. Les grenouillères à manches longues sont très pratiques : elles tiennent bien chaud sans gêner les mouvements de votre bébé. Veillez à ce qu'il ait toujours un peu de place pour grandir, c'est-à-dire que le tissu ne soit pas tendu sur ses jambes.

LES BONNETS

Votre bébé n'a besoin d'un bonnet que si vous avez, vous aussi, un peu froid à la tête. En été, il est indispensable de lui mettre un chapeau de soleil si vous passez beaucoup de temps en extérieur, exposés au soleil.

LE LAVAGE DES VÊTEMENTS

La sagesse populaire veut qu'un soin tout particulier soit apporté au linge de bébé : ils doivent être lavés avec une lessive douce, et séparément du linge du reste de la famille. Ces deux principes sont absurdes. Même s'il est vrai que la peau d'un bébé peut parfois avoir des réactions d'irritation à une lessive, cela est très rare, et peut de toute façon arriver avec n'importe quelle marque. Aucune étude comparative n'a jamais démontré qu'une marque de lessive était plus adaptée qu'une autre aux bébés. Il n'y a aucune raison non plus de laver les vêtements de votre bébé séparément de ceux du reste de la famille. Cela n'a absolument aucun avantage sanitaire. Cependant, il est recommandé de laver les vêtements neufs de votre bébé avant de les lui mettre pour la première fois.

Visites et sorties

Peu de temps après votre accouchement, vous verrez probablement arriver dans votre chambre de maternité des proches et des amis venus souhaiter la bienvenue au bébé, en espérant le voir de près et le prendre dans leurs bras. (Et cela continuera chez vous.) Vous aussi, d'ailleurs, aurez envie de voir vos proches et votre famille. Limitez la durée des visites et n'hésitez pas à dire que vous êtes fatiguée afin que vos invités vous laissent vous détendre. Le jeune papa peut jouer un rôle très appréciable, en surveillant de près le niveau d'énergie dont dispose la jeune maman, et en informant aimablement les invités ou les candidats à une visite qu'elle a besoin de se reposer. Si vous allaitez votre bébé, il se peut également que vous ne soyez pas à votre aise pour le faire devant d'autres gens. Ne laissez personne intervenir pendant une tétée : demandez à avoir votre intimité, ou couvrez-vous pour que votre pudeur soit respectée.

PRÉVENTION DES MICROBES

Les visiteurs sont aussi une source de microbes susceptibles d'être transmis à votre nouveau-né. Bien sûr, personne ne souhaite que son enfant tombe malade, cependant il y a des raisons toutes particulières de protéger votre bébé des microbes. Les nourrissons sont bien plus vulnérables face aux infections bactériennes graves que les enfants plus âgés et les adultes, et lorsqu'une telle maladie survient, elle peut se développer rapidement. De plus, il est plus difficile de distinguer une maladie bénigne d'un début de maladie potentiellement grave chez les nourrissons (voir encadré page suivante). Cependant, la plupart des maladies qui surviennent chez les nourrissons ne sont pas des infections bactériennes, mais des rhumes ou des virus. Les microbes qui pourront être transmis à votre bébé par des visiteurs entraîneront d'ailleurs le plus souvent une maladie virale. Mais les symptômes d'une maladie virale peuvent ressembler à ceux d'un début d'infection bactérienne, ce qui peut inciter à passer des examens et à engager des traitements. C'est pourquoi vos efforts pour empêcher votre bébé de tomber malade valent largement la peine. Non seulement vous lui éviterez d'être malade, ce qui est désagréable pour lui, mais surtout, vous vous épargnerez, à vous et à lui, l'inquiétude et les procédures invasives qui seraient nécessaires si votre enfant devait être hospitalisé.

La plupart des infections se transmettent par le contact rapproché et le toucher, il est donc nécessaire de prendre un certain nombre de précautions (voir encadré page 69). Si la plupart des adultes comprennent facilement que vous souhaitiez que votre bébé soit aussi peu exposé que possible aux microbes, il y aura toujours des gens pour penser que vous êtes juste un peu « parano ». N'hésitez pas à rejeter la responsabilité de ces restrictions sur votre médecin.

LES SORTIES

Il existe une tradition de longue date qui consiste à ne pas sortir de la maison avec un nouveau-né avant qu'il ait atteint l'âge de 2 semaines, voire de 1 mois. Parmi les raisons le plus souvent invoquées, il y a le fait que cela évite à l'enfant d'être exposé à des conditions climatiques extrêmes (de chaleur ou de froid), que cela permet à la jeune maman de se reposer et de se remettre de l'accouchement, et enfin que cela minimise l'exposition du bébé aux microbes. S'il est vrai que pendant ses premières heures de vie, un nouveau-né ne sait pas forcément bien réguler sa température corporelle, c'est un problème très éphémère (sauf si votre enfant est né prématurément, voir page 117). S'il est habillé de façon adéquate, votre bébé peut supporter les mêmes variations de température que vous. Il a

ZOOM SUR… les infections bactériennes

Au cours des deux ou trois premiers mois de sa vie, si votre bébé a de la fièvre, qu'il est malade et particulièrement grognon, il doit être examiné par un médecin. Si votre pédiatre ne peut pas exclure la possibilité d'une infection bactérienne, il le fera admettre à l'hôpital où on lui fera des analyses sanguines et d'urine, ainsi qu'une ponction lombaire afin de détecter une éventuelle infection sanguine ou urinaire (voir page 472) ou une méningite (voir page 467). On lui administrera alors un traitement de présomption d'antibiotiques par voie intraveineuse, puisque les cultures de bactéries peuvent ne pas donner de résultat avant deux ou trois jours. Si tous les examens concluent à l'absence d'infection bactérienne, votre bébé pourra rentrer à la maison. Mais il s'agit là d'une expérience difficile à vivre pour vous et votre enfant, et il est préférable d'éviter d'en arriver là.

3 façons de limiter les infections

1 Reportez la visite de toute personne malade. Dites aux gens enrhumés ou grippés de ne venir vous voir que lorsqu'ils seront guéris.

2 Limitez le privilège de prendre votre bébé dans les bras à quelques membres de la famille et aux amis les plus proches, et seulement après s'être lavé les mains. Les autres visiteurs ont le droit de regarder votre bébé, mais pas de le toucher ou de l'embrasser.

3 Gardez à portée de main un gel antiseptique. Placez non loin de votre bébé un flacon de gel alcoolisé, qui permet de se nettoyer les mains sans eau.

besoin d'un bonnet par temps froid, et si vous commencez à avoir trop froid ou trop chaud, vous pouvez supposer qu'il en est de même pour lui, et donc rentrer vous mettre à l'abri ou au frais.

Il est important que vous vous reposiez afin de vous remettre de l'accouchement, ce que de trop nombreuses mères ne prennent pas le temps de faire suffisamment. N'emmenez pas votre bébé faire de longues promenades si vous ne vous êtes pas d'abord occupée de vous-même, mais une petite sortie peut vous être très bénéfique et vous permettre de passer un agréable moment.

Enfin, la majorité des infections sont transmises par contact rapproché en face-à-face entre un porteur de microbes et votre bébé. C'est pourquoi il vaut mieux éviter les espaces exigus et mal aérés (comme les magasins ou les restaurants aux heures d'affluence), mais il n'y a habituellement aucun danger à aller au parc, à marcher le long d'une route, ou dans un centre commercial.

Inquiétudes parentales courantes

Vous allez sans doute vous inquiéter énormément dès que votre bébé aura le moindre problème. Les mères semblent être programmées pour s'inquiéter plus que les pères, mais vous seriez tous deux très angoissés si quoi que ce soit d'inhabituel arrivait à votre bébé (voir aussi les chapitres 13 et 14).

L'ALIMENTATION

De toutes les raisons d'inquiétude que peuvent avoir de jeunes parents, une des plus fréquentes est la difficulté à mettre en place l'alimentation de leur enfant. C'est tout particulièrement vrai si le bébé est allaité. Le biberon présente à cet égard deux avantages : on voit la quantité de lait que le bébé boit, et il n'y a pas d'inquiétude sur les quantités de lait dont il dispose. Même s'il est en fait assez facile de vérifier que votre bébé mange à sa faim (voir page 83), il se peut que vous continuiez d'avoir des doutes jusqu'à la montée de lait, et jusqu'à ce que votre bébé se mette à téter plus vigoureusement et plus souvent.

La plupart des mères supposent à juste titre que l'allaitement va fonctionner sans problème dès le début. Mais, pour certaines mamans, ce n'est pas le cas. Dans environ 10 à 20 % des cas, elles rencontrent des difficultés à mettre un allaitement en place. Les conseils apportés dans ce

Savoir quand nourrir votre bébé

Si votre bébé se réveille en général toutes les deux ou trois heures, respectez son rythme et nourrissez-le à la demande. Lorsqu'il a de longues périodes de sommeil (ce qui arrive souvent dans l'après-midi), il n'y a aucun risque à le laisser dormir un peu plus – les moments où il reste longtemps sans téter seront compensés par des tétées plus rapprochées.
Cependant, si votre enfant ne réclame pas à manger au moins toutes les trois heures (même s'il peut bien sûr y avoir des exceptions ponctuelles, lorsque sa sieste se prolonge, par exemple, et que vous n'avez aucun doute sur le fait qu'il boit assez de lait et qu'il tète correctement, auquel cas il n'y a aucune raison de le réveiller), et si vous pensez que vous n'avez pas assez de lait ou qu'il ne boit pas assez, ne le laissez pas dormir trop longtemps. Réveillez-le toutes les trois heures s'il ne réclame pas de lui-même à téter.

livre devraient vous aider à surmonter ces difficultés si vous en rencontrez, auquel cas vous aurez également besoin du soutien de votre compagnon, de votre famille, des sages-femmes et de votre pédiatre, ainsi que d'un repos suffisant. Avec de la persévérance, vous y arriverez !

À LA DEMANDE OU À HEURE FIXE ?

Le thème de l'allaitement et de l'alimentation au biberon est abordé en détail au chapitre 3. Que votre bébé soit allaité ou nourri au biberon, la méthode la plus répandue est de s'en tenir aux signaux envoyés par le bébé et de ne le nourrir que lorsqu'il manifeste de la faim (alimentation à la demande). Mais, pendant ses six premières semaines de vie environ, un bébé a besoin de téter très souvent (environ toutes les deux heures, et il ne devrait pas dormir plus de trois ou quatre heures de suite), il est donc possible que vous trouviez plus facile d'adopter des horaires fixes. Il se peut également que vous souhaitiez que votre bébé s'adapte à vos habitudes et aux rythmes de la famille, ce qui nécessitera peut-être de lui fixer des horaires précis. Si votre enfant est très calme et qu'il ne réclame pas à manger de façon régulière, le nourrir à heures fixes est également un choix sensé. Mais il est rare qu'un bébé soit calme à ce point. La plupart d'entre eux savent parfaitement bien faire comprendre qu'ils ont faim. Vous déciderez probablement de ne pas lui imposer d'horaires s'il semble savoir très bien lui-même à quel moment il a envie de manger. S'il pleure infatigablement lorsqu'il a faim, vous aurez bien du mal à le faire attendre pendant les longues minutes nécessaires pour respecter l'horaire précis.

LE MUGUET

Le système immunitaire d'un bébé n'étant pas encore complètement développé à sa naissance, il peut arriver que sa cavité buccale constitue un terrain de propagation idéal pour certaines levures, du type *Candida*.

Les *Candida* sont généralement inoffensifs et sans désagrément, et se manifestent sous la forme d'une pellicule blanche sur la langue, qui ne s'élimine pas au grattage (alors que le lait s'élimine facilement), et de plaques blanches et grumeleuses sur l'intérieur des joues, les gencives et le palais. On appelle « muguet » cette pellicule et ces plaques blanches. Très souvent, lorsqu'il est situé à l'arrière de la gorge, le muguet peut entraîner des difficultés à déglutir. Par ailleurs, lorsque cette levure se propage aux intestins, on retrouve des *Candida* dans les selles, ce qui entraîne un risque de candidose en cas d'érythème fessier (voir Érythème fessier persistant, page 55). Il arrive également parfois que le muguet soit transmis à la mère pendant la tétée et que survienne une infection du téton, qui devient alors douloureux et prend une couleur rosée, parsemée de petits boutons rouges. (Ce type d'infection se soigne en appliquant localement sur le téton le même type de crème antifongique que celle utilisée pour soigner les érythèmes fessiers à candidose. Il faut simplement veiller à bien essuyer la crème avant la tétée suivante.)

Il existe trois façons principales de soigner le muguet. Les deux premières consistent en un traitement médicamenteux par voie orale que peut vous prescrire votre médecin. Les gouttes de Nystatine, qui s'administrent quatre fois par jour directement dans la bouche, combattent les cellules fongiques lorsqu'elles entrent en contact avec elles. Le bébé avale généralement le médicament, mais cela ne présente pas de danger, car il est absorbé en quantités négligeables. Le Fluconazole est un antifongique oral systémique le plus souvent prescrit pour une durée de deux semaines. Il est beaucoup plus efficace que la Nystatine, mais présente plus d'effets secondaires, car il est bien absorbé par l'organisme. Le troisième « traitement » du muguet est l'absence de traitement. Le muguet n'entraîne généralement aucun désagrément et, si on n'intervient pas, il disparaît dès lors que le système immunitaire de votre enfant est capable de l'éliminer, vers l'âge de 2 ou 3 mois.

LE MANQUE DE SOMMEIL

Le thème de l'endormissement de votre bébé est abordé dans son ensemble au chapitre 7. Si de bonnes habitudes de sommeil (comme le fait d'être couché tous les soirs à la même heure, ou de s'endormir dans son berceau et non dans les bras) sont indispensables afin que votre bébé devienne et reste un bon dormeur, il y a de bonnes raisons de ne pas trop insister sur ces bonnes habitudes au début. Les nouveau-nés ont des rythmes de sommeil très irréguliers, et leur plus longue tranche de sommeil se situe généralement dans l'après-midi. La différenciation entre jour et nuit commence à se faire vers l'âge de 2 ou 3 mois, où votre bébé va enfin commencer

ZOOM SUR... la mort subite du nourrisson

On parle de « syndrome de la mort subite inexpliquée du nourrisson (MSIN) » lorsqu'un bébé de moins de 1 an meurt sans qu'aucune cause ne puisse être identifiée. Les bébés meurent dans leur sommeil, en général lorsqu'ils sont dans leur lit ou dans leur berceau, mais il peut arriver que ce soit pendant d'autres périodes de sommeil, dans leur poussette ou dans les bras de leurs parents. N'importe quel bébé peut être victime d'une mort subite du nourrisson, mais les enfants prématurés ou de poids de naissance faible y sont plus exposés. Elle survient le plus souvent la nuit, entre minuit et 9 heures.

Parmi les anomalies évoquées comme faisant partie des causes de la mort subite du nourrisson, on trouve l'insuffisance respiratoire, des anomalies du bulbe rachidien, des problèmes d'irrégularité des battements cardiaques, les toxines bactériennes, et certaines anomalies génétiques. Cependant, aucune de ces raisons n'a jamais été prouvée. Bien qu'on en sache peu sur ce qui déclenche une mort subite, il existe un grand nombre de mesures préventives dont l'efficacité a été prouvée pour réduire les risques (voir pages 194 à 199).

à dormir plus longtemps la nuit. Il va également se réveiller plusieurs fois par nuit pour téter. De plus, s'il a des crises de pleurs le soir (en raison de coliques), vous allez l'aider à passer ces moments difficiles, et le respect des habitudes de sommeil que vous lui aurez fixées passera au second plan de vos priorités.

Les premiers mois sont les plus difficiles à traverser pour les parents, principalement en raison de leur état de fatigue permanent. Votre bébé n'ayant pas encore intégré les rythmes jour/nuit, il va se réveiller souvent la nuit et vous allez manquer de sommeil. Ne perdez pas une occasion de vous reposer et de dormir un peu, cela doit devenir une de vos priorités. Ainsi, même s'il est souhaitable de faire adopter à votre bébé de bonnes habitudes de sommeil dès le départ, n'en faites pas une contrainte absolue s'il ne se montre pas coopérant.

Faites tout ce que vous pouvez pour dormir, même si cela implique de prendre de mauvaises habitudes (il sera toujours temps d'en adopter de meilleures lorsque votre enfant sera prêt à faire ses nuits). Si votre bébé s'endort mieux en étant bercé, faites-le. S'il préfère dormir dans sa balancelle ou dans son siège auto, ce n'est pas non plus un problème. Si vous le faites dormir dans un couffin près de votre lit, ce sera plus simple pour le prendre avec vous lorsqu'il se réveillera la nuit. Cela vous facilitera aussi les choses si vous allaitez. S'il est nourri au biberon, préparez ce qui peut l'être à l'avance.

On ne dira jamais assez combien il est important que vous dormiez. Si vous êtes épuisée, vous aurez un moral beaucoup plus fragile, et beaucoup moins de patience envers votre partenaire et votre bébé. Essayez de faire la sieste dans la journée, lorsque votre bébé dort. Et si c'est bien souvent sur la maman que retombe la lourde tâche de se relever la nuit, notamment si elle allaite, le papa peut y prendre part. Il peut apporter le bébé à sa mère pour qu'elle l'allaite, changer la couche après la tétée, et se charger de le rendormir après l'une des tétées nocturnes au moins. Les pères apprécient d'ailleurs de nourrir leur enfant eux aussi, et, lors des réveils nocturnes, ils peuvent donner un biberon de lait infantile, ou de lait maternel qui a été tiré. Pendant ce temps, la maman peut continuer de dormir.

En recouchant votre bébé dans son lit ou dans son couffin, n'oubliez pas de l'allonger sur le dos, position dans laquelle il est le plus en sécurité.

LA VIE PROFESSIONNELLE

Les mères célibataires et la plupart des pères ont une autre source d'inquiétude encore : ils peuvent se demander comment ils vont faire pour subvenir aux besoins de leur bébé, et parfois de leur partenaire au foyer. Ils peuvent se sentir partagés entre le désir d'être plus présents à la maison, afin de participer aux tâches quotidiennes et de passer plus de temps avec leur bébé, et celui de s'investir davantage dans leur vie professionnelle pour assurer plus de sécurité à leur famille. Même au sein d'un couple, les femmes peuvent ressentir la même pression. Avant de trouver un équilibre entre ces deux désirs et de se sentir plus à l'aise dans son rôle au sein de la famille, cela peut prendre du temps. Il existe aujourd'hui des pères qui choisissent de rester au foyer et de s'occuper majoritairement de leur enfant.

LES JUMEAUX

Ces dernières années, le nombre de grossesses gémellaires a considérablement augmenté. Cela s'explique principalement par le succès de la fécondation *in vitro* et des traitements destinés à augmenter la fécondité des femmes, mais aussi par la meilleure qualité de l'alimentation.

Le plus gros souci que posent les jumeaux est qu'ils sont deux ! Ce qui donne lieu à de nombreux problèmes d'organisation. Il faut, par exemple, choisir deux prénoms et non un seul, et avoir deux sièges auto. Il va également falloir que vous appreniez à les différencier. Ce sera assez facile si vous avez des jumeaux dizygotes, mais moins évident s'ils sont monozygotes. En apprenant à bien connaître vos bébés, vous vous rendrez compte qu'ils sont uniques, ce qui finira par vous sembler évident. Mais au début, mieux vaut prendre quelques repères. Une marque de naissance, une forme de tête différente, le fait que l'un ait plus ou moins de cheveux que l'autre, ou qu'ils n'aient pas le cordon ombilical placé de la même manière peut vous aider à les différencier. Pour plus de certitude, vous pouvez leur laisser à la cheville ou au poignet leur bracelet de naissance, sur lequel est écrit leur prénom, ou en fabriquer un vous-même.

Par ailleurs, la charge de travail est également multipliée par deux. Vous avez deux fois plus de couches à changer, deux fois plus de bains à donner, et deux fois plus de pleurs à consoler. Lorsqu'ils seront plus grands, vous allez devoir courir après deux petites canailles, avoir deux fois plus de nettoyage à faire, et probablement quelques

Vrais ou faux jumeaux ?

Au tout début, lorsque vos jumeaux ne sont encore que des nouveau-nés, il est assez difficile de dire s'ils sont monozygotes (« vrais jumeaux ») ou dizygotes (« faux jumeaux »). Des vrais jumeaux peuvent avoir des différences de taille et de poids et, en fonction de leur position dans l'utérus, la forme de leur tête peut ne pas être la même. C'est en observant attentivement le placenta que l'on peut arriver à déterminer à la naissance si vos jumeaux sont monozygotes ou dizygotes. Il est également possible d'effectuer des tests génétiques, mais il est rare que cela soit nécessaire. Voici certains indices qui peuvent vous aider à savoir si vous avez de « vrais » ou de « faux » jumeaux :

- Si vos jumeaux sont de sexes différents, ils ne peuvent pas être monozygotes. Les jumeaux de même sexe, eux, peuvent être soit monozygotes, soit dizygotes.
- Si, à la naissance, il n'y avait qu'un seul placenta, il est probable que les jumeaux soient monozygotes. Les jumeaux dizygotes ont en général un placenta chacun, et si leurs placentas fusionnent ils donnent lieu à un placenta de taille bien plus importante qu'un placenta unique.
- Les jumeaux conçus dans le cadre d'une fécondation in vitro sont en général dizygotes, puisque la technique consiste à introduire plusieurs ovules fécondés à la fois dans l'utérus, afin d'augmenter les chances qu'au moins un embryon se développe.
- Les jumeaux monozygotes ont le même groupe sanguin. Le groupe sanguin de vos bébés vous est en général indiqué à la maternité. Les jumeaux dizygotes peuvent être soit du même groupe sanguin, soit de deux groupes sanguins différents.

chamailleries entre jumeaux à arbitrer. Bref, vous allez être deux fois plus épuisés que les autres parents. L'aide de votre partenaire, de votre famille, d'amis ou même d'une *baby sitter* peut être très appréciable.

Vous allez aussi peut-être trouver plus difficile de nourrir deux bébés en même temps, en particulier si vous allaitez (voir aussi page 92). Il est tout à fait possible d'allaiter exclusivement des jumeaux, mais cela risque de poser certaines difficultés : il se peut que les tétées soient très fréquentes, donc excessivement fatigantes. Pour contourner ce problème, vous pouvez demander à votre partenaire de vous alléger la tâche en donnant de temps à autre un biberon de lait infantile. Cela peut permettre de soulager votre stress, mais le risque est que l'un de vos jumeaux, ou les deux, finisse par préférer le biberon au sein.

FAIRE FACE À DES PROBLÈMES INATTENDUS

Vous n'aurez pas prévu la plupart des problèmes que vous pourrez rencontrer avec votre nouveau-né. Cependant même des problèmes mineurs peuvent être très déroutants, car vous manquez de recul. Une marque de naissance, une réticence de votre bébé à se nourrir les tous premiers jours, ou une petite jaunisse (voir page 499) pourront vous sembler un problème insurmontable. Votre pédiatre, une sage-femme ou vos proches peuvent vous être d'une grande aide en vous apportant les informations dont vous avez besoin afin de pouvoir relativiser un problème particulier.

Il est rare qu'une maladie grave ou une malformation soit décelée chez un nouveau-né (voir chapitre 13). Si c'est le cas, votre enfant sera envoyé en service de néonatalogie. Dans une telle situation, vous serez très probablement en état de choc, et vous vous sentirez désemparé et impuissant. (Pour en savoir plus sur ce que les jeunes parents vivent en néonatalogie, reportez-vous au chapitre 4). Inutile de dire que vous aurez alors désespérément besoin de deux choses : des informations et du soutien. Les informations que vous apporteront le pédiatre et les autres spécialistes qui s'occuperont de votre bébé vous seront très précieuses. Vous aurez besoin de mieux cerner la nature du problème et ses causes, de comprendre ce qui peut être fait pour soigner votre bébé, et de connaître les séquelles possibles. Même si vous pouvez trouver bien d'autres sources d'informations, comme des livres ou des sites Internet, il se peut que tout ce que vous y lirez ait pour seul effet de vous plonger dans la confusion (voir encadré page 79). De grands efforts ont été faits dans ce livre pour éviter les erreurs les plus couramment rencontrées sur d'autres supports.

Être parents d'un enfant malade ou atteint de problèmes médicaux graves est extrêmement éprouvant. Il se peut que vous soyez submergé d'angoisse et que vous ayez les nerfs à fleur de peau. Le soutien au sein du couple pour traverser ces moments difficiles sera primordial. Vos proches et amis, par leur simple présence, peuvent également vous être d'un grand réconfort.

5 dangers à s'informer dans les livres et sur Internet

1 **Les informations inexactes.** Les livres et les sites Internet peuvent contenir des erreurs importantes. Il est parfois difficile de savoir si un livre a été relu et/ou corrigé par un spécialiste, et lorsqu'on consulte un site Internet, on ne peut vérifier l'exactitude des données qu'il présente.

2 **Les informations que vous trouvez ne sont pas applicables à votre bébé.** Il peut exister des ressemblances entre plusieurs maladies différentes. Il est donc possible que vous trouviez la description d'une maladie qui corresponde à plusieurs des symptômes de votre enfant, mais qui ne soit pas le bon diagnostic, ou qui vous fasse faire des interprétations erronées. Alors, gare aux fausses pistes.

3 **Les informations trouvées ne sont pas spécifiques.** Les publications et les sites Internet que vous pourrez trouver s'adressent à un public très large, et contiennent des informations et des conseils s'appliquant à des enfants très différents. Afin de couvrir la possibilité d'une maladie plus grave, ces supports peuvent indiquer des précautions superflues. Mieux vaut toujours considérer chaque cas individuellement.

4 **Les informations non fiables.** De nombreuses sources d'informations ont une manière faussée d'annoncer les données. Elles ne prennent en compte que certains aspects, et ne les présentent pas de façon objective.

5 **L'excès d'informations.** Il se peut que vous obteniez plus d'informations que celles que vous cherchiez. Si votre médecin vous a dit « votre bébé a de très grandes chances de guérir », êtes-vous sûr de vouloir tout savoir sur les 0,1% d'enfants atteints de la même maladie pour qui l'issue sera beaucoup plus grave ?

3 Nourrir votre bébé

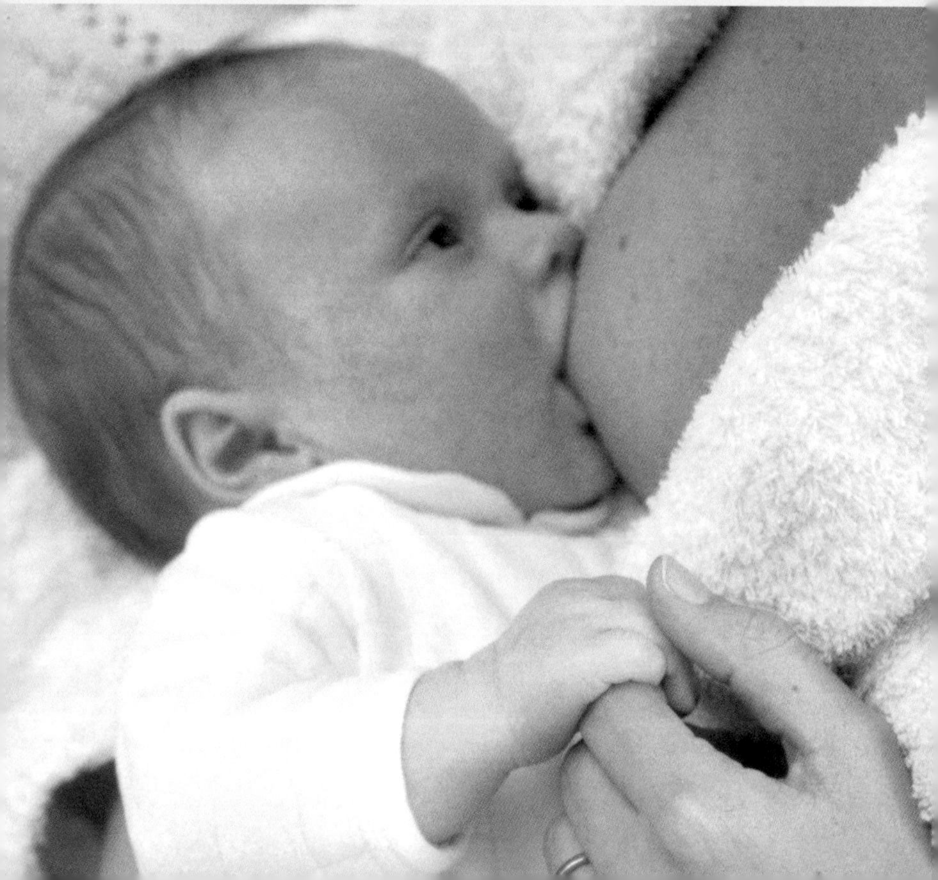

Les principes essentiels

Que votre bébé soit allaité ou qu'il soit nourri au biberon (de lait infantile ou de lait maternel), vous vous apercevrez que, pendant les premières semaines de sa vie, la plus grande partie du temps que vous passerez avec lui sera consacrée à le nourrir. Si vous avez la possibilité d'avoir à vos côtés quelqu'un qui vous accompagne jusqu'à ce que vous sentiez que vous maîtrisez les choses, cela peut vous changer la vie. En effet, avant de trouver un rythme d'alimentation dans lequel vous vous sentiez bien, cela peut prendre près de deux semaines. Si vous rencontrez des difficultés, mieux vaut alors faire appel à une aide extérieure dès le départ. Si vous avez l'impression que votre bébé « ne boit pas assez », parlez-en à une puéricultrice, à d'autres jeunes mamans, à des amis ou à votre famille. Vous serez bientôt rassuré en voyant votre bébé prendre du poids.

L'allaitement est la meilleure alimentation que l'on puisse donner à un nouveau-né ; il lui apporte tous les nutriments dont il a besoin, tout en le protégeant des infections. Il protège également de certaines maladies et vous permet de tisser un lien physique et émotionnel très fort avec votre bébé.

Même si les femmes ont toujours allaité leur bébé, il semble qu'aujourd'hui de nombreuses jeunes mamans éprouvent des difficultés à le faire, ce qui s'explique sans doute par le fait qu'au cours de ces quarante dernières années, le « savoir-faire » de l'allaitement s'est perdu. Les bébés sont comme ils ont toujours été, ils naissent avec le même instinct naturel mais, dans les pays industrialisés, bon nombre d'entre eux viennent au monde à l'aide de l'intervention de la médecine, ce qui peut créer des problèmes pour la mise en place d'un allaitement au cours des tout premiers jours. Si, par exemple, on vous a donné de la péthidine ou un autre antalgique équivalent pendant l'accouchement, cela peut avoir un peu « assommé » votre bébé, et l'avoir fait naître engourdi. Si votre bébé est né à l'aide des forceps, il est possible qu'il ait mal à la tête pendant les quelques premiers jours, et si vous avez eu une césarienne, il se peut que son réflexe de succion se mette en place plus lentement. Si votre bébé a été séparé de vous, par exemple parce qu'il a eu besoin d'aide après une naissance difficile, il est également possible que son réflexe de succion mette un certain temps à revenir.

Si vous choisissez de nourrir votre bébé au biberon – peut-être parce que vous avez un problème médical, parce que vous prenez des médicaments, ou simplement parce que l'allaitement est une chose qui vous met mal à l'aise –, le plus important est d'assumer ce choix sans vous culpabiliser. Votre bébé disposera tout de même d'une alimentation parfaitement suffisante, et le lien affectif entre vous et lui peut être renforcé de bien d'autres manières.

LA FRÉQUENCE DES TÉTÉES

Les adultes ont tous des habitudes alimentaires différentes : certains sont portés sur le grignotage, d'autres aiment faire plusieurs petits repas, tandis que d'autres encore ont besoin de faire trois repas copieux à heures régulières. Les bébés, eux aussi, diffèrent les uns des autres. S'ils ont tous besoin de manger assez fréquemment, surtout au début, ils peuvent ne pas avoir les mêmes rythmes. Certains aiment téter toutes les deux heures, tandis que d'autres sont beaucoup plus irréguliers. Et certains sont réglés comme une horloge !

Quel que soit le rythme de votre bébé – et qu'il soit allaité ou nourri au biberon –, presque tous les professionnels de la santé ont pu constater que la plupart des mères savent exactement quand leur bébé a faim, et recommandent la plus grande flexibilité dans les horaires des tétées.

Au début, il est possible que votre bébé semble réclamer à téter très fréquemment. Son estomac est minuscule et ne peut donc pas contenir beaucoup de lait à la fois. Au cours des premières semaines, un bébé nourri au biberon réclame à manger en moyenne toutes les trois ou quatre heures, tandis qu'un bébé allaité veut téter environ toutes les deux heures, de jour comme de nuit. Pour éviter de vous décourager, sachez que les tétées très rapprochées du début servent à installer une bonne lactation afin que votre bébé dispose de quantités de lait suffisantes par la suite, lorsqu'il fera de plus grosses tétées.

Le lait maternel contient peu de protéines et beaucoup de lactose ; les bébés ont donc besoin de faire des petites tétées très fréquentes pour bien grandir. Un bébé nourri au biberon doit également pouvoir téter à la demande ; le mieux est donc de lui proposer un biberon dès qu'il manifeste de la faim. Un bébé de poids normal ne tient que six heures maximum entre chaque tétée. Au départ, c'est dans la journée

6 signes que votre bébé est bien nourri

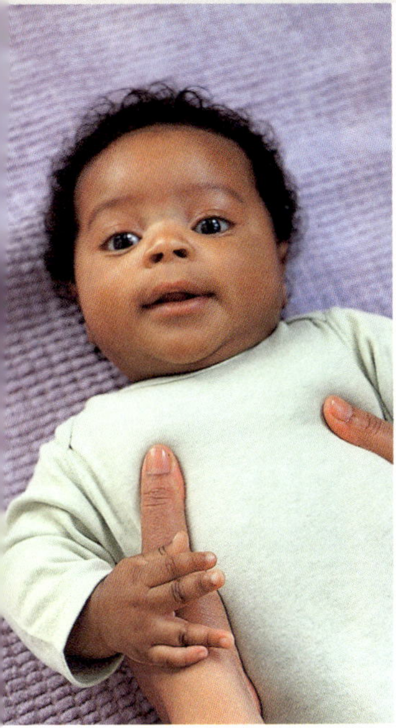

1 Il est détendu pendant les tétées. Votre bébé tète et avale lentement, en marquant des pauses de temps à autre.

2 Il ne tète pas activement pendant plus d'une demi-heure de suite. Cela indique qu'il est bien calé. Si votre bébé se met à faire des tétées interminables, c'est que quelque chose ne va pas, et il peut être nécessaire de demander de l'aide.

3 Il semble satisfait et dort bien entre la plupart des tétées.

4 Ses selles, noires et collantes au début, prennent rapidement une teinte jaune dorée au cours des cinq premiers jours, et elles sont toujours molles (très coulantes s'il est allaité, plus fermes s'il est nourri au biberon).

5 Il mouille ses couches abondamment, et souvent. Une fois mouillée, sa couche est lourde dans la main.

6 Il est bien éveillé et calme quand il est réveillé. Il semble de plus en plus dodu, et pèse de plus en plus lourd.

qu'il va faire sa plus grosse tranche de sommeil, mais cela signifie qu'il apprend à dormir plus longtemps, et bientôt ces six heures de sommeil devraient passer à la nuit.

Les tout premiers jours, certains bébés ne se réveillent pas pour réclamer à téter. Cela peut être dû au fait qu'ils sont un peu « assommés » par les médicaments de l'accouchement, ou qu'ils ont été un peu brusqués par une naissance assistée, et ont besoin de se remettre de leurs émotions. Si votre bébé dort déjà depuis longtemps, il peut être judicieux de le réveiller doucement pour lui proposer une tétée.

LES BONNES QUANTITÉS

Tout comme les adultes, les bébés font parfois de gros repas, parfois de plus petits. Si vous allaitez, votre bébé voudra sans doute téter aussi longtemps que possible le premier sein que vous lui donnerez. Vous pouvez ensuite marquer une pause pour lui faire faire un rot ou lui changer sa couche, puis lui proposer l'autre sein. Les bébés apprécient beaucoup d'être « resservis » lors d'une tétée, surtout s'ils font une grosse tétée façon « entrée + plat + dessert », plutôt que si c'est une petite tétée façon « encas ». Votre premier sein va se remplir pendant que votre bébé tète le second ; vous pouvez donc, s'il n'est toujours pas rassasié, repasser au premier par la suite. Tout comme chaque bébé a sa personnalité et sa manière de téter, chaque sein a des capacités différentes et fonctionne individuellement, mais les tétées fréquentes des premières semaines permettent d'amorcer une bonne lactation.

Si votre bébé est nourri au biberon, il aura besoin de boire 60 à 75 ml de lait pour 500 g de son poids. Un bébé de 3,5 kg doit par exemple boire 420 à 525 ml de lait sur une période de 24 heures. Avant d'atteindre le poids de 5 kg environ, les bébés ont besoin de prendre six à huit biberons par jour, car ils ne boivent que 60 ml environ par biberon.

Des recherches ont montré qu'un bébé allaité n'a pas besoin de biberon d'eau, puisqu'il absorbe assez de liquide en faisant de petites tétées très fréquentes. L'eau ne contient aucun élément nutritif, et elle ne devient nécessaire qu'à partir du moment où une alimentation solide est donnée. Il peut arriver que les bébés nourris au biberon aient soif lorsqu'il fait chaud. Si votre bébé semble avoir soif, vous pouvez lui proposer un petit biberon d'eau à température ambiante.

Si vous avez quelque inquiétude que ce soit sur la croissance de votre bébé, rendez-vous au centre de PMI le plus proche de chez vous pour le faire peser. La courbe de croissance qui figure

L'aider à faire son rot

Lorsque votre bébé est gêné par des bulles d'air dans son estomac, vous pouvez l'aider à les évacuer. Levez-le contre vous, sa tête sur votre épaule, avec une main sous ses fesses pour le soutenir, et l'autre main dans son dos pour le masser ou le tapoter doucement. Vous pouvez aussi tenir votre bébé en position assise sur vos genoux. Soutenez sa tête d'une main et utilisez l'autre pour le masser ou le tapoter doucement entre les omoplates. Enfin, vous pouvez également allonger votre bébé le ventre sur l'un de vos genoux, la poitrine reposant sur votre bras replié. Massez-lui doucement le dos par des caresses et des tapotements légers.

PRIORITÉ SANTÉ

Douleurs et vomissements

Si votre bébé semble avoir mal au ventre et vomit après chaque tétée, il peut s'agir d'un problème médical comme un reflux gastro-œsophagien ou une gastro-entérite. Les deux peuvent se soigner ; il faut alors demander conseil à votre pédiatre.

dans le carnet de santé de votre enfant vous permet de comparer le poids de votre bébé à la moyenne des bébés de son âge. Il est inutile de peser un bébé toutes les semaines, car sa croissance se fait par paliers. Les pesées trop fréquentes auront pour seul effet d'accentuer les inquiétudes des jeunes mamans.

LES PICS DE CROISSANCE

Les bébés ont des rythmes de croissance variables. Ils peuvent avoir des pics de croissance à environ 2 semaines, 4 semaines, 6 semaines et 3 mois. Juste au moment où vous pensez qu'il a enfin pris un rythme régulier, le voilà qui veut tout à coup manger plus souvent ! C'est qu'il a grandi et, si vous allaitez, il essaye de stimuler davantage votre lactation afin d'avoir plus de lait pour pouvoir continuer à grandir. La seule façon qu'il a de le faire est de téter plus souvent, ce qui va avoir pour effet de stimuler votre production de lait. Lorsque la production sera redevenue suffisante, il reprendra un rythme alimentaire plus normal jusqu'au prochain pic de croissance.

La croissance peut être source d'inconfort pour certains bébés, qui réagissent alors comme lorsqu'ils ont mal. Si votre bébé semble traverser un moment difficile, vous pouvez l'aider et le soulager par des caresses, des massages, en le prenant contre vous pour un contact peau à peau, et en lui parlant doucement dans le creux de l'oreille. Les jours passés avec un bébé en pleine crise de croissance peuvent sembler éprouvants, mais le fait de savoir que ce n'est que temporaire devrait vous aider à les traverser plus sereinement.

Si vous allaitez et que votre bébé pleure souvent, n'hésitez pas à demander des conseils à quelqu'un qui s'y connaît plutôt que de proposer d'emblée des biberons de complément. S'il s'agit d'améliorer votre lactation, vous pourrez obtenir l'aide et les conseils pratiques dont vous avez besoin auprès d'une sage-femme, de votre pédiatre, d'une puéricultrice, ou d'une spécialiste de l'allaitement (voir page 87).

LES GAZ

Les premiers jours, un bébé n'avale généralement pas beaucoup d'air. Cependant, à mesure qu'il boit des quantités de plus en plus importantes, il ingère également de plus en plus de lactose. Ce lactose fermente et produit des gaz, qu'il a besoin d'évacuer pour se soulager, soit par la bouche, soit par l'anus.

Si votre bébé est nourri au biberon et qu'il a beaucoup de gaz – ce qui se devine au fait qu'il semble gêné et agité après avoir bu son biberon –, vérifiez que la fente de la tétine est de la bonne taille. Si le débit est insuffisant, c'est que cette fente est trop petite et que votre bébé doit téter très fort pour faire sortir le lait. Cela peut vouloir dire qu'en tétant, votre bébé avale trop d'air en même temps que le lait. À l'inverse, si votre bébé semble avaler à grosses gorgées, vérifiez que la fente de la tétine n'est pas trop grande.

Assurez-vous également que le biberon est suffisamment incliné lorsque votre bébé boit – la tétine et le haut du biberon doivent toujours être entièrement remplis de lait.

La plupart des bébés n'apprécient pas du tout que l'on les interrompe au milieu d'un biberon qui s'écoule à un débit constant. C'est pourquoi, si votre bébé a beaucoup de gaz, essayez de lui faire faire un rot au moment où il marque une pause de lui-même. Il est assez difficile pour un bébé d'avaler de l'air, mais si votre bébé ne tète pas fermement le sein ou que la tétine est trop grosse, il se peut qu'il aspire de l'air en avalant trop vigoureusement. Il est inutile de passer plus de quelques minutes à essayer de faire roter votre bébé. Il peut tout à fait le faire naturellement pendant que vous le câlinez après ou pendant la tétée.

LES RÉGURGITATIONS

La nature est bien faite et lorsque du liquide arrive dans leur gorge, les bébés ont le réflexe naturel d'avaler. Cependant il y a très peu de distance entre leur gorge et le haut de leur estomac, et il arrive qu'ils recrachent un peu de lait en faisant leur rot. Certains bébés régurgitent un peu après chaque tétée. Cela est parfaitement normal et n'a rien d'inquiétant. Les régurgitations n'ont rien à voir avec de vrais vomissements, qui sont bien plus abondants.

L'allaitement

Que vous ayez décidé d'allaiter ou pas, votre corps a changé pendant la grossesse afin de préparer vos seins à l'allaitement. Votre tissu mammaire s'est développé, et votre poitrine est plus volumineuse.

Seul un tout petit pourcentage de femmes n'a pas la capacité de mener à bien un allaitement. Il s'agit en général de femmes ayant subi un traumatisme du tissu mammaire ou une intervention chirurgicale, ou bien qui connaissent des problèmes hormonaux ou endocriniens. Mais de très nombreuses femmes manquent en fait simplement d'assurance pour allaiter. Les bébés, eux, n'ont pas ce problème. Tous sont instinctivement capables de téter juste après leur naissance si on leur donne l'occasion de le faire au bon moment et dans de bonnes conditions. Si vous prenez votre enfant contre vous peau à peau dans l'heure qui suit sa naissance, il a toutes les chances de réagir naturellement en essayant de téter.

4 façons d'instaurer une bonne lactation

1. Encouragez votre bébé à téter dès les premières heures après sa naissance, ou commencez à tirer votre lait s'il ne le peut pas.
2. Assurez-vous que votre bébé a le sein bien en bouche et faites-vous aider rapidement s'il a du mal à le faire.
3. Encouragez les tétées fréquentes, jour et nuit. Au cours des premières semaines, utilisez un porte-bébé pour le garder contre vous dans la maison, et dormez près de lui.
4. Faites-vous aider autant que possible par votre famille et vos amis.

ZOOM SUR... le peau à peau à la naissance

L'idéal pour un bébé à sa naissance est d'être placé contre sa mère pour un moment de contact peau à peau, qui favorise la création du lien mère-enfant et facilite la mise en route de l'allaitement. Ce moment apporte au nouveau-né chaleur et réconfort, mais lui permet aussi d'accéder au sein facilement alors qu'il est très réceptif et que son réflexe de succion est le plus vif. La mère transmet ainsi à son enfant les bactéries présentes sur sa peau, qui permettent de le protéger des infections. Les mères qui allaitent trouvent également là l'occasion de transmettre à leur bébé des endorphines, ces « hormones du bonheur », qui contribuent à l'apaiser après le stress de la naissance.

S'ASSURER UNE BONNE LACTATION

Dans vos seins s'est formé un vaste réseau de cellules destinées à produire du lait, et lorsque votre bébé extrait ce lait en tétant, elles en produisent automatiquement plus. En théorie, cela pourrait continuer indéfiniment, mais viendra un moment où votre bébé boira de moins en moins votre lait, et où la production finira par se tarir.

Si vous avez l'impression que vous ne produisez pas assez de lait pour votre bébé, ou que vous en produisez de moins en moins, il se peut qu'on vous conseille d'introduire quelques biberons de complément. Mais si vous donnez des biberons, surtout au cours des premiers jours, il y a toutes les chances que cela ne fasse que diminuer encore plus votre production. C'est pourquoi il est important de réagir et de vous faire aider rapidement, car il existe plusieurs moyens de stimuler votre lactation.

La plupart des gens pensent que le lait artificiel est d'aussi bonne qualité que le lait maternel. Il a pourtant été démontré que le fait de donner du lait artificiel entraîne certains risques pour la santé et le bien-être de la maman comme de l'enfant. Il est donc important d'amorcer une bonne lactation, et de l'entretenir par la suite : cela vous sera bénéfique à tous deux.

Dès la naissance de votre bébé, vos seins produisent du colostrum (une substance

Tirer son lait

Votre lait doit être recueilli directement dans un biberon stérile, ou dans un sac de congélation conçu à cet effet. Il se conserve jusqu'à vingt-quatre heures au réfrigérateur et jusqu'à trois mois au congélateur. Pour utiliser un tire-lait manuel, placez l'entonnoir sur le mamelon de façon à bloquer le passage de l'air, puis actionnez la pompe en appuyant sur la poignée par pressions successives afin de faire s'écouler le lait.
Pour tirer votre lait à la main, commencez par stimuler l'arrivée de lait par des effleurements de la base de la poitrine vers la pointe du sein, jusqu'à l'aréole. Puis placez vos deux pouces sur le dessus de l'aréole et vos autres doigts sur le dessous, et exercez des mouvements de pression réguliers sur le dessous de votre sein tout en le pressant contre votre cage thoracique.

hautement nutritive qui est la forme première du lait). Pour que votre lactation soit optimale, le mieux est d'allaiter tout de suite, afin de stimuler la production de colostrum. Si vous n'allaitez pas, vos seins vont se tarir en quelques jours.

Au bout de trois ou quatre jours, vos seins vont commencer à produire du lait en quantités plus importantes. Pendant quelques jours, vous trouverez même peut-être que vous en avez beaucoup plus que nécessaire, mais cela montre que vos seins peuvent fournir à votre bébé du lait en abondance ! S'il reste du lait dans vos seins une fois que votre bébé a fini de téter, votre cerveau reçoit un message lui indiquant qu'il faut ralentir la production, afin qu'elle s'adapte à ses besoins. Et si votre lait est extrait en toutes petites quantités, par exemple parce que votre bébé tète mal, il se peut que votre production soit diminuée. Cela explique pourquoi de nombreuses mères qui trouvent l'allaitement difficile ont une production de lait insuffisante.

Tout au long de l'allaitement, les quantités de lait dépendent de celles qui sont extraites de vos seins, et non de ce que vous mangez, même s'il est important de manger, de boire et de se reposer. S'occuper d'un nourrisson est fatiguant et, dans les moments de stress, il est possible que vous sentiez que votre lait s'écoule mal : le réflexe d'éjection se fait en effet mieux si vous êtes détendue. Sachez que les hormones sécrétées par votre corps pendant que vous allaitez votre bébé vous aideront à vous détendre.

Si votre bébé pleure beaucoup, vous pourrez penser que c'est parce qu'il a faim et que votre lait ne suffit pas à le rassasier, mais il est aussi possible qu'il réclame en fait d'être pris dans les bras ; si vous le reposez juste après la tétée, il exprimera sans doute du mécontentement. Vous pouvez le prendre contre vous bien calé dans son porte-bébé, ce qui l'apaisera tout en vous laissant les mains libres. Les tétées fréquentes sont très bénéfiques à votre bébé et permettent d'entretenir une bonne lactation.

Au bout de quelques semaines d'allaitement, vos seins redeviendront probablement plus mous, et vous vous inquiéterez peut-être en pensant que votre production de lait a diminué. Cependant, cela ne signifie pas que vous n'avez plus assez de lait. Il est probable que votre bébé, à certaines périodes, réclame à téter très souvent. Il s'agit d'un comportement normal de sa part, et non pas nécessairement d'un signe de faim. Il a peut-être juste besoin d'un peu de réconfort à mesure qu'il apprend à se faire au monde qui l'entoure.

Le déroulement d'une tétée

Avant de commencer la tétée, essayez de créer une atmosphère calme afin d'être aussi détendue que possible. Si nécessaire, débranchez le téléphone, ou fermez la porte afin de ne pas être dérangée. Ayez de quoi boire à portée de main afin d'assurer le renouvellement de vos réserves d'eau. Installez-vous bien confortablement, vous et votre bébé. Si vous êtes assise droite, vous pouvez soutenir son dos et ses épaules soit avec votre avant-bras, soit avec votre main libre. Sa tête doit arriver au niveau de votre mamelon, et il doit pouvoir accéder au sein sans effort.

Présenter le sein

Vous pouvez trouver plus facile, pour commencer, de saisir votre sein dans votre main ou de placer vos doigts dessous pour le diriger vers la bouche de votre bébé. Évitez de saisir le sein entre deux doigts à l'image d'un ciseau, car cela peut empêcher votre bébé de téter correctement. Il est inutile d'appuyer sur votre sein afin de dégager son nez : ses narines, élargies sur les côtés, lui permettent de téter et de respirer en même temps.
Il se peut que votre bébé commence instinctivement à téter dès qu'il sent le sein contre sa joue, ou qu'il se frotte les lèvres contre le mamelon afin de stimuler son réflexe des points cardinaux. Dès qu'il ouvre la bouche, mettez-le au sein.

Amorcer la tétée

La bouche de votre bébé doit être grande ouverte afin d'encercler une zone un peu plus large que votre mamelon. Sa langue doit être bien tirée vers l'avant pour qu'il soit confortablement fixé au sein et qu'il puisse aspirer le lait situé dans le sein à l'arrière du mamelon. Si votre bébé a le sein bien en bouche, le contour de votre mamelon doit arriver au même niveau que la partie charnue interne de ses lèvres, et le lait doit s'écouler de façon égale par tous les canaux lactifères. Votre bébé doit boire lentement et à gorgées régulières, et il se peut que vous l'entendiez déglutir.

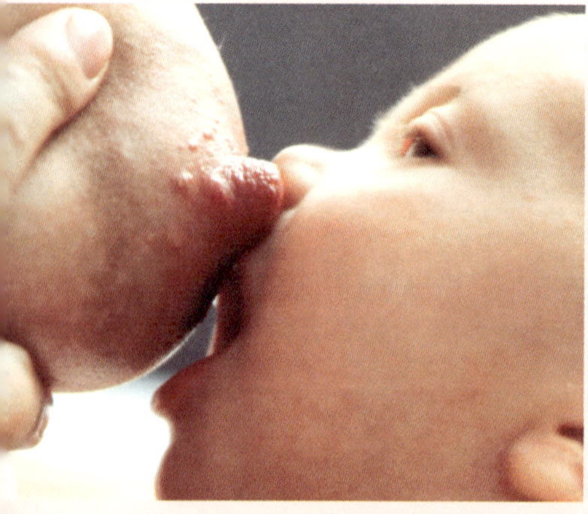

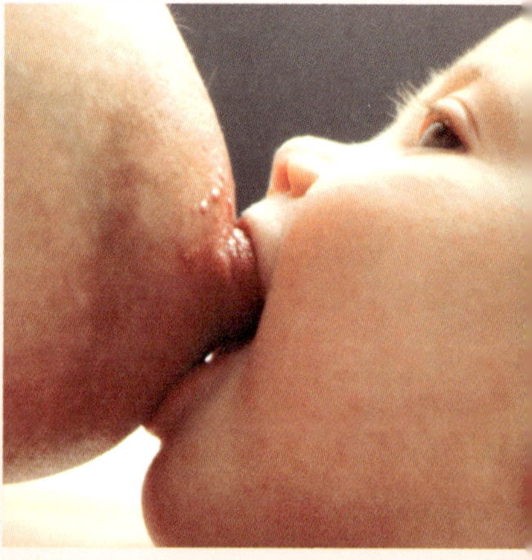

S'installer confortablement

Une position confortable peut être la clé d'un allaitement réussi, alors n'hésitez pas à en tester plusieurs pour élire la meilleure. Quelle que soit celle que vous adoptez, maintenez fermement votre bébé près de vous, son corps face à votre poitrine, de façon à le porter facilement à vos seins.

La plupart des femmes allaitent assises, bien droites sur une chaise, les pieds surélevés, les bras posés sur un oreiller, mais d'autres positions peuvent aussi être adoptées dans certaines circonstances.

Si vous êtes fatiguée, ou si la position assise ne vous convient pas – si vous avez subi une épisiotomie par exemple –, allongez-vous sur le côté. Assurez-vous d'avoir assez de coussins pour vous caler. Tenez votre bébé près de vous, la bouche face à votre sein. Si vous avez subi une césarienne, ou si votre bébé cambre son dos, pliez vos genoux, et calez votre dos avec un coussin.

Si vous avez besoin de repositionner votre bébé, vous pouvez interrompre la succion en introduisant votre petit doigt par le coin de sa bouche.

Un bébé rassasié

Au long de la tétée, votre bébé ne tète pas toujours au même rythme, alternant petites et longues gorgées, avec des pauses entre deux. Lorsque votre sein est vide, vous vous en rendez compte car il commence à jouer avec, à s'endormir, ou à laisser le téton glisser hors de sa bouche. Vous pouvez alors lui proposer l'autre sein. Si vous avez besoin d'interrompre la tétée, introduisez votre doigt dans un coin de sa bouche pour arrêter la succion. Ne vous inquiétez pas s'il refuse l'autre sein, mais commencez la tétée suivante par ce sein-là. Lorsque votre sein est plein, le lait est moins gras, mais à mesure qu'il se vide, sa teneur en gras augmente. Il est important que tous les canaux lactifères soient drainés de façon égale, afin d'éviter les problèmes d'engorgement.

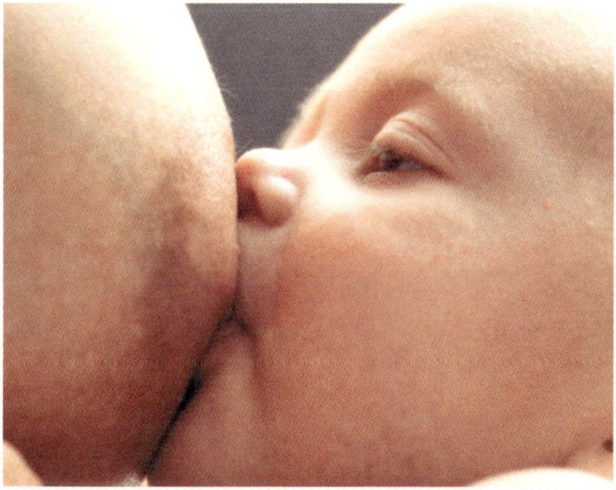

Allaiter des jumeaux

Il est peut-être encore plus important pour des jumeaux que pour tout autre enfant d'être allaité. S'ils sont nés prématurément, le lait maternel leur apportera tous les nutriments qu'ils auraient pu avoir s'ils étaient restés dans l'utérus jusqu'au terme, y compris les nutriments nécessaires à leur développement cérébral et à leur protection contre les infections.

Le « mécanisme » de la lactation et de la mise au sein est le même pour des jumeaux que pour un enfant seul, à la seule différence qu'avec des jumeaux la lactation est mieux entretenue car si un des jumeaux tète moins vigoureusement que l'autre ou qu'il tombe malade, l'autre peut continuer à stimuler la production de lait.

ALLAITER SIMULTANÉMENT OU SÉPARÉMENT ?

Si vous allaitez vos deux bébés en même temps, cela sera plus facile et vous prendra moins de temps que si vous les nourrissiez au biberon, et vous aurez alors deux bébés calmes et satisfaits au même moment. Cependant, il peut falloir un certain temps et de la pratique avant de trouver la meilleure façon de le faire. Vous y arriverez probablement mieux si vos bébés ont tendance à téter lentement.

Si vous allaitez vos jumeaux séparément, cela vous permettra de passer un moment privilégié avec chacun d'eux et de mieux les connaître individuellement. Ce sera également plus facile à réaliser si vos bébés ont des rythmes différents, par exemple si l'un des deux a faim plus souvent ou tète plus vigoureusement que l'autre. Dans certains cas, vous pouvez être contrainte d'allaiter vos jumeaux séparément – si l'un des deux est malade, par exemple, auquel cas vous pouvez tirer votre lait pendant que vous allaitez celui qui n'est pas malade. Cependant, il est indéniable qu'allaiter des jumeaux séparément prend beaucoup plus de temps et mieux vaut se fixer comme objectif de trouver un rythme dans lequel vous pouvez allaiter les deux bébés ensemble au moins une partie du temps.

Il est plus facile de trouver un rythme régulier avec des jumeaux de poids équivalents, qui auront tendance à avoir le même rythme d'alimentation. Même si vous commencez par les nourrir séparément à la demande, vous pouvez vous faciliter les choses en nourrissant d'abord le bébé qui se réveille le premier, puis en le reposant avant de réveiller son jumeau, puis en essayant de modifier cet ordre en réveillant le second lorsque le premier se réveille afin de les allaiter en même temps. Cela peut prendre jusqu'à six semaines à mettre en place mais, en instaurant un rythme régulier, votre allaitement sera beaucoup plus facile à gérer.

QUELQUES POSITIONS UTILES

Quelle que soit la position que vous choisissez, il est important que vos deux bébés aient chacun le sein bien en bouche. Vous pouvez commencer par essayer d'en nourrir un avant de passer à l'autre.

Une des positions les plus pratiques pour des petits bébés est celle « en V », les pieds réunis vers le centre. Il est également possible de les allaiter « en ballon de rugby » – les deux bébés sont posés sur des coussins, la tête au niveau du mamelon, avec le corps sous votre bras, et les pieds dans votre dos, ou « en berceau » – les deux bébés sont parallèles l'un à l'autre dans la même direction, allongés sur votre ventre.

En utilisant des coussins placés sous le corps des bébés pour les maintenir, mettez un des bébés à votre sein droit en tenant sa tête dans votre main droite, puis tenez le second sous votre bras gauche pour le mettre au sein gauche, en tenant sa tête dans votre main gauche. Quelle que soit la position dans laquelle vous allaitez, assurez-vous d'être assise bien droite, d'avoir le dos calé, et d'être confortablement installée.

Surmonter les difficultés

Même si votre bébé a été « programmé » pour être allaité, il se peut qu'il vous faille un peu de temps avant de trouver vos marques. Par instinct naturel, un bébé cherche à se nourrir exclusivement au sein jusqu'à l'âge de 6 mois environ, puis à continuer à téter tout en découvrant l'alimentation solide.

En France, la majorité des bébés sont allaités à la naissance, mais de nombreuses mamans rencontrent des difficultés et arrêtent d'allaiter plus tôt que prévu. Des études ont montré qu'environ neuf sur dix des mères qui arrêtent d'allaiter avant six semaines auraient souhaité continuer à le faire. Les raisons les plus courantes évoquées pour cet arrêt prématuré de l'allaitement sont les suivantes :

- le bébé rejetait le sein ;
- l'allaitement était douloureux ;
- la production de lait semblait insuffisante.

Si vous vous trouvez dans l'une ou l'autre de ces situations, ne vous découragez pas. Vous pouvez vous faire aider par des spécialistes (voir page 99). Il est beaucoup plus facile d'allaiter lorsqu'on est entouré de gens qui savent pourquoi il est important de le faire ; de plus, bien connaître le fonctionnement de l'allaitement peut aussi vous faciliter les choses.

Si votre accouchement a été serein pour vous comme pour votre bébé, et que vous l'avez pris dans vos bras immédiatement, il y a toutes les chances que votre allaitement démarre bien. Si votre bébé semble rejeter le sein, c'est qu'il doit y avoir une raison. Vous pouvez vous dire que c'est vous qu'il rejette, et qu'il vaudrait peut-être mieux passer au biberon. Le message que vous envoie votre bébé n'est pas « je ne veux pas être allaité », mais « je n'arrive pas encore bien à téter ». Les problèmes rencontrés au départ sont généralement des conséquences de l'accouchement. S'il y a des choses que vous avez trouvées traumatisantes, c'est sans doute le cas pour votre bébé aussi.

4 façons d'inciter votre bébé à téter

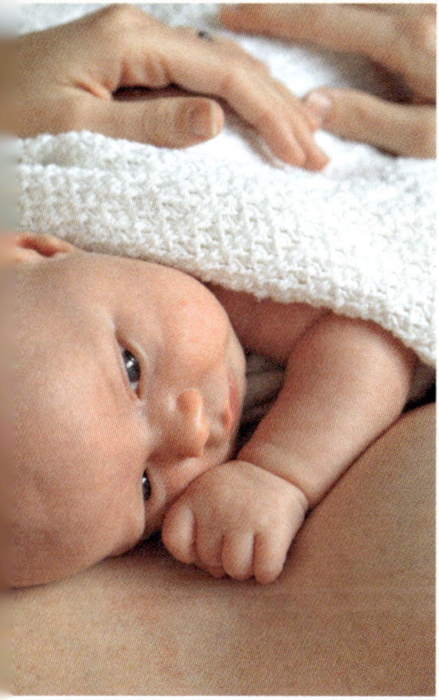

1 Privilégiez le contact direct. Prenez votre bébé contre vous peau à peau, ou portez des vêtements fins, il sera apaisé en reconnaissant votre odeur, votre voix et vos battements de cœur.

2 Créez une atmosphère douce et paisible. Mettez-vous avec lui dans une pièce calme et faiblement éclairée, et manipulez votre bébé avec douceur. Écoutez ou fredonnez la musique que vous aimiez entendre pendant votre grossesse – il la reconnaîtra !

3 Donnez-lui du lait indirectement. Toutes les deux heures environ, faites-lui boire un peu de votre lait à la seringue ou à la tasse, mais évitez le biberon ou les tétines, qui rendent l'allaitement plus difficile.

4 Prenez des bains avec lui. Plongez-vous tous les deux dans un grand bain chaud, le visage de votre bébé appuyé contre votre poitrine et son ventre contre le vôtre. Avec votre main, passez-lui de l'eau dans le dos. Faites-vous éventuellement aider : une fois mouillé, un bébé est très glissant !

BÉBÉ SE DÉSINTÉRESSE DU SEIN

C'est lorsque leur mère est près d'eux que les nouveau-nés se sentent le plus en sécurité. Si, juste après la naissance de votre enfant, vous l'avez pris contre vous, peau contre peau, cela devrait l'avoir aidé à se détendre et l'avoir préparé à téter. Si, pour une raison ou pour une autre, les choses se sont passées autrement, les premières tétées ne seront peut-être pas aussi faciles, mais il est toujours temps de corriger le tir. Stimulez l'instinct naturel de votre bébé à téter en le prenant contre vous aussi souvent que possible. (Les nouveau-nés apprécient aussi beaucoup le contact avec leur papa.) Lorsque vous vous lavez le torse, n'utilisez que de l'eau claire, afin que votre odeur naturelle (que votre bébé reconnaît) ne soit pas modifiée. La peau de vos seins émet une odeur destinée à attirer votre bébé, et qui le pousse à chercher où est la source de ce lait qui sent si bon.

Les raisons d'un allaitement douloureux

- **Les seins gonflés.** Cela s'explique par la rétention d'eau provisoire qui peut apparaître en fin de grossesse ou pendant l'accouchement, ou par un engorgement lors de la montée de lait. Si les seins sont trop gonflés, le bébé peut avoir du mal à les prendre en bouche.
- **Des mamelons élargis ou rentrés.** Ces différentes formes de mamelons peuvent être d'origine génétique ou tout simplement causées par le gonflement provisoire des seins. Pour que le bébé arrive à téter correctement, vous pouvez avoir besoin de l'aide d'un spécialiste pendant quelque temps.
- **Le bébé n'ouvre pas la bouche assez grand.** Il se peut que votre bébé n'ouvre pas bien la bouche et qu'il ne prenne donc pas bien le sein, ce qui est courant après une naissance difficile.
- **La position du bébé.** Il est possible que vous ne teniez pas votre bébé suffisamment près de votre sein, ce qui peut diminuer son réflexe de succion. Il risque alors de vous écraser le sein ou de tirer dessus, et de vous pincer le mamelon entre ses gencives.
- **L'engorgement ou la mastite.** Il est primordial que l'ensemble du tissu mammaire soit bien drainé. Lorsque le sein est trop plein, cela peut rendre la tétée douloureuse et entraîner toutes sortes d'autres problèmes.
- **Un frein de la langue trop court.** Si votre bébé ne peut pas tirer la langue assez loin car il a le frein (situé sous la langue) trop court, il se peut qu'il n'arrive pas à prendre le sein bien en bouche. Une petite intervention destinée à le sectionner peut être nécessaire. Demandez l'avis d'un spécialiste de l'allaitement.

Si votre bébé a du mal à téter et qu'il semble agité, le mieux est de le garder auprès de vous et de votre compagnon autant que possible jusqu'à ce qu'il s'apaise. Vos proches comprendront qu'il est préférable pour votre bébé qu'ils attendent quelque temps avant de le prendre dans leurs bras.

Si votre bébé veut téter mais qu'il prend mal le sein en bouche (par exemple parce que votre sein est enflé), il se peut qu'il soit très frustré et qu'il refuse de réessayer la fois suivante. Restez calme et proposez-lui un peu de votre lait tiré à boire régulièrement, afin d'entretenir votre lactation jusqu'à ce qu'il arrive à téter correctement. S'il n'y parvient pas, il vous faudra être très douce et très patiente, et éviter de lui pousser la tête. Si vous choisissez de lui donner votre lait au biberon, tenez-le tout près de vos seins (avec du contact peau à peau si possible) : cela l'aidera à retrouver le chemin de l'allaitement.

L'ALLAITEMENT DOULOUREUX

Pour la mère comme pour l'enfant, l'allaitement est normalement une

5 façons de prévenir ou d'apaiser les douleurs

1 Assurez-vous que votre sein est assez mou pour que votre bébé puisse le saisir. S'il est dur, posez vos doigts à environ 4 cm à l'arrière du mamelon, et exercez des mouvements de pression en malaxant bien le pourtour de l'aréole jusqu'à ce qu'il commence à s'assouplir. Vous pouvez aussi extraire un peu de lait à la main avant la tétée afin de vider le sein de son trop-plein.

2 Tenez votre bébé tout contre vous. Adossez-vous et prenez-le face à vous afin de stimuler son réflexe de succion, ce qui lui fera ouvrir la bouche plus grand. S'il a besoin d'être maintenu, soutenez-le sous les épaules et les fesses mais ne lui tenez pas la tête. C'est son menton qui doit être appuyé contre votre sein, de manière à ce que son nez reste dégagé. Ne lui mettez pas plus d'une couche de vêtements : il va se réchauffer à votre chaleur corporelle.

3 Encouragez-le à faire de petites tétées très fréquentes. Gardez-le contre vous. Proposez-lui le sein dès qu'il semble vouloir téter plutôt que d'attendre qu'il pleure – il aura plus de mal à prendre le sein en bouche s'il est agité. Donnez-lui du lait tiré pour entretenir votre lactation.

4 Si votre sein se met tout à coup à vous faire très mal au cours d'une tétée, retirez délicatement le sein de la bouche de votre bébé et réessayez, ou proposez-lui l'autre côté. Si vous n'arrivez pas à le faire téter correctement, faites-vous aider le plus rapidement possible. Étalez un peu de lait tiré sur vos mamelons afin de les soulager. Si vous avez les mamelons abîmés, vous pouvez appliquer une petite goutte de lanoline pure – évitez les autres crèmes qui sont susceptibles d'entraîner des irritations et de modifier le goût de votre peau.

5 Veillez à ce que vos seins soient bien drainés. Changez de sein à chaque tétée. Vérifiez qu'il ne reste pas de boule formée par un canal lactifère encore plein après la tétée, et massez doucement si c'est le cas afin d'éviter l'engorgement. Lorsque vous tirez votre lait, assurez-vous que votre sein est bien hermétiquement positionné dans l'entonnoir – pour certaines femmes, il faut un entonnoir plus large – et massez préalablement votre sein pour l'assouplir si nécessaire.

source de plaisir qui peut durer de nombreux mois. Il ne doit JAMAIS faire mal, et toute douleur éventuelle est le signe que quelque chose ne se passe pas comme il faut. Si vous n'êtes pas à votre aise pendant les tétées, c'est probablement qu'il en est de même pour votre bébé, le mieux est donc de vous faire aider le plus rapidement possible. Un soutien approprié vous permettra de faire disparaître ces douleurs, et d'apprécier pleinement votre allaitement.

On vous dira peut-être que l'allaitement est toujours douloureux au départ, et que vos seins doivent « se faire ». Mais rien n'a jamais démontré cela, et ce serait d'ailleurs assez peu logique. Vos tétons doivent rester sensibles afin d'envoyer à votre cerveau un signal qui lui permet de libérer les hormones qui déclenchent votre « réflexe de relâchement », mais ils ne doivent pas être abîmés au passage.

Il est nécessaire que vous soyez confortablement installée, et que vos seins soient assez mous pour que votre bébé puisse les prendre bien en bouche et que le lait s'écoule facilement. Lorsque votre bébé est prêt à téter et qu'il est allongé près de vous, il est capable de se déplacer légèrement pour trouver le sein. S'il n'arrive pas à le prendre lui-même, vous devrez l'aider un peu, mais sans usage de force.

Si vous avez mal aux seins pendant les tétées, c'est sans doute parce que votre bébé n'a pas le sein bien en bouche. Vérifiez vos tétons une fois que votre bébé a fini de téter – ils doivent avoir la même forme qu'avant. S'ils vous semblent écrasés, étirés, écorchés, ou boursouflés, c'est qu'il faut que votre bébé tète avec la bouche mieux ouverte, sans quoi vous risquez d'avoir des crevasses et des saignements douloureux. Il est important de vous faire aider rapidement.

Le soutien à l'allaitement

Tous les bébés ont les mêmes besoins fondamentaux mais, en fonction de la façon dont ils sont nourris, ils peuvent avoir des comportements et des modes de développement très différents. Peut-être les bébés nourris au biberon arrivent-ils à ne boire que toutes les quatre heures et à accepter que différentes personnes leur donnent leur biberon, mais aucun bébé ne choisirait ce mode de fonctionnement dans l'idéal. Les bébés sont prédisposés à rester près de leur mère et à téter fréquemment, ceux qui sont nourris au biberon se portent donc mieux s'ils peuvent choisir la fréquence de leurs biberons et leur quantité, tout en profitant d'un câlin bien au chaud contre leur maman. Les conseils sur l'alimentation au biberon doivent donc tenir compte de cet aspect des choses.

FAIRE APPEL À UNE AIDE

Si vous envisagez de vous faire conseiller, demandez-vous d'abord qui vous donne ces conseils, et sur quelle expérience il/elle fonde ses connaissances. Les grands-mères, par exemple, sont souvent expérimentées, mais il se peut qu'elles recommandent des pratiques dépassées et qui ne sont plus préconisées.

Quelles sont les qualifications qui permettent aux différents professionnels de vous conseiller ? Les sages-femmes ont reçu une formation générale sur l'alimentation du nourrisson ; mais si cette formation est ancienne, il se peut qu'elles recyclent des connaissances dépassées. Attention également aux professionnels qui peuvent avoir été approchés par des marques de lait infantile et dont les conseils ne seraient pas exempts de démarchage publicitaire. Les médecins généralistes reçoivent peu, voire pas du tout de formation sur ce sujet, cependant il se peut qu'ils aient fait leur thèse sur l'alimentation du nourrisson. Tous les professionnels de la santé ont besoin d'une formation continue afin de mettre leurs compétences à jour. Pour vous assurer que les conseils que l'on vous donne sont fiables, assurez-vous qu'ils vous sont donnés par des gens compétents.

LES SPÉCIALISTES DE L'ALLAITEMENT

Il existe de nombreuses associations destinées à apporter un soutien aux parents afin de leur permettre de faire des choix. Le plus souvent, elles mettent à leur disposition des informations en ligne, des livres et d'autres ressources, et animent des réunions d'information. Leurs publications dans les domaines de la puériculture et de l'alimentation du nourrisson sont basées sur les observations les plus récentes.

La Leche League France (LLLF) est une association loi 1901 reconnue d'intérêt général, affiliée à La Leche League International (LLLI). C'est un réseau de mères bénévoles (les animatrices) dont l'objectif est de soutenir toutes les mères afin de leur permettre de mener à bien leur allaitement.

LLLI est affiliée à l'UNICEF, partenaire de l'Organisation mondiale de la santé (OMS). Elle est présente dans plus de 70 pays dans le monde et existe en France depuis 1979. C'est la plus importante organisation de soutien à l'allaitement.

Les animatrices bénévoles de La Leche League sont des mères expérimentées ayant allaité un ou plusieurs enfant(s). Elles ont suivi une formation dispensée par LLL et continuent de se perfectionner par le biais de congrès et de documentation spécialisée, afin de se tenir informées des derniers développements de la recherche scientifique. Elles suivent également régulièrement des formations à l'écoute et à la communication.

Présente dans toutes les régions de France, la LLLF propose des réunions entre mères allaitantes. Chaque mois, les animatrices proposent des réunions d'information et de partage sur l'allaitement maternel. Les avantages de l'allaitement maternel, la naissance et l'arrivée du bébé dans la famille, les trucs pour éviter les difficultés, la nutrition et le sevrage sont autant de thèmes abordés lors de ces réunions.

Outre ces réunions, LLLF propose également des conseils par e-mail et une écoute téléphonique. Elle anime sur son site Internet un forum de discussion qui permet d'échanger des points de vue et de demander des conseils personnalisés en ligne.

L'alimentation au biberon

Le lait infantile

- Il est toujours préférable de donner à votre bébé du lait qui vient d'être préparé. Si vous conservez le lait dilué, votre bébé a plus de risques de tomber malade.
- Le lait doit être à température adéquate. Faites couler une goutte de lait sur l'intérieur de votre poignet : elle doit être tiède, mais pas brûlante. Si le lait est trop chaud, placez le biberon, capuchon fermé, sous un robinet d'eau froide. Ne faites pas réchauffer le biberon au four à micro-ondes, car il continuera de chauffer une fois sorti, et votre bébé risquerait de se brûler.
- Diluez-le correctement. Si le lait est trop concentré, cela entraîne un risque de constipation et de déshydratation pour votre bébé ; s'il est trop dilué, votre enfant risque de ne pas recevoir tous les nutriments dont il a besoin.

Que vous donniez à votre bébé des biberons de lait maternel tiré ou de lait infantile, il est primordial de veiller à une bonne hygiène car les bébés nourris au biberon sont plus exposés aux infections que les bébés allaités. Si vous utilisez du lait infantile, suivez très attentivement les instructions du fabricant afin que votre bébé reçoive la juste dose de nutriments.

LES TYPES DE LAITS INFANTILES

Si votre bébé n'est pas allaité, il ne doit pas recevoir d'autre lait que du lait infantile jusqu'à l'âge de 1 an au moins. Tous les laits infantiles sont fabriqués selon des normes très strictes afin de s'assurer que leur valeur nutritive se rapproche le plus possible du lait humain et qu'ils contiennent de la matière grasse, des protéines, et des vitamines dans des proportions correspondant aux besoins de votre bébé. Le lait de vache ordinaire est très riche en protéines et en minéraux, ce qui peut entraîner une surcharge des reins encore immatures de votre bébé, ainsi qu'une déshydratation. Le lait de vache est également trop pauvre en fer pour votre bébé. Le lait de chèvre et le lait concentré sont également inadaptés aux bébés.

Si vous n'êtes pas sûr de savoir quel lait infantile convient le mieux à votre enfant, votre puéricultrice pourra vous guider dans votre choix. Le lait infantile existe sous plusieurs formes : en poudre, en liquide concentré, ou prêt à l'emploi. Il se vend en grande surface et en pharmacie. Les moins chers sont généralement ceux en poudre, tandis que les prêts-à-l'emploi sont plus onéreux, même s'ils peuvent être appréciables pendant les premières semaines où l'on apprend à nourrir un bébé, et où l'on manque de temps.

Il existe deux types principaux de lait infantile : ceux fabriqués à base de lait de vache modifié, et les laits infantiles spécialisés, généralement formulés à base de lait de soja.

LE LAIT DE VACHE MODIFIÉ

La plupart des bébés nourris au biberon boivent du lait infantile formulé à base de lait de vache modifié : si c'est ce qui a été donné à votre bébé à la maternité et que cela ne lui a posé aucun problème, il n'y a pas de raison de changer en arrivant à la maison. Si vous craignez qu'il ne prenne pas assez de poids ou qu'il semble avoir toujours faim après avoir pris son biberon, vous pouvez envisager de changer de marque ou de type de lait. Cependant, demandez toujours l'avis de votre puéricultrice ou de votre pédiatre avant de prendre cette décision : le problème n'est peut-être pas lié au lait lui-même, mais à la façon dont votre bébé est nourri ou à une intolérance à une marque particulière. Il se peut également qu'il soit dû à un problème médical qui nécessite d'être clairement identifié.

LES LAITS INFANTILES SPÉCIALISÉS

Pour les bébés nés à terme et nourris au biberon chez qui a été diagnostiquée une intolérance au lactose ou aux protéines du lait de vache, ou qui ont d'autres problèmes alimentaires ou médicaux, il existe divers laits spécialisés. Ceux-ci sont généralement prescrits par un pédiatre lorsque nécessaire. Ils comprennent les laits hypoallergéniques et ceux à base de lait de soja, qui ont été formulés pour apporter aux bébés tous les nutriments dont ils ont besoin.

DONNER LE BIBERON

Les premières semaines, il peut être pratique d'avoir à disposition des biberons préparés à l'avance afin de pouvoir nourrir votre bébé dès qu'il a faim. Cela évitera qu'il s'énerve en attendant son biberon, et qu'il n'arrive pas ensuite à le prendre correctement. Évitez également de lui faire prendre son biberon avec de trop nombreuses personnes différentes au début – laissez-lui le temps de s'habituer à vous et à son père. Le biberon devrait assez vite devenir un moment de détente et de plaisir, ce que vous pouvez favoriser en tenant votre bébé contre vous et en maintenant un contact visuel avec lui. Dès l'âge de 3 mois environ, vous pourrez remarquer qu'il commence à se réjouir lorsqu'il sait que son biberon arrive.

LE BIBERON DES JUMEAUX

Il est plus facile de nourrir vos deux bébés en même temps : fixez-vous des horaires et tenez-vous-y.

PRIORITÉ SANTÉ

Le risque d'étouffement

Même lorsque votre bébé sera plus vieux, ne le laissez jamais boire seul un biberon – il existe toujours un risque d'étouffement. Examinez les tétines chaque fois que vous les lavez afin de vous assurer qu'elles ne sont pas usées ou abîmées. Si des fragments de tétine se détachaient dans la bouche de votre bébé, cela pourrait être très dangereux.

La stérilisation des biberons

Jusqu'à ce que votre bébé ait atteint l'âge de 6 mois au moins, il faut stériliser l'ensemble du matériel alimentaire, que vous lui donniez du lait maternel tiré ou du lait infantile. S'il reste du lait non bu dans le biberon, il doit être jeté dans l'heure. Il existe différents systèmes de stérilisation, et il est important de suivre attentivement les instructions d'utilisation du fabricant.

Lavez le matériel

Après utilisation, lavez tous les biberons et tétines à l'eau chaude et au liquide vaisselle. Utilisez pour cela un goupillon à biberon propre. Nettoyez soigneusement le pas de vis (où se fixe la tétine) et l'intérieur du goulot du biberon : ce sont des zones où des gouttes de lait séchées peuvent facilement rester emprisonnées. Retournez la tétine sur elle-même pour finir de la nettoyer, puis rincez le tout à l'eau claire.

Les stérilisateurs à vapeur

Il en existe deux versions : électrique, ou au four à micro-ondes. Versez de l'eau dans l'appareil (reportez-vous au mode d'emploi). Placez les biberons lavés la tête en bas dans les emplacements situés dans le fond, les bagues sur le pilier central, et les tétines sur le plateau à tétines. Fixez le plateau à tétines sur le pilier central, placez les capuchons sur le plateau à capuchons, qui se fixe par-dessus le plateau à tétines. Refermez le couvercle du stérilisateur et branchez-le sur secteur, puis mettez-le en marche. L'appareil fait alors bouillir l'eau afin de stériliser les biberons, puis il refroidit. Une fois le refroidissement terminé, les biberons sont stériles et prêts à l'emploi. Tout biberon ou accessoire qui ne serait pas utilisé immédiatement après stérilisation devra être stérilisé une nouvelle fois.

Les stérilisateurs à froid

Préparez la solution de stérilisation (reportez-vous au mode d'emploi). Placez les bagues sur le goulot des biberons sans les visser, puis plongez-les dans la solution, ajoutez les tétines et les capuchons en vous assurant que tous les éléments sont entièrement immergés, sans qu'aucune bulle d'air ne reste emprisonnée. Placez la grille de maintien par-dessus les éléments – elle permet de s'assurer qu'ils resteront immergés dans la solution. Le matériel est stérilisé et prêt à l'emploi au bout de trente minutes. Avant de les utiliser, rincez tous les éléments à l'eau claire bouillie. Ne les laissez pas dans la solution de stérilisation pendant plus de vingt-quatre heures. Ensuite, la solution doit être changée.

La préparation d'un biberon de lait infantile

Remplissez une bouilloire d'eau du robinet (filtrée ou non) et faites-la bouillir. N'utilisez pas d'eau minérale ou d'eau adoucie, car leur niveau de sels minéraux n'est pas adapté aux bébés, ni d'eau bouillie à maintes reprises. Laissez l'eau refroidir pendant trente minutes maximum.

Pendant ce temps, assurez-vous que votre plan de travail est propre et désinfecté, et lavez-vous soigneusement les mains.

Versez la quantité nécessaire d'eau (bouillie puis refroidie) dans le biberon (l'eau doit être encore chaude, sans quoi les éventuelles bactéries présentes dans le lait en poudre ne seront pas détruites). Laissez la tétine et le capuchon sur le couvercle retourné du stérilisateur, ne les posez pas sur le plan de travail.

Utilisez la cuiller mesure fournie pour mesurer la quantité nécessaire de poudre, en faisant des cuillers bien arasées (vous pouvez utiliser le rebord droit de la boîte, ou encore un couteau, en le passant sur la cuiller, mais sans tasser). Vérifiez bien le nombre de cuillers mesures nécessaires, et versez-les dans le biberon.

Placez la tétine sur le biberon et vissez-la. Fixez ensuite le capuchon. Secouez le biberon énergiquement pour mélanger la poudre et l'eau. Les laits infantiles anti-reflux sont fabriqués différemment des autres laits. Demandez conseil à votre pédiatre.

Le déroulement d'un biberon

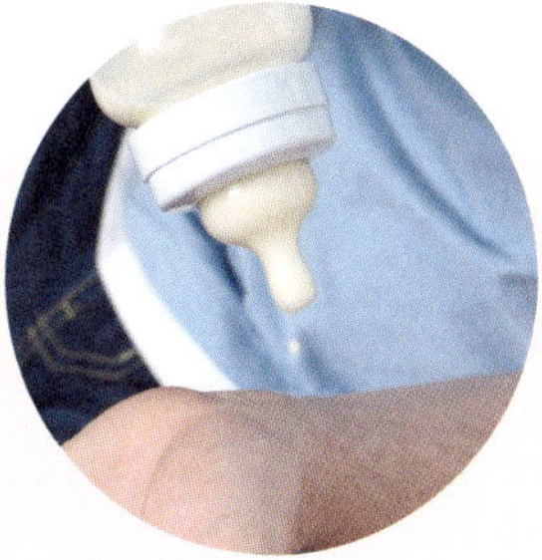

Installez-vous confortablement, vous et votre bébé, avant de commencer, et consacrez-lui toute votre attention. Tenez-le bien calé sur vos genoux, la tête dans le creux de votre coude, et son dos soutenu par votre avant-bras. Afin de l'aider à se détendre, câlinez-le et parlez-lui doucement à l'oreille. Observez-le tout le temps que dure le biberon, et répondez à ses demandes. Certains bébés aiment marquer des pauses pour reprendre leur respiration ou pour faire un rot, d'autres préfèrent boire leur biberon d'un trait. Vérifiez la température du lait avant de commencer à faire boire votre bébé. Faites-en couler quelques gouttes sur l'intérieur de votre poignet : il doit être tiède mais pas brûlant. Si vous voulez le faire refroidir, tenez le biberon, capuchon fermé, sous un robinet d'eau froide.

PRÉSENTER LE BIBERON

Laissez à votre bébé le temps de voir le biberon, puis passez-le contre sa joue pour stimuler son réflexe des points cardinaux : en réaction, il va se tourner vers vous la bouche ouverte, prêt à téter.

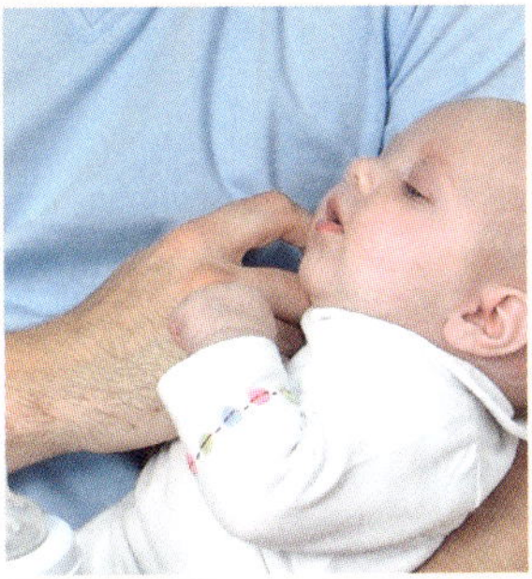

Tenez le biberon incliné à environ 45° afin que la tétine et le goulot soient entièrement remplis de lait, et qu'aucune bulle d'air ne passe. Présentez la tétine à votre bébé : elle doit entrer bien loin dans sa bouche. Tout le temps que votre bébé tète, tenez le biberon dans la même position afin qu'il puisse garder la tétine en bouche.

UN BÉBÉ RASSASIÉ

En tenant le biberon, vous sentirez la force de succion de votre bébé. Ajustez l'angle d'inclinaison de façon que le haut du biberon reste toujours rempli de lait. Retirez le biberon lorsque votre bébé a fini de boire ou qu'il a besoin de faire un rot : introduisez doucement votre petit doigt dans la commissure de ses lèvres pour interrompre la succion. Une fois le biberon terminé, s'il reste du lait, jetez-le. Au biberon suivant, donnez-lui du lait qui vient d'être préparé.

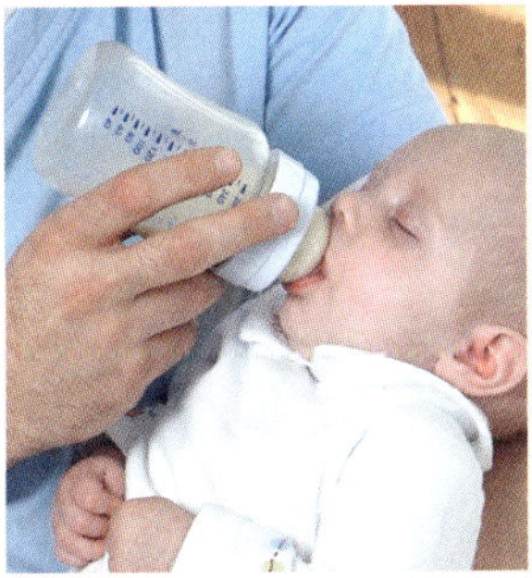

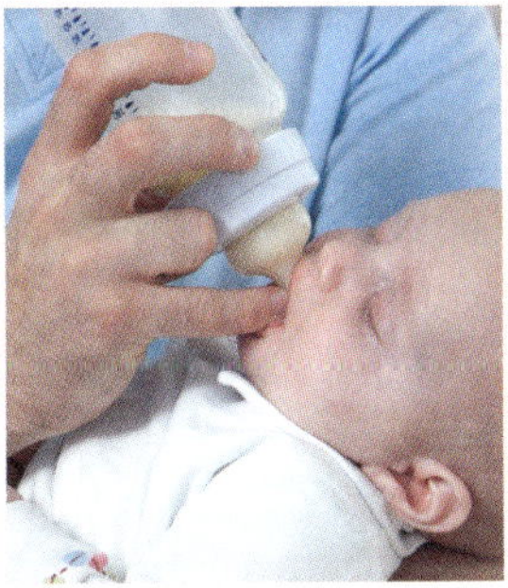

4 L'enfant prématuré

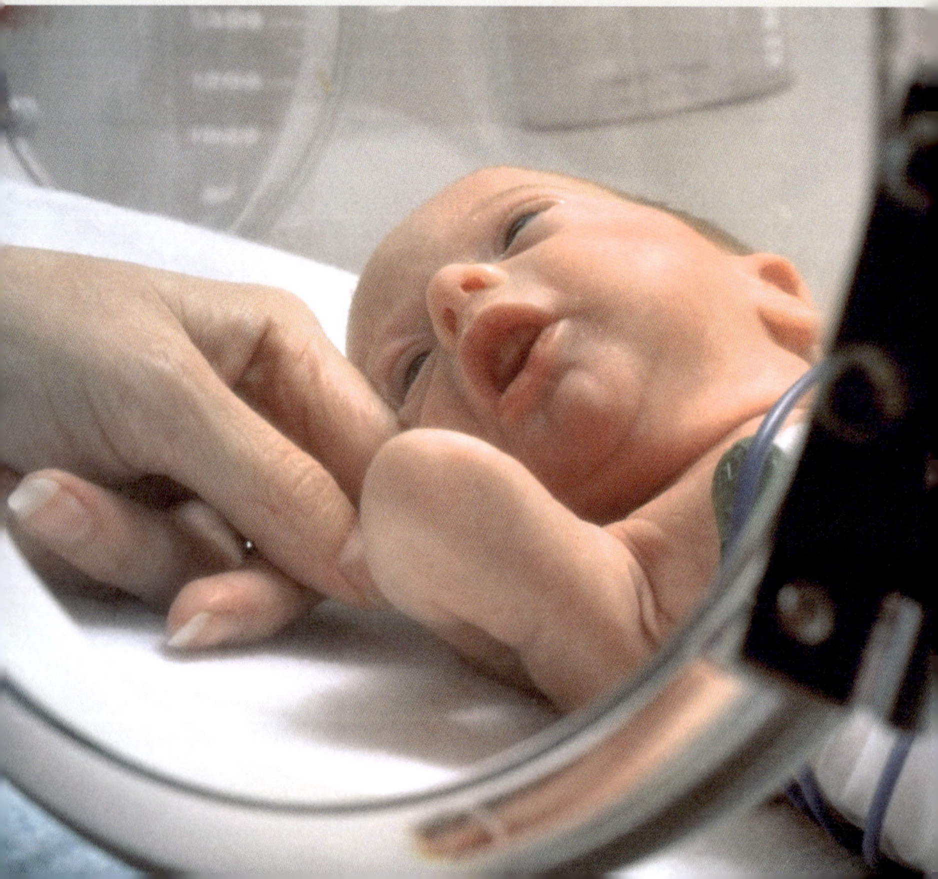

À l'hôpital

Si votre bébé est né longtemps avant son terme, il est très probable que votre grossesse et votre accouchement ne se sont pas déroulés comme vous l'attendiez. Au lieu d'une période postpartum remplie de joie et de bonheur, ce sont les inquiétudes sur la santé de votre bébé qui vont immédiatement prendre le dessus. Il se peut même que vous n'ayez pas le temps de le prendre dans vos bras juste après sa naissance, sans parler de le nourrir, s'il a été envoyé en urgence en service de néonatalogie ou en unité de soins intensifs, ce qui est souvent le cas des grands prématurés ou des nouveau-nés souffrant d'un problème médical. Vos rêves, où vous vous voyiez tenant votre bébé endormi dans vos bras, et le ramener de la maternité à la maison, s'effondrent tout à coup. À vrai dire, vous vous sentez même quelque peu impuissante, à regarder à travers une vitre les infirmières du service de néonatalogie s'occuper de votre bébé. Même si sa vie n'est pas en danger, votre enfant est encore si petit et si fragile !

Même si le temps passé avec votre bébé restera votre plus grande priorité (voir page 108), vous allez avoir d'autres préoccupations. Si vous avez accouché par voie basse, vous allez devoir vous reposer et récupérer après cet événement probablement éprouvant. Il peut vous falloir plusieurs semaines pour vous remettre sur pied. Si vous avez accouché par césarienne, il vous faudra encore plus de temps pour vous rétablir. Vous pouvez être tentée de négliger votre propre rétablissement dans votre désir d'accompagner votre nouveau-né, mais mieux vaut résister à cette tentation.

JUMEAUX, TRIPLÉS ET PLUS

Les grossesses multiples aboutissent couramment à des accouchements plus précoces que les grossesses simples. Même s'il peut y avoir d'autres causes à cela, il semblerait que cela s'explique par le fait que l'utérus, déjà étiré au maximum, n'est plus assez spacieux pour contenir les bébés qui continuent de grossir, et qu'il n'a plus d'autre choix que de les expulser.

Le plus gros problème des prématurés multiples est d'ordre pratique : ils sont plusieurs ! Cela peut entraîner des difficultés d'organisation sans gravité, comme le fait de devoir donner deux tétées en même temps, ou de devoir produire assez de lait pour plusieurs bébés. Il se peut également que vous soyez confrontés à un autre problème : le fait qu'un bébé soit prêt à naître avant l'autre. Si le second ne naît que quelques jours plus tard, le premier est souvent accueilli par la maternité de façon à permettre à tout le monde de rentrer à la maison en même temps. Cependant des problèmes pratiques peuvent une nouvelle fois survenir si vous avez un bébé à la maison, et un autre en néonatalogie : pour rendre visite au second, cela nécessite qu'il y ait un autre adulte pour s'occuper du premier. De plus, comme il y a toutes les chances que vous passiez plus de temps à la maison qu'à l'hôpital, vous pouvez vous sentir coupable de ne pas passer assez de temps avec l'enfant hospitalisé.

RENDRE VISITE À VOTRE BÉBÉ EN NÉONATALOGIE

Comme toutes les mères qui viennent d'accoucher, une fois sortie de la maternité, vous allez souhaiter passer beaucoup de temps avec votre nouveau-né prématuré. En présence l'un de l'autre dans le service de néonatalogie, vous allez apprendre à vous connaître ; votre bébé sera rassuré et apaisé par votre voix et par votre contact. De plus, vous apprendrez à vous occuper de lui sous la supervision des infirmières.

ZOOM SUR… les naissances multiples

Même si les jumeaux représentent la très grande majorité des naissances multiples, les triplés, quadruplés, quintuplés et même sextuplés sont de plus en plus courants en raison des nombreuses fécondations in vitro pratiquées aujourd'hui. Une grossesse multiple peut être la conséquence soit d'une ovulation multiple (l'ovaire émet plusieurs ovules), soit d'une implantation de plusieurs ovules dans le cadre d'un traitement contre l'infertilité. Dans ces deux cas, chaque ovule est fécondé séparément et aboutit à la conception de bébés tous différents, qui peuvent être chacun de l'un ou de l'autre sexe. Par ailleurs, il peut arriver qu'un seul ovule fécondé se sépare en deux embryons identiques, voire trois ou plus dans certains cas, qui seront nécessairement du même sexe. Les grossesses multiples comportent toujours de grands risques, car l'utérus ne peut contenir, nourrir et alimenter en oxygène qu'un nombre limité de fœtus. Ainsi, lors d'une grossesse multiple, même gémellaire, les bébés sont beaucoup plus exposés à une naissance prématurée.

Il faut arriver à trouver un équilibre entre le temps passé à rendre visite à votre bébé et celui qui vous sera nécessaire pour vous reposer suffisamment et retrouver votre forme et votre énergie. Au moment de votre sortie de la maternité, demandez aux sages-femmes à quelle fréquence vous pouvez rendre visite à votre bébé, et combien de temps ces visites peuvent durer. Au début, une visite quotidienne (ou moins si votre état l'exige) de deux ou trois heures (si vous pouvez être assise près de la couveuse) ou moins (si vous êtes debout) est déjà très bien. Par la suite, de nombreuses mères font deux visites par jour : une le matin, en arrivant juste avant l'heure de la tétée et en restant jusqu'à la suivante, puis elles rentrent chez elles pour se reposer l'après-midi, et reviennent pour une visite plus courte le soir. Les bébés prématurés dorment encore plus que ceux nés à terme (qui dorment entre seize et vingt heures par jour), votre bébé passera donc la plus grande partie du temps de votre visite à dormir.

Les pères aussi veulent passer du temps avec leur nouveau-né, mais ils ont d'autres contraintes à gérer. Ils doivent s'occuper de leur compagne – s'assurer qu'elle se repose bien – mais aussi assumer les tâches ménagères afin qu'elle puisse se détendre. Ils doivent également continuer à aller travailler, une fois leur congé de paternité terminé. Les pères risquent eux aussi de se surmener en essayant de faire trop de choses à la fois, et la prudence s'impose. Votre bébé aura besoin de deux parents en bonne santé et bien reposés lorsqu'il arrivera à la maison !

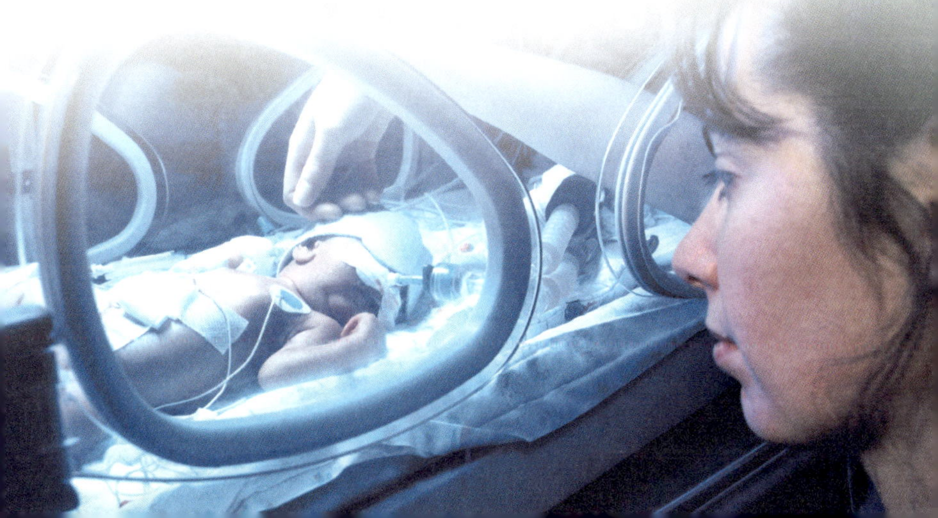

Qu'est-ce que la prématurité ?

Le temps qui s'écoule entre la fécondation de l'ovule maternel et la naissance est normalement de 38 semaines. Cependant on considère que la grossesse dure 40 semaines, car elle est calculée à partir du premier jour des dernières règles, qui se situe généralement deux semaines avant l'ovulation et la fécondation. Bien que cette méthode de calcul soit peu logique, puisqu'elle revient à considérer comme faisant partie de la grossesse deux semaines pendant lesquelles vous n'êtes pas techniquement enceinte, elle est utilisée par les médecins spécialistes dans le monde entier. Ainsi, lorsqu'ils parlent de la 36e semaine de grossesse ou qu'ils évoquent un fœtus d'un âge gestationnel de 36 semaines, les médecins situent le début de la grossesse au premier jour des dernières règles.

Les grossesses ne durent pas toutes 40 semaines : il y a une assez grande marge dans laquelle on considère qu'une grossesse est de durée normale. Ainsi, on considère qu'un bébé est né à terme à partir de la 37e semaine (et jusqu'à 42 semaines) de gestation. On parle de prématurité lorsque la grossesse se termine avant la 37e semaine.

Il ne faut pas confondre faible poids de naissance et prématurité. Même s'ils vont souvent de pair, il arrive que certains bébés nés après 37 semaines de gestation, et même complètement à terme, soient de poids bien moins élevé que la normale. La notion de prématurité ne désigne réellement que l'incapacité du corps d'un bébé à fonctionner de la même manière que celui d'un enfant né à terme.

L'âge d'un enfant né prématurément peut se calculer de deux façons. Son âge chronologique s'exprime en semaines ou en mois écoulés depuis sa naissance, tandis que son âge « corrigé » se calcule en soustrayant le nombre de semaines de prématurité à cet âge chronologique. Par exemple, si votre bébé a 9 semaines, mais qu'il est né à 32 semaines de gestation, son âge corrigé est en fait 1 semaine (40-32=8 semaines de prématurité, et 9-8 =1). Mais cela n'est qu'une approximation. Cette conception des choses suppose que votre enfant a aujourd'hui le même fonctionnement qu'un enfant d'une semaine né à terme. Pourquoi les médecins parlent-ils en âge corrigé ? C'est parce que cela leur permet de comparer de façon à peu près fiable (mais pas exactement) des enfants nés à différents degrés de prématurité les uns avec les autres, et avec d'autres enfants nés à terme.

LES TERMES UTILISÉS POUR PARLER D'UN BÉBÉ PRÉMATURÉ

Grossesse à terme	Grossesse ayant duré entre 37 et 42 semaines
Prématurité	Grossesse ayant duré moins de 37 semaines
Enfant prématuré	Enfant né avant ou à la 36e semaine de gestation
Gestation / Âge gestationnel	Nombre de semaines ou de mois de grossesse calculé à partir de la date du premier jour des dernières règles de la mère
Grand prématuré	Enfant né avant la 34e semaine de grossesse
Faible poids de naissance	Poids de naissance de moins de 2,5 kg (2 500 g)
Âge chronologique	Âge correspondant au temps écoulé depuis la naissance
Âge corrigé	Âge chronologique auquel on a soustrait le nombre de semaines de prématurité de l'enfant. (Exemple : un enfant né il y a 8 semaines avec 5 semaines de prématurité a un âge chronologique de 8 semaines, et un âge corrigé de 3 semaines).

Devoir laisser son enfant à l'hôpital lorsqu'on en sort soi-même est toujours source de grande déception, et souvent de tristesse, mais il y a tout de même des côtés positifs à cette épreuve. Par rapport aux mères d'enfants nés à terme (qui n'ont que quatre ou cinq jours à la maternité pour apprendre à connaître leur enfant et à s'occuper de lui), vous allez disposer de beaucoup plus de temps pour devenir experte en soins du nouveau-né. En néonatalogie, avec les infirmières à vos côtés pour vous montrer comment effectuer les gestes quotidiens, vous allez acquérir un savoir-faire et une assurance qui vous seront très précieux le jour où vous ramènerez votre bébé chez vous. Vous allez apprendre à le changer et à lui faire sa toilette avec habileté, à mesurer et à lui administrer ses compléments de vitamines. Vous finirez aussi par être très à l'aise pour le prendre dans vos bras et le porter, et vous saurez bientôt interpréter ses pleurs. Avec le temps, vous allez également devenir experte à le nourrir. Les grands prématurés ont souvent des problèmes de santé, du fait de l'immaturité de leurs poumons, de leurs intestins, de leur système circulatoire, etc., et vous pouvez mettre à profit son séjour en néonatalogie pour participer aux soins qui lui sont donnés, pour en savoir plus les problèmes dont il souffre (et la façon de les soigner).

LA VIE EN COUVEUSE

Les bébés très malades sont soignés sur des lits ouverts où ils sont maintenus au chaud par un chauffage à radiations, mais une fois leur état de santé stabilisé, la plupart des prématurés sont mis en couveuse. Une couveuse est constituée d'un matelas plat entouré de parois et d'un plafond en plexiglas transparent. La couveuse est montée sur un support de façon à ce que le nouveau-né soit surélevé, elle vous arrive environ à la taille. La plupart des modèles permettent d'accéder au bébé par des portes rectangulaires situées sur la partie inférieure de l'un des côtés. Sur la partie supérieure de ce côté se trouvent également deux « hublots » assez grands pour pouvoir y passer la main et le bras ce qui évite d'ouvrir les portes de la couveuse pour entrer en contact avec le bébé.

Dans la couveuse, votre nouveau-né est à l'abri du monde extérieur, il est maintenu au chaud tout en pouvant être observé. Il est possible de le nourrir, mais aussi de le baigner, de lui faire une prise de sang ou de lui poser une perfusion sans qu'il soit nécessaire de le sortir de ce cocon protecteur. À travers les hublots, vous pourrez lui offrir un contact sécurisant jusqu'à ce qu'il soit assez grand pour pouvoir sortir et que vous le preniez enfin dans vos bras. Les couveuses ne sont pas insonorisées, vous pouvez donc lui parler ou lui fredonner une mélodie afin qu'il entende le son de votre voix, bien à l'abri dans son petit nid.

RESTER AU CHAUD

Les couveuses sont chauffées car les enfants prématurés ne sont pas encore capables de maintenir leur température corporelle : à l'intérieur, votre bébé reste bien au chaud. Le jour où il aura le droit de sortir de sa couveuse, il sera chaudement habillé, avec un bonnet.

Généralement, lorsqu'un nouveau-né en couveuse arrive à l'équivalent de 35 ou 36 semaines de gestation, on commence à faire progressivement baisser la température afin de voir si, une fois habillé, il arrive à maintenir une température corporelle normale. S'il y parvient, il pourra alors quitter son « nid » pour emménager dans un petit berceau ouvert.

LE CONTACT PHYSIQUE

Même si vous ne pouvez pas encore prendre votre bébé dans vos bras, vous pouvez le toucher et lui parler. Des études ont montré que les bébés prématurés à qui l'on parle, et qui bénéficient d'un contact physique régulier, grossissent plus vite et rentrent chez eux plus tôt que ceux qui en sont privés.

L'ALIMENTATION

Les prématurés les plus petits sont au départ nourris par une sonde très fine passée par leur nez (sonde naso-gastrique ou SNG) ou par leur bouche (sonde oro-gastrique ou SOG), et qui aboutit à leur estomac. Ils sont généralement incapables de téter assez vigoureusement, et la sonde permet de contourner cette difficulté. On mesure la quantité de lait maternel tiré ou de lait infantile pour prématurés à l'aide d'une seringue.

Lorsque votre bébé sera plus grand, il sera possible de lui donner des biberons sans le sortir de sa couveuse. Les infirmières en néonatalogie vous guideront dans ce processus et vous aideront à encourager votre bébé s'il tète trop lentement ou refuse le biberon. Des petites caresses sur la joue, par exemple, permettent généralement de déclencher le réflexe de succion.

ALLAITER EN NÉONATALOGIE

Allaiter un enfant prématuré représente beaucoup de travail pour une mère, mais est extrêmement bénéfique au bébé. Les avantages de l'allaitement sont nombreux (voir chapitre 3), mais deux d'entre eux sont tout particulièrement importants pour les prématurés. Les bébés nourris avec le lait de leur mère ont généralement moins de complications associées à la prématurité, ils souffrent notamment moins souvent d'une maladie intestinale grave appelée « entérocolite nécrosante ». De plus, les anticorps et les cellules immunitaires contenues dans le lait maternel contribuent à empêcher la survenue d'infections.

À l'exception de quelques prématurés légers, la plupart des prématurés ne sont pas prêts à boire au sein à la naissance. Soit ils sont trop fragiles, soit ils ne sont pas encore capables de téter assez vigoureusement (soit les deux). Votre première expérience de l'allaitement consistera donc probablement à tirer votre lait à l'aide d'un tire-lait.

Pour que votre allaitement soit réussi, il faut commencer à tirer votre lait peu de temps après votre accouchement, et le faire plusieurs fois par jour. Cela peut prendre un temps non négligeable : même avec les tire-lait électriques les plus efficaces (mieux vaut vous équiper d'un modèle puissant, qui vous fera gagner beaucoup de temps), tirer votre lait peut prendre 15 à 20 minutes environ. Et si vous ne le faites pas assez régulièrement, votre production de lait risque de diminuer.

Le stress et la fatigue sont également susceptibles de faire diminuer votre production de lait. Malheureusement, les mamans d'enfants prématurés sont le plus souvent très angoissées et pleines d'inquiétudes. Nombreuses sont celles qui passent tout le temps qu'elles peuvent auprès de leur bébé, négligeant ainsi leur propre besoin de se reposer et de récupérer. Alors, une fois de plus : ménagez-vous. Pour votre enfant, avoir une mère plus calme et plus reposée sera bénéfique de bien des manières, dont le fait que votre production de lait sera meilleure n'est pas la moindre.

Malgré ces obstacles, il y a de très bonnes chances que vous arriviez à allaiter. Si votre compagnon partage votre désir de donner à votre bébé du lait maternel, son soutien vous sera d'une grande aide, et toutes les infirmières en néonatalogie, sans exception ou presque, vous encourageront et soutiendront vos efforts également.

ZOOM SUR... la méthode kangourou

Le contact peau à peau avec votre bébé nu (à l'exception de sa couche), recouvert d'un drap ou d'une couverture, est source de nombreux bienfaits. Les deux parents ont ainsi la possibilité de renforcer le lien qui les unit à leur bébé (voir illustration page 117), et l'allaitement réalisé dans ces conditions est généralement mieux réussi. Il a été démontré que les bébés allaités ainsi prennent plus de poids et sortent en moyenne plus tôt de l'hôpital que ceux allaités de façon « classique ».

Nourrir votre bébé prématuré avec du lait maternel est excellent pour sa santé et pour son bien-être. Ainsi, en joignant vos efforts à ceux de l'équipe médicale, vous contribuerez à créer les conditions qui lui permettront d'atteindre la maturité.

FAIRE BOIRE UN PRÉMATURÉ

Dans certaines maternités, on donne aux prématurés dans les jours qui suivent la naissance de toutes petites doses de lait par sonde naso-gastrique. On parle alors de « nutrition trophique », car les quantités absorbées ne sont pas assez importantes pour représenter une vraie source de nutrition. Ces petites doses de lait servent en fait à stimuler les voies intestinales, en espérant qu'il puisse bientôt s'alimenter plus facilement. Si le pédiatre de votre bébé préconise une nutrition trophique, votre lait maternel peut être utilisé. Plus tard, lorsqu'il pourra absorber de plus grandes quantités, votre lait pourra lui être donné par sonde gastrique. Même si sa force de succion est encore faible à ce stade, et même s'il ne boit que de toutes petites quantités de lait, certains médecins et infirmières recommandent d'apprendre au prématuré à associer le fait de téter avec le sentiment positif de satiété. Pour cela, le bébé est posé sur le sein et encouragé à téter pendant que le lait coule dans la sonde gastrique. Ainsi, lorsqu'il arrivera à mieux téter et à déglutir, il pourra se nourrir directement au sein.

PRODUIRE ET STOCKER DU LAIT MATERNEL

Si vous choisissez de nourrir votre bébé au lait maternel, commencez à tirer votre lait dans les vingt-quatre heures qui suivent votre accouchement afin de stimuler votre production. Au début, vous n'arriverez pas à tirer de très grandes quantités, car vous n'aurez pas encore eu votre montée de lait. Mais essayez de tirer votre lait toutes les trois ou quatre heures si possible, car plus vous le ferez, plus votre production sera stimulée. Vous pouvez tirer votre lait chez vous, en le gardant dans les récipients stériles qui vous seront fournis par la maternité. Ramenez à la maternité la quantité estimée nécessaire à votre bébé, et congelez le reste. La plupart des unités de néonatalogie disposent aussi d'une pièce au calme réservée aux mères qui souhaitent tirer leur lait.

Les quelques premiers jours ou semaines, vous aurez beaucoup plus de lait stocké dans des biberons ou des sacs de congélation que votre enfant n'en consommera. Vous pouvez en faire des réserves dans votre congélateur. Lorsque vous laissez du lait au service de néonatalogie, prenez soin de marquer chaque flacon au nom de votre enfant, avec la date à laquelle il a été tiré. Voir aussi page 88 pour plus d'informations sur le stockage du lait maternel.

NOURRIR UN PRÉMATURÉ AU SEIN

Se nourrir au sein demande de grands efforts à votre bébé prématuré : il faut téter fort et pendant longtemps, ce qui représente pour lui une grande dépense d'énergie. Pour savoir à quelle fréquence donner la tétée à votre bébé, faites-vous guider par le personnel médical.

Dans le cadre d'un allaitement, il est primordial de bien communiquer avec l'équipe soignante du service de néonatalogie. Si, par exemple, vous appelez pour dire que vous êtes en route pour la maternité pour donner une tétée à votre bébé, les infirmières sauront qu'il ne faut pas lui donner un biberon de lait tiré avant que vous arriviez. Elles vont préviendront si vous venez à manquer de réserves de lait stocké.

Deux positions d'allaitement en particulier semblent très

satisfaisantes avec un prématuré : celle en « ballon de rugby » et celle « en berceau ». Ces deux positions vous permettent de réajuster l'emplacement de la tête de votre bébé avec une main, et de tenir votre sein dans l'autre. De nombreux spécialistes de la lactation encouragent également la « méthode kangourou » ou le contact peau-à-peau (voir encadré page 114), ou l'utilisation d'une téterelle pour les premières tétées directement au sein. La téterelle permet au bébé d'aspirer du lait sans devoir exercer de trop forte pression sur le sein, ce qui peut avoir des effets négatifs.

SUIVRE LES PROGRÈS DE VOTRE BÉBÉ

Le meilleur indicateur du succès de votre allaitement est le fait que votre bébé prenne du poids en continu. En début d'allaitement, vous pouvez évaluer la quantité approximative de lait qu'il boit à chaque tétée en comparant son poids avant et après la tétée. Comme 1 ml de lait correspond à 1 g, s'il a pris 25 g, cela signifie qu'il a bu 25 ml de lait. Lorsqu'on utilise ainsi la pesée avant et après la tétée pour voir s'il boit bien, il faut bien prendre garde à peser votre bébé à chaque fois avec la même couche, les mêmes vêtements, et le même matériel (électrodes par exemple). De plus, pour minimiser les erreurs de mesure, la balance ne doit pas être utilisée ou manipulée entre les deux pesées. Même avec toutes ces précautions, il reste un degré d'imprécision : celui des balances utilisées pour peser les bébés (voir page 123).

À la maison

Presque toutes les informations que vous trouverez aux chapitres 1 et 2 sont aussi valables pour les prématurés que pour les bébés nés à terme, même si un prématuré a besoin de plus d'attention dans certains domaines.

En plus des préparatifs « classiques » à l'accueil d'un bébé né à terme, il y a certains détails propres aux prématurés à prendre en compte. D'un point de vue pratique, vous allez devoir vous équiper de couches, de bodies, et de vêtements de plus petite taille (on en trouve assez facilement sur internet, et dans les magasins de puériculture). Mais il va aussi peut-être falloir que vous adaptiez à ce nouvel environnement vos « compétences d'infirmière », par exemple en administrant à votre bébé ses médicaments et ses vitamines (voir aussi page 454), et que vous sachiez suivre des instructions très précises sur la fréquence des tétées ou sur les soins que nécessite un problème médical particulier. Le jour où votre bébé sortira de la maternité, on vous donnera une liste d'instructions qui sera assez courte pour un prématuré léger, dont le seul problème est qu'il se nourrit trop lentement, mais qui pourra être assez longue si votre bébé est un grand prématuré ou qu'il a souffert de complications.

DES SOINS MÉDICAUX SUPPLÉMENTAIRES

Les grands prématurés ont souvent des problèmes médicaux durables (voir chapitre 13) ; vous allez donc devoir apprendre avec les infirmières de néonatalogie à effectuer les gestes qui seront nécessaires au soin de votre enfant une fois à la maison. En plus de vitamines et peut-être d'autres médicaments, il se peut que votre bébé ait besoin d'un respirateur à oxygène ou d'autre matériel de soin ou de surveillance médicale, avec lesquels vous allez devoir vous familiariser. Si votre bébé a eu des problèmes respiratoires majeurs ou fait des apnées (de longs arrêts respiratoires intermittents), on vous aura peut-être appris certaines techniques de réanimation.

MAINTENIR SA TEMPÉRATURE CORPORELLE

Presque tous les prématurés sont incapables à la naissance de réguler correctement leur température corporelle. Du fait de leur manque de réserves d'énergie et d'isolation (c'est-à-dire de couche graisseuse), même enroulés dans une couverture, leur température corporelle chute rapidement s'ils ne se trouvent

ZOOM SUR... les anticorps maternels

À partir du troisième trimestre de grossesse, les anticorps présents dans le sang de la mère peuvent traverser le placenta et entrer dans le flux sanguin du fœtus. À la naissance, un bébé né à terme est armé de nombreux anticorps (préfabriqués par la maman) contre tout un ensemble de bactéries, de virus et autres éléments pathogènes avec lesquels il n'est encore jamais entré en contact. Mais s'il naît prématurément, il peut lui manquer de ces anticorps, car ils n'ont pas eu le temps de lui avoir été transmis. Les anticorps maternels ont une durée de vie limitée et, avec le temps, ils finissent par disparaître du sang d'un bébé, se séparant en petites molécules qui seront utilisées par le corps ultérieurement. Vers l'âge de 6 mois, le niveau des anticorps présents naturellement chez un bébé aura baissé au point qu'il sera très peu protégé.

La bilirubine, qui est la molécule à l'origine de cette couleur de peau jaune lorsqu'elle est présente en forte concentration, est un produit de la dégradation des globules rouges, présents dans le sang. Les anticorps maternels peuvent affecter ce processus si la mère et l'enfant ont des groupes sanguins différents. Comme tout le monde, les mères ont des anticorps circulants destinés à lutter contre les cellules sanguines étrangères. Si certains anticorps maternels qui traversent le placenta se mettent à combattre les globules rouges du bébé, alors il y aura dans le sang du bébé un plus grand nombre de globules rouges détruits que la normale, et donc une plus grande production de bilirubine, qui entraînera un jaunissement de la peau du bébé.

pas dans une atmosphère chauffée. Cependant, le jour où votre bébé pourra rentrer à la maison, c'est qu'il sera capable de se réchauffer lui-même s'il est suffisamment couvert. (La capacité d'un prématuré à maintenir sa température corporelle est un des critères de sortie du service de néonatalogie. Elle est généralement observée à partir de 35 à 36 semaines de gestation). Cependant, générer de la chaleur consomme de l'énergie : les calories que votre bébé utilise pour se réchauffer, il ne les utilise pas à grandir et à prendre du poids. Il faut donc réduire au minimum les moments où il est déshabillé et où il risque d'avoir froid. Si, pour savoir comment habiller un enfant né à terme, un bon repère est de lui mettre le même nombre de couches de vêtements que ce qui est nécessaire à un adulte pour se sentir bien, pour un prématuré, en revanche, il faut ajouter une couche de plus. En néonatalogie, on met souvent aux prématurés un bonnet afin d'éviter la déperdition de chaleur par la tête. Mais une fois rentré à la maison, il n'est pas nécessaire de le mettre à votre enfant si la température ambiante est normale (au-dessus de 20 °C).

Les sièges auto

La plupart des sièges auto sont conçus pour les enfants nés à terme, et pour les enfants qui sont plus grands encore. Dans un siège auto standard, certains prématurés ont la tête qui tombe en avant, ce qui peut entraîner un blocage des voies respiratoires supérieures (gorge et nez), les poumons du bébé ne reçoivent alors plus assez d'oxygène, ce qui peut entraîner des apnées (interruption de la respiration pendant plusieurs secondes), une bradycardie (ralentissement du rythme cardiaque), et une désaturation (chute du niveau d'oxygène dans l'organisme).

LE TEST DU SIÈGE AUTO

Un « test du siège auto » est parfois effectué au service de néonatalogie avant sa sortie. Le bébé est installé dans un siège auto (fourni par vous) comme s'il était dans votre voiture, tandis que son rythme cardiaque, sa respiration et son niveau d'oxygène sont surveillés par matériel médical, afin de détecter d'éventuelles difficultés respiratoires. Si aucune apnée, bradycardie ou désaturation n'est observée, c'est que votre bébé a passé le test avec succès, et que vous pouvez le ramener chez vous dans son siège auto en toute sécurité. Si votre bébé « échoue » à ce test et qu'il vous est conseillé d'utiliser un autre moyen pour le transporter, vous pouvez utiliser une nacelle horizontale. Certaines sont conçues pour être fixées sur la banquette arrière d'une voiture et permettent au bébé de voyager couché. Elles sont également souvent compatibles avec un socle de poussette afin de se transformer en landau.

UTILISER UN SIÈGE AUTO

Les principes généraux d'utilisation d'un siège auto, énoncés aux chapitres 9 et 13, sont applicables aux prématurés, mais ils ne leur suffisent pas. Seuls les sièges auto du groupe 0/0+ (et non ceux qui sont conçus pour les enfants de plus de 9 kg) peuvent être utilisés. Il existe aujourd'hui quelques modèles conçus pour les bébés à partir de 2 kg. Pour plus d'informations sur les marques et les modèles, consultez le site Que Choisir (www.quechoisir.org). Sur les sièges adaptés aux prématurés, la distance entre l'attache du harnais central et le dos du siège doit être inférieure à 14 cm, et celle entre l'attache des bretelles et le fond du siège inférieure à 25 cm. Le siège auto doit être fixé dos à la route, soit à l'avant sur le siège passager (sauf s'il est équipé d'un airbag), soit sur la banquette arrière, auquel cas il est préférable qu'un adulte soit assis à côté de lui afin de s'assurer qu'il reste bien dans la bonne position.

Pour éviter qu'il glisse, votre bébé doit avoir le dos et les fesses bien calés au fond du siège. Il existe des garnitures molletonnées spéciales, ou bien vous pouvez utiliser des couvertures ou des serviettes de toilette roulées et placées de chaque côté – entre la tête et les épaules de votre bébé et la paroi latérale, et entre ses jambes et la paroi inférieure – pour l'immobiliser. Si vous n'arrivez pas à resserrer le harnais central assez pour le maintenir fermement, vous pouvez placer une autre serviette roulée sous la boucle de fermeture.

Le système de réglage des bretelles doit arriver au niveau de la poitrine de votre bébé.

N'utilisez pas de siège doté d'une barre de protection horizontale ou d'accoudoirs, car la tête de votre bébé pourrait s'y cogner en cas d'accident ou de coup de frein brusque.

Le siège auto doit être incliné à un angle d'environ 45°. Si nécessaire, une autre couverture roulée peut être placée sous le siège auto pour créer cette inclinaison.

COMBATTRE LES MICROBES

Le système immunitaire d'un bébé né à terme est plus fragile que celui d'un enfant plus vieux ou d'un adulte. Les prématurés ont encore moins de défenses face aux infections : plus leur âge gestationnel est bas, plus leur système immunitaire est immature. Par ailleurs, si votre bébé est né avant 34 semaines de grossesse, il aura une déficience d'un autre composant immunitaire : les anticorps maternels (voir encadré). C'est pourquoi les précautions énoncées au chapitre 2 – réserver le droit de prendre votre bébé dans les bras, de le toucher et d'entrer en contact rapproché avec lui à quelques personnes très proches, et seulement après qu'elles se sont lavé les mains ; n'accepter la visite d'aucune personne malade ; éviter les lieux publics où la proximité avec les gens est très grande – sont particulièrement importantes pour votre bébé. Cependant l'allaitement contribue à protéger votre bébé des infections, puisque le lait maternel contient des anticorps et des cellules immunitaires actives contre de nombreux microbes.

PRÉVENIR LES INFECTIONS

Les efforts que vous ferez pour minimiser l'exposition de votre bébé aux microbes vont permettre de réduire le nombre et la gravité des infections qui pourront le toucher. Cependant, n'imaginez pas que ces efforts, ainsi que le fait d'allaiter, empêcheront votre bébé de s'enrhumer ou de tomber malade. Les infections comme le rhume sont inévitables.

L'IMMUNISATION

Les vaccins sont un moyen sûr et efficace de protéger les enfants nés à terme de maladies infectieuses graves (voir aussi page 448). Ils sont également efficaces chez les prématurés, pour qui le calendrier de vaccination est le même que pour les autres. Sachez cependant que ce calendrier est établi en fonction de l'âge chronologique, et non de l'âge corrigé. Si votre enfant est toujours en néonatalogie à l'âge de 2 mois, c'est là qu'il recevra ses premiers vaccins.

Votre bébé sera également mieux préservé des infections si les membres de la famille qui l'entourent sont immunisés contre certains virus et infections. Si vous êtes vous-mêmes immunisés, c'est que vous ne pouvez pas attraper la maladie en question, et que vous ne pouvez pas non plus la transmettre à votre bébé. Il est actuellement recommandé que les deux parents d'un nouveau-né, ainsi que les autres personnes partageant le même toit (y compris les visiteurs réguliers, les baby-sitters) soient vaccinés contre la coqueluche et la grippe.

LE PALIVIZUMAB (SYNAGIS)

Les infections respiratoires ne se manifestent généralement que par de la toux et par un nez bouché. Cependant, les rhumes ont plus de risques d'évoluer en bronchite, en bronchiolite (voir page 462) et en pneumonie (voir Infections pulmonaires, page 465) chez les enfants prématurés que chez les autres enfants. De nombreux virus peuvent entraîner des maladies respiratoires, mais deux d'entre eux, le virus de la grippe et le virus respiratoire syncitial (VRS), sont connus pour toucher particulièrement les nourrissons prématurés (ainsi que ceux nés à terme) et pour entraîner, dans certains cas, des infections graves. Les enfants de plus de 6 mois peuvent être vaccinés contre la grippe mais, que votre bébé soit vacciné ou pas, il est recommandé que les deux parents et autres membres de la famille, frères et sœurs, baby-sitters et visiteurs réguliers soient vaccinés contre la grippe.

Il n'existe pas de vaccin contre le VRS, mais il existe un moyen d'en minimiser les effets sur votre bébé : le palivizumab, qui permet d'empêcher la contamination

4 raisons d'utiliser le palivizumab

1. Votre bébé a moins de 2 ans d'âge chronologique et a été atteint d'une maladie pulmonaire chronique ayant fait l'objet d'un traitement médical (par médicaments ou par oxygène) moins de six mois après le début de la saison du VRS.

2. Il est né à 28 semaines de grossesse ou moins, et a moins de 12 mois d'âge chronologique au début de la saison du VRS.

3. Il est né entre 29 et 32 semaines de grossesse et a moins de 6 mois au début de la saison du VRS.

4. Il est né entre 32 et 35 semaines de grossesse et il est atteint d'une maladie cardiaque congénitale.

ou d'atténuer les effets de ce virus. Ce médicament est constitué d'anticorps contre le VRS. Il est très cher et son utilisation est limitée aux enfants pour qui cette protection sera la plus importante. Pendant la saison propice au VRS (de novembre à mars), les enfants qui reçoivent ce médicament sont traités au moyen d'une dose mensuelle d'anticorps par voie intraveineuse.

Le palivizumab est proposé aux bébés qui naissent très prématurés, ou qui souffrent de déficiences pulmonaires graves, mais pas aux prématurés légers. Si vous pensez que ce traitement peut aider votre enfant, parlez-en à votre pédiatre.

MANIPULER VOTRE BÉBÉ

Les prématurés sont plus petits que les bébés nés à terme, mais ils peuvent être soulevés et portés de la même manière (voir pages 38 et 39). Avec l'expérience, vous vous rendrez compte que votre enfant n'est pas si fragile que ça, et qu'il a simplement besoin qu'on lui soutienne la tête jusqu'à ce qu'il soit assez fort pour la tenir droite sans qu'elle retombe sur le côté ou en arrière.

Vous pouvez utiliser un porte-bébé (voir pages 48 et 49), dont il existe certains modèles spécialement conçus pour les prématurés, pour garder votre bébé contre vous afin qu'il entende les battements de votre cœur, qu'il sente votre respiration et vos mouvements : cela l'aidera à se développer dans des conditions de bien-être optimales, et vous permettra de renforcer votre lien émotionnel avec lui. Les bébés prématurés portés dans un porte-bébé hamac (qui imite la forme de l'utérus) grandissent mieux. Le passage de l'utérus et de la couveuse au monde extérieur se fait ainsi bien plus en douceur, dans un climat de sécurité et de confort. Une fois que votre bébé aura appris à maintenir sa tête (vers 16 à 20 mois), vous pourrez utiliser un porte-bébé sans support de tête.

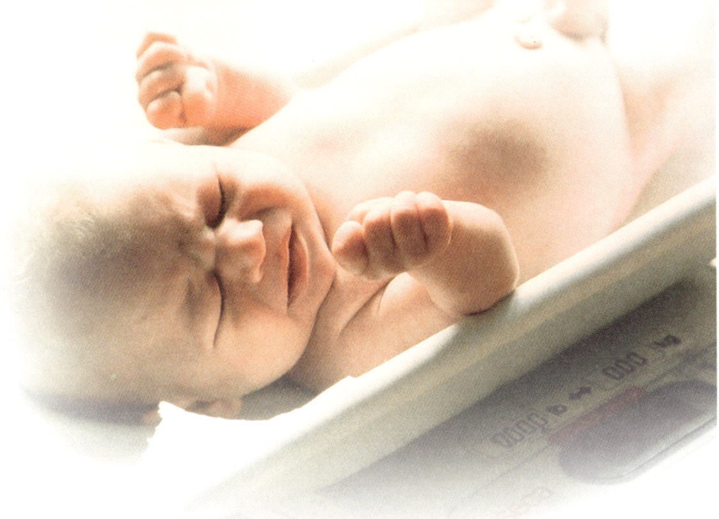

ZOOM SUR... les balances pédiatriques

Lorsque votre bébé était en néonatalogie, vous avez pu remarquer que sa prise de poids n'était pas linéaire : certains jours, il prenait beaucoup de poids, et d'autres jours, presque rien. Même s'il est possible que cela s'explique par le fait que votre bébé ait absorbé plus de calories le jour où il a pris le plus de poids, là n'est pas la raison principale de ces variations. Le problème réside en fait dans l'appareil de mesure lui-même. Les balances utilisées en néonatalogie sont calibrées et fiables, mais aucun appareil de mesure n'est précis à 100 %. Une bonne balance permet d'obtenir une mesure de poids fiable à + ou – 1 à 2 % du poids réel. Par exemple, si elle indique que votre bébé pèse 2000 g, c'est que son poids réel se situe en fait entre plus ou moins 1 % de 2000 g, soit 20 g. Ainsi, par exemple, si la balance indiquait que votre bébé pesait 2000 g hier, qu'il a bien bu entre-temps, mais qu'il pèse toujours 2000 g aujourd'hui, il est fort possible qu'il ait en fait pris du poids mais que, en raison de la petite marge d'imprécision de la balance, cette prise de poids ne soit pas détectée. Il se peut par exemple qu'il ait en fait pesé 1990 g hier, et qu'il pèse 2010 g aujourd'hui, mais que la balance indique 2000 g dans les deux cas.

La pesée d'un nouveau-né peut également être erronée par d'autres facteurs qui seraient relativement négligeables lors de la pesée d'un enfant plus grand ou d'un adulte, mais qui ne le sont pas lors de la pesée d'un si petit bébé. Par exemple, les jours où votre bébé a expulsé une selle importante ou uriné juste avant la pesée, il se peut qu'il pèse 20 à 40 g de moins que s'il avait été pesé quelques minutes plus tôt. Étant donné toutes les petites imprécisions qui peuvent entrer en ligne de compte dans la mesure du poids de votre bébé, il est clair que le plus parlant est la courbe générale de prise de poids, qui montre la croissance de votre bébé sur plusieurs jours, et mieux vaut ne pas fixer son attention sur la différence entre deux pesées consécutives.

Alimentation et nutrition

Pour pouvoir sortir du service de néonatalogie, les prématurés doivent arriver à se nourrir correctement, et leur poids doit être en hausse constante. Mais même ceux qui sont autorisés à rentrer chez eux ne maîtrisent pas forcément encore la tétée et la déglutition. Les prématurés tètent lentement, de façon moins vigoureuse et efficace que les bébés nés à terme. Les premières tétées peuvent en outre être rendues plus difficiles encore par la faiblesse de leurs muscles buccaux, le manque de coordination de leur langue et de leur pharynx, et par leur besoin de reprendre fréquemment leur respiration. Par ailleurs, l'effort qui leur est nécessaire pour téter le sein ou le biberon peut être épuisant pour eux. Comme vous lui aurez donné maintes fois la tétée en néonatalogie, vous serez probablement assez adroite à nourrir votre bébé, mais les tétées resteront très lentes, et il se peut qu'il ait besoin de faire plusieurs pauses.

Les prématurés ont besoin de plus de calories, de protéines et de graisse que les autres nouveau-nés. De plus, ils ont besoin de beaucoup de calcium, de phosphore et de vitamine D pour avoir des os solides, et aussi de beaucoup de fer pour pouvoir produire de l'hémoglobine et assurer le renouvellement de leurs globules rouges. La nature étant bien faite, le lait des mères qui ont accouché prématurément contient ces nutriments en plus grandes quantités que celui des mères qui ont accouché à terme. Cependant, un fortifiant en poudre pour lait maternel est souvent ajouté au lait tiré.

On commence généralement par donner aux prématurés nourris au biberon du lait infantile spécial pour les prématurés. Plus tard, on leur donne un lait infantile de transition (dont la valeur calorique – 0,7 calorie par ml – et nutritionnelle est à mi-chemin entre le lait pour prématurés et le lait infantile classique). Enfin, une fois qu'ils ont atteint une maturité et un poids suffisants, on leur donne le même lait infantile que celui donné aux enfants nés à terme (0,6 calorie par ml).

Lors de son arrivée à la maison, il est donc probable que votre bébé soit nourri au lait spécial pour prématurés, ou au lait transitionnel. Il vous sera sans doute recommandé d'y ajouter des gouttes de vitamines et de fer.

Si vous allaitez, votre bébé prendra également des compléments de vitamines et de fer. S'il prend suffisamment de poids avec un allaitement exclusif, il n'aura pas besoin d'autres compléments, cependant de nombreux prématurés allaités ont besoin d'avoir des biberons de complément – soit de lait maternel tiré additionné d'un fortifiant, soit de lait infantile à haute valeur calorique (lait pour prématurés ou lait transitionnel).

De manière générale, les prématurés ont du mal à savoir quand ils ont faim. Leur capacité à ressentir la faim et à l'exprimer (en pleurant) n'apparaît que lorsqu'ils approchent de l'âge équivalent au terme de la grossesse (âge corrigé). Cependant, avant ce moment, les tétées doivent être données à intervalles réguliers, comme vous l'indiqueront les infirmières en néonatalogie. Par ailleurs, il se peut que votre nouveau-né n'ait pas encore acquis le mécanisme qui permet que la sensation de faim soit proportionnelle aux calories nécessaires à sa croissance. C'est pourquoi, pour s'assurer que sa croissance se fait correctement, les quantités de lait données à chaque tétée (si vous utilisez des biberons) seront prescrites par un médecin. À ce stade, une alimentation à la demande, dans laquelle la fréquence et la quantité des tétées sont déterminées par le bébé, est bien sûr déconseillée.

LA PRISE DE POIDS

La plupart des bébés, à leur sortie de néonatalogie, pèsent moins lourd que les enfants nés à terme du même âge (âge corrigé). Il y a plusieurs raisons à cela : par exemple, il se peut que l'alimentation par voie orale ait été retardée en raison de problèmes respiratoires ou gastro-intestinaux. L'utérus reste le meilleur endroit où puisse se trouver un bébé pour arriver à terme. Même avec les nombreuses avancées en néonatalogie et en nutrition, y compris l'alimentation par intraveineuse (hyper-alimentation) et le lait infantile à haute valeur calorique, la science médicale a encore beaucoup à faire pour égaler le mécanisme naturel par lequel les nutriments sont transmis de la mère au fœtus *via* le placenta.

Lorsque les obstacles à une alimentation adéquate auront été franchis et que votre bébé pourra s'alimenter normalement, il va connaître ce qu'on appelle une « croissance de rattrapage ». Son rythme de croissance va surpasser celui des enfants nés à terme d'âge équivalent, comme si votre bébé comprenait qu'il ne pèse pas assez lourd pour son âge, et qu'il essayait de rattraper sa différence de poids avec les enfants non prématurés.

Une fois votre bébé capable d'absorber suffisamment de calories, il va grandir remarquablement vite – en général 20 à 30 g par jour, voire plus. Si vous êtes comme de nombreux parents, vous allez vouloir surveiller la prise de poids de votre bébé fréquemment, cependant, pour éviter une trop grande fixation sur la prise de poids, les pédiatres et les néonatalogistes déconseillent généralement d'avoir une balance pédiatrique à la maison.

ZOOM SUR… la croissance de rattrapage

La croissance de rattrapage est le résultat de deux facteurs. Tout d'abord, il s'agit d'une vraie compensation de la prématurité, entraînant une accélération de la croissance et du développement. Par ailleurs, les créneaux de la normalité s'élargissent avec l'âge, si bien que le développement d'un enfant qui progresse avec régularité, mais qui a quelques mois de retard par rapport à la moyenne, finira par rentrer dans la fourchette d'âge considérée comme normale. Si on prend l'exemple d'un enfant né avec deux mois de prématurité, qui fait ses premiers vrais sourires trois mois et demi après sa naissance, il est clairement « en retard » pour son âge chronologique. Mais s'il commence à marcher à 14 mois (deux mois après l'âge moyen des premiers pas), il sera parfaitement dans les limites du « normal » pour son âge chronologique puisque la fourchette d'âge considérée comme normale pour commencer à marcher est large (entre 10 et 18 mois).

Les problèmes de santé

Les enfants prématurés sont sujets à toutes les mêmes maladies et à tous les mêmes problèmes médicaux que ceux nés à terme (voir chapitre 13). Certains, cependant, méritent d'être cités tout particulièrement en raison de leur occurrence plus fréquente chez les prématurés.

LE REFLUX

La régurgitation du contenu de l'estomac vers la bouche (ou le nez) et l'œsophage est un problème encore plus répandu chez les prématurés que chez les bébés nés à terme (chez qui il est déjà très répandu !). Vous pouvez y remédier en partie par des mesures simples, comme en tenant votre bébé bien droit pendant vingt minutes après chaque tétée, ou en lui donnant de plus petites tétées plus fréquentes. Mais sachez que la quantité de lait régurgitée est généralement beaucoup moins importante que ne peut le laisser croire la taille de la tache qui en résulte. En outre,

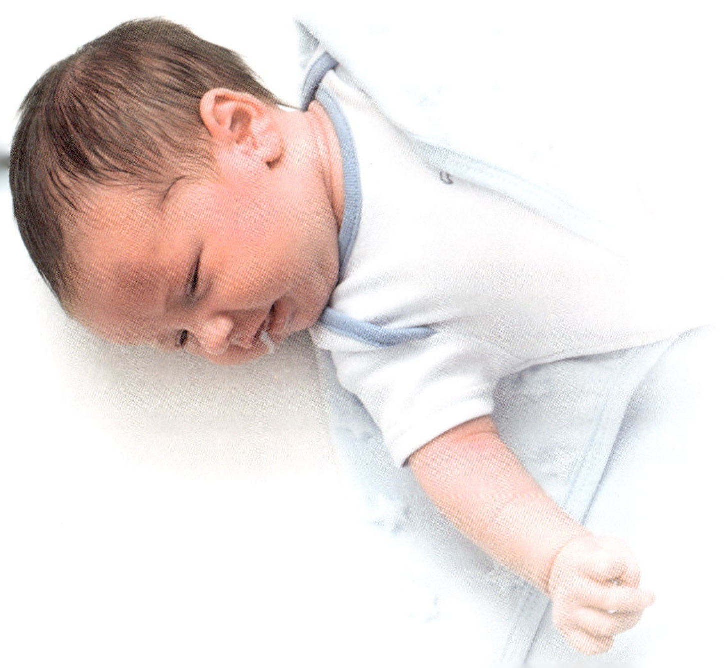

les régurgitations ne sont rien de plus qu'un désagrément et un simple facteur de salissure chez la grande majorité des bébés, tant qu'ils prennent assez de poids et qu'ils ne sont pas gênés pendant la tétée.

LES PERTES AUDITIVES

La perte de la capacité à entendre certains sons plus feutrés est plus fréquente chez les prématurés que chez les autres bébés. Ces pertes auditives peuvent être la conséquence de certaines infections, ou un effet secondaire indésirable de certains médicaments utilisés pour soigner des problèmes médicaux. Elles peuvent également être liées à la prématurité elle-même. On effectue généralement un test auditif sur les prématurés avant leur sortie de l'unité de néonatalogie, mais de nombreux médecins conseillent de faire un nouvel examen plus tard, lorsque le bébé est âgé de quelques mois, en particulier pour les enfants les plus prématurés. Lorsque ces pertes sont détectées et prises en charge très tôt, il est possible d'améliorer significativement l'audition et les capacités orales des enfants qui en sont atteints par divers moyens thérapeutiques : aides auditives, orthophonie, programmes conçus pour les enfants malentendants, et parfois implants cochléaires.

LA RÉTINOPATHIE DES PRÉMATURÉS (RDP)

Elle survient lorsqu'il y a croissance excessive des vaisseaux sanguins dans la rétine. Elle touche le plus souvent les prématurés ayant eu un poids de naissance inférieur à 1 000 g, mais il arrive que certains bébés moins gravement prématurés en soient atteints. Un examen des yeux régulier, souvent mis en place alors que l'enfant est toujours en néonatalogie, est nécessaire afin de détecter une éventuelle RDP, et, si c'est le cas, afin de savoir si elle régresse ou si au contraire elle progresse. Les bébés à risques doivent être suivis par un ophtalmologiste jusqu'à ce que leur rétine ait atteint une maturité suffisante. Les bébés atteints d'une RDP, qu'elle soit légère, modérée ou grave, doivent également faire l'objet d'un suivi régulier afin de surveiller l'évolution de la maladie et d'en évaluer les conséquences visuelles (vue altérée, myopie ou même amblyopie, décollement de la rétine ou glaucome).

LA HERNIE INGUINALE

Tôt dans la vie fœtale, avant que les organes internes qui distinguent les filles des garçons se soient développés, les testicules et les ovaires se forment dans la cavité abdominale. Chez les garçons, chaque testicule descend progressivement vers le scrotum, laissant dans l'abdomen une petite ouverture ronde (l'anneau inguinal) entre la peau et le muscle, et passe entre les couches musculaires de l'aine par un passage appelé « canal inguinal ». Chez les filles, bien que les ovaires restent à l'endroit où ils se sont formés, un anneau et un canal inguinal se forment comme chez les garçons. Plus tard dans la vie fœtale, l'anneau et le canal inguinal se referment complètement. Mais, si ce passage reste intact, il peut arriver qu'une portion d'intestin sorte de l'abdomen et vienne s'introduire dans ce passage. Il se formera alors un renflement à l'aine, sur le scrotum chez les garçons, et sur les lèvres chez les filles, généralement bien visible puisque d'une taille comparable à celle d'une balle de ping-pong. La portion d'intestin extériorisée fait habituellement une brève apparition en dehors de la cavité abdominale, puis se rétracte rapidement.

Les hernies inguinales sont plus fréquentes chez les enfants nés prématurément, surtout chez les garçons et chez les bébés ayant eu besoin d'un respirateur. Lorsqu'une hernie est découverte en néonatalogie, elle est généralement réparée par intervention chirurgicale avant sa sortie. Si vous remarquez un renflement à l'aine, sur le scrotum ou sur les lèvres de votre bébé une fois rentré chez vous, prenez-le immédiatement en photo (il peut disparaître en quelques minutes) et informez votre pédiatre (photo à l'appui). Si la hernie est laissée intacte, peut alors apparaître un problème rare mais grave : la strangulation intestinale, qui survient lorsqu'une partie de l'intestin s'introduit dans le canal, s'y trouve bloquée et commence à se détériorer car la circulation sanguine y est entravée.

LA MALADIE PULMONAIRE CHRONIQUE

Si votre enfant est atteint d'une maladie pulmonaire chronique, elle sera déjà détectée en néonatalogie : ce type de maladie n'apparaît pas pour la première fois une fois rentré à la maison. La maladie pulmonaire chronique (ou « dysplasie broncho-pulmonaire » en langage médical) touche le plus souvent les enfants très prématurés qui ont nécessité une respiration artificielle. Elle est causée par l'accumulation de plusieurs facteurs : la prématurité pulmonaire, la nécessité d'une plus grande concentration d'oxygène, et le traumatisme induit par la pression à laquelle l'air est envoyé vers les poumons. La dysplasie broncho-pulmonaire est diagnostiquée par des observations cliniques et radiographiques caractéristiques (respiration difficile et rapide en permanence, signes d'un mauvais transfert d'oxygène dans les poumons, nombreuses petites taches rondes, apparaissant de couleur noire à la radiographie, marquant les zones d'hyperventilation, entourées de zones de densité, apparaissant de couleur blanche), cependant, dans la pratique, on considère qu'un enfant est atteint de dysplasie broncho-pulmonaire s'il continue d'avoir besoin d'un apport en oxygène 30 jours après sa naissance. Il se peut qu'une fois rentré à la maison, il faille continuer de lui administrer de l'oxygène et/ou un traitement médical par voie orale jusqu'à ce que ses poumons fonctionnent mieux. Les bébés atteints de maladie pulmonaire chronique sont plus exposés que les autres prématurés aux difficultés respiratoires lorsque survient une infection. Comme expliqué page 121, un traitement au palivizumab est conseillé aux enfants atteints de dysplasie broncho-pulmonaire afin d'empêcher la survenue d'un VRS (virus respiratoire syncitial).

LA RÉHOSPITALISATION

Même s'il faut espérer que cela n'arrivera pas à votre enfant, il arrive que certains bébés sortis de néonatalogie nécessitent une brève hospitalisation pour cause d'infections respiratoires. Si les plus susceptibles d'être réhospitalisés sont les plus prématurés et ceux atteints de dysplasie broncho-pulmonaire, tous les prématurés peuvent tomber gravement malades à la suite d'un rhume. Chez eux, l'infection peut se propager aux voies respiratoires inférieures, entraînant une bronchite ou une pneumonie. Il est donc judicieux de prendre les mesures (voir page 120) permettant de limiter le risque de contamination de votre bébé par ce type d'infection.

Croissance et développement

Une fois sorti de néonatalogie, votre bébé passera de nombreuses visites médicales chez le pédiatre. Bien qu'il existe des courbes de croissance spécifiques aux prématurés (surtout utilisées pour les nourrissons toujours hospitalisés), en général, votre pédiatre utilisera une courbe de croissance standard. Cependant, ce ne sera pas son âge chronologique mais son âge corrigé qui sera comparé à son poids, sa taille et son périmètre crânien (voir aussi le chapitre 12). Comme indiqué précédemment, même en utilisant son âge corrigé, il est très probable que votre bébé se situe tout en bas des courbes de taille comme de poids. Cependant, grâce à la croissance de rattrapage, il se rapprochera bientôt des enfants nés à terme de même âge que son âge corrigé, puis chronologique.

Même si l'on surveille le développement de tous les bébés, les pédiatres portent une attention toute particulière aux étapes du développement des prématurés. Et tout comme pour sa croissance physique, c'est son âge corrigé qui sera utilisé pour évaluer ses acquisitions psychomotrices. Par exemple, si votre bébé est né deux mois à l'avance, on considérera qu'il devrait commencer à sourire à l'âge chronologique de 3 mois et demi ou 4 mois (soit six à huit semaines d'âge corrigé), puisque les bébés nés à terme commencent normalement à sourire à l'âge de 6 à 8 semaines.

Le moment où se fait ce « rattrapage » varie beaucoup d'un bébé à l'autre. En termes de croissance comme d'acquisitions de compétences, un prématuré en bonne santé devrait normalement avoir rejoint la norme à l'âge chronologique de 12 à 18 mois.

Certes, c'est très bon signe si votre bébé commence par atteindre les différentes phases de son développement à un âge normal corrigé, puis qu'il rattrape ensuite les autres enfants, en acquérant ses compétences à un âge normal chronologique. Cependant, mieux vaut éviter d'attacher trop d'importance à l'âge auquel il franchit les différentes étapes de son développement : ce qui compte n'est pas tant le temps qu'il met à acquérir ses compétences, mais plutôt le fait qu'il finisse par les acquérir.

Votre vécu de parents

Le fait d'avoir un enfant prématuré aura sur vous en tant que personne et en tant que parent un effet profond. Vous ne serez pas la même mère ou le même père que celui ou celle que vous auriez été si votre enfant était né à terme. Vos projets, vos espoirs et vos attentes en seront bouleversés. Au lieu de porter votre attention sur des sujets aussi anodins que changer une couche ou trouver une position confortable pour la tétée, vous allez devoir faire face à des problèmes plus difficiles.

Vous serez probablement submergés d'inquiétude sur la santé et la sécurité de votre enfant. Vous allez aussi devoir faire votre deuil de la grossesse, de l'accouchement et des premiers moments que vous aviez espérés et qui n'auront jamais lieu. La maman aura été privée d'une bonne partie de son troisième trimestre de grossesse et de toutes les expériences heureuses (ou moins agréables !) qui l'accompagnent. Et au lieu de tenir un beau bébé dans vos bras, entourés de vos proches, vous allez vous retrouver en néonatalogie, à venir rendre visite à un petit être fragile, rattaché à toutes sortes d'appareils médicaux, nourri par intraveineuse, et peut-être même sous oxygène ou sous respiration artificielle.

Si vous aviez envisagé l'allaitement, votre bébé ne sera pas prêt tout de suite à être nourri au sein (du fait de son immaturité et/ou de problèmes médicaux), et il se peut que ce ne soit pas le cas avant plusieurs semaines. Avec le temps, et grâce à vos efforts et à votre énergie – car tirer son lait est une contrainte très prenante au quotidien, nuit et jour –, vous arriverez à tirer suffisamment de lait pour lui et la possibilité de l'allaiter normalement par la suite sera préservée. Si, cependant, vous ne pouvez pas allaiter, vous vous sentirez peut-être coupable de ne pas apporter à votre bébé tout ce que vous pouvez pour l'aider.

Petit à petit, vous serez de plus en plus à l'aise dans l'univers du service de néonatalogie. Vous commencerez à connaître les infirmières et les médecins, vous vous lierez peut-être d'amitié avec la mère ou le père d'un autre petit patient, et vos connaissances nouvellement acquises sur les problèmes que rencontre votre bébé et la façon dont ils sont traités vous permettront de vous sentir un peu moins démunie. Cependant votre moral continuera de connaître des hauts et des bas, au gré de son évolution. Lorsque que votre bébé ira bien, l'optimisme vous donnera des ailes mais, lorsqu'il y aura des revers, ce sera comme si l'horizon s'assombrissait tout à coup.

Par moments, le stress et la fatigue vous pèseront énormément. Vous serez soutenu par votre conjoint, vos proches et vos amis tout au long de cette épreuve et de ses rebondissements. Mais il se peut que certains d'entre eux ne soient pas capables de comprendre ce que vous traversez. Ceux qui sont parents d'un bébé en pleine forme et à la maison peuvent se sentir mal à l'aise à vous parler, et il peut arriver que votre conjoint, vos parents ou votre belle-famille, plutôt que de vous aider, ne fassent qu'ajouter des tourments à votre vie déjà si stressante.

En résumé, il est possible que vous ressortiez de cette expérience épuisée physiquement comme moralement, et même parfois traumatisée.

LES CONSÉQUENCES SUR L'AVENIR

Tous les parents, quels que soient l'état de santé ou la taille de leur nouveau-né, souhaitent ce qu'il y a de mieux pour leur enfant dans la vie qui l'attend. Si les parents de bébés qui n'ont jamais eu de problème médical s'inquiètent souvent de la santé et du développement de leur enfant, cela laisse imaginer à quel point les parents de prématurés, surtout de prématurés malades, craignent que les choses puissent ne pas se passer au mieux. Le traumatisme de votre expérience, les incertitudes sur l'avenir de votre bébé, et vos craintes parfois fondées d'une issue malheureuse ont un lourd impact sur vous-même et sur ce que vous ressentez pour votre enfant.

En comparaison avec les autres parents, les mères d'enfants nés prématurément ont beaucoup plus de risques de devenir très anxieuses et de souffrir de dépression postpartum. Cette anxiété exacerbée est en partie justifiée et normale. Il se peut que votre bébé ait été très malade, et qu'il ne soit pas encore complètement guéri de certains des problèmes médicaux qu'il a eus. Avant de rentrer à la maison avec lui, on vous aura peut-être donné des instructions détaillées non seulement sur la meilleure façon de vous occuper de lui, mais aussi sur les signes qui indiquent que sa vie est en danger, et qui nécessitent d'appeler un médecin d'urgence ou même de commencer une éventuelle réanimation. Qu'importe la façon dont cela aura été formulé et le nombre de fois que l'on vous aura répété qu'il y a peu de chances que ça arrive, il est presque impossible d'ignorer l'idée que votre bébé pourrait connaître un incident fatal à la maison.

Votre anxiété peut également être fondée sur les craintes de ce qui pourra se passer à l'avenir. Malheureusement, au moment où votre bébé sort de la maternité, les médecins ne peuvent pas encore dire avec certitude s'il aura ou pas des problèmes neurologiques, un retard de développement ou des troubles d'apprentissage. Plus un bébé est prématuré et plus il est touché par des problèmes médicaux critiques, plus ces craintes sont réalistes. Mais certains de ces problèmes, s'ils surviennent, ne pourront pas être détectés avant plusieurs mois ou années. « Aura-t-il des déficiences ? Laquelle ou lesquelles ? Quel sera leur niveau de gravité ? » Pas étonnant que vous vous inquiétiez !

Il est difficile d'être un parent calme et détendu lorsqu'on a un bébé atteint de problèmes médicaux, dont on sait qu'il risque d'être de nouveau hospitalisé ou qu'il peut à tout moment nécessiter une intervention médicale d'urgence. Et, bien sûr, les inquiétudes sur sa santé et son développement futurs, qui viennent souvent s'immiscer dans vos pensées, n'arrangent rien. Le juste équilibre entre inquiétude excessive et insuffisante est délicat à trouver. Certaines personnes bien intentionnées vous conseilleront peut-être de « le traiter comme un enfant normal », ce qui, si votre bébé n'a rencontré que des difficultés mineures en néonatalogie et s'il est aujourd'hui en bonne santé, sera un conseil assez facile à suivre, et sans doute raisonnable. Mais si votre enfant a été mis à rude épreuve en néonatalogie, et que sa santé reste fragile, ou bien simplement si vous êtes de nature anxieuse, vous aurez du mal à faire taire vos doutes et vos angoisses. Prenez-le comme tel : il est difficile d'ignorer ce que vous avez traversé, vous et votre enfant.

Cependant, si vous ne voyez en votre enfant qu'un petit être fragile ou maladif, il se peut que vous deveniez un parent surprotecteur et stressé. S'il a le nez qui coule, vous vous précipiterez peut-être chez le pédiatre en craignant qu'il attrape une pneumonie. Il est possible que vous ayez du mal à être séparé de lui ou à le laisser faire quoi que ce soit d'un tout petit peu risqué (comme jouer avec d'autres bébés, par exemple).

Il n'y a pas de réponse simple à la difficulté que cela représente de trouver le juste milieu. Avec le temps, surtout si votre enfant se porte bien, vous arriverez peut-être à calmer une partie de vos angoisses. Même si votre bébé a des « faiblesses » respiratoires ou qu'il est atteint d'un handicap, vous finirez par vous rendre compte que si cela satisfait votre propre besoin de vous rassurer, le surprotéger n'est pas la meilleure approche.

Tous les enfants ont besoin de pouvoir prendre progressivement leur autonomie et affirmer leur indépendance. Lorsqu'on les laisse le faire, ils se sentent fiers d'eux-mêmes. Si vous bridez les efforts de votre bébé pour être plus indépendant, cela n'encouragera pas son développement personnel et sa capacité de jugement. Ainsi, bien qu'il soit facilement compréhensible que vous soyez anxieuse ou que vous ayez tendance à trop vous inquiéter, vos efforts pour essayer de réprimer cette tendance lui seront bénéfiques.

Enfin, ne perdez jamais de vue que votre bébé, qu'il soit brillant ou handicapé, est un être humain unique et merveilleux. Vous l'aimerez quel que soit ce que vous réserve l'avenir. Il est votre enfant chéri, exceptionnel et adoré.

5 Votre bébé mois après mois

0 Nouveau-né

Même si d'autres ont l'impression que votre merveilleux nouveau-né ne sait que se nourrir, pleurer, déféquer et dormir, il est capable de bien davantage en réalité. Dès la première semaine de sa vie, votre bébé reconnaît le visage de sa mère, et de son père s'il le voit assez souvent ; il peut aussi imiter des mimiques faciales – essayez de faire des grimaces et vous verrez ses réactions. Il reconnaît également sa mère à l'odeur et, parfois, à la voix.

La principale activité du nouveau-né est le sommeil, qui peut l'occuper jusqu'à vingt heures par jour. Nombre de bébés semblent se réveiller pour manger et sombrer à nouveau dans le sommeil peu de temps après ; d'autres sont presque trop endormis pour avoir envie de s'alimenter au cours des premiers jours. Cela n'a pas grande importance la première semaine environ mais, si votre bébé est un gros dormeur, il faudra le réveiller pour le nourrir. Vous saurez qu'il a ingéré assez de lait s'il tète vigoureusement, s'il semble rassasié ensuite et si ses couches sont souvent humides et souillées.

Certains bébés pleurent volontiers ! Vous identifierez bientôt la signification de ces pleurs, faim ou autre cause (humidité, froid, excès de manipulations, envie de calme et de tranquillité, etc.). Votre nouveau-né est également sensible aux bruits violents, aux lumières vives et aux odeurs fortes ; il risque de pleurer quand il y est exposé. Le bercer ou chanter, dans un endroit calme, l'apaisera s'il est perturbé. Si vous le nourrissez au sein, le fait de le poser contre votre poitrine est un puissant calmant.

Certains bébés aiment être promenés et se sentent plus en sécurité quand ils sont emmitouflés ; après tout, ils étaient habitués à être bien serrés dans la matrice avant de voir le jour.

Votre nourrisson manque de force musculaire et vous remarquerez que sa tête tend à tomber en arrière si vous le placez en position assise. Vous devez bien soutenir sa tête quand vous le soulevez et l'asseyez (voir page 38).

Ses bras vont bouger de façon incontrôlée et ses mains seront plus souvent fermées qu'ouvertes ; ceci évoluera au cours des premières semaines. Votre bébé a certains réflexes à la naissance, qui disparaîtront lentement. L'un consiste à agripper un objet placé dans sa main, un autre à tendre ses bras en rond devant lui (comme pour vous enlacer) si sa tête est brusquement inclinée vers l'arrière. Il s'agit du « réflexe de Moro » ou « réflexe de défense », mais mieux vaut ne pas le provoquer trop souvent.

Votre bébé va commencer à fixer avec les yeux au cours de la première semaine, peut-être la deuxième, mais ne suivra pas encore un visage qui traverse son champ de vision. Il entend mais ne peut pas encore se tourner vers le son ; vous constaterez cependant qu'il se calme s'il entend un son doux ou une voix à proximité.

Les selles du nouveau-né sont parfois plutôt molles. Leur couleur varie du brun foncé à un ton proche du jaune.

1 mois

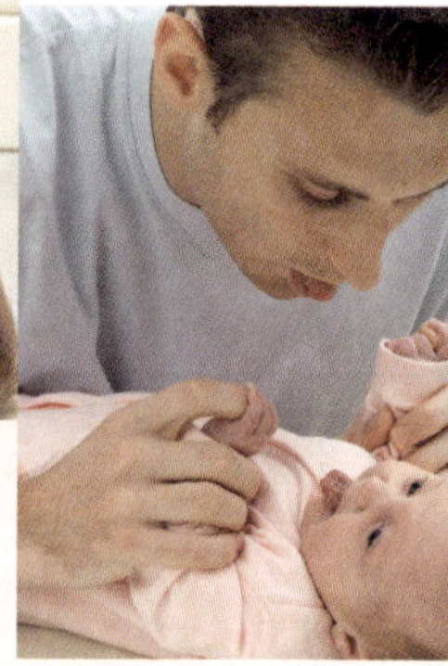

Votre bébé semble maintenant beaucoup plus vif puisqu'il est éveillé la plupart du temps, commence à suivre des yeux et des oreilles, vous reconnaît manifestement et s'intéresse au monde qui l'entoure. Il vous fixe peut-être intensément pendant que vous le nourrissez. Vous remarquerez un sourire (bien que ce soit parfois un rot) ; le vrai sourire est une réponse au vôtre et il apparaît normalement vers 6 semaines.

Le sommeil reste son activité primordiale et il commence peut-être à avoir des plages de sommeil plus longues la nuit, bien que chez la plupart des bébés il faille attendre encore un mois ou deux. Chaque bébé est unique en matière de rythme quotidien. Généralement un enfant de cet âge sera heureux de tenir trois ou quatre heures entre ses repas, mais rarement la nuit.

Il pleure encore souvent, généralement parce qu'il a faim ou ressent une gêne. Certains bébés pleurent beaucoup et vigoureusement, notamment en fin de journée. On qualifie souvent cela de colique (voir page 229), mais la cause reste obscure et il n'y a pas de remède (le bercement est souvent bénéfique). Cela va quand même mieux ! Il émet également des petits bruits quand il est satisfait, mais pas encore de vrais gazouillements.

Les muscles de votre bébé se tonifient et il tient la tête dressée plus longtemps, même si elle penche encore en arrière en position assise. Il agite les bras et « pédale » avec les jambes quand il est excité, ce qui est fréquent. Les mains sont fermées la plupart du temps, mais il les ouvre pour saisir un doigt ou tout autre objet placé dans sa paume. Il commence à saisir le lien entre ce que font ses mains et ce qui se produit quand elles bougent, et il appréciera que vous l'aidiez à les bouger.

Votre bébé a besoin de beaucoup de câlins et de séjour dans vos bras, et vous ne lui en donnerez jamais trop. Il prendra plaisir à observer un mobile ou autre objet qui se déplace devant lui, pas trop loin.

Vous pouvez maintenant commencer à jouer avec lui. Quand il est sur la table à langer, son visage à 20 ou 30 cm du vôtre, penchez-vous vers lui et parlez-lui gaiement. Faites une pause et laissez-lui le loisir de sourire, gazouiller, gigoter ou remuer les lèvres dans votre direction. Essayez, une chose après l'autre : sourire, tirer la langue, ouvrir largement la bouche et la fermer, rire. Il va peut-être commencer à vous imiter. Votre bébé appréciera aussi la musique et le chant, ainsi que les jeux d'éclaboussement, pendant que vous le baignez.

Votre bébé grandit rapidement, mais les différences de poids sont importantes, et les bébés qui étaient gros à la naissance prennent parfois moins de poids que ceux qui étaient plus légers.

2 mois

Vous avez dû remarquer que votre enfant dort moins pendant la journée, mais (si vous avez de la chance) davantage la nuit. Il est peut-être conscient de la régularité d'activités comme les repas ou le bain et s'excite quand il en reconnaît les signes avant-coureurs. Il devient plus conscient du monde et des personnes qui l'entourent.

Votre bébé exprimera qu'il reconnaît les personnes ou les objets qu'il aime en souriant, agitant les mains et gazouillant lorsqu'il les voit. Si vous lui parlez, il répondra par un gazouillis et, s'il pleure, il cessera quand vous le prendrez et lui parlerez. Il aime la compagnie et, s'il est de tempérament sociable, sera perturbé si vous le laissez seul.

La majorité des enfants de cet âge adorent être câlinés, mais tous les bébés sont différents et vous allez d'ailleurs commencer à voir apparaître son caractère – c'est-à-dire la façon dont il réagit en tant qu'individu et quel type de personnalité il aura, s'il sera ouvert et sociable ou plus réservé et rêveur. Vous l'aiderez en apprenant à réagir de la façon qui lui convient le mieux.

Il observera plus attentivement les objets si vous les déplacez lentement dans son champ de vision et il étudiera intensément votre visage. Il sourira plus fréquemment et il rira et gazouillera peut-être. Il émettra également des sons plus variés.

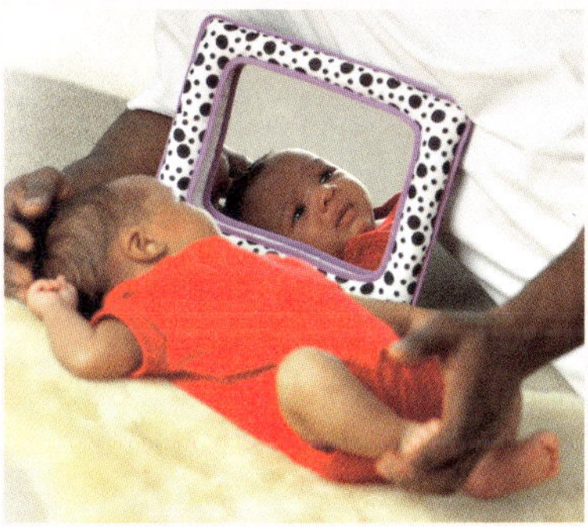

Il devrait être capable de se concentrer sur son visage dans un miroir, pourvu que celui-ci soit assez proche. Déplacez-le lentement, vers le haut, le bas et autour de lui, et observez comment votre bébé essaie de suivre son reflet. Il adorera que vous lui parliez et c'est grâce à cette interaction verbale constante qu'il apprendra ses premiers mots, même si la route est encore longue.

Il s'intéressera de plus en plus à ses mains, les observera et saisira brièvement un objet. Il commencera à prendre conscience de ses doigts et les arrondira autour d'objets placés entre eux. Essayez de placer vos doigts dans les siens et de balancer doucement la main. Vous pouvez le soutenir avec des coussins et placer des petits objets colorés en vue.

Physiquement, votre bébé va nettement se fortifier. Il sera capable de tenir la tête droite pendant quelques secondes si son torse est soutenu et son dos sera plus droit en position assise, même s'il n'est pas encore capable de se tenir assis tout seul. Quand il est allongé sur le ventre, il peut soulever la tête et cambrer le dos ; cependant, il n'est pas encore capable de se retourner ou de se soulever sur ses bras.

Les activités de routine prennent de plus en plus d'importance avec l'âge, notamment la nuit ; une heure de coucher régulière dès cet âge évitera des problèmes ultérieurs et facilitera les choses quand il ira au lit.

Le gain de poids rapide va se poursuivre.

Le temps est maintenant arrivé du premier examen médical complet et des vaccinations (voir page 450). Même si c'est pour vous un moment d'inquiétude, sachez que la majorité des nourrissons ne sont que brièvement perturbés par les piqûres et s'en remettent en quelques minutes.

3 mois

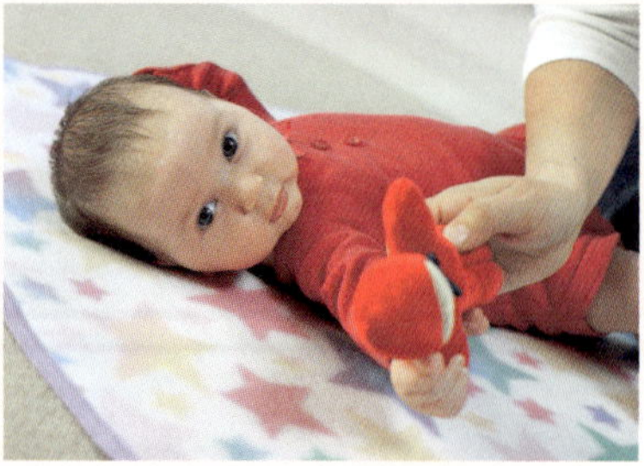

Votre bébé est de plus en plus actif et expansif. Il réagit toujours plus aux activités régulières et est plus sociable. Il sourit plus souvent. Il émet plus de sons, gazouillements et petits cris aigus. Parlez-lui régulièrement car la conversation éveille son intérêt. Vous pouvez instaurer un dialogue sans avoir recours à des mots exacts. Il se fiera à l'expression de votre voix et apprendra à reconnaître les mots usuels, par exemple si vous énumérez les parties de son corps en lui donnant son bain.

L'audition et la vision se précisent et votre bébé reconnaît de mieux en mieux les personnes, tant visuellement qu'au son de leur voix. Il distingue les personnes éloignées et plusieurs couleurs. Il peut faire preuve d'excitation quand il entend sa musique préférée. À cet âge, il est passionné par l'interaction – le jeu de l'action et de la réaction, la réponse qu'il obtient d'un adulte dans cet échange. Les DVD et la télévision ne sont pas interactifs et il est préférable qu'ils ne fonctionnent pas en sa présence.

Il est maintenant plus habitué au cycle des jours et des nuits et, par conséquent, il est plus enclin à dormir toute la nuit.

Son cou et les muscles du dos se renforcent et il va être capable de tenir sa tête pendant quelques minutes et de rester assis (soutenu) plus longtemps avec la tête et le dos droits ; il va préférer être assis mais il est important de l'encourager à passer du temps couché sur le ventre, sous surveillance, tous les jours. En appui sur l'estomac, il va soulever sa tête. Il utilise davantage ses mains et porte les objets à sa bouche ; surveillez donc ce qu'il ramasse ! Dans son bain, il va commencer à s'éclabousser et appréciera que vous fassiez ruisseler l'eau sur son corps.

Les pleurs sont encore fréquents et certains bébés pleurent la nuit. Normalement, les coliques ont cessé à 3 mois, mais il reste de multiples raisons à ces larmes nocturnes – demande de nourriture ou de compagnie par exemple – et, chez certains, cela devient simplement une habitude. Si votre bébé continue à pleurer, il est judicieux de consulter un médecin pour éliminer toute cause éventuelle de malaise physique.

À 3 mois, votre bébé commence à apprécier le contact des matières, à faire la différence entre le dur et le mou, le chaud et le froid, le duveteux et le lisse. Donnez-lui des jouets de textures différentes à toucher ; les caresses et les massages sont extrêmement apaisants.

La deuxième vague de vaccinations va avoir lieu ; il y a moins de risque de réaction puisqu'il ne s'agit que de rappels.

4 mois

Votre bébé est maintenant éveillé une bonne partie de la journée même s'il a encore besoin de faire des petits sommes. Il s'excite quand il voit la poitrine de sa maman ou un biberon. Il s'intéresse de plus en plus au monde extérieur et à des jouets plus variés – tous ceux qu'on peut toucher, observer, taper et écouter. Les félicitations l'encouragent efficacement à apprendre ; à chaque fois qu'il ose quelque chose de nouveau ou de malin, souriez-lui et dites-lui, avec un ton de voix très positif, à quel point il est doué.

Votre bébé bouge son corps et peut commencer à se tourner du dos sur le ventre. S'il passe régulièrement du temps sur le ventre, il peut aussi se retourner sur le dos. Faites donc attention aux endroits où vous le posez ! Il adore donner des coups de pieds et il lui arrive d'attraper ses orteils et de jouer avec. Ce mois-ci ou le prochain, il tiendra sa tête droite sans soutien ; posé sur le ventre, il soulèvera sa tête et ses épaules en se tenant sur les mains et les bras. Il fera tous ses efforts pour attraper des objets qui sont hors de sa portée ; vous pouvez en faire un jeu avec lui, à condition de le laisser attraper l'objet en fin de compte. Si vous lui tendez un jouet, il le saisira des deux mains.

La communication s'améliore, en partie par le biais des expressions du visage qui sont de plus en plus variées ; il apprend à reconnaître les vôtres comme vous reconnaissez les siennes. Il commence peut-être à connaître son nom, mais le rythme de développement est différent d'un enfant à l'autre ; certains atteignent ce stade plus tôt que d'autres et cela n'a guère d'importance. Il regarde autour de lui pour entendre les sons, fait des gestes et gazouille en prévision des repas et autres moments appréciés. Il signifie aussi son dégoût en se détournant de choses non désirées.

Vous commencez à cerner son tempérament. Son caractère se dessine et vous allez voir s'il est un individu « lent à s'adapter » ou ouvert aux changements. Quel que soit son profil, vous pouvez l'aider en observant comment il réagit à des situations données et en faisant ce que vous pensez être le mieux pour développer son assurance.

C'est l'âge de la dernière vague des premières vaccinations ; s'il n'a pas eu de réaction grave précédemment, il n'y a pas de raison qu'il en ait une maintenant. Il y a plus de risques qu'il contracte une infection car l'immunité procurée par sa mère, par l'intermédiaire du placenta, s'estompe avec le temps.

5 mois

Physiquement, votre bébé grandit et se fortifie. Il est quasiment prêt à s'asseoir seul, mais il appréciera d'être soutenu dans une poussette, un siège de bébé ou une chaise haute où il peut tourner la tête d'un côté à l'autre.
S'il ne s'est pas encore retourné jusqu'à présent, le moment est venu. Il arrive peut-être à se déplacer sur le sol en roulant ou en se poussant en avant (centimètre par centimètre), mais il est encore un peu jeune pour ramper.
Il se pousse sur les bras, tient debout si vous le tenez sous les bras et adore que vous le fassiez bondir. Soutenu, il sautille et repousse le sol ou une table des pieds ; il plie les jambes et les étend pour s'accroupir et se relever.
Votre bébé est de plus en plus adroit de ses mains et, si vous lui confiez une crécelle, il l'agite. Il saisit probablement ses orteils pour les porter à sa bouche, comme bien d'autres choses. Surveillez-le ! Il prend de plus en plus de plaisir à produire des bruits et est de plus en plus habile à reproduire les bruits que vous faites, ainsi que les expressions de votre visage. Il babille pour exprimer son bonheur comme son déplaisir.
Il apprécie les jeux. Si vous faites tinter une cloche ou si vous pressez un jouet couineur, il essaiera de découvrir l'origine du son. Il aime aussi être promené dans la maison ; profitez-en pour désigner les objets familiers et lui faire toucher les fleurs, les coussins, les surfaces rugueuses et les tables en bois pour qu'il sente les différences de textures.
Sa vision et son audition vont gagner en acuité et il va les mettre à profit pour étudier les visages et les objets. Il va également observer les images dans un livre, c'est donc le bon moment pour introduire les livres ; à cet âge, le jeu se limite à désigner les images, mais votre bébé aime entendre votre voix en train de décrire les personnages. Il commence à être en alerte quand quelqu'un pénètre dans la pièce, notamment s'il s'agit d'une personne qu'il connaît ; en principe il fait bonne figure aux invités, sauf s'il a faim ou s'il est fatigué.
Il est très affectueux envers vous : il vous donnera des petites tapes ou sera tout excité quand vous vous approcherez et sera perturbé quand vous vous éloignerez.
Votre bébé devrait avoir acquis un rythme et des horaires de sommeil réguliers (il dort probablement toute la nuit), il devrait donc être plus facile de le confier pour de courtes périodes à une personne de confiance. Il sera agréable à garder pour un étranger si vous lui avez inculqué la certitude que ses besoins seront satisfaits quand il pleure. Et le temps est venu de faire le tour de la maison à la recherche de tous les objets dangereux car il va bientôt se déplacer de façon autonome (voir page 408).

6 mois

Le milieu de la première année est une étape importante. La majorité des bébés doublent de poids en cinq ou six mois et triplent en un an. Votre enfant n'est pas seulement plus grand, il est aussi beaucoup plus actif et il est prêt à ingérer des aliments solides.
Votre bébé commence peut-être à faire ses dents et il risque de souffrir (voir page 264) ; il sera donc irritable et pleurera plus que d'habitude le jour (ou la veille) où une dent sortira.
Physiquement, il va se promener de plus en plus, soit en roulant sur lui-même, soit en commençant à ramper. Il peut se tenir, bras tendus et les paumes à plat sur le sol. Si vous le placez en position assise, il peut rester assis un court moment en s'appuyant sur ses bras tendus devant lui. Mais il n'est pas encore assez stable ; veillez donc à l'entourer de coussins sur lesquels il puisse tomber quand il est dans cette position.

Les muscles du cou sont maintenant toniques et, quand votre bébé repose sur le dos, il peut soulever sa tête et regarder ses pieds. Il se sert de ses mains avec plus d'adresse pour trouver des objets avec lesquels jouer ; il les étend pour atteindre ce qui l'intéresse et va commencer à passer les objets d'une main à l'autre.
Normalement, il porte tout à sa bouche ; veillez donc à ce qu'il ne trouve pas de petits objets à sa portée.
Votre bébé va adorer être tenu debout avec un soutien. Sautiller et rebondir est une source de plaisir sans fin, mais limitez la durée des séances et surveillez-le de près pour éviter tout accident.
Votre tout-petit va babiller beaucoup et émettre des sons destinés à attirer l'attention. Il va commencer à reconnaître des mots et écoute attentivement quand son nom est prononcé.
Même s'il n'articule pas des mots qui ont un sens, il commence à mettre au point un style de conversation et appréciera des réponses de votre part. Félicitez-le quand il semble dire quelque chose de sensé de façon qu'il poursuive ses efforts.
Son audition est de plus en plus juste et il va aimer jouer avec des objets pour en tirer des sons. Il les prend et les secoue ; il adore que vous fassiez de la musique et des sons de divers types. Il aime aussi danser, c'est-à-dire danser dans vos bras et agiter les bras et les jambes en rythme. Il lèvera peut-être les bras vers vous pour que vous le preniez.

7 mois

Bien installé dans ses habitudes et pas encore prêt à explorer le potentiel de sa mobilité, votre bébé a probablement un rythme régulier de petits sommes, repas, bain et sommeil. Toutefois, comme il fait encore deux sommes par jour, il ne fait sans doute pas des nuits aussi longues que vous le souhaiteriez et peut être agité à l'heure du coucher. Il est donc important d'entreprendre des activités qui le détendront et lui donneront envie de dormir – chanter une berceuse, lire une histoire, le masser ou le bercer ; par ailleurs, écourtez sa sieste si elle est trop proche de l'heure du coucher.
Votre bébé pèse sans doute une livre de plus que le mois dernier et il est un peu plus grand. Il devient plus robuste et se tient probablement assis le dos droit, sans soutien. Si ce n'est déjà fait, il va commencer à se tourner régulièrement du dos sur le ventre. Il se peut qu'il soit également capable de se mettre lui-même en position de reptation. S'il est très actif, il peut se hisser tout seul en position debout – mais il sera incapable de se rasseoir et pleurera jusqu'à ce que vous veniez le « sauver ».
Ses capacités de manipulation s'améliorent également. Il essaie probablement de tenir sa cuiller et peut boire dans une tasse à deux anses si on la lui tend. Il devrait s'intéresser aux aliments qu'on peut manger avec les doigts, d'autant plus qu'il est probablement en train de faire ses dents et que ces friandises ont un effet calmant sur ses gencives. Il saisit et ramasse de multiples jouets et essaie de les passer d'une main à l'autre. Quand il a saisi un objet, il l'examine attentivement et le tourne dans tous les sens ou « enquête » autrement.
Votre bébé trouve toujours de nouveaux moyens de communication ; par exemple, il babille à votre intention et s'interrompt pour vous écouter quand vous parlez. Il arrive peut-être même à imiter des sons que vous faites et lève ses bras pour être soulevé. Il fixe parfois les étrangers avec intensité – il ne sait pas avec certitude s'il les aime ou non.
La personnalité de votre enfant s'affirme un peu plus chaque jour. S'il semble obstiné et nerveux, il vous faudra un surcroît de patience. Lui parler souvent, lui faire beaucoup de câlins et le distraire quand il devient irritable sont autant de remèdes apaisants à tester. Il peut être de tempérament accommodant, sembler timide et sensible. Dans ce cas, vous devrez passer du temps à lui montrer comment jouer et supporter les autres.
Il aimera jouer avec des cubes et des jouets en peluche, et se trouver par terre – de préférence une partie du temps sur le ventre, sous surveillance. Il peut aussi apprécier la compagnie d'autres bébés, du moment que vous êtes là pour lui donner confiance. Continuez à lire, à chanter et à parler pour lui le plus possible.

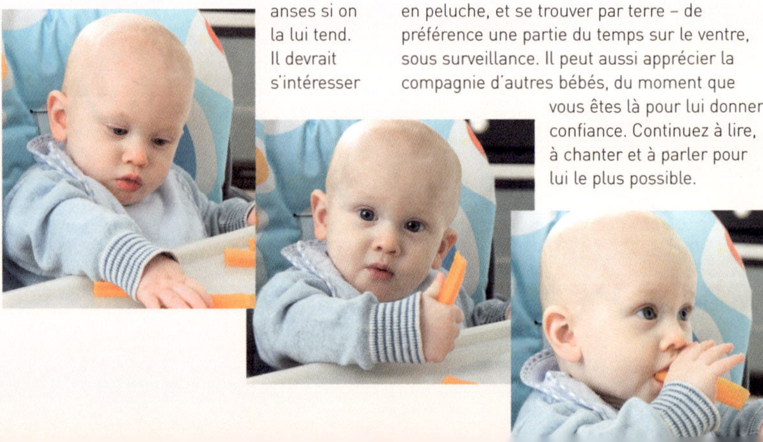

8 mois

Votre bébé va commencer à se déplacer, même s'il roule et se balance ou glisse et se faufile plutôt qu'il rampe. Il est même capable de se relever d'une position assise et devrait rester assis sans soutien. Dès qu'il a la capacité de se mouvoir, vous allez devoir le protéger des dangers potentiels. Si ce n'est pas encore fait, il est temps de vous assurer que votre maison est un lieu sûr (voir chapitre 13).
Votre enfant grandit aussi rapidement. Pour satisfaire ses besoins alimentaires et rendre les repas plus intéressants, vous pouvez commencer à varier les plaisirs avec des aliments en petits morceaux. Cependant, un autre changement va intervenir : le désir de se nourrir soi-même d'aliments à tenir entre les doigts plutôt que recevoir la becquée. Sa capacité à saisir les objets est de plus en plus fine et, en dehors des aliments, il sait attraper des petits objets.
Votre bébé utilise peut-être des gestes simples, comme secouer la tête pour signifier « non » et désigner du doigt les choses qu'il veut que vous lui donniez. Il lui arrive de répéter des sons tels que « na na na » ou « ba ba ba ». Il va peut-être même prononcer son premier mot – probablement « papa » ou « mama ». Même si ses périodes de concentration sont courtes, votre bébé aime manipuler des jouets qui couinent et entreprendre des jeux avec vous. Il peut commencer à regarder des jouets qu'il a laissés tomber (permanence de l'objet). Cette évolution, cette capacité à suivre les objets dans l'espace et dans le temps malgré leur disparition momentanée est vitale pour que l'enfant comprenne la façon dont notre monde social et physique se comporte. Quand vous quittez la pièce, il commence à comprendre que vous n'avez pas disparu à tout jamais et que, si une balle roule sous un meuble, hors de vue, il arrive qu'elle réapparaisse.

Votre bébé en apprend également un peu plus sur lui-même dans l'ordre des choses. Vous remarquerez peut-être qu'il aime se regarder dans les miroirs et semble se reconnaître. Alors qu'il se regarde, il se touchera peut-être le nez ou se tirera l'oreille.
Le temps arrive aussi où votre enfant risque de manifester de l'aversion ou de la crainte envers les étrangers. Il pleure peut-être si vous quittez la pièce et réclame davantage de câlins et de baisers. La raison de ce comportement est que les nouveaux visages représentent de nouvelles expériences dont il ignore si elles seront agréables ou non. Il en va de même pour d'autres situations nouvelles – comme le premier contact avec la natation –, ne lui imposez donc pas de nouvelles activités. Vous découvrirez qu'il choisit un objet transitionnel – une de ses couvertures ou un jouet en peluche – pour se réconforter et dormir. S'il ne le fait pas de lui-même, vous pouvez choisir un objet approprié et l'intégrer au rituel du coucher.

9 mois

Voici l'âge du mouvement actif – ramper, se hisser et peut-être se promener en s'accrochant aux meubles, bien que cette étape soit généralement un peu plus tardive. Il est toutefois important de se rappeler que les bébés évoluent chacun à leur rythme et que certains rampent plus tard ; ne vous inquiétez donc pas si votre enfant ne se déplace pas sur les mains et les genoux à cet âge. Ou il peut ramper à reculons. Cela signifie que les muscles de ses bras sont plus puissants que ceux de ses jambes et qu'il lui est plus facile de se pousser vers l'arrière. Il va aussi rester assis avec plaisir pour s'amuser avec des objets proches. Il commence à être capable d'en tenir un dans chaque main et de les taper l'un contre l'autre.

Vous devriez l'encourager à ramper en lui offrant un tapis moelleux et plein de jouets intéressants à portée de main. Votre bébé va se passionner pour les jouets aux formes et aux dessins variés, dotés de trous qu'il peut inspecter en toute sécurité.

Ses capacités de communication s'améliorent régulièrement. Il répond à son nom, répète inlassablement un ou plusieurs sons et essaie d'imiter ce qu'il entend, même si cela ne ressemble que de loin à des mots existants. Il commence par émettre des sons simples comme « ba » et « da » qui, au début, ne sont pas utilisés dans le contexte, mais votre réaction l'aidera à comprendre leur sens – il adore les félicitations. Il manifeste plus volontiers ses émotions – il montre sa contrariété si on lui retire un jouet et pleure parfois si vous avez une expression fâchée ! Il fait aussi preuve de sensibilité en pleurant quand un autre bébé pleure. Il va devenir plus « collant » et sera effrayé par des choses qui ne l'inquiétaient pas auparavant, par exemple des bruits forts. Il va aussi chercher les objets cachés, et les jeux comme « coucou » feront ses délices.

Sa personnalité va s'affirmer de plus en plus : il sera probablement déterminé, peut-être entêté, mais il est très facile de négocier en le distrayant, plutôt qu'utiliser des mots de colère qu'il est trop jeune pour comprendre. Il est capable de montrer clairement ce qu'il aime ou n'aime pas.

Les repas deviennent un moment de grand plaisir et le seront plus encore s'il peut participer.

Votre bébé est d'une grande curiosité et vous pouvez l'aider à apprendre par les sens. Stimulez sa vision par des couleurs vives et des objets suspendus, son audition par la musique ou par le chant, son toucher en lui faisant tâter des textures différentes, son goût et son odorat par les aliments.

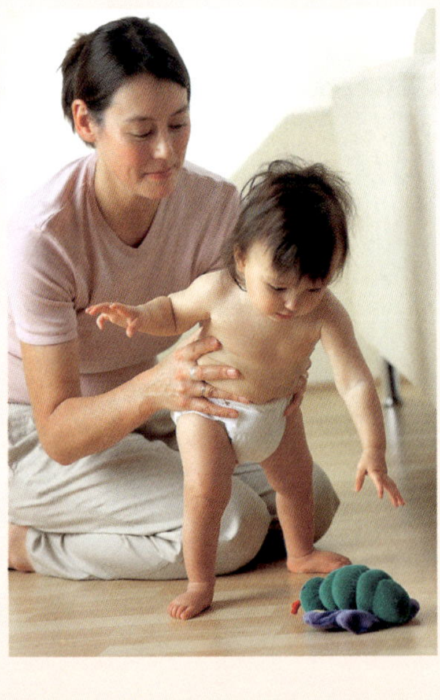

10 mois

Voici l'âge où votre bébé va commencer à vous taquiner et à vous tester. Il apprend vite et commence à discerner ce qu'il peut et ne peut pas faire. Il va laisser tomber des objets de sa chaise et attendre que vous les ramassiez ou se diriger à toute vitesse vers les endroits interdits ; il va vous falloir un œil de lynx et des réserves d'énergie.

Il va bientôt être capable de grimper sur les chaises (mais pas d'en descendre), d'où le risque de chute. Vous allez devoir lui enseigner à maintes reprises comment descendre à reculons plutôt qu'en avant. Il commence à marcher si vous lui tenez les mains et à se déplacer en s'accrochant aux meubles. Certains bébés deviennent experts en reptation, capables d'avancer très vite. Que le vôtre essaie de se lever ou se contente de ramper, il adore se hisser en position debout et peut être capable de s'asseoir ensuite, ce qui est un début d'exploit.

Ses mains traînent partout et il montre une dextérité accrue et peut-être un début de latéralité (droitier ou gaucher ?). Il va être capable de saisir des petits objets avec le pouce et l'index ; vous devrez donc avoir l'œil. Il peut se nourrir avec ses doigts et au moins aider à tenir une tasse. Maintenant ou dans un futur proche, il serait bon qu'il boive dans une tasse plutôt qu'au biberon pour éviter l'effet de succion sur les dents qui apparaissent. Il peut aussi commencer à utiliser une cuiller, même s'il fait tomber la nourriture en la portant à sa bouche ; si vous le nourrissez avec une seconde cuiller en même temps, il aura sa ration réglementaire.

Votre bébé va s'exprimer de plus en plus, même s'il n'articule pas vraiment de mots compréhensibles. Il communique par gestes – par exemple tendre les bras pour être pris. Il fait « au revoir » de la main et tapote une poupée ou un jouet en peluche. Il lui arrive de secouer la tête et de dire « non », mais cela ne signifie pas toujours ce qu'il paraît. Il adore copier les gestes des autres. Il risque de pleurer si un autre bébé est l'objet de trop d'attention. Il peut faire preuve de timidité à l'égard des inconnus en se détournant et en cachant son visage contre votre épaule.

Votre bébé connaît maintenant la place des choses et sait qu'elles ne s'évaporent pas quand elles sont hors de vue. Il va manipuler les objets de façon plus appropriée, par exemple secouer une crécelle. Il va commencer à reproduire les gestes et vous l'amuserez avec les claquements dans les mains et les jeux d'imitation.

Le coucher n'est pas toujours facile et il est aidé par un rituel, les choses se déroulant de la même façon tous les soirs. Une fois posé dans son lit-cage, il se dressera peut-être pour protester bruyamment, car la vie est remplie de choses passionnantes et il ne veut pas cesser d'en profiter

11 mois

Maintenant, votre bébé est probablement sur ses pieds la majorité du temps et s'amuse à se déplacer le long des meubles. S'il se tient debout, il peut s'asseoir – généralement en s'accrochant à quelque chose. Certains bébés marchent seuls avant 1 an, d'autres attendent 1 an et demi ; ne vous inquiétez donc pas si le vôtre n'est pas debout sur ses pieds en permanence. S'il ne marche pas de façon autonome, ses aptitudes s'améliorent et il y arrive sans doute en donnant une main. Même s'il marche, il continue à ramper, notamment s'il veut aller quelque part rapidement. Mais il préférera être debout que couché et risque de protester quand vous l'allongez pour changer sa couche. Il fait aussi plus de choses simultanément – tenir un objet et escalader, vous offrir un cadeau tout en se déplaçant, faire signe de la main en se tournant. Il peut tenir un crayon et l'utiliser, même s'il ne crée rien d'identifiable. Il tend le bras ou le pied pour être habillé.

Son langage est plus clair ; il est probable qu'il possède un mot ou deux ayant une signification et qu'il babille beaucoup. Répondez-lui au maximum pour l'encourager. Il imitera les expressions de votre visage ainsi que de plus en plus de mots qu'il entend. Il va apprécier les livres et les images, les histoires qui les accompagnent ainsi que les sons liés aux images, par exemple les animaux et leurs cris. Il peut tourner les pages, même s'il n'est pas très logique dans cette opération !

La personnalité de votre bébé s'impose peu à peu et maintenant qu'il sait mieux ce qu'il veut, il peut être frustré s'il ne l'obtient pas. Ceci peut se produire dans toutes sortes de situations – à la maison, dans un supermarché ou un bus – et la meilleure solution consiste à détourner son attention : désigner quelque chose de plus intéressant encore et le hisser pour qu'il voie mieux. Normalement, la courte mémoire d'un bébé ne doit pas conserver l'idée d'origine plus d'une minute ou deux. Il est aussi plus sensible à vos sentiments. Il saura quand vous êtes mécontent et cachera son visage ou se détournera quand il le constatera. Certains enfants entrent dans une phase fusionnelle où ils ne veulent pas être abandonnés – ne vous inquiétez pas, cela passera, ne forcez rien.

Votre bébé est maintenant capable d'apprécier des jeux plus sophistiqués, dont les jeux dans le bain, les jeux faisant appel à la musique, au rythme et au mouvement, empiler, lancer ou faire rouler des balles, utiliser des miroirs, etc. – variez les plaisirs et vous serez récompensé par de grands éclats de rire. Il appréciera également les situations nouvelles – comme vous accompagner dans les magasins, peut-être au restaurant, expérimenter de nouveaux goûts et de nouvelles textures.

12 mois

Votre bébé a atteint l'âge magique de 1 an et devient un tout-petit qui va commencer à marcher. Il se tient debout tout seul ou peut-être même marche-t-il déjà ; ne vous inquiétez pas si ce n'est pas le cas, car la plupart des enfants attendent encore un peu. S'il en a l'occasion, il peut commencer à monter et descendre les escaliers en rampant.
Il est capable de tenir quelque chose dans une main tout en se servant de l'autre main – un bon exemple de multiplication des tâches – et de tenir deux objets dans une seule main. Il s'amuse beaucoup à frapper deux cuillers l'une contre l'autre ou à taper des mains en chantant. Même s'il s'amuse aussi avec les jouets du bain, il est ravi de jouer avec les bulles de savon.
Son niveau de compréhension s'améliore nettement. Il connaît certaines parties de son corps et sait les désigner quand on lui demande où elles se trouvent ; il connaît aussi quelques animaux et leurs cris qu'il peut imiter, ainsi que les noms des personnes qui lui sont proches. Il possède peut-être quelques mots et crée les siens, mais bien souvent il les emploie à contresens (« chat » pour « chien »). Se passant de mots, il indique clairement ce qu'il veut en le montrant du doigt. Sa mémoire se développe et il a des livres préférés auxquels il aime revenir – notamment ceux comportant des bruits d'animaux ou des interactions.
Il peut désigner des objets qu'on lui nomme.
Il peut même démontrer qu'il a conscience de certaines relations de cause à effet.
Par exemple, si un jouet est hors de sa portée mais posé sur une serviette, il tirera la serviette pour approcher le jouet.
Votre tout-petit aime donner et recevoir des câlins et des baisers et risque d'être insatiable.
Il apprécie également l'humour. C'est une bonne période pour instaurer gentiment quelques règles, par exemple s'abstenir de mordre, de tirer les cheveux, de jeter la nourriture sur le sol, car il commence à les comprendre. Et n'oubliez pas de le féliciter chaleureusement quand il fait bien.
Il est attiré par la télévision et comprendra rapidement le rôle des boutons de commande ; il martèlera aussi votre clavier d'ordinateur si vous lui en laissez le loisir. Il apprécie particulièrement les jouets qui lui permettent d'imiter ce qu'il vous voit faire, un téléphone miniature, par exemple. Ne le laissez pas abuser de la télévision, qui n'est pas interactive.
Il est préférable pour l'apprentissage du langage de lui parler ou de lui lire un livre.
Ne limitez pas le développement ou le plaisir de votre enfant en lui offrant uniquement des jouets sexués. Un petit garçon peut aussi bien s'amuser avec une poupée qu'avec une voiture et une petite fille peut adorer se servir d'un marteau ; l'un comme l'autre adorent gribouiller.

13 mois

Les évolutions sont moins fulgurantes que pendant les douze premiers mois, mais chaque mois apporte une nouvelle compétence et la personnalité de votre enfant se manifeste toujours plus clairement.
Maintenant il marche sans doute, mais cela dépend de son assurance (certains sont meilleurs en reptation), attendez donc que cela vienne tout seul. Donnez-lui l'occasion et n'insistez pas trop. Il est probable qu'il se déplace assez vite sans marcher.
Sa maîtrise de ses mains s'améliore et surtout l'emploi du pouce et de l'index pour saisir de petits objets. Il observe les objets qui tombent ou sont jetés sur le sol et il s'amuse à les jeter. Il aime aussi découvrir les choses interdites, avec une nette prédilection pour celles qui sont sales ! Il est de plus en plus adroit dans la manipulation d'une cuiller et d'une tasse car il peut tourner sa main, ce qui n'empêche pas de fréquentes éclaboussures. Il est bon de le laisser s'entraîner car c'est la seule façon de progresser.

En ce qui concerne les jouets, il passe au stade de l'expérimentation, ce qui signifie qu'il essaie tout avec un sens inné de la curiosité. S'il marche, il va tirer les objets derrière lui ou les pousser en avant. Si le jouet fait également du bruit, il sera particulièrement ravi. Les jeux salissants vont aussi le séduire et, à cet âge, il peut commencer la peinture digitale ainsi que les cubes et les formes à classer. Il pourra placer un cube sur un autre.
Il va manifester ses désirs avec plus de force et peut être très décidé à n'en faire qu'à sa tête. Il ne comprend pas la notion de danger ; vous devez donc veiller à ce que votre maison soit sécurisée. Essayez cependant de ne pas multiplier les contraintes ; mieux vaut le laisser jouer librement dans une maison sûre que l'assommer d'avertissements – « Ne fais pas ça, c'est dangereux ! ».
Votre enfant va se régaler des jeux de cache-cache ; soit vous vous cacherez derrière quelque chose et sortirez soudain la tête, soit vous cacherez un de ses jouets favoris et l'inciterez à le chercher. Il va être capable de jouer seul un petit moment, bien qu'il préfère votre présence. Les jeux comportant des instructions – « Montre-moi le poney » – ou lui permettant d'anticiper les actions (comptines accompagnées de gestes) l'aident à construire ses capacités de communication et sa confiance en lui ; ils font partie de l'échange social.
Il vous donnera peut-être un baiser si vous le lui demandez.

14 mois

Votre tout-petit va vraiment s'attaquer aux mots maintenant (mais, comme pour la marche, tous les enfants ne franchissent pas ce cap au même moment) ; il en comprend beaucoup plus qu'il ne peut en dire – il n'en prononce que trois ou quatre, mais en comprend cinquante. Il regarde dans la bonne direction quand vous lui demandez : « Où est Papa ? » et désigne les parties de son corps telles que le « nez ». Il fait de son mieux pour répéter les mots et les sons. Il va également utiliser des gestes plus souvent, signes de la main et applaudissements, et dira au revoir de la main à votre demande. Comme tous les enfants de son âge, il aime les mots et les chansons d'action et rira bruyamment quand l'action est répétée. Il sera ravi de regarder les images d'un livre, notamment si elles illustrent des mots d'action comme « levez » qui propose de lever les bras. Il ne comprendra pas encore complètement une histoire, mais il est pourtant bon de désigner les images et de les décrire. Les meilleurs livres pour son âge offrent de grandes images et peu de mots.

Votre enfant appréciera de s'atteler seul à un problème et s'acharnera à trouver une solution par tâtonnements, par exemple avec des formes à classer ou une boîte à lettres ; il apprendra à mettre le bon objet dans le bon trou. Il aura encore besoin d'aide, mais essayez de trouver un moyen pour qu'il règle seul le problème. Il s'amuse beaucoup à entrer et à sortir des objets, par exemple des cubes rangés dans une grande boîte, ainsi qu'à ouvrir et à fermer les portes. Attention aux risques de doigts pincés ! Il commence peut-être les travaux de construction ; vous pouvez l'encourager et vous joindre à lui pour construire une tour puis la détruire.

Il est plus stable sur ses pieds et peut rester debout plus longtemps. Il peut se pencher en avant et se redresser sans perdre l'équilibre. Il n'aime pas qu'on lui impose des limites et, quand il commencera à marcher, il voudra partir dans toutes les directions. Quand vous serez de sortie, vous aurez peut-être du mal à le garder à vos côtés sans qu'il proteste.

Votre bébé comprend maintenant « non » et accepte des règles, comme de ne pas déchirer les livres, mais n'est pas toujours capable de contrôler ses envies irrésistibles. Si vous riez quand il fait quelque chose qui n'est pas autorisé, il y verra une approbation et recommencera pour déclencher à nouveau le rire. Il va peut-être commencer à avoir des accès de colère auxquels vous devrez réagir avec calme car cela lui passera assez vite.

Les repas sont l'occasion de s'amuser avec lui. Proposez-lui des aliments qu'il aime et ne vous inquiétez pas s'il mange parfois assez peu. C'est la meilleure façon d'éviter le refus de nourriture que manifestent certains enfants à cet age. Laissez-le se nourrir par lui-même autant que possible.

15 mois

Les mots commencent à venir et la compréhension de votre enfant augmente régulièrement. Il connaît les noms d'un bon nombre de personnes avec qui il est en contact ainsi que ceux d'objets courants. S'il ne connaît pas un mot, il signifie qu'il veut quelque chose en associant des sons et l'index pointé. Il imite des cris d'animaux, possède une douzaine de mots et utilise peut-être une expression, par exemple : « C'est fini », même s'il la prononce en un seul mot. Vous l'aiderez en désignant les choses dans la maison, dans la rue et dans les livres et en enrichissant ce qu'il dit sur le mode de la conversation. S'il dit quelque chose qui ressemble à un mot, par exemple « chat », dites-lui : « Oui, c'est un gentil chat. » Il sera content également que vous l'imitiez, à la fois dans les sons qu'il articule et dans ses mouvements.

Votre enfant a un réel sens de l'humour et commencera à faire des choses amusantes (et certaines dont il sait qu'elles ne sont pas autorisées) pour attirer l'attention. Il sera câlin et affectueux et voudra votre présence qui le rassure ; il peut être timide avec les baby-sitters et risque de se mettre à pleurer si une personne inconnue le prend ou même lui sourit. Ne vous inquiétez pas : certains bébés sont plus lents que d'autres à se lier.

La sécurité reste une préoccupation, c'est donc une chance qu'il veuille rester près de vous la majorité du temps.

Maintenant, votre enfant va sans doute tester vos limites et crier pour montrer sa puissance. Il exigera, le doigt tendu avec insistance, les objets qui sont hors de sa portée. Il aura des crises de colère ; la meilleure solution pour les dissiper consiste à rester calme et à détourner son attention.

Les articles ménagers sont une source d'intérêt et certains sont des jouets bon marché et très amusants. Les marmites et les casseroles peuvent être empilées, emplies de petits jouets, ou font des instruments de musique très convenables.

Votre tout petit commence peut-être à participer à ses soins quotidiens ; il tend ses pieds pour que vous lui enleviez ses chaussures et ses chaussettes, comprend qu'un gant est destiné à laver son visage et ses mains, etc. Il tient une tasse et boit, même s'il la renverse encore de temps à autre ; une tasse culbuto avec deux anses ou un bol à ventouse sont toujours utiles.

Il observe longuement ce qui l'entoure, surtout les objets qui se déplacent de façon inhabituelle, comme un mobile dans le vent.

Il est intéressé par les cubes de construction et saisit les petits objets avec précision d'une main, comme de l'autre. Il transporte ses jouets un peu partout, sans beaucoup de précaution et les jette régulièrement sur le sol.

Même s'il se déplace assez rapidement, il n'est pas complètement stable sur ses pieds et se cogne fréquemment ; il marche probablement avec les pieds bien écartés. Il s'amuse peut-être à pousser un chariot ou un landau de poupée et commence à jouer à des jeux de poursuite comme cache-cache.

16 mois

Votre tout-petit devient très curieux, vous devrez donc vous assurer qu'il peut mener ses explorations en toute sécurité. Si votre maison est sans danger, vous n'aurez pas besoin de le mettre sans cesse en garde ni de vous inquiéter si vous le perdez de vue quelques secondes. Cependant, le silence est toujours préoccupant dans le cas d'un petit ; il est sûr qu'il mijote quelque chose !

C'est un bon âge pour apprendre comment fonctionne le monde. Votre enfant va jouer avec différents matériaux – sable, terre et eau – et avec des objets de différentes textures (plastique, bois et métal). Il s'amusera à lancer un ballon et sera capable de le récupérer mais n'oubliez pas de lui apprendre que jeter des objets durs ou lourds est une mauvaise idée et peut blesser. Il va maintenant commencer à courir, ce qui va sans doute entraîner des chutes mais, tant qu'il tombe sur des surfaces souples, il y a peu de risques qu'il se fasse mal. Il va aimer pousser des choses ; un petit chariot dans lequel il peut entasser ses jouets est idéal et l'initie aux roues. Il grimpe de mieux en mieux et peut monter un escalier sur les mains et les genoux ; il peut également sortir par escalade de tout réceptacle où on le place. Il aime porter des objets, tourner les pages d'un livre et veut par-dessus tout être autonome, jusqu'à repousser votre main si vous tentez de l'aider.

Les commandes d'allumage exercent une fascination et, dans ce monde technologique, il apprendra vite le fonctionnement de la télévision, de la radio et du lecteur de DVD et voudra sans cesse les allumer. La télévision et les jeux vidéo ont toujours une influence néfaste et il est préférable qu'ils restent éteints quand il est dans les parages. Montrez-lui plutôt une multitude d'images colorées dans des livres.

Sa compréhension progresse à pas de géant et il connaît tous les rites, comme tendre ses mains pour les faire laver quand elles sont sales, par exemple. Il adore imiter les activités ménagères, comme balayer ou faire la cuisine, et il est peut-être capable d'identifier un objet et d'aller le chercher ; il peut vous apporter le livre que vous lui demandez. Lors des repas, il devrait boire dans une tasse sans la renverser et se nourrir par lui-même la plupart du temps. Il n'est pas encore expert dans le maniement de la cuiller, mais il ne veut plus que vous le nourrissiez, ce qui l'incite à apprendre. L'emploi des mots se développe en permanence et il commence à se régaler des mots sonores comme « floc » ou « bing », surtout si vous les accompagnez d'actions.

Vous pouvez commencer à le raisonner et à le faire obéir par l'argumentation (en expliquant avec des mots simples) plutôt que par la force de l'autorité ; la première méthode favorise la compréhension et la seconde établit seulement que la force fait la loi.

17 mois

Votre petit est maintenant capable de répondre à des ordres simples et de répéter des mots dans un contexte correct. Il suit des instructions comme : « Va chercher tes chaussures, s'il te plaît » ou : « Donne-moi la cuiller, s'il te plaît ». Quand vous lisez des histoires qui s'y prêtent, il désigne les gens et les animaux et les nomme. Il comprend comment tourner les pages et vous apporte son livre favori pour que vous lui fassiez la lecture.

Votre enfant aime les plaisanteries de toutes sortes – parler avec une voix étrange, faire des bruits d'animaux, utiliser des mots inventés qui ont une sonorité bizarre et imiter une expression rigolote. Il pense qu'il est la personne la plus importante du monde et s'attend à obtenir tout ce qu'il demande ; il est donc extrêmement déçu quand cela ne se produit pas. Par conséquent, il est frustré quand il ne peut pas faire ce qu'il veut, mais si vous le distrayez habilement, il oublie bien vite ses larmes et retrouve sa bonne humeur.

C'est le moment d'adopter un rythme régulier ; les tout-petits se développent harmonieusement quand les mêmes choses se déroulent tous les jours à la même heure. Établir une routine ne signifie pas se régler sur une horloge mais, si vous faites les choses dans le même ordre, la vie s'écoulera avec moins de heurts, notamment à l'heure du coucher. Les règles sont également importantes, tant que vous ne devez pas dire « non » en permanence. Le plus simple, si vous ne voulez pas que votre enfant joue avec quelque chose, est de veiller à ce que cet objet soit hors de sa portée.

La sécurité va devenir un gros problème à cet âge. Votre enfant va être confronté à des dangers dont il n'est pas conscient, par exemple se tenir debout sur une chaise ou une poussette, descendre un escalier debout, rater une marche du perron et, bien entendu, marcher sur une route très fréquentée.

Il est essentiel de le sensibiliser aux dangers potentiels, mais votre vigilance constante reste indispensable.

Il va maintenant vraiment s'intéresser aux jouets et les meilleures options actuelles sont les puzzles simples et un plateau d'éveil comportant divers éléments à manipuler. Il est capable de lancer un ballon, de construire une petite tour de cubes et de reproduire un pont ou une autre construction simple. Si vous ne l'avez pas encore fait, c'est le bon moment pour lui fournir des crayons non toxiques et du papier.

À cet âge, il aura souvent faim et les petits encas sont les bienvenus ; il en existe de toutes sortes aussi délicieux que sains.

18 mois

Maintenant, votre enfant n'arrête jamais. Bien que sa démarche reste incertaine, il essaie de courir dès qu'il peut et tombe de moins en moins souvent ; il est également plus stable quand il marche. Ses aptitudes à l'escalade continuent à s'améliorer ; il grimpe sur les chaises et s'assied. Il devrait pouvoir descendre les escaliers en rampant à reculons sans dommage, bien que vous deviez toujours anticiper une chute provoquée par un excès de hâte. Cette indépendance signifie également qu'il peut se distraire par lui-même la plupart du temps, même s'il ne s'adonne pas à une activité plus de quelques minutes d'affilée car ses périodes de concentration sont encore courtes.

Il commence à éprouver des sentiments forts et vous pouvez l'aider en nommant ces sentiments pour lui permettre de comprendre et de réagir. « C'est un peu effrayant d'arriver en visite dans une maison que tu ne connais pas, mais tu te sentiras rapidement mieux et je serai toujours là pour toi. »

Le moment est venu d'accepter des règles ; vous allez aider votre enfant à comprendre que certains endroits sont interdits d'accès et que certains objets doivent être traités avec soin.

Votre enfant n'a aucun mal à vous faire comprendre ce qu'il veut, non seulement grâce à un vocabulaire qui s'enrichit mais aussi par des sons et des gestes. Il continue à pointer du doigt les objets qu'il désire et répète ce que vous dites. Il arrive qu'il se parle, notamment quand il joue, et peut-être commence-t-il maintenant à chanter. Il emploie au moins cinq mots, mais plus vraisemblablement dix à vingt, et peut remplir des tâches simples. Même s'il ne parle pas beaucoup, ce qui est fréquent, il comprend beaucoup plus de choses.

Il est de plus en plus précis dans l'empilement et le classement des jouets, l'adaptation de formes dans des trous et l'utilisation des cubes de construction, même s'il tâtonne souvent et laisse tomber tout ce qu'il manipule.

Il devrait être capable de construire une tour de trois cubes et d'utiliser un crayon pour griffonner dans tous les sens et faire des points. Il va aussi commencer à apprécier les jeux d'imitation ou jouer à faire semblant. Il s'amusera beaucoup à pousser des objets sur le sol. Vous remarquerez que votre enfant marque une préférence pour l'emploi d'une main. Il montre une dextérité accrue pour retirer ses gants et ses chaussettes et tous les articles dotés d'une fermeture à glissière.

20 mois

Chaque jour voit une nouveauté et le rythme d'évolution du langage est particulièrement rapide. Votre enfant sait nommer les images d'objets courants dans les livres et montre un grand intérêt pour les lectures que vous lui faites. Il a une idée assez définie de ce qui lui appartient, mais aussi de l'endroit où « habitent » les objets ménagers usuels. Par conséquent, il peut être plus utile si on lui demande d'aider au ménage. Il aime aider et il est bon de lui en donner l'occasion dans le cadre de ses capacités, et de le féliciter vivement quand il fait bien. Il s'amusera à emporter un jouet en expédition, généralement un animal en peluche, et aura un grand favori. À cet âge, il commence peut-être à téter une couverture – ça lui passera avec le temps.

Les jeux en extérieur vont devenir plus complexes grâce à l'amélioration de ses compétences de manipulation et de locomotion. L'idéal est de l'emmener dehors tous les jours, même s'il pleut, afin qu'il reste en pleine forme. Non seulement cela canalise son énergie débordante, mais la course, le saut, l'escalade, la balançoire développent son sens de l'équilibre et sa coordination, ainsi que les notions de distance, de hauteur et d'espace.

Il s'amuse aussi à faire semblant, mais pas encore avec d'autres enfants. La majorité de ses jeux sont solitaires, mais il s'empare parfois des jouets d'autres enfants ; cette tendance doit être soigneusement contrôlée et les notions de partage doivent être inculquées et répétées car cette vertu est difficile à apprendre.

Votre petit est capable d'utiliser un bâton pour atteindre d'autres jouets et acquiert une compréhension des outils. D'autres progrès se manifestent : se tenir sur un pied en se cramponnant, taper dans un ballon, lancer

un ballon par-dessus la tête et courir sans tomber (si possible). Il coopère quand on l'habille et le déshabille et essaie volontiers de se laver le visage et les mains. Il arrive maintenant à manger plus proprement et apprend à se laver les dents lui-même.

Il peut réagir positivement à un apprentissage précoce du pot ou résister ; dans ce dernier cas, il risque de s'agiter pendant le changement de couche et donc exiger une distraction. Ou il peut vous informer quand il a sali sa couche.

Il ne va pas tarder à manifester des comportements grincheux, notamment s'il s'agit d'un tempérament déterminé. Si vous avez un caractère volontaire, il est probable que votre enfant aura le même. Cela présage des crises de colère, des hurlements, des cris : « Non, je veux pas » et parfois des fuites. Mieux vaut adopter une approche positive (voir page 382).

Le sommeil peut poser des problèmes ; un rituel facilitera le coucher : faire la même chose tous les soirs, avec une période de détente et pas d'excitation tardive, de télévision ou de DVD.

22 mois

Votre enfant va posséder de nombreux mots, dix-huit à vingt en moyenne, même s'il existe des variations considérables dans l'apprentissage de la parole comme pour le reste. Il va bientôt associer les mots correctement en phrases courtes ; il aime nommer les choses et demande peut-être des jouets ou des aliments. Il suit des consignes plus compliquées quand il y est disposé et sait nommer les parties du corps. Il aime qu'on lui pose des questions et commence à apprendre la politesse – il vous prend comme modèle, veillez donc à lui donner le bon exemple.
Son sens de l'humour est plus flagrant et il se divertit dans bon nombre de ses activités. Il apprécie la musique ; faites-lui donc écouter des styles différents. Si vous jouez d'un instrument de musique, laissez-le l'examiner et chercher comment il fonctionne, et jouez-lui un air simple. Il va certainement commencer à danser et vous pouvez lui enseigner le rythme à l'aide d'un tambour, un clavier ou simplement avec votre voix et vos mains.
Il va comprendre de mieux en mieux la destination des objets, du lave-vaisselle au téléphone mobile, et voudra probablement vous assister s'il vous voit devant l'ordinateur. Il est plus affûté dans la résolution des problèmes et ajuste les pièces de puzzles avec plus de précision. La lecture des livres est un grand plaisir et il sera capable de tourner les pages et de participer à une histoire. Il a ses albums favoris et veut peut-être lire le même tous les soirs. Il peut vous tirer pour vous montrer quelque chose qui lui paraît intéressant. Vous l'aiderez en lui fournissant une explication simple quand apparaît une nouveauté.
Il commence à jouer avec de la pâte à modeler, et en général avec tout ce qui est salissant.
Il est plus sociable, même s'il joue de son côté mais pas avec d'autres enfants.

Votre enfant va aussi s'impliquer dans son habillage quotidien. Il est bon de le laisser faire, même si cela demande un peu plus de temps. Tout ce qu'il apprend à faire seul est un pas vers un surcroît d'autonomie et vous décharge d'un poids dans l'avenir. De plus, il éprouve une grande fierté de l'avoir fait « tout seul ».
Il prend conscience désormais de notions telles que le temps – il est capable d'attendre quelque chose pendant plusieurs minutes – ou le haut, le bas, le grand et le petit. Il sait ce qui lui appartient ou appartient aux autres, même s'il s'intéresse essentiellement à ce qui lui appartient. Il peut utiliser cette connaissance pour aider à l'occasion et, si on le lui demande, ranger ses jouets.
Au cours des repas, il risque de devenir un peu difficile et peu disposé à goûter des nouveautés. Ne vous engagez pas dans des conflits au sujet de la nourriture car vous perdrez toujours. Continuez à lui proposer de nouveaux aliments et félicitez-le de les goûter, même s'il en mange peu – une bouchée suivie d'un refus doit aussi être encouragée.

24 mois

Votre tout-petit se métamorphose en petit garçon ou petite fille et franchit des étapes importantes dans le langage, le développement social, la force physique et la personnalité. Son langage devrait être aisément compréhensible et il prend plaisir à l'exploiter. Son élocution est plus claire ; il se désigne par son nom et va commencer à dire « s'il te plaît » et « merci », même s'il faut le lui rappeler et que les adultes donnent l'exemple. Il comprend des phrases et des demandes assez complexes et est ravi de répondre à des questions. Son vocabulaire s'étoffe ; il emploie de nombreuses phrases de deux, voire trois mots. Il sait désigner et nommer les objets familiers.

Votre enfant a acquis de nouvelles compétences – grimper sur un meuble et en descendre, courir et lancer un ballon, même s'il n'arrive pas encore à attraper un ballon. Dans un escalier, il monte et descend en posant les deux pieds sur chaque marche. Il sait marcher à reculons et sauter en l'air en détachant les deux pieds du sol. Il esquisse quelques pas de danse sur une musique familière.

Vous remarquerez l'apparition de certaines caractéristiques : une aversion pour les bruits forts, un recul devant les chiens ; il peut aussi devenir difficile sur les aliments. Tout ceci ne durera pas ; contentez-vous de le rassurer et évitez d'exercer trop de pressions.

Il peut s'asseoir seul sur une chaise et regarder des livres d'images pendant une courte période, et il ouvre des boîtes pour découvrir leur contenu. Il reconnaît sa propre image sur une photographie.

Il n'accepte pas encore de partager. Vous pouvez lui expliquer la coopération et lui donner l'exemple. Il est très important pour un enfant de cet âge d'apprendre qu'il n'est pas seul à avoir des besoins et que les autres en ont aussi, mais cela demande du temps, de la patience et de la redite. Votre enfant frappera ou mordra peut-être d'autres enfants. La meilleure réaction est de l'écarter avec un « non » ferme et de lui expliquer pourquoi ce comportement est interdit. S'il recommence, cela justifie de l'envoyer réfléchir dans son coin (voir page 390).

Il est maintenant capable de construire une tour de sept cubes ainsi que d'autres formes, comme un pont ou un escalier ; il s'amuse à gribouiller et à dessiner des cercles.

Essayez de comprendre ses sentiments quand il est frustré et aidez-le à faire des choses par lui-même à chaque fois que c'est justifié.

Il devrait maintenant se rendre compte que sa vessie est pleine et qu'il a besoin d'uriner ; il sait peut-être également quand il a besoin d'aller à la selle et le moment est peut-être venu de l'apprentissage des toilettes. Dans ce domaine, ne le brusquez pas ; il est impératif qu'il évolue à son rythme. Les filles ont tendance à franchir ce cap plus tôt que les garçons.

26 mois

Votre bambin se fortifie physiquement et il est fier de ce qu'il arrive à faire. Des enfants de cet âge savent sauter en l'air en détachant les deux pieds du sol, tenir en équilibre sur un pied (mais pas très longtemps), marcher à reculons, et aussi courir vite. La majorité s'arrêtent pour ramasser quelque chose quand ils marchent, poussent un chariot, tirent un jouet ou manœuvrent un tricycle.

Le langage de votre enfant devient plus vivant. Il est capable d'utiliser des mots plus complexes (« sous » et « sur ») pour décrire l'emplacement des objets et leurs caractéristiques (« rond » ou « dur ») et utilise des phrases à bon escient. Il sait aussi chanter des paroles de chansons et s'intègre volontiers à des manifestations musicales en groupe. Il est possible qu'il se parle beaucoup à lui-même.

Le dessin s'améliore également ; il maîtrise le tracé des lignes droites, et fait des progrès dans les formes plus complexes telles que les cercles. Il aime la peinture, entre autres créer des images avec des mains pleines de peinture.

Visser et dévisser un couvercle, tourner les poignées de porte et déballer des objets comptent parmi ses dernières acquisitions. Les deux premières signifient que vous devez être sur vos gardes en matière de sécurité, mais la dernière est une occasion de divertissement. Vous pouvez lui faire une multitude de cadeaux factices qu'il s'amusera à déballer.

Votre enfant va vouloir mener de plus en plus d'enquêtes – « Qu'est-ce qu'il y a là-dedans ? Qu'est-ce que c'est ? À quoi sert ce bouton ? » Plus il arrive à comprendre, plus il veut apprendre et vous ne lui donnerez jamais trop d'explications ; veillez simplement à utiliser des termes simples. Il sera bientôt capable de faire la différence entre « un » et « deux », mais ne peut pas encore compter au-delà.

À cet âge, les garçons comme les filles aiment jouer à la poupée, particulièrement la mettre au lit, mais se livrent parfois à d'autres soins.

Socialement, il est mieux préparé à être séparé de vous. Cela dépend de sa confiance en lui et de son sentiment de sécurité, qui est lié en partie à son tempérament et en partie aux expériences qu'il a eues dans le passé.

Ne le poussez pas à prendre son indépendance, progressez gentiment et aidez-le à construire son assurance. Quand vous lui intimez de cesser de se conduire mal, ne le dénigrez pas et ne le critiquez pas.

Vous vous interrogez peut-être sur le fait qu'il suce son pouce. Nombre d'enfants le font encore à cet âge et, évidemment, certains utilisent encore une tétine. On peut jeter celle-ci quand on veut, ce qui n'est pas le cas d'un pouce ! Cependant les bébés du monde entier sucent leur pouce pendant des années pour se sentir en sécurité, ce qui nuit essentiellement au bon développement des dents. (D'autre part, il arrive qu'une tétine entrave le développement du langage et affecte également les dents.)

Il existe des méthodes pour écarter le pouce (par exemple, l'argumentation verbale ou l'application d'une pommade qui a mauvais goût), mais n'en faites pas un drame.

28 mois

L'imagination de votre petit se développe et vous pouvez la mettre à profit dans des jeux et des histoires. Les jeux de « faire semblant » l'amusent énormément et peuvent être variés à l'infini. En ce qui concerne les histoires, vous pouvez les inventer – les enfants adorent ça – ou modifier celle que vous êtes en train de lire. Vous poserez des questions concernant l'histoire – « Pourquoi le garçon fait-il ça ? À quoi pense le chien ? Quel genre d'expression y a-t-il sur son visage ? »

L'apprentissage des émotions est aussi important que celui des nombres et il est bon que votre enfant sache reconnaître sa colère ou son anxiété et que vous les traduisiez par des mots. Quand il se met en colère, il est préférable que vous le lui fassiez remarquer et que vous l'aidiez à juguler cette émotion plutôt qu'augmenter la tension en vous mettant en colère vous-même.

Son langage continue à s'étoffer : il aime les jeux de lecture – demandez-lui de finir un mot ou une phrase, ou apprenez-lui une blague, par exemple. Sa mémoire est bonne ; il apprend les nombres et commence peut-être à compter. Il classe de mieux en mieux les objets par forme, par taille et peut-être par couleur. Il parle bien des couleurs ; demandez-lui de nommer les couleurs des choses que vous voyez : un ballon, un chat, une voiture ou des fleurs, par exemple. Il fait la différence entre « grand » et « petit », et probablement entre « haut » et « bas ».

Physiquement, il est robuste et apprécie les jeux dynamiques ; c'est une bonne période pour commencer à travailler les jeux de balle – lancer, attraper et frapper. L'apprentissage de la coordination peut être long et il est bon de l'entraîner ; un vélo équipé de stabilisateurs participe à cette formation.

Il aime toujours mettre du désordre et les luttes sont inévitables. Vous les éviterez à l'heure des repas en mangeant en famille et en ignorant simplement tout refus de manger certaines choses. Il est également important d'instaurer des règles concernant les sucreries qui sont une réelle tentation à cet âge. Gardez à l'esprit les effets potentiels du sucre : les caries dentaires et l'obésité.

Votre enfant apprécie aussi les sorties, mais veillez à emporter ses jouets favoris et préparez-le à de nouvelles situations en lui expliquant ce qui va se produire et qui il va rencontrer ; certains enfants sont plus méfiants que d'autres. Il va peut-être commencer à jouer avec des enfants plutôt que rester de côté.

30 mois

2 ans et demi. Votre enfant est toujours sujet à des crises de colère et à l'opposition, mais il devient plus ouvert au raisonnement. C'est l'âge où une bonne gestion de la détresse affective est essentielle. Il cherche à tester les limites et cela fait partie de l'apprentissage du monde ; si vous avez instauré des règles, il aura l'occasion de comprendre ce qu'elles signifient et les acceptera pourvu que toute la famille les respecte.

Les habitudes quotidiennes facilitent la vie et réduisent les risques de traumatisme. Cela signifie que les repas sont pris aux mêmes horaires et, si possible, en compagnie de toute la famille. Les enfants apprécient ce moment social et c'est un bon entraînement à la vie à venir, d'enfant plus grand et d'adulte, de manger proprement, de dialoguer et d'apprécier la nourriture. Il peut être une aide véritable et, si vous avez un autre bébé, il vous donnera un coup de main, ou vous assistera dans des tâches ménagères simples, par exemple mettre les vêtements dans le panier à linge sale.

Votre enfant va prendre de plus en plus de plaisir à l'emploi des mots et du langage et sera capable d'avoir une conversation prolongée basée sur des mots plus complexes. Il apprécie les différents sens des mots et commence peut-être à demander : « Pourquoi ? » ; vous devez donc préparer des explications simples pour toutes sortes de questions compliquées, allant de la différence entre les chiens et les chats à la raison pour laquelle les voitures ne roulent pas sur les trottoirs. Il est très important de fournir une bonne explication, même si elle doit être répétée le lendemain. Tout cela demande de la patience, ce dont on manque parfois dans une maisonnée pleine d'activité, mais qui sera récompensée quand votre petit exploitera ces

informations quelques mois plus tard. Il devrait connaître des comptines.

Il est maintenant adroit de ses mains ; il sait tenir un crayon dans sa main préférée et s'en sert pour reproduire un cercle et pour tracer des lignes horizontales et verticales. Il dessine également plus proprement et vous pouvez organiser des jeux en dessinant des objets familiers et des formes de pièces de puzzles, des mains et des pieds, des étoiles et des cercles. Il sait utiliser des interrupteurs et des boutons et s'amuse beaucoup avec une lampe de poche et avec des jouets fonctionnant sur pile. Au bord de la mer ou dans un bac à sable, il emplit son seau de sable avec adresse.

Il est également beaucoup plus coordonné et devrait être capable de grimper avec assurance sur des équipements de jeu simples, de marcher sur la pointe des pieds et de sauter des deux pieds. Il a une meilleure notion du temps même s'il n'attend pas vraiment de bonne grâce quand on lui dit : « Dix minutes ».

Il est peut-être temps que votre enfant aille à la crèche et une préparation sera nécessaire ; il doit notamment s'habituer à vivre sereinement de courtes séparations avec vous. Faire la connaissance de l'équipe, découvrir les jouets, savoir quelle sorte de nourriture est proposée, ce qui se passe en matière de toilettes, toutes ces questions doivent être réglées à l'avance.

32 mois

Les relations deviennent plus intéressantes et plus sereines avec les personnes extérieures au cercle de la famille immédiate, comme les grands-parents, les oncles et tantes, les parrains et marraines et les cousins qui seront peut-être des compagnons de jeu proches.
Votre enfant s'intéresse beaucoup aux autres enfants ; il est en mesure de communiquer avec eux, et de leur adresser des demandes et des ordres, notamment concernant ses jouets. Il a probablement une tendance à l'autorité, mais commence tout juste à partager, une disposition précieuse que vous aurez intérêt à entretenir. La fréquentation d'une halte-garderie ou d'une crèche est salutaire pour encourager de tels comportements sociaux.
Votre enfant connaît maintenant la différence entre les filles et les garçons.
Physiquement, il fait preuve de plus en plus de coordination dans l'escalade et la course. Il monte les escaliers en alternant les pieds, grimpe aisément sur les cadres et les toboggans au jardin public, tient en équilibre sur un pied assez longtemps et tape dans un ballon avec une précision décente.
Il apprend jusqu'à cinquante nouveaux mots par mois et s'exprime avec des phrases assez longues. Il s'intéresse encore à la sonorité des mots et apprécie les sons amusants et les rimes. Il est capable de décrire ses activités récentes avec clarté, même s'il se trompe parfois de mot. Il commence à dire « je » en parlant de lui et il est plus précis quand il répond à des questions.
Il est de plus en plus adroit pour s'habiller et vient à bout des boutons et des pressions. Il a des vêtements favoris et peut piquer une crise s'il n'est pas autorisé à porter ce qui lui plaît.
Il s'amuse sans doute avec les jeux de construction en cubes et joue avec des voitures miniatures et les accessoires d'une maison de poupée. À cet âge, l'essai par tâtonnement est essentiel ; il est bon de lui offrir des jouets qui pourraient appartenir à un enfant plus âgé et de le laisser les tester. Il aimera aussi « lire » des livres qui s'intéressent à ses propres activités – visites dans les magasins, repas, jeux avec des jouets.
Votre petit commence à distinguer les couleurs ; il peut être capable de trier les couleurs mais ne les nommera que plus tard. Il va s'intéresser au dessin et à la peinture. Il dessine sans doute avec plus de précision maintenant et peut représenter en partie un bonhomme.
Il devrait être capable de contrôler sa vessie et ses intestins pendant la journée et peut-être la nuit, mais ne soyez pas trop pressé ! Il va montrer qu'il a également du tempérament et, si vous insistez trop, il pourrait bien décider de faire le contraire de ce que vous lui avez demandé. Il a besoin de conseils pour bien faire et c'est une méthode d'éducation plus efficace que les punitions.
À cet âge, il est essentiel d'expliquer fermement ce que sont les bonnes habitudes en matière de repas et d'accès à la télévision, qui doit être contrôlée tant sur la quantité que sur la qualité des émissions.

34 mois

Votre enfant se dirige maintenant vers ses 3 ans et il devient vraiment une petite personne qui peut soutenir une conversation, comprendre une explication, vous aider et qui sait beaucoup de choses sur le monde. Il peut encore être difficile, en opposition et ne pas aimer qu'on lui dise ce qu'il doit faire, et il est vraisemblable qu'il aura des initiatives dangereuses si vous le laissez seul. Mais une grande partie de son évolution dépend de l'exemple que vous lui donnez et vos explications l'aident à devenir un enfant et un compagnon de jeu plus poli, serviable et prévenant.

Il prend plaisir à jouer avec des amis et c'est l'occasion de le familiariser avec la notion de partage. Expliquez-lui le principe de « chacun son tour » et veillez à ce qu'il soit respecté scrupuleusement. Apprenez-lui à dire « s'il vous plaît » et « merci », veillez à en faire autant. Soulignez le pourquoi de la nécessité de certains actes (ranger ses jouets après utilisation) et de l'interdiction d'autres comportements (déchirer des livres ou frapper les autres enfants). Mais expliquez les choses simplement, ne vous attardez pas et évitez de prendre un ton courroucé qui découragera votre enfant de vous écouter.

Les enfants de cet âge préfèrent que leurs activités et leurs horaires ne subissent aucun changement – l'habillage réalisé de la même façon et un livre lu sans aucune modification – mais ceci s'arrangera au cours des mois à venir. Certaines filles et la plupart des garçons sont agressifs ; beaucoup sont facilement frustrés et ils utilisent le mot « non » en permanence. Votre enfant a du mal à moduler son comportement et vous pouvez l'aider à comprendre la nature de ses sentiments à cette

période. Félicitez-le quand il joue gentiment, mais veillez à garder la même ligne de conduite à chaque fois qu'un comportement identique se manifeste, c'est ainsi qu'il apprendra – à condition que tout son entourage soit aussi cohérent. Les enfants de cet âge montrent différents degrés de capacité à contrôler leurs émotions ; certains sont calmes, d'autres luttent toujours. Certains sont extrêmement confiants, d'autres craintifs et anxieux.

Votre enfant perfectionne son mouvement car il module sa vitesse, évite les obstacles, est capable de négocier les virages et d'opérer des arrêts brusques. Ses mains sont plus habiles à enfiler des perles, à peindre et à assembler des pièces de puzzle.

Il prend plaisir à faire de plus en plus de choses par lui-même et vous encouragerez cette tendance en lui proposant des tâches simples et faciles. Il peut vous aider à la cuisine, transporter le linge sale, apporter une boîte du garde-manger ou enlever les cuillers. Il aime savoir « pourquoi » et, bien que ce soit usant, il est essentiel de lui fournir une raison car c'est ainsi que les enfants apprennent. Il est capable de s'exprimer par phrases complètes et la majorité des adultes comprennent ce qu'il dit et ce qu'il veut dire. Des enfants bredouillent et mélangent les mots ; si c'est le cas du vôtre, mieux vaut ne pas souligner ses erreurs et vous contenter d'utiliser vous-même les mots appropriés.

Votre enfant aime les jeux, notamment la multitude qui tourne autour des objets de la maison, y compris la trousse de maquillage. Le temps est également venu d'introduire des livres contant une véritable histoire et vous pouvez lui laisser le choix des livres que vous lui lirez. Une séance de lecture régulière est toujours bienvenue et, si possible, inventez des histoires qui favoriseront le développement de son imagination.

Il mange de mieux en mieux et devrait être ouvert à une plus grande diversité d'aliments. Essayez de faire des repas une rencontre familiale ; c'est excellent pour la conversation (du moment que la télévision est éteinte) et cela permet d'éviter les caprices alimentaires qui sont assez courants à cet âge.

36 mois

Dorénavant, votre enfant va passer de plus en plus de temps séparé de vous et bien que, en tant que parents, vous restiez les personnes les plus importantes dans sa vie, il va prendre un plaisir immense dans ses nouvelles expériences et en compagnie des personnes qu'il côtoie par ailleurs. Cependant, cet éloignement peut l'amener à contracter des maladies infantiles à la crèche et à côtoyer de nouveaux dangers. Il commence à saisir la notion de danger, mais il n'est pas en sécurité quand il est livré à lui-même ; même s'il connaît la source du danger, il peut oublier.
À cet âge, vous commencerez à l'aider à comprendre à qui il peut se fier et de qui il doit se méfier. La meilleure façon de l'aider est de le féliciter quand il fait ce que vous attendez de lui et de lui expliquer pourquoi il a tort dans le cas contraire.
Les règles qui sont posées et appliquées seront volontiers acceptées et il est judicieux de réfléchir à la façon dont vous souhaitez qu'il se comporte socialement et à l'extérieur.
Si votre enfant est troublé par quelque chose, aidez-le à exprimer ses sentiments. Ne le laissez pas bouder ou partir vexé ; veillez à ce qu'il explique ce qu'il ressent et parlez-en avec lui.
Il prendra plaisir à partager les jeux d'un groupe et, ensemble, ils ne se lasseront pas des jeux de « faire semblant ». Encouragez les jeux mécaniques ou de construction, ainsi que l'emploi d'outils tels qu'un marteau ou un tournevis (pour les garçons comme pour les filles). Il devrait apprécier les terrains de jeux, car il est agile physiquement.
Votre enfant peut également participer davantage aux activités familiales – cantonnez-vous à des jeux de plateau simples pour l'instant – et à des passe-temps comme le jardinage. Il adore se joindre à vous pour une promenade à vélo ou un bain à la piscine, ou pour une séance de cinéma ou une pièce de théâtre.

Il se vante maintenant de compétences accrues dans l'autogestion ; il est habile dans le maniement d'une fourchette, sait s'habiller et se déshabiller, se laver et s'essuyer les mains, manger proprement (la plupart du temps) et probablement utiliser les toilettes et s'essuyer les fesses. Il peut vous aider en rangeant ses jouets et ses vêtements, en mettant la table, et il est peut-être même capable de se servir ses céréales. Faites des tâches ménagères un jeu et félicitez-le ensuite ; s'il a l'habitude de donner un coup de main à cet âge, cela lui sera plus naturel quand il sera plus âgé.
Sa compréhension et son élocution sont désormais excellentes ; il emploie des phrases plus longues et des prépositions complexes comme « à l'intérieur », « sur le dessus de » et « à l'envers ». Vous pouvez avoir une conversation avec lui. Il connaît son nom et il est capable de le répéter ; il est également prudent qu'il apprenne à répéter son adresse.
Il va être capable de manier des concepts temporels comme « hier », ainsi que des moments de la journée et peut apprendre des nombres. Il connaît également la différence entre « grand » et « petit », « singulier » et « pluriel » et peut identifier les couleurs et marier des formes.

6 Devenir parents

Être parents

Tous les parents veulent être les meilleurs parents du monde, tout faire bien – surtout pas d'erreurs – et élever des enfants merveilleux et qui les aiment. Si cette aspiration est admirable, atteindre un tel objectif est un vrai challenge.

Pour commencer, vous apprendrez rapidement que votre bébé est un individu unique, et ce qui est estimé « le mieux » pour un enfant peut ne pas convenir, ou à lui, ou à vous. Il y a des modes attachées à la condition de parents, comme dans tous les autres domaines de la vie. Par exemple, quand vous étiez jeunes, on vous a vraisemblablement encouragés à écouter attentivement, à suivre des règles strictes et à placer la réussite scolaire au-dessus de tout, alors qu'aujourd'hui les enfants sont incités à exercer une pensée indépendante, à prendre leurs propres décisions et à développer leur potentiel dans des domaines non académiques comme la musique, les beaux-arts ou le théâtre. La façon dont vous prévoyez d'élever ou élevez effectivement votre bébé étant influencée par votre propre enfance, vous pourriez bien vous surprendre à réévaluer en permanence toutes vos convictions antérieures.

Malgré ces facteurs, vous devez faire des choix d'éducation tous les jours. Vous devez, par exemple, décider comment gérer l'alimentation et le sommeil de votre bébé, les crises de colère de votre tout-petit, les progrès à la crèche de votre enfant d'âge préscolaire, puis ses amitiés. Vous ne pouvez pas rester en retrait ; votre enfant a besoin d'un père et d'une mère positifs, confiants, aux idées claires.

Le type de parents que vous êtes ne dépend pas seulement de facteurs tels que votre propre éducation, les médias et l'attitude de l'entourage, mais aussi de votre personnalité, de la personnalité de votre bébé et de la façon dont vous dialoguez. Vous pouvez, par exemple, chercher à reproduire l'éducation que vous avez reçue parce que vous avez des souvenirs heureux ou opter pour une approche radicalement différente parce que vous désapprouvez la façon dont vous avez été élevés. Les livres et les magazines que vous lisez et les programmes de télévision que vous regardez influencent votre démarche, de même que les opinions et les actes de vos amis et de votre famille. Et, quand vous connaîtrez mieux votre bébé, vous modifierez intuitivement vos comportements pour être en phase avec ses besoins. Réciproquement, le comportement et les progrès de votre bébé seront influencés par vos actions. Vos compétences de père et de mère évoluent au fil du temps en fonction de la croissance et du développement de votre enfant.

LES CHOIX D'ÉDUCATION

Cependant, vous devriez décider quel type de parents vous souhaitez être, car il y a autant de styles d'éducation que de parents. Un système classique de classification repose sur l'importance que les parents accordent aux exigences et aux besoins affectifs internes de leurs enfants, ou sur leur exigence que leurs enfants adaptent leurs besoins à une structure et à un rythme externes.

La plupart des professionnels s'accordent sur le fait qu'une éducation souple est la plus efficace. Les enfants détestent les extrêmes ; ils s'épanouissent dans un environnement aimant où les règles de comportement sont claires, mais où l'on admet de temps à autre une entorse aux « règles ».

TROUVER LE CONSENSUS

Peu importe le type de parents que vous vous préparez à être, dans une famille biparentale, l'accord sur le style d'éducation est vital. Vous et votre partenaire n'avez pas à être des copies conformes l'un de l'autre ; au contraire, votre enfant tirera profit des différences de nature et de personnalité. Mais il faut qu'il y ait un large consensus sur les grands secteurs de l'éducation que sont la discipline, le comportement, les relations et les tâches quotidiennes.

Si des divergences apparaissent entre vous, ce qui est inéluctable à un moment ou à un autre dans toute famille, essayez de régler le désaccord en privé, loin des oreilles de votre enfant. Vous lui présenterez ainsi un front uni, de façon qu'il vous voie vous soutenir mutuellement ; cela accroît son bien-être psychologique, sa confiance en ses parents et son sens de la sécurité affective.

5 éléments à prendre en compte quand vous recevez un conseil

1 Le conseiller. Résistez à la tentation de rejeter un avis simplement parce que la personne qui le donne vous irrite. Même si ses commentaires vous hérissent le poil, soupesez soigneusement son avis. Sait-on jamais, la solution à votre problème est peut-être là. Ne montrez pas d'agressivité parce qu'un conseil vous déplaît. Cette personne a fait une suggestion basée sur de bonnes intentions ; il est donc inutile de lui parler sèchement. Et vous découvrirez peut-être ultérieurement que ce conseil est extrêmement judicieux.

2 L'expérience du conseiller. Rappelez-vous que l'expérience de chacun est limitée. Même un parent qui a élevé cinq enfants n'a pas obligatoirement rencontré les mêmes écueils que vous. Une personne âgée n'a pas toujours toutes les réponses, en dépit du fait qu'elle a été parent plus longtemps que vous.

3 L'adéquation. N'essayez jamais de suivre un conseil qui vous met mal à l'aise. Par exemple, un proche peut vous suggérer de faire passer votre bébé aux aliments solides pour l'aider à faire ses nuits, mais vous n'en ferez rien si vous pensez qu'il est trop jeune pour ce changement. Écoutez uniquement les conseils qui correspondent à vos idées personnelles.

4 Les tendances éducatives. Reconnaissons qu'il y a des modes. Vous aurez peut-être du mal à imaginer que, il y a quelques décennies, les experts en pédagogie conseillaient à la mère de ne pas laisser son mari jouer avec leur enfant à son retour du bureau, car le bébé serait perturbé par cette rupture dans sa routine quotidienne.

5 La propriété. Ne perdez jamais de vue le fait que vous êtes le parent. Vous avez le droit de demander avec tact qu'on vous accorde une marge de manœuvre, de souligner que vous aimeriez réfléchir seule au problème sans en discuter avec quiconque. Préparez-vous à dire : « Merci, mais non merci. » Il est souvent difficile de dire non, notamment à une personne qu'on aime et respecte, mais c'est votre droit de parent. Vous devrez parfois être péremptoire avec les donneurs de conseils.

L'impact du tempérament

Dès l'instant où il est né, votre bébé a commencé à afficher son tempérament. Il a peut-être tété avec enthousiasme au cours de son premier repas, ou il a semblé passif et a tété lentement. A-t-il gigoté quand vous l'avez tenu pour la première fois ou s'est-il blotti contre vous ? À la naissance, votre bébé a manifesté des réactions très variées à diverses situations et ce tempérament précoce est la base de sa personnalité future dans l'enfance et à l'âge adulte.

LES PROFILS DE CARACTÈRE

Les psychologues qui étudient le caractère des bébés ont découvert que les composantes génétiques ont tendance à se regrouper pour former des profils spécifiques identifiables et que la majorité des bébés entre dans une des trois catégories ci-dessous. (Vous découvrirez peut-être que votre bébé fait partie de ceux qui ne correspondent nettement à aucune catégorie, car il présente des caractéristiques de plusieurs types ; c'est le cas d'environ un quart des bébés âgés de moins de 1 an.) Les principaux profils de caractère sont :

- *Facile.* Le bébé facile à vivre est un plaisir, car il est d'une humeur très égale et réagit en général positivement à tout ce qui lui arrive ou se passe autour de lui. Il est ouvert aux nouvelles expériences et les accueille avec intérêt plutôt qu'il ne les évite. Son humeur et son comportement sont réguliers et prévisibles.
- *Difficile.* L'enfant difficile à gérer est très actif la majeure partie du temps, mais il est grognon et facilement irritable. Il faut peu de chose pour le déstabiliser ; ses humeurs varient et son comportement ne suit pas un mode prévisible. Il n'aime pas le changement et il lui faut un temps assez long pour s'adapter aux nouvelles situations et aux visages inconnus.
- *Lent à s'échauffer.* L'enfant inactif a des réactions modérées à la plupart des choses. Il manque d'enthousiasme pour les nouvelles expériences. Si, par exemple, il n'aime pas un nouveau jouet, il détournera simplement la tête au lieu de le rejeter physiquement.

Même si de nouvelles caractéristiques personnelles peuvent se développer au cours des années d'enfance suivantes, quand les années préscolaires sont passées, l'essentiel de la personnalité de votre enfant est déjà formé et restera tel le restant de sa vie. L'un des défis qui vous attend est de l'encourager à utiliser sa nature de façon positive, même quand certains traits semblent potentiellement négatifs. Prenons comme exemple la détermination qu'il montre à obtenir ce qu'il veut. Ce trait de caractère peut poser des problèmes quand votre enfant vous affronte, mais peut être bénéfique quand il veut réussir dans l'apprentissage d'une nouvelle compétence.

L'ORIGINE DU TEMPÉRAMENT

Personne ne sait avec certitude pourquoi votre enfant possède ce tempérament. Les études comparant le caractère de vrais jumeaux avec celui de faux jumeaux ont montré qu'il y a davantage de similitude entre les vrais jumeaux qu'entre les faux, notamment au cours de leur première année. Cette démonstration suggère fortement qu'il y a une composante génétique, que votre bébé hérite une partie de son profil de caractère de vous et de votre partenaire.

Il ne fait cependant aucun doute que l'environnement joue également un rôle. Les expériences démontrent que plus les parents sourient et montrent une affection positive à leur bébé, plus il y a de chances qu'il soit lui-même réactif socialement, heureux et souriant. Il est clair que l'environnement familial compte et peut modeler le comportement et les sentiments d'un bébé.

Même si votre bébé entre dans une catégorie identifiée, son tempérament présente des aspects uniques. En un sens, peu importe que ces traits soient innés ou acquis, tout ce qui compte est que vous soyez à l'aise dans vos réactions vis-à-vis de lui. Par exemple, si vous êtes une personne aimante, affectueuse, aux attitudes décontractées, conservez cette manière d'être même si votre bébé est craintif et difficile à gérer.

Beaucoup dépend de la façon dont vous gérez le profil de caractère de votre bébé. S'il n'aime pas le changement, par exemple, vous pouvez être tentée de le traiter avec précaution, d'éviter les nouvelles expériences. Si cette stratégie réduit le nombre de moments difficiles, elle renforce également son comportement et ne le modifie en rien. Mais si vous décidez d'améliorer sa capacité d'adaptation en provoquant de nouvelles expériences dans sa vie, vous constaterez peut-être qu'il devient progressivement moins maussade et s'habitue au changement.

ACCORDER LE STYLE D'ÉDUCATION AU TEMPÉRAMENT

Avant la naissance de votre bébé, vous vous êtes fait une idée du statut de parents. Vous avez peut-être pensé que la meilleure façon d'élever un bébé est de poser des limites fermes, afin qu'il apprenne rapidement ce qu'il peut et ne peut pas faire, ou vous avez décidé de le laisser apprendre par lui-même. Quelles qu'aient été vos réflexions préalables, vous avez dû les transformer en réalité.

Les témoignages indiquent que la forme d'éducation la plus efficace est celle qui est axée et fondée sur une série de principes clairs, mais qui tient également compte des besoins affectifs personnels de l'enfant. C'est une question de concorde entre vous et votre enfant.

Si votre enfant a un tempérament tranquille et réservé, vous n'insisterez pas pour qu'il soit un boute-en-train, mais vous pouvez le confronter à diverses expériences sociales qui l'aideront à construire son assurance en société.

5 composantes fondamentales du tempérament

1 **Le niveau d'activité.** Le rythme et la vigueur de votre bébé peuvent lui conférer rapidité et énergie, ou il peut être, au contraire, décontracté et léthargique, se contenter de réagir à son rythme régulier.

2 **L'irritabilité.** Certains tout-petits viennent à bout des expériences quotidiennes sans être déconcertés ni perturbés, alors que d'autres sont facilement troublés, par exemple quand l'alimentation est lente.

3 **La capacité d'apaisement.** Elle se rapporte à la facilité avec laquelle votre bébé se calme après avoir été perturbé ; elle varie considérablement d'un enfant à l'autre.

4 **La crainte.** La stimulation peut générer l'excitation ou rendre un bébé craintif ; certains bébés sont plus facilement effrayés que d'autres.

5 **La sociabilité.** L'enfant sociable éclate en charmants sourires quand quelqu'un s'approche, alors que le bébé peu sociable réagit avec des braillements d'angoisse.

Vous n'arriverez pas non plus à éradiquer la détermination d'un enfant curieux, mais vous pouvez canaliser cette qualité dans une direction positive, par exemple en l'encourageant à terminer une tâche difficile qu'il a commencée.

Adapter vos stratégies éducatives pour tenir compte du caractère d'un enfant l'encourage à son tour à adapter sa personnalité pour répondre à vos attentes. Et c'est généralement le secret d'une vie familiale réussie.

Négociations entre parents

L'éducation d'un enfant n'est pas une science exacte ! Chaque parent a son opinion sur la meilleure façon de gérer les habitudes de coucher, la discipline, l'alimentation, les crises de colère, etc. Et c'est bien. Après tout, il y a généralement plusieurs méthodes pour tout. Toutefois, des problèmes peuvent surgir quand des divergences graves se manifestent entre vous et votre partenaire sur la façon d'élever votre enfant (mais des désaccords mineurs sont parfaitement normaux).

Les conséquences négatives potentielles de désaccords prolongés en matière d'éducation :

À faire

- **Peser soigneusement toutes les alternatives.** Il n'est pas nécessaire de se précipiter. Réfléchissez aux implications des diverses questions avant de choisir une stratégie particulière à mettre en œuvre.
- **Aller jusqu'au bout de votre engagement.** Une fois que vous avez pris votre décision sur la conduite à tenir, il faut vous y tenir quelques semaines avant d'évaluer l'étendue du succès. Votre enfant peut être réfractaire au changement.
- **Vous préparer à admettre que vous vous êtes trompé(e).** Reconnaître que vous devez agir différemment est un signe de votre force émotionnelle, et non pas d'une faiblesse. Il n'est pas nécessaire d'accepter que votre choix n'ait pas été le bon.

- *L'inconstance.* Votre enfant a besoin d'une structure stable, d'une série de règles qu'il est censé respecter. Si vous lui dites quelque chose et que votre partenaire dit le contraire, il n'y a pas de cohérence. Cela commence par embrouiller votre enfant, puis cela crée un sentiment d'anxiété et d'insécurité.
- *La tension.* Les divergences graves, quelle que soit leur nature, affectent l'ambiance de la maison. Vous êtes nerveuse, votre partenaire est nerveux et, avant que vous ayez le temps de réaliser, votre bébé est nerveux aussi. Dans un

environnement aussi tendu, l'exaspération gagne. Bientôt les adultes comme les enfants vont devenir plus irritables et plus enclins aux chamailleries.

• *La manipulation.* Même un jeune enfant est capable d'exploiter les différences d'opinions. Si votre bébé n'obtient pas ce qu'il veut de vous, il va immédiatement se tourner vers votre partenaire en espérant qu'il sera plus accommodant(e). Votre bébé ne s'intéresse qu'à son objectif et il sollicitera le parent le plus susceptible de le satisfaire.

• *Le ressentiment.* Personne n'aime sentir qu'on ne tient pas compte de son point de vue. Si vous ou votre partenaire sentez que votre opinion n'est pas prise en considération, le ressentiment va bientôt s'installer. De plus, votre confiance en vous en tant que parent va rapidement s'effondrer. Si la situation se prolonge au-delà de quelques mois, les émotions négatives vont s'exacerber.

TRAVAILLER ENSEMBLE

Mettez-vous d'accord sur le principe que vous ne vous disputerez pas au sujet de votre enfant en sa présence ; discutez toujours en privé. En dehors du fait que votre enfant ne veut absolument pas vous voir vous chamailler, il a besoin que les règles soient clairement posées. Être témoin de votre débat, par exemple sur le biscuit supplémentaire qu'on peut lui offrir en cours d'après-midi, le rend malheureux.

Ce que votre partenaire a à dire peut ne pas vous plaire, mais chacun de vous est en droit d'avoir l'occasion de parler. Votre partenaire a des opinions aussi fermement ancrées que les vôtres et il est aussi réfractaire à d'autres suggestions que vous. C'est pourquoi vous avez tous deux besoin d'exprimer vos idées. Permettre à chacun d'avoir voix au chapitre calme la tension et évite les affrontements.

À ne pas faire

• **Partir du principe que vous avez tort.** Il y a des chances pour que la façon dont vous élevez votre enfant soit exactement celle qu'il lui faut. Que vos amis aient une approche différente ne signifie pas qu'ils aient raison et que vous ayez tort. Croyez en vous.
• **Toujours choisir la facilité.** Élever un enfant entraîne parfois des décisions difficiles, notamment en matière de discipline. Résistez à la tentation de choisir systématiquement l'option molle car cela vous semble plus facile.
• **Changer d'avis trop vite.** Vous n'obtiendrez peut-être pas les résultats que vous espérez immédiatement. Votre enfant prend le temps de s'adapter en grandissant. Une fois que vous vous êtes fixé une ligne de conduite, ne vous autorisez pas à l'abandonner trop vite.

Isolez-vous un moment pour parler des sujets de désaccord. Une fois que vous avez dit ce que vous pensez, chacun à votre tour, et que vous avez pris en compte les remarques de votre partenaire, prenez le temps de discuter de l'origine de vos différends. Réfléchir à vos enfances et à la façon dont vous avez été élevés par vos propres parents vous aidera à comprendre le point de vue de chacun.

Vous devriez soupeser ensemble les forces et les faiblesses des alternatives. Soyez honnêtes l'un envers l'autre – ne rejetez pas les idées de votre partenaire uniquement parce que vous ne les avez pas eues vous-même. Préparez-vous à accepter que votre méthode n'est pas toujours la seule possible. Faites la liste des « pour » et des « contre » de chaque approche et essayez de résoudre le conflit sans affrontement superflu.

Une fois que vous êtes parvenus à un accord sur la stratégie à privilégier, vous devriez tous deux vous engager à l'appliquer pendant une période de deux semaines, par exemple, puis évaluer les résultats. Si la stratégie a fonctionné, vous pouvez à juste titre être contents de vous. Si elle n'a pas été efficace, tentez l'autre solution pendant une période équivalente. N'ayez pas peur de procéder par essais.

LA MONOPARENTALITÉ

En tant que parent isolé, vous n'entrerez pas en conflit avec un partenaire sur la façon d'élever votre enfant – il n'y a personne pour vous contredire au jour le jour. Des amis ou des parents peuvent évidemment avoir des opinions différentes des vôtres mais, la plupart du temps, vous prendrez vos décisions seule, sans dispute.

Sur un plan positif, cela signifie que vous n'avez pas de différend à régler avec quelqu'un sur les soins à apporter à votre bébé. Le côté négatif est que vous devez avoir pleinement confiance dans votre jugement de parent, et ce n'est pas toujours facile ; il vous arrivera forcément de douter de vous-même.

De la théorie à la pratique

La majorité des parents confirme que les trois plus grandes difficultés dans l'éducation d'un enfant sont l'alimentation, le sommeil et les pleurs. Un bébé qui pleure en permanence, qui refuse de dormir même s'il est épuisé et qui demande constamment à manger use rapidement les parents les plus toniques.

Rappelez-vous que, quel que soit le style d'éducation que vous adoptiez, le fait est que les rythmes d'alimentation et de sommeil de votre bébé changent rapidement, notamment au cours des premiers mois. Pendant les six à huit premières semaines, votre bébé va avoir besoin, physiquement, de se nourrir toutes les deux à trois heures, mais quand il sera âgé de 6 mois, ses horaires de repas se rapprocheront de ceux d'un enfant plus grand. Et si un nourrisson a besoin de dormir 80 % du temps – il dormira environ dix-neuf heures sur vingt-quatre –, à l'âge de 1 an, son temps de sommeil total tombera à treize heures par jour.

ADAPTER VOS RÉACTIONS

La façon dont vous réagissez vis-à-vis de votre bébé est fonction de vos préférences personnelles, bien que beaucoup de parents aient tendance à mélanger la démarche axée sur la discipline et la démarche souple. C'est une question d'équilibre.

Prenons l'exemple des pleurs. Dans la plupart des cas, la meilleure stratégie n'est ni de se précipiter vers votre bébé dès qu'il pleure ni d'ignorer ses larmes. Il est préférable d'envisager une démarche plus raisonnable n'imposant pas de règle stricte sur le fait de le prendre ou de le laisser pleurer. Votre bébé a parfois besoin de câlins et, à d'autres moments, il peut se tirer d'affaire sans que vous soyez à ses côtés pendant qu'il pleure. Essayez de varier vos réactions en fonction des circonstances. La même approche s'applique à l'alimentation et au sommeil.

Les parents axés sur l'emploi du temps

- **Nourrissez votre bébé à heures fixes.** Une fois décidé le programme du jour – peut-être un repas toutes les trois heures –, vous vous y tiendrez quoi qu'il arrive. Si votre bébé n'a pas terminé de se nourrir en 10 à 15 minutes, vous arrêterez de toute façon et ne recommencerez pas avant le prochain créneau horaire. S'il pleure, vous ne le nourrirez pas plus tôt que prévu.
- **Encouragez votre bébé à dormir à heures fixes.** Une fois décidés les horaires de sommeil de ce jour – peut-être après les repas du matin et de l'après-midi –, vous borderez votre bébé à ces heures, qu'il semble endormi ou non. Vous espérez qu'en procédant ainsi son corps commencera à s'adapter à ce rythme, de façon que ses horaires de sommeil deviennent prévisibles.
- **Gérez les épisodes de pleurs avec fermeté.** Une fois votre bébé couché, vous ne le reprendrez pas dans vos bras s'il pleure (après vérification qu'il n'y a pas de cause physique à sa détresse). Vous considérez qu'il doit apprendre à gérer ses pleurs et que, si vous intervenez à chaque fois, il comprendra vite que c'est une bonne façon d'attirer votre attention.

- **L'effet sur votre bébé.** Il y a plus de chances qu'il s'adapte à un emploi du temps réglé si celui-ci est suivi régulièrement ; il apprendra ainsi l'autodiscipline. Cependant, le programmé établi peut ne pas correspondre à son horloge biologique et il risque d'être affamé car la nourriture lui est refusée. Il risque aussi d'être très malheureux quand on le laisse pleurer seul.
- **L'effet sur vous.** Vous pourrez structurer votre journée et disposerez de plus de temps pour vous-même. Si votre bébé ne respecte pas le programme, vous devrez peut-être lutter.

LES PROBLÈMES POTENTIELS

Que vous optiez pour une approche rigide sur l'emploi du temps ou que vous essayiez d'être plus souple, il est probable que tout n'ira pas sans heurt. Voici quelques problèmes très courants et des stratégies pour essayer de les régler.

Essayez de nourrir votre bébé à heures fixes quand il pleure beaucoup entre les repas.

Il pleure peut-être tout simplement parce qu'il n'a pas assez de lait à chaque repas ou parce qu'il ne sait pas résister à la faim tout au long de l'intervalle entre les repas. Vous devriez aussi envisager que ses pleurs n'ont rien à voir avec la faim ; ils peuvent être provoqués par l'ennui ou même par la fatigue.

Essayez ceci :

- *Laissez-lui plus de temps pour terminer chaque repas.* Dans votre volonté de respecter le programme établi, vous ne lui accordez peut-être pas suffisamment de temps pour se nourrir à satiété. Veillez à être parfaitement détendue quand vous le nourrissez.

- *Gardez une certaine souplesse.* Essayez de temps en temps de le nourrir entre les horaires officiels ou d'avancer un repas de quelques minutes. Vous découvrirez ainsi

Les parents souples

- **Nourrissez votre bébé à la demande.** Vous aurez une idée approximative du bon intervalle entre les repas, par exemple trois heures, mais préparez-vous à être disponible en fonction des besoins de votre bébé. S'il pleure dans les intervalles, n'arrive pas à se calmer et indique par des mouvements de la bouche qu'il cherche la nourriture, vous le nourrirez en dehors des heures prévues plutôt que le laisser dans cet état de détresse.
- **Essayez d'adapter les horaires de sommeil à son rythme naturel.** Même si vous avez une idée des heures auxquelles vous aimeriez que votre bébé dorme – et qu'elles soient votre objectif –, vous identifierez aussi les moments où il veut vraiment dormir. Vous serez disposée à adapter votre programme pour lui convenir.
Si manifestement il ne veut pas dormir à l'heure souhaitée, vous n'essaierez pas de le lui imposer.
- **Prenez votre bébé quand il pleure.** Vous ne pensez pas qu'un nourrisson est manipulateur et dominateur. Au contraire, vous êtes persuadée qu'un bébé qui pleure est malheureux ou perturbé et a besoin d'attention pour se sentir mieux. Quelle que soit la cause de son inconfort, il peut augmenter s'il est négligé.

- **L'effet sur votre bébé.** Il sera peut-être plus heureux, parce que ses besoins sont satisfaits immédiatement ; il ne ressentira jamais la détresse, la faim ni la solitude, et il mangera et dormira en fonction de son rythme naturel. Il n'a toutefois aucune occasion d'apprendre à contrôler ses envies.
- **L'effet sur vous.** Les affrontements sont moins fréquents, car votre bébé obtient ce qu'il veut, mais c'est lui qui fixe l'emploi du temps et il vous est impossible de planifier votre journée.

si l'horaire fixé est à la racine du problème.

- *Distrayez votre bébé.* Si vous savez qu'il est enclin à pleurer avant le repas suivant, essayez d'occuper son temps, par exemple en jouant avec lui, en le sortant dans sa poussette ou en chantant pour lui. Vous constaterez peut-être que cela le calme, sans lui donner de repas supplémentaire.

Nourrir votre bébé à la demande peut vous peser à la longue.

L'une des difficultés de l'alimentation à la demande – au sein comme au biberon – est de déterminer quand un repas est vraiment terminé et quand commence le suivant. Et le sujet est particulièrement sensible chez les bébés qui se nourrissent lentement. Votre propre fatigue s'accumule et, la plupart du temps, vous et votre bébé vous écroulez au milieu du repas.

Essayez ceci :

- *Commencez à organiser les horaires.* Vous n'êtes pas obligée de passer à un planning rigide, mais vous pouvez viser des horaires de repas approximatifs. Même s'ils varient d'une demi-heure, vous remarquerez la différence.
- *Quand le repas est terminé, arrêtez tout.* Trouvez l'indice vous permettant de juger si un repas est terminé, par exemple si votre bébé

cesse de téter pendant plus d'une minute ou si ses yeux commencent à se fermer. Quand vous remarquez ce signe, cessez immédiatement de le nourrir.

• *Prenez du repos.* Si possible, demandez à votre partenaire (ou à une amie) de donner un repas à votre bébé – le lait peut être exprimé du sein. Quand vous vous sentirez un peu moins fatiguée, vous aurez les idées plus claires.

Vouloir laisser pleurer votre bébé et ne pas supporter ses sanglots.

Vous n'êtes probablement pas faite, sur le plan affectif, pour une méthode structurée de gestion des pleurs. Certains parents sont psychologiquement incapables d'ignorer le son des pleurs. Vous essayez d'appliquer une stratégie dans laquelle vous êtes mal à l'aise, c'est pourquoi vous voulez prendre votre bébé.

Essayez ceci :

• *Envisagez une approche plus souple.* Il est inutile de persister dans un style d'éducation qui vous rend malheureuse. Essayez de réagir aux pleurs dans un style plus souple, au moins pendant deux ou trois semaines pour évaluer son efficacité.

• *Fixez-vous un délai avant de réagir.* Actuellement, vous le prenez quand vous ne supportez plus ses larmes et il n'y a aucune régularité. Fixez une limite, disons dix minutes, et ne réagissez que quand ce temps est écoulé.

• *Calmez-le d'une autre façon.* Il n'est pas indispensable de prendre systématiquement votre bébé dans vos bras pour le calmer. Vous pouvez par exemple le laisser dans son lit et caresser son visage, chanter, parler sur un ton apaisant ou lui donner une tétine.

Gérer des horaires de sommeil irréguliers.

Le besoin de sommeil de votre bébé change avec l'âge (voir pages 192-193) et il se peut que vous essayiez de maintenir des horaires qui ne conviennent plus. Il est également possible que vous abandonniez trop vite et ne conserviez pas un planning assez longtemps.

Essayez ceci :

• *Tenez un carnet de bord du sommeil.* Notez avec le plus de précision possible les moments où votre bébé dort sur une durée de sept jours ; vous aurez ainsi une idée de ses rythmes de sommeil naturels. Essayez ensuite d'établir une structure autour de ce modèle de base.

• *Adaptez-vous.* Si vous constatez que les horaires ne lui conviennent plus, modifiez-les. Rappelez-vous que votre bébé a moins besoin de sommeil avec l'âge et que les intervalles d'éveil s'allongent.

• *N'abandonnez pas trop vite.* Dans une approche axée sur les horaires, il y a des moments où ceux-ci semblent ne plus convenir. Mais cela ne signifie pas que vous deviez abandonner. Si vous persistez quelques jours, votre bébé deviendra peut-être plus prévisible.

Les câlins incessants aboutissent à des pleurs dès que le bébé n'est plus dans vos bras.

Bien que votre bébé soit jeune, il est suffisamment éveillé pour faire le lien entre ses larmes et son confort physique. Vous lui avez appris involontairement que les pleurs sont une arme efficace pour attirer votre attention. Il aime les câlins et il est bien décidé à les obtenir et à les prolonger.

Essayez ceci :

• *Identifiez l'origine du problème.* Admettez que c'est à vous de changer de comportement, pas à votre bébé ; il ne fait que ce qui lui vient naturellement. Décidez-vous à modifier vos réactions à ses pleurs.

• *Calmez-le sans le tenir contre vous.* Si vous vous sentez incapable de laisser votre bébé seul quand il pleure, calmez-le sans le prendre dans vos bras. Essayez de résister, quelle que soit votre envie de le prendre.

Prenez-le quand il ne pleure pas. De même que vous devez lui enseigner que les pleurs n'aboutissent pas forcément à un câlin, enseignez-lui qu'il peut l'obtenir sans pleurer. Prenez-le dans vos bras alors qu'il est paisible.

QUAND LA RÉUSSITE SEMBLE HORS D'ATTEINTE

Il y a forcément des moments où vos tentatives de gérer votre bébé sont infructueuses, en dépit de tous vos efforts, et cela peut être déprimant. Avant son arrivée, vous vous considériez sans doute comme des personnes compétentes, attentionnées et efficaces, et vous étiez peut-être même responsables de la gestion d'autres personnes. Il y a toutefois maintenant des moments où vous êtes stupéfaits par la capacité de votre enfant à contrecarrer toutes vos stratégies !

Et puis vient la fatigue. Les changements incessants dans les besoins de sommeil et d'alimentation de votre bébé transforment vos nuits en jours et vos jours en nuits, alors que vous cherchez la solution qui le satisfera en permanence et le rendra complètement prévisible. Vous avez peut-être l'impression d'une quête sans fin du « bon » planning et que, quand vous croyez avoir atteint votre but, il évolue à nouveau. C'est la conséquence inévitable d'un développement normal ; quasiment tous les parents font la même expérience.

Ne vous affolez pas ; la plupart des autres parents ont l'impression qu'ils n'arriveront jamais à rien. La solution consiste en partie à adapter votre philosophie d'éducation et vos stratégies de gestion du quotidien au fur et à mesure que votre enfant grandit.

Au lieu de considérer ces épisodes comme des échecs, voyez-les comme des expériences édifiantes. Il ne s'agit pas uniquement de vous. Votre bébé pleure souvent pour des raisons qui vous sont totalement inconnues. Cela ne signifie pas que vous avez fait quelque chose de travers. D'autre part, il est bon d'avoir des objectifs clairs et réalistes. Si, par exemple, votre bébé se nourrit mal, il est inutile de fixer l'objectif irréaliste de « repas ne dépassant pas dix minutes ». Un objectif plus approprié serait « une pause minimale de deux heures entre deux repas ».

Ne baissez pas les bras quand les objectifs ne sont pas atteints immédiatement. Vous ne pouvez pas raisonnablement vous attendre à ce que votre bébé change rapidement de comportement. C'est pourquoi vous avez intérêt à persister dans une stratégie au moins deux ou trois semaines avant de vous décider à en essayer une autre.

Visez un changement progressif. Un enfant en bas âge ne change pas subitement ; l'évolution se fait petit à petit, par étapes. Si vous avez l'impression qu'il pleure constamment, par exemple, fixez-vous des objectifs modestes et accessibles, comme « calme pendant cinq minutes, sans pleurs », puis progressez régulièrement à partir de ce stade.

COMPRENEZ-VOUS VOUS-MÊME

Confrontée à un bébé difficile, et si l'on ajoute des incidents quand vous semblez incapable d'atteindre vos objectifs avec lui, votre confiance en vous risque de s'effriter. Voici quelques signes du déclin de votre assurance :

- Vous doutez de la façon dont vous vous y prenez avec votre bébé et vous vous demandez constamment s'il n'y a pas une meilleure façon de faire.
- Les jours s'enchaînent, sans pause perceptible. Tous les jours vous paraissent identiques, réglés par le planning de votre enfant.

- Le temps vaut de l'or et vous avez l'impression de n'avoir pas un moment pour vous. Les exigences quotidiennes de votre bébé occupent tous vos instants.
- Vous demandez constamment l'avis des autres avant de prendre une décision, car vous êtes sûre que tout le monde en sait plus long que vous.
- La nuit, vous êtes incapable de dormir, car vous vous interrogez sur votre relation avec votre enfant. Vous avez essentiellement peur qu'il ne vous aime pas.

Si vous vous surprenez à ressentir l'une de ces impressions, il est temps de modifier votre vision des choses. Évidemment, tous les parents ont des moments de doute, et c'est parfaitement sain, mais quand ces moments se prolongent, vous devez inverser le cours des choses de façon à vous sentir à nouveau aux commandes.

7 conseils pour vous rétablir

1 **Soyez disposée à changer.** Prenez du recul et observez la façon dont vous vous occupez de votre enfant. Ces méthodes sont-elles appropriées et adaptées à son âge et à son développement ? Se poser des questions contribue à garder les idées claires.

2 **Admettez que personne n'est parfait.** Reconnaître que vous n'êtes pas seule à douter de vous-mêmes vous aidera à avoir confiance.

3 **Dites-vous que vous faites du bon travail.** Même si l'éducation de votre bébé ressemble parfois à une lutte, vous accomplissez beaucoup plus de choses que vous ne le pensez. Ne perdez pas de vue tout ce qui va bien.

4 **Recherchez le changement, ne partagez pas les reproches.** Cherchez les façons de modifier votre comportement de façon à modifier celui de votre bébé. Ne blâmez ni vous, ni lui.

5 **Reprenez les choses en main.** Un bébé difficile peut dominer votre vie et vous laisser un sentiment de passivité. Prenez des décisions claires quant à la façon dont vous voulez vous y prendre avec lui et respectez-les.

6 **Faites beaucoup de câlins à votre bébé.** Quel que soit votre style d'éducation, serrez votre bébé dans vos bras et câlinez-le. Le contact physique tendre favorise les liens affectifs et l'harmonie.

7 **Partagez le fardeau autant que possible.** Impliquez votre partenaire (ou cherchez du soutien auprès d'un(e) ami(e) si vous êtes seule). Les défis que vous affrontez vous paraîtront moins terribles.

Élever des jumeaux

Si vous avez pensé qu'un seul bébé serait une tâche difficile, vous avez probablement découvert que des jumeaux multipliaient les dépenses et le travail, mais aussi le plaisir, par deux ! Et cela rend la vie familiale très spéciale. Les parents de jumeaux rencontrent des difficultés spécifiques, simplement en raison de la similitude d'âge, de la relation unique – souvent plus intense qu'à l'accoutumée entre frères et sœurs – et du besoin sous-jacent de se développer en tant qu'individus distincts alors qu'ils sont un élément d'une paire.

Bien que les vrais jumeaux se ressemblent comme deux gouttes d'eau aux yeux de qui ne les voit pas tous les jours, vous remarquerez de subtiles différences physiques. Par exemple, il est fréquent que l'un des jumeaux soit gaucher et l'autre droitier ; les jumeaux ont également souvent des écritures différentes, et souvent aussi, des personnalités extrêmement différentes. Les rythmes de développement varient également.

Les jumeaux mettent parfois au point un langage secret, que les adultes ne comprennent pas. Efforcez-vous de leur proposer de multiples activités axées sur le langage, notamment quand ils sont tout petits. Il est très important que vous leur parliez beaucoup, car les jumeaux sont souvent beaucoup plus lents à parler que les autres enfants.

RESSEMBLANCES ET DIFFÉRENCES

Le plus gros problème qui se posera peut-être à vous dans l'éducation de jumeaux – en dehors des problèmes pratiques posés par les soins quotidiens de deux enfants exactement du même âge exactement au même moment – sera de conserver un équilibre entre leurs ressemblances et leurs différences, afin que chacun ait les moyens de développer sa personnalité unique. L'ennui est que l'on aime souvent voir une paire assortie – les gens trouvent charmant que des jumeaux (surtout les vrais) soient habillés de façon identique et de les considérer comme une entité au lieu de deux individus distincts. Si c'est sans grande importance dans leur plus jeune âge, les jumeaux finissent par développer des talents différents et leurs personnalités s'affirment progressivement. Mais si l'on ne permet pas à chacun de trouver sa voie propre, ils étoufferont.

Dans la vie familiale, la ressemblance entre jumeaux est la plus facile à gérer. Vous pouvez, par exemple, leur acheter les mêmes vêtements, les mêmes jouets, jusqu'aux mêmes aliments. Mais les choses se compliquent si l'un aime jouer à l'intérieur et l'autre à l'extérieur, ou si l'un est facile à vivre et l'autre contrarié par le moindre changement dans le rythme quotidien. Et gérer ces différences fait partie du plaisir d'élever des jumeaux.

Faites de votre mieux pour encourager les intérêts et les talents personnels de chacun. Un jumeau peut aimer les histoires alors que l'autre préfère les puzzles. Fournissez-leur autant que possible des occasions de satisfaire ces envies différentes, en dépit des difficultés pratiques que vous rencontrez. Ne vous inquiétez pas de l'impact potentiel de ces différences sur leur relation ; soyez sûre qu'ils resteront proches et accepteront rapidement les forces et les faiblesses de l'autre. Pour accompagner ce processus :

- Intéressez-vous à ce que fait chacun des jumeaux, que les intérêts des deux coïncident ou non.

- Accordez du temps individuellement à chacun ; essayez de passer quelques minutes en tête à tête avec chacun tous les jours ; ne passez pas votre temps systématiquement avec les deux ensemble.
- Encouragez chacun à se réjouir des succès de l'autre, car cela favorise le respect qu'ils se portent mutuellement.

NON À L'UNIFORMITÉ

Même si la facilité consiste à imposer exactement les mêmes règles aux jumeaux et à gérer leur comportement à l'identique, vous devrez en réalité adapter votre style d'éducation privilégié aux besoins de chacun. En deux mots, ce qui fonctionne pour l'un peut n'avoir aucun effet sur l'autre. Prenons l'exemple du renforcement positif. Si un jumeau rayonne de fierté quand vous lui souriez pour avoir réussi un petit puzzle, l'autre pourrait n'avoir aucune réaction tant qu'il n'a pas reçu un énorme câlin et des tonnes de félicitations.

Efforcez-vous aussi de traiter les jumeaux individuellement en cas de mauvaise conduite. Ce n'est pas parce que vous les surprenez tous les deux en train de faire une bêtise que les deux sont fautifs. Au lieu de partir systématiquement du principe que les deux sont coupables, démêlez les faits avant de blâmer les deux.

ÊTRE UN INDIVIDU

Chacun des jumeaux doit apprendre à développer progressivement son indépendance, à se tenir sur ses deux pieds, car, à un moment ou à un autre, une séparation temporaire sera inévitable. Il arrivera un moment où vos jumeaux vont

Saviez-vous que…

- Ce dont se plaignent le plus souvent les parents de jumeaux au cours de la première année est la contrainte physique de gérer simultanément deux plannings de sommeil et d'alimentation.
- Les vrais jumeaux se ressemblent davantage sur le plan du rythme cardiaque, du pouls et du rythme respiratoire que les faux jumeaux, ce qui semble indiquer que ces dimensions physiques sont héritées.

se lier d'amitié avec des enfants différents et où leurs personnalités et leurs talents différents les mèneront dans des directions différentes. C'est pourquoi les parents de jumeaux utilisent souvent le début de la halte-garderie, de la maternelle ou de l'école pour encourager les identités propres de leurs enfants.

Gardez à l'esprit, cependant, que vos jumeaux peuvent résister à une telle manœuvre. Après tout, ils sont habitués à la compagnie l'un de l'autre jour et nuit, et ne ressentent pas forcément le besoin de mettre en œuvre toutes les compétences sociales nécessaires à la fréquentation des enfants de leur âge. Avec votre soutien, ils apprendront à se mêler aux autres, même en l'absence de leur jumeau.

Parents pour la seconde fois

Alors que vous venez d'atteindre le stade où vous vous sentez en confiance dans votre mode de fonctionnement vis-à-vis de votre enfant, voici qu'arrive le second ! Évidemment, à terme vous serez une experte dans la gestion d'une famille de deux enfants, mais votre endurance, votre résolution et votre assurance de parent vont être sérieusement mises à l'épreuve au cours des premiers mois. Il est beaucoup plus astreignant de s'occuper de deux jeunes enfants que d'un.

Néanmoins, l'un des avantages d'avoir deux enfants est que vous pouvez vous référer à toutes les expériences que vous avez eues avec le premier. Vous avez jeté depuis longtemps votre disque « A » de jeune parent et vous n'êtes plus complètement novice. Nombre de questions qui vous ont souciée avec votre premier enfant (par exemple, faut-il le baigner tous les jours ?) ne vous troublent plus (parce que vous savez qu'il n'est pas grave de sauter un bain à l'occasion). Vous êtes donc plus entraînée, plus informée et plus familiarisée avec l'éducation des jeunes enfants qu'à la naissance du premier. Cela va vous aider à être plus efficace. Voici quelques problèmes courants dans cette situation et des suggestions pour les résoudre.

Votre petit insiste pour déjeuner pendant que vous allaitez votre nouveau bébé.

- Cette demande est probablement destinée à capter votre attention, laissez-le jouer à côté de vous pendant que vous nourrissez le bébé. Tant qu'il sentira votre intérêt pour lui, il sera heureux.

Votre bébé s'est endormi et il est l'heure d'emmener le petit de 2 ans au club parents-enfants.

• Emmenez le bébé (avec un peu de chance, il ne s'éveillera pas) ou demandez à un autre parent de se charger de l'aîné. Vous devez vous préparer à vous adapter, notamment quand les choses ne se déroulent pas comme vous l'avez prévu.

Pendant les courses au supermarché, l'aîné a tendance à s'échapper.

• Laissez le bébé chez ses grands-parents ou chez un proche pendant que vous faites vos courses ou mettez un harnais à l'aîné à ce moment. D'une façon ou d'une autre, vous devez pouvoir contrôler les mouvements de votre bambin.

Alors que vous venez d'habiller les enfants pour une visite à la famille, l'aîné se mouille juste avant de sortir.

• Gardez votre calme ; acceptez l'idée d'arriver plus tard que prévu (on s'attend toujours à ce que les jeunes familles soient en retard !) et changez les vêtements humides contre des vêtements secs. Ce genre d'incident est fréquent avec les jeunes enfants.

Votre bébé est grognon et ne veut pas dormir ; l'aîné est morose et pleurnichard, et vous êtes attendus en visite cet après-midi.

• Vous n'en avez pas envie, mais il est préférable d'annuler ce rendez-vous. Il est inutile de courir à l'échec pour vous et vos enfants. Vous ferez votre visite un autre jour quand chacun sera plus en forme.

S'OCCUPER DE PLUSIEURS ENFANTS

Gardez à l'esprit que la plupart des gens qui vous entourent savent ce que représente la charge d'enfants ; ils ont affronté les difficultés que vous rencontrez actuellement et comprennent ce que vous ressentez. Donc, si vous devez modifier vos projets au dernier moment, faites-le ; personne ne sera surpris. Et si vous devez demander de l'aide pour tenir toute la journée avec deux petits, demandez-la ; beaucoup sont prêts à vous aider. Sachez que vous n'êtes pas seule dans votre combat pour satisfaire les exigences pratiques de plusieurs enfants en même temps. Les conseils suivants devraient vous aider.

Ayez l'esprit d'adaptation. En ce qui concerne les tâches ménagères, par exemple, éliminez toutes celles que vous pouvez.

Vous n'êtes pas obligée de tout faire. Vous vous rendrez compte que le monde continue à tourner si votre maison est moins nette qu'à l'époque où vous n'aviez qu'un enfant à chouchouter. Si possible, laissez une partie des tâches ménagères à votre partenaire, attendez d'avoir plus de temps disponible ou négligez complètement les détails insignifiants. Organiser votre emploi du temps pour intégrer les tâches qui sont absolument indispensables vous permettra de vous concentrer sur l'activité essentielle : élever votre enfant.

Planifiez vos journées au mieux, notamment en semaine, de façon à structurer votre temps. S'il est vrai que les enfants et les bébés sont imprévisibles – ils composent leur propre emploi du temps indépendamment de toutes vos espérances –, une tentative de programme vaut mieux que pas de programme du tout. Par exemple, prévoyez cette visite chez des amis même si cela vous demande deux jours d'organisation. Cela vous procurera un sentiment de maîtrise, la sensation que vous êtes responsable de votre famille et non l'inverse.

Votre assurance et votre amour-propre de parent sont vitaux, et il est simplement tout naturel que vous vouliez vous sentir efficace. Mais vous devez également reconnaître vos propres limites. Personne ne dispose de réserves illimitées d'énergie et d'enthousiasme. Acceptez l'aide qu'on vous propose et demandez-la quand vous en avez besoin. Un peu d'aide amicale fait des miracles. Vous serez stupéfaite du regain de vigueur que vous sentirez quand quelqu'un aura pris soin de vos enfants pendant une heure ou deux.

Ne vous laissez pas réduire en esclavage par la routine. L'un des problèmes posés par les jeunes enfants est que la routine de l'alimentation, du bain et des changements de couche peut devenir rapidement prépondérante et donner l'impression que tous les jours se ressemblent. Ne perdez pas de vue les évolutions formidables qui se produisent au fur et à mesure que votre nouveau bébé et votre jeune enfant améliorent leurs capacités. Il est facile de les oublier dans les brumes de la fatigue, des tâches ménagères et autres pressions familiales ; essayez donc de les garder dans votre ligne de mire.

Sous la pression exercée par la charge de plusieurs jeunes enfants, vous passerez peut-être par des périodes où vous sentirez que les choses ne fonctionnent pas selon vos plans et cela peut entraîner un état d'esprit négatif. C'est pourquoi il est important de vous concentrer sur vos réussites et les progrès de vos enfants.

Si vous décidez de reprendre votre travail – à mi-temps ou à temps complet – vous devez mettre en place des dispositifs fiables et de qualité pour les soins de vos enfants. Tout n'est pas toujours facile à organiser et vous êtes tributaire des structures existant localement ou à proximité de votre lieu de travail. Envisagez toutes les options, comme une pouponnière ou une garderie, et calculez ce que cela vous coûtera. Vérifiez les disponibilités bien avant la date prévue de votre reprise du travail de façon à vous organiser avec fiabilité.

7 Le sommeil de votre bébé

Dormir

Si le sommeil nous laisse perplexes sur de nombreux points, une chose est sûre : nous avons tous besoin de dormir. Un manque de sommeil est synonyme de manque d'énergie, de difficulté à se concentrer et d'irritabilité. Il est particulièrement important pour les bébés de dormir suffisamment et au bon moment. Pendant qu'ils dorment, il semble que les bébés emmagasinent les informations rencontrées durant les heures précédentes et se fabriquent des souvenirs essentiels à leur apprentissage et à leur développement.

LES PHASES DU SOMMEIL

Le cycle du sommeil se divise en un certain nombre de phases s'enchaînant dans un ordre déterminé. Nous commençons par tomber dans un état de somnolence, suivi par un sommeil léger. Puis nous entrons dans une phase de sommeil paradoxal (on parle en anglais de REM, pour *rapid eye movement*, en raison des mouvements oculaires rapides que l'on observe chez le dormeur). Vient ensuite le sommeil profond, précédant le retour au sommeil léger et à la somnolence.

Pendant le sommeil paradoxal, vous verrez les yeux de votre bébé bouger sous ses paupières ; son corps se contractera de temps en temps et sa respiration sera irrégulière. Durant les phases de sommeil lent, sa respiration sera régulière et profonde. Son corps aura parfois un sursaut avant de s'immobiliser de nouveau.

Nous parcourons tous le cycle du sommeil plusieurs fois par nuit, en nous réveillant de temps à autre. À moins que nous ne soyons perturbés au moment du réveil, nous nous rendormons après avoir changé de position. Nous ne nous en souvenons pas et passons une bonne nuit. Il est important pour les bébés d'apprendre à se rendormir seuls, afin qu'ils ne dépendent pas de leurs parents pour les apaiser à chacun de leurs réveils. Vous encouragerez ce réflexe en mettant votre bébé au lit alors qu'il est encore éveillé, plutôt que d'attendre qu'il soit endormi.

DES RYTHMES DE SOMMEIL DIFFÉRENTS

Les bébés sont des individus avec leurs propres besoins en sommeil. Certains bébés dormiront plus que d'autres et certains feront leurs nuits plus tôt que d'autres. Il est important de tenir compte de l'individualité de chacun pour ne pas comparer les habitudes de sommeil de votre enfant à celles des autres.

Durant les premières semaines, les bébés dorment en moyenne seize heures par jour, dont la moitié la nuit. Votre bébé se réveillera toutes les deux ou trois heures pour manger. Avec le temps, la durée et l'heure à laquelle il dormira commenceront à se stabiliser ; il fera sans doute un somme plus long le matin puis deux siestes courtes l'après-midi.

Les besoins des parents

La plupart des jeunes parents souffrent d'un manque de sommeil affectant parfois leur énergie, leur humeur, leur concentration et leur faculté à gérer les situations. Ils peuvent devenir irritables et aller jusqu'à en vouloir à leur nouveau-né.
Il est important de saisir chaque occasion de faire une sieste, même d'un quart d'heure. Il est tentant de veiller en soirée, pour prendre du temps « à soi », une fois son bébé au lit ; mais, les premières semaines en particulier, mieux vaut aller se coucher lorsqu'on en a l'occasion, afin de se préparer à la nuit à venir.
Pendant les premiers mois, faites manger votre bébé juste avant de vous coucher. Vous aurez ainsi plus de chances de dormir plusieurs heures d'affilée au lieu d'être réveillés par un bébé qui a faim alors que vous venez de vous mettre au lit.
Vous et votre compagnon mettrez au point un système qui vous conviendra à tous les deux.
Si vous donnez le biberon, vous pourrez vous répartir des nuits de garde ou alterner pendant la nuit.
Si vous allaitez, votre compagnon prendra la relève à d'autres moments ou donnera du lait que vous aurez exprimé au préalable.
Simplifiez-vous les choses la nuit, afin de déranger au minimum votre sommeil et celui de votre bébé. Si vous devez le nourrir, faites-le sans tarder pour qu'il n'ait pas le temps de s'énerver davantage et ne soit pas plus difficile à calmer. Si vous le nourrissez au biberon, choisissez du lait infantile prêt à l'emploi, et ayez à portée de main tout ce dont vous avez besoin pour changer votre bébé.
En attendant que les phases de sommeil nocturnes de votre bébé s'allongent, gardez son lit près du vôtre pour vous en occuper plus facilement la nuit.

Au fil des mois, votre bébé changera de rythme. Entre 3 et 6 mois, il dormira environ quinze heures au total, majoritairement la nuit avec probablement trois siestes réparties dans la journée. À partir de 6 mois, votre bébé pourra peut-être se contenter de deux siestes en journée. Au même âge, ou même avant, votre bébé fera peut-être des nuits de huit heures d'affilée.

Les besoins en sommeil de votre bébé continueront à diminuer. À 12 mois, il dormira sans doute environ quatorze heures par jour. Il pourra alors dormir environ dix heures par nuit et fera probablement deux siestes par jour. Une sieste journalière pourrait bientôt lui suffire.

Un sommeil sans danger

Votre bébé va passer le plus clair de son temps à dormir ; il est donc important que vous preniez certaines mesures pour veiller à sa sécurité. Vous devez vous assurer que son lit est pour lui un lieu sûr qui ne présente aucun danger, et suivre les recommandations ci-dessous visant à minimiser le risque de MSIN (mort subite inexpliquée du nourrisson).

OÙ FAIRE DORMIR VOTRE BÉBÉ ?

Pendant les six premiers mois au moins, certains experts estiment que l'idéal est de faire dormir votre enfant dans votre chambre, juste à côté de votre lit, afin de réduire le risque de mort subite du nourrisson. Que vous allaitiez ou que vous le nourrissiez au biberon, cela vous permettra de le remettre dans son lit facilement après chaque repas.

Si votre bébé est né avant terme (avant trente-sept semaines) et/ou pesait peu à la naissance (moins de 2,5 kg), il est beaucoup plus sûr qu'il dorme dans son propre lit durant les premiers mois.

Les premières semaines, rien ne vous empêche d'opter pour quelque chose de plus petit et de plus douillet qu'un lit à barreaux, par exemple un moïse ou un couffin : un nouveau-né peut donner l'impression d'être frêle et perdu au beau milieu d'un lit. Les moïses et les couffins ont également l'avantage de pouvoir être transportés, ce qui induit que votre bébé se sentira chez lui partout où il dormira. Mais il ne tiendra pas longtemps dans un couffin et aura rapidement besoin d'un lit.

LE LIT À BARREAUX ET LE MATELAS

Évitez les lits d'occasion ; on ne peut ni savoir d'où ils viennent, ni s'ils sont conformes aux normes de sécurité en vigueur. Si vous choisissez d'en récupérer un ayant appartenu à un parent ou à un ami, achetez impérativement un nouveau matelas. Assurez-vous que tout lit neuf (ou d'occasion) est estampillé « NF », ce qui atteste qu'il est conforme aux normes de sécurité françaises. Il doit être stable et ne pas présenter d'angle saillant. Les barreaux ne doivent pas être espacés de plus de 45-65 mm. Dans l'idéal, vous devez pouvoir abaisser un des côtés du lit. Cela vous permettra de coucher votre enfant et de le soulever sans forcer sur votre dos. Lorsque vous laissez votre bébé dans son lit, pensez toujours à le verrouiller en position haute. Il peut aussi être judicieux de choisir un lit à roulettes qui se déplace facilement.

Les matelas pour lits à barreaux sont disponibles en mousse, en fibres naturelles, à ressorts, et il en existe des versions hypoallergéniques. Tant que le matelas que vous avez choisi est ferme, plat et qu'il épouse parfaitement les contours du lit, afin que votre bébé ne risque pas de se coincer, le reste dépendra du budget que vous souhaitez y consacrer. Les matelas en mousse sont en général meilleur marché, tandis que ceux en fibres naturelles sont les plus résistants. Assurez-vous qu'il n'y a pas plus de 25 mm entre le matelas et les bords du lit. Le matelas doit être recouvert d'un revêtement imperméable, de façon à pouvoir l'essuyer facilement en cas de fuite.

Le lit que vous choisissez doit disposer d'un sommier à niveaux, que vous pourrez abaisser au fur et à mesure que votre bébé grandira et deviendra plus mobile. Lorsque votre enfant saura s'agenouiller puis se tenir debout, vérifiez régulièrement que la hauteur des côtés du lit lui arrive à hauteur de poitrine et qu'il ne peut pas passer par-dessus. Une fois que les côtés lui arriveront sous la poitrine, vous devrez baisser le sommier, et lorsque celui-ci sera à son niveau le plus bas, votre bébé aura besoin d'un « vrai » lit. Un bébé peut tenir dans un lit à barreaux jusqu'à l'âge de 2 ans, parfois 3. Certains modèles se transforment en lit d'enfant utilisable jusqu'à l'âge de 6 ans environ.

VÊTEMENTS ET LINGE DE NUIT

Tour de lit, peau de mouton, couette, oreiller : autant d'éléments de couchage à bannir du lit de votre bébé ; ils peuvent lui tenir chaud et représentent un danger potentiel. Des draps de coton ajustés sont recommandés, car ils ne se froisseront pas si votre bébé bouge. Les couvertures en coton du type « cellular » présentent l'avantage de pouvoir être étendues et retirées facilement. Ainsi votre bébé n'aura ni trop chaud, ni trop froid. Une fois qu'il aura atteint l'âge de 1 an, vous trouverez peut-être plus pratique d'utiliser un couvre-lit pour bébé. Vous aurez besoin, au minimum, de quatre draps et de deux ou trois couvertures. Des draps et des couvertures adaptés aux dimensions des moïses et des couffins existent également.

Une gigoteuse peut être une autre option et, contrairement aux draps et aux couvertures, le bébé ne pourra pas se découvrir en s'agitant dans son sommeil. Veillez à ce que la gigoteuse soit à la bonne taille ; choisissez en fonction du poids de votre enfant, et non de son âge. Si la gigoteuse est trop grande, il risque de glisser à l'intérieur. L'isolation thermique des gigoteuses est généralement indiquée en « tog » ; plus le nombre de tog est élevé et plus la gigoteuse est chaude. Pour des conditions standards (température ambiante de 16 à 21 °C), on recommande une gigoteuse de 2,5 « tog ». Au fur et à mesure que votre bébé gagnera en mobilité, il ressentira sans doute le besoin de pouvoir bouger davantage que sa gigoteuse ne le lui permettra. Si tel est le cas avec votre bébé, il est temps de troquer sa gigoteuse contre des draps et une couverture.

Pour dormir votre bébé devra en général porter tricot de corps, couche et body. Ne lui couvrez pas la tête pour qu'il évacue tout excédent de chaleur.

Veiller sur le sommeil de bébé

Il existe toute une gamme d'appareils qui vous aideront à rester en contact avec votre bébé pendant qu'il dort. La plupart de ces appareils sont portables et peuvent être utilisés indépendamment de l'endroit où votre bébé dort. Ils vous informeront des modifications de la respiration et des mouvements de votre bébé. Certains le stimuleront s'il cesse de bouger.
Ne laissez jamais dans le lit de votre bébé un jouet avec lequel il risquerait de s'étrangler ou de s'étouffer. De même, ne laissez pas votre bébé sans surveillance avec un biberon ; il y a un risque d'étranglement. Lorsque votre bébé saura s'agenouiller puis se tenir debout, les jouets suspendus au-dessus de son lit, comme les mobiles, devront être éloignés de façon qu'il ne puisse pas les atteindre.

LA BONNE TEMPÉRATURE

S'il est important que votre bébé ait suffisamment chaud lorsqu'il dort, il ne doit pas non plus avoir trop chaud. Ne placez pas son lit trop près d'un radiateur. La température idéale pour la chambre d'un bébé est de 18 °C. À cette température, un drap et deux couvertures en coton « cellular » (ou une gigoteuse de 2,5 « tog ») devraient suffire à garder votre bébé au chaud. Les couvertures ne doivent pas dépasser ses épaules.

N'oubliez pas : si la température ambiante est élevée, choisissez une gigoteuse dont le « tog » est inférieur à 2,5 ; en période estivale, lorsque les nuits sont vraiment chaudes, votre bébé pourra se contenter d'un drap.

Les bébés ont souvent les mains et les pieds froids par rapport au reste du corps. Pour savoir si votre bébé a suffisamment chaud, posez votre main sur son ventre. S'il a trop chaud, ôtez une épaisseur de drap ou de couverture et vérifiez à nouveau sa température quelques minutes plus tard.

À propos du sommeil partagé

Pour des raisons de sécurité, les experts conseillent de faire dormir votre bébé à côté de votre lit et de le remettre dans son lit après chaque repas nocturne, notamment durant les trois premiers mois, et ceci même si vous allaitez. Ne dormez jamais avec votre enfant si vous – ou votre partenaire – fumez (cela augmente le risque de MSIN).

Si vous tenez vraiment à dormir avec votre bébé, gardez toujours à l'esprit les conseils suivants :

- Votre matelas doit être plat et ferme.
- Votre linge de lit et les vêtements de votre bébé doivent être légers (et la pièce tempérée).
- Votre bébé ne doit pas pouvoir tomber du lit, ni se retrouver coincé entre le matelas et les montants du lit ou le mur. Vous devez également vous assurer qu'il ne peut pas se retrouver sous un oreiller ou une couverture.
- Les deux parents doivent avoir conscience de la présence du bébé à leurs côtés dans le lit.
- Recouchez votre bébé sur le dos après chaque repas.
- Il ne faut pas faire dormir un bébé avec d'autres enfants, ni le laisser seul dans un lit d'adulte.
- Ne dormez pas avec votre bébé en cas d'extrême fatigue ou si vous avez bu, pris de la drogue ou des médicaments qui pourraient vous faire dormir profondément.
- Ne vous endormez jamais avec votre bébé sur un canapé ou sur une chaise, car le risque de MSIN est alors accru.

LA BONNE POSITION POUR DORMIR

Couchez toujours votre bébé sur le dos lorsque vous le mettez dans son lit (ou dans son landau). Les recherches ont montré qu'il s'agit de la meilleure façon de réduire les risques de MSIN. Couchez-le de manière que ses pieds touchent le bout du lit ; cela l'empêchera de se glisser sous les couvertures.

Lorsque votre bébé commence à savoir se retourner, continuez de le coucher sur le dos, sans pour autant le remettre systématiquement dans cette position lorsqu'il se tourne sur le ventre. À ce stade, les risques de MSIN sont moindres et vous ne feriez que perturber son sommeil.

VEILLER SUR VOTRE BÉBÉ

Il est parfaitement naturel de vouloir garder un œil sur son bébé lorsqu'il dort. La plupart des jeunes parents – et les plus expérimentés aussi – ressentent le besoin de vérifier si tout va bien de temps à autre.

Un interphone contribuera à vous tranquilliser, car vous pourrez rester en contact permanent avec votre bébé. Ce type d'appareil vous permet d'écouter votre enfant alors qu'il dort dans une pièce différente. Vous serez d'autant plus rassurés si vous vivez dans une grande maison et que votre bébé se trouve loin de vous. Les interphones les plus basiques vous permettent simplement d'écouter votre bébé ; d'autres ont des indicateurs lumineux qui reproduisent les sons ; d'autres encore indiquent la température dans la pièce où dort votre bébé. D'autres fonctionnalités existent : n'hésitez pas à les passer en revue, afin de trouver celle qui répondra le mieux à vos besoins.

Des moniteurs de respiration existent aussi : une alarme se met en route si votre bébé arrête de respirer. Néanmoins, ce type d'appareils peut générer un stress supplémentaire si vous tendez l'oreille en permanence, surtout s'il y a de fausses alertes.

Avec le temps, vous n'appréhenderez plus autant les nuits de votre bébé. Mais soyez assurés que vous n'êtes pas seuls ; la plupart des parents, pour ne pas dire tous, partagent cette angoisse.

LE SOMMEIL PARTAGÉ

Il y a des avantages à dormir avec son bébé. C'est à la fois un moyen de se sentir proche de lui et de faciliter les repas nocturnes. Si vous donnez le sein, sachez que des études ont montré que les femmes dormant avec leur bébé dormaient plus et donnaient le sein plus longtemps. De plus, de nombreux bébés partageant le lit de leurs parents semblent également mieux dormir.

Le sommeil partagé est cependant associé à certains risques d'accidents ainsi qu'à des températures trop élevées (voir encadré ci-contre).

D'autres facteurs peuvent vous dissuader d'opter pour cette solution. Vous pouvez avoir du mal à dormir avec votre bébé à vos côtés. Réciproquement, votre bébé pourra avoir du mal à dormir lorsque vous êtes absents, ce qui sera problématique quand vous voudrez sortir le soir et, plus tard, quand il sera temps qu'il dorme dans son propre lit. Dormir avec un enfant peut en outre affecter la vie sexuelle d'un couple.

Gérer le sommeil de son enfant

Les besoins en sommeil varient d'un bébé à l'autre ; cela fait en quelque sorte partie du caractère individuel de chacun. Cependant, vous pouvez vous arranger pour que votre bébé dorme bien tout en ayant vous aussi votre quota de sommeil. Au début, cela signifiera vivre dans un environnement propice au sommeil, mais très vite vous pourrez mettre en place une routine qui, si tout se passe bien, structurera le sommeil de votre bébé pour les mois et les années à venir.

UNE APPROCHE PERSONNELLE

Comme pour d'autres aspects des soins du bébé, vous pouvez adopter une approche du coucher plus souple ou au contraire plus rigide que celle de vos pairs. Cependant, la plupart des parents observent que leurs bébés réagissent positivement aux heures de coucher fixes, que ce soit en journée ou la nuit. Même si vous êtes contre l'idée d'imposer ce genre de routine, en particulier les premiers mois, rappelez-vous que les habitudes établies dans la première année déterminent les habitudes pour les années à venir. Tant que votre enfant sera petit, vous apprécierez qu'il reste avec vous le soir. Par la suite, vous éprouverez peut-être le besoin de le mettre au lit plus tôt, afin d'avoir du temps pour vous et pour qu'il dorme suffisamment en prévision de ses activités du lendemain. Mais cela promet d'être difficile si votre enfant n'a jamais eu d'heure de coucher fixe auparavant.

Quel que soit votre choix, votre approche évoluera, non seulement au vu de votre propre expérience mais aussi en réponse aux besoins de votre bébé. Le développement de votre enfant repose en partie sur son sommeil : il doit pouvoir dormir autant qu'il en a besoin, quand il en a besoin. Les habitudes que vous mettez en place au tout début seront déterminantes pour que votre sommeil et celui de votre bébé trouvent leur équilibre pour le futur. Vous recevrez sans doute pléthore de conseils de la part de vos amis et de votre famille quant au moment et à la façon de coucher votre bébé ; mais vous trouverez votre rythme entre vous. Ces quelques conseils pourraient néanmoins vous être utiles.

LES PREMIÈRES SEMAINES

Votre nouveau-né passera le plus clair de son temps à dormir ; il dormira par courtes plages rapprochées et se réveillera souvent la nuit pour manger. Durant ces premières semaines, vous prendrez vos marques et apprendrez à vous connaître. À ce stade, il est encore un peu tôt pour tenter de mettre en place une routine stricte, mais il n'est pas trop tôt pour commencer à prendre des mesures qui aideront votre bébé à bien dormir.

DÉCELER LA FATIGUE

Il est important de guetter les signes indiquant que votre bébé est prêt à dormir. En le couchant au moment opportun, il aura plus de chances de s'endormir paisiblement. S'il rate « son heure », il retrouvera sa vivacité, mais il sera en réalité épuisé.

Durant les premières semaines, votre bébé se fatiguera vite et facilement. Vous apprendrez à reconnaître les signes de fatigue : il se frottera les yeux, sous lesquels des marques sombres apparaîtront ; il tirera sur une de ses oreilles. Dans ce cas, n'attendez pas. Ce réflexe sera garant de son sommeil et de son bon développement.

LAISSER SON BÉBÉ SE CALMER SEUL

Votre nouveau-né se réveillera fréquemment pendant la nuit, souvent parce qu'il aura faim. Lorsqu'il sera un peu plus âgé, il se réveillera régulièrement sans avoir pour autant l'estomac vide. Si vous l'y habituez, il apprendra à se calmer et à se rendormir sans pleurer et sans que vous ayez besoin d'aller à son chevet. Mais si, pendant les premiers mois, votre bébé dépend de vous pour s'apaiser et retrouver le sommeil, il aura toujours besoin de votre intervention pour se rendormir la nuit.

Un nouveau-né a besoin de dormir énormément, de jour comme de nuit. Il s'assoupira facilement dans vos bras, souvent pendant les repas. Une fois les premières semaines passées cependant, il est important de donner à son bébé l'occasion de trouver le sommeil seul. Cela signifie que vous devrez le mettre au lit lorsqu'il sera fatigué, mais encore éveillé, plutôt que d'attendre qu'il soit endormi. Ceci est aussi valable pour les siestes diurnes. Votre bébé aura parfois besoin d'être réconforté, mais aux alentours de 3 mois, il trouvera sans doute le sommeil tout seul. À 6 mois, quand il n'aura plus besoin de manger pendant la nuit, il fera plus facilement ses nuits s'il est capable de se calmer.

DIFFÉRENCIER LE JOUR ET LA NUIT

N'hésitez pas à montrer très tôt à votre enfant la différence entre le jour et la nuit. Ainsi, il associera l'heure du coucher au calme et au sommeil, et la journée au réveil et à l'activité.

Il est très important que les repas nocturnes se déroulent dans le silence et le calme. Peu importe où vous les donnez, baissez la lumière et parlez le moins possible. Si vous voulez laisser une lampe allumée pour votre bébé, veillez à ce que la pièce reste dans la pénombre. Si la lumière du jour réveille votre enfant, pensez à poser des rideaux sombres, afin de l'occulter au maximum.

Pendant la journée, n'ayez pas peur de nourrir votre bébé dans un environnement animé et raisonnablement sonore.

FAVORISER UN ENVIRONNEMENT PROPICE

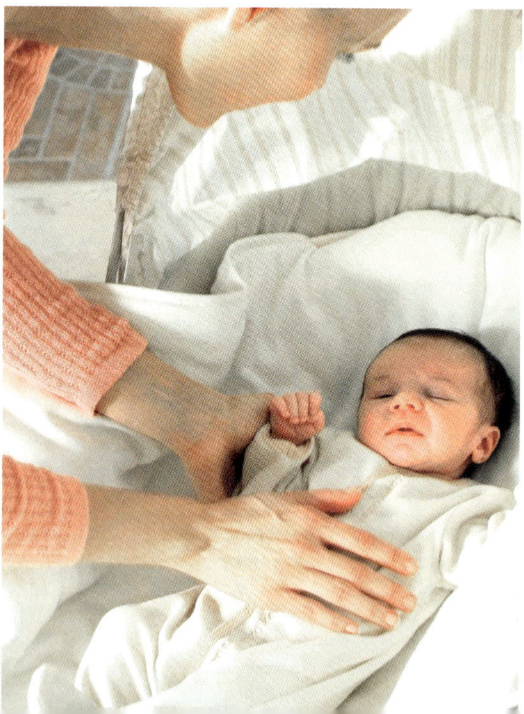

Il est primordial que votre bébé se sente en sécurité avant d'aller se coucher. Pendant les premières semaines, certains bébés se sentent mieux lorsqu'ils se trouvent dans un espace confiné. Dans ce cas, faites dormir votre bébé dans un moïse.

La chambre de votre bébé doit être calme, mais les autres pièces n'ont pas besoin d'être silencieuses. Les bruits de fond de la maison contribueront à l'apaiser. Il appréciera peut-être aussi le son faible d'une radio ou de la musique douce en s'endormant.

Assurez-vous que votre bébé n'est ni trop peu, ni trop habillé et que sa chambre est à la bonne température pour son confort et sa sécurité.

DES OBJETS QUI RASSURENT

Vous souhaiterez peut-être donner un objet familier à votre enfant pour qu'il trouve le sommeil – pourquoi pas sa couverture ou son jouet préféré.

Vous vous apercevrez peut-être aussi qu'une tétine apaise votre bébé. Lorsque quelque chose le tirera de son sommeil, il pourra se remettre à téter et aura une chance de se rendormir paisiblement. Des recherches récentes ont montré que la tétine tend à réduire les risques de MSIN, en diminuant l'influence des facteurs de risque présents dans l'environnement de l'enfant lorsqu'il dort. Le bénéfice de la tétine pourrait s'expliquer par le fait qu'elle empêche la langue du nouveau-né de glisser en arrière en bloquant les voies aériennes supérieures. Cependant, si vous allaitez votre enfant, évitez de lui donner la tétine avant l'âge de 1 mois, le temps qu'il s'habitue aux tétées.

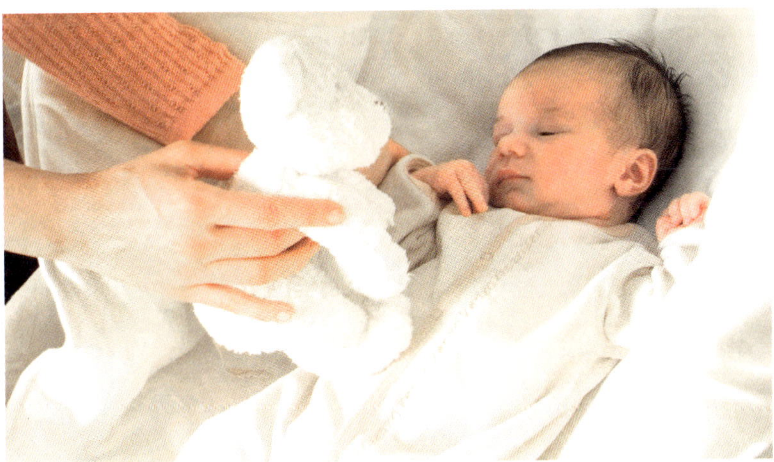

Il y a des inconvénients à l'emploi de la tétine. Il arrivera qu'elle tombe pendant la nuit, contrariant votre bébé s'il n'arrive pas à la retrouver par lui-même. Il la réclamera sans doute aussi pendant la journée, ce qui peut affecter son expression orale. Enfin, vous aurez peut-être du mal à la lui faire abandonner par la suite.

LE RITUEL DU COUCHER

À seulement quelques semaines, vous pouvez commencer à familiariser votre bébé avec la notion de coucher et à développer votre propre rituel. Bien que vous ne puissiez pas connaître ses besoins en sommeil, vous pouvez influencer les moments où il dort et l'aider à se préparer à dormir.

5 façons de détendre votre bébé

1 **Parler.** Dites à votre bébé qu'il est l'heure de dormir et parlez-lui d'une voix douce pendant que vous le préparez pour le coucher. Même s'il ne comprend pas encore vos paroles, elles deviendront un rituel familier et agréable.

2 **Le bain.** Beaucoup de bébés apprécient l'heure du bain et en sortent relaxés. Mais ce n'est pas le cas de tous. Si votre bébé s'agite beaucoup ou pleure pendant son bain, mieux vaut peut-être le lui donner à un autre moment et l'occuper autrement en vue de le calmer pour le coucher. Après le bain, vous pouvez le changer et lui mettre son pyjama.

3 **Des histoires.** Il n'est jamais trop tôt pour commencer à raconter des histoires à son bébé. Même s'il n'en comprend pas encore les mots et les images, il aimera se blottir contre vous et écouter votre voix. Il réagira également au rythme des comptines et elles lui deviendront familières.

4 **Chanter.** Les bébés adorent la musique et les berceuses. Une chanson de votre choix pourra servir à annoncer l'heure de dormir. Votre bébé apprendra à la reconnaître et l'associera au sommeil. Vous pouvez également mettre de la musique douce. Certains bébés aiment s'endormir au son d'un peu de musique.

5 **Les câlins.** C'est une formidable manière de clore ce moment partagé et de faire sentir à votre bébé, avant qu'il ne s'endorme, que vous l'aimez et qu'il ne craint rien.

À ce stade, vous aurez découvert les signes qui montrent que votre bébé est fatigué. Laissez-vous guider par ces signes pour déterminer ses heures de coucher en journée et le soir. Même si vous n'avez pas à vous tenir strictement à ces horaires, il est recommandé de les respecter autant que possible.

ÉTABLIR UN RITUEL

Il n'existe pas de rituel du coucher standard ; l'essentiel est d'en trouver un qui convienne à votre bébé et à votre mode de vie. Ne compliquez pas le rituel afin que votre bébé s'y habitue et que les baby-sitters et les gens qui s'occuperont de lui puissent facilement le reproduire.

Il est important de préparer le terrain en faisant du moment précédant le coucher un moment calme et relaxant (voir encadré ci-contre). Avant cela, encouragez un pic d'activité pour faire en sorte que votre bébé ait consommé plein d'énergie en vue de dormir. Après cette phase de jeu, l'atmosphère doit redevenir calme et paisible.

Plus vous vous tiendrez au rituel que vous aurez établi et mieux cela vaudra. Votre bébé aimera ce moment que vous passerez ensemble et finira par l'attendre avec impatience.

D'autres façons d'apaiser votre enfant avant de le coucher :

- *Une promenade en poussette.* Cela peut être un moyen de préparer le coucher dans le calme. Néanmoins, il est important que vous ne vous en serviez pas pour endormir votre bébé. Cela aurait une incidence sur sa capacité à s'apaiser par lui-même.
- *Un massage.* Un massage doux avant le coucher peut calmer et relaxer votre bébé. À pratiquer dès l'âge de 2 semaines environ.
- *L'emmaillotage.* Très efficace, cette stratégie consiste à envelopper votre bébé dans un drap ou dans une couverture, pour qu'il ne puisse pas s'agiter et se réveiller.

AU LIT

Au moment de mettre votre bébé dans son lit, apaisez-le en lui parlant doucement. Dites-lui que vous n'êtes pas loin. Comme certains parents, vous préférerez peut-être vaquer à vos occupations en restant dans la pièce le temps qu'il s'endorme. Au fur et à mesure, attardez-vous de moins en moins et passez plutôt dans la pièce d'à côté – afin que votre bébé sache que vous êtes près de lui, mais qu'il ne devienne pas dépendant de votre présence dans sa chambre. Vous pouvez aussi, à l'instar de nombreux parents, quitter la pièce immédiatement.

Si votre bébé vous appelle, donnez-lui quelques minutes pour se calmer avant d'aller lui parler. Ne le laissez pas ainsi trop longtemps ; il n'est pas bon qu'il se mette à pleurer et qu'il associe le coucher avec un sentiment de détresse émotionnelle. Tapotez-lui le dos, mais évitez de préférence de le sortir de son lit. N'allumez pas de lumière vive et ne faites pas de bruit, afin de le déranger le moins possible et de l'encourager à se rendormir par lui-même.

À PARTIR DE 3 MOIS

À ce stade, vous aurez sans doute commencé à mettre en place votre rituel. Essayez de ne pas y déroger, même en voyage. Si vous tenez à ce que votre bébé apprenne à se calmer seul, rappelez-vous de le mettre au lit lorsqu'il somnole plutôt que de le cajoler jusqu'à ce qu'il s'endorme.

À 3 mois, vous saurez mieux juger quand votre bébé est prêt à dormir, ce qui vous permettra d'établir une heure de coucher fixe. Il arrivera que votre bébé soit alors complètement réveillé, mais vous découvrirez souvent qu'il est prêt à aller au lit une fois que vous aurez entamé les préparatifs du coucher. S'il veille au-delà de son heure habituelle, il retrouvera son énergie mais sera fatigué. Respecter un horaire de coucher en soirée comme en journée (en se réservant une certaine souplesse) garantira à votre bébé le sommeil dont il a besoin.

À PARTIR DE 6 MOIS

Si vous avez un rituel, respectez-le. À ce stade, votre bébé saura ce qui se passe à l'heure du coucher et ce que ces activités signifient : qu'il est temps d'aller au lit. Non seulement votre bébé aura un rituel pour le coucher, mais vous vous apercevrez également que ses activités quotidiennes – siestes, repas et jeux – suivront le même principe.

DORMIR PENDANT LA JOURNÉE

Les bébés ont besoin de faire des siestes jusqu'à l'âge de 1 an, et beaucoup continuent les années suivantes. Dormir la journée permet à votre enfant de tirer le maximum de ses activités et, si ses siestes sont bien réglées, elles l'aideront aussi à bien dormir la nuit. Garder votre bébé éveillé la journée dans l'espoir qu'il dorme plus la nuit ne fonctionnera pas ; un bébé épuisé dort moins profondément qu'un bébé reposé. L'horaire de la dernière sieste influe également – elle ne doit pas être trop proche de l'heure du coucher.

Mettre en place un rituel pour les siestes de la journée profite à beaucoup de bébés. Avec le temps, vous découvrirez à quel moment votre bébé est fatigué et vous pourrez fixer les heures de ses siestes en conséquence. Certains parents aiment que le moment qui précède la sieste se déroule dans le calme. Si votre bébé a du mal à s'endormir en journée, préparez le terrain comme vous le faites le soir en lui parlant doucement ou en lui chantant une berceuse avant de tamiser la lumière.

Le sommeil des jumeaux

Endormir un bébé est loin d'être évident, mais en endormir deux est encore plus difficile. Il est conseillé de coucher vos jumeaux en même temps dès le début, pour qu'ils développent un rythme commun. Leur imposer les mêmes horaires contribuera à ce qu'ils soient réglés selon une horloge biologique identique ou semblable. Bien que certains jumeaux aient des métabolismes et/ou des personnalités différentes, impliquant des heures de coucher et de repas différents, le fait qu'ils aient le même rythme aura un effet structurant et sera toujours un cran au-dessus du système D. Et une fois que vos bébés seront habitués à dormir à certaines heures, vous aurez plus de facilités à savoir s'ils sont malades. S'ils ne dorment que vingt minutes un jour, alors qu'ils ont l'habitude de faire une sieste de deux heures chaque après-midi, vous saurez que quelque chose les a empêchés de dormir.

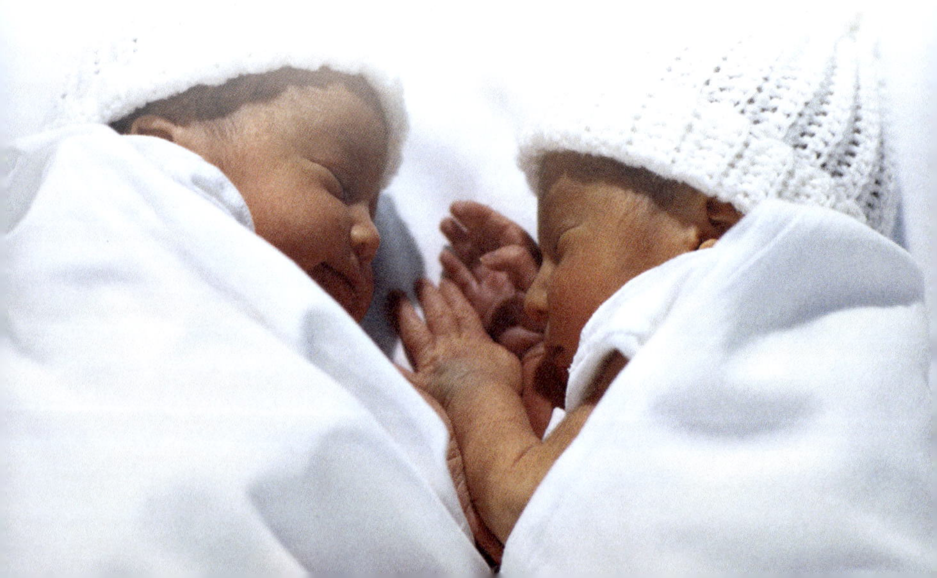

Avec deux bébés, il est difficile de passer la journée sans se reposer, en particulier si vous allaitez. Si vos bébés font une longue sieste dans l'après-midi, arrangez-vous pour dormir en même temps qu'eux. Il est important de faire passer le sommeil avant les tâches ménagères puisque votre santé et votre bien-être en dépendent.

La question de faire dormir vos jumeaux dans des lits séparés dépend vraiment de vous. À chaque couple sa formule. Pendant les premières semaines, les jumeaux s'apaisent plus vite et plus facilement s'ils sont placés côte à côte dans le même lit. Si vous choisissez de faire dormir vos jumeaux dans le même lit, ils se rassureront mutuellement et vous pourrez sans doute les faire dormir près de vous plus longtemps, ce qui est recommandé. Les jumeaux doivent être couchés sur le dos, les pieds touchant le bout du lit (voir aussi page 198). Si vous souhaitez séparer vos bébés, utilisez une séparation fixe (surtout pas de couverture roulée).

En grandissant, les jumeaux peuvent se gêner mutuellement, en particulier s'ils ont des rythmes et des heures de réveil différents. Vers 3 mois, ils auront sans doute besoin de plus d'espace. Ce sera peut-être pour eux le moment d'avoir un lit chacun. Laissez leurs lits en vis-à-vis pour qu'ils continuent à communiquer et à se tenir compagnie.

Si vos bébés vous réveillent souvent à des heures différentes pendant la nuit, vous pouvez essayer de réveiller le second jumeau lorsque le premier a faim. Avec un peu de chance, ils se rendormiront ensemble et vous laisseront plus de temps pour dormir.

Les problèmes de sommeil

Tous les bébés diffèrent dans leur rythme et leur besoin en sommeil, mais la plupart connaissent un jour un problème lié au sommeil. Un manque de sommeil aura une incidence sur l'apprentissage de votre bébé et sur sa joie de vivre. Les troubles du sommeil, en particulier les réveils nocturnes ou trop matinaux, vous empêcheront aussi d'avoir le quota de sommeil dont vous avez besoin. Il est donc dans l'intérêt de tous de faire preuve de rapidité et d'efficacité pour résoudre ces problèmes rapidement.

DIFFICULTÉS POUR S'ENDORMIR

À l'instar de toutes les questions liées au sommeil, la vitesse à laquelle un enfant trouve le sommeil dépend en partie de lui. Il existe pourtant des façons de faciliter les choses. Si votre enfant ne s'apaise pas facilement, commencez par revoir votre rituel du coucher pour vous assurer que tout concourt à ce qu'il passe une bonne nuit.

Si vous constatez que votre bébé éprouve des problèmes pour s'endormir, il est important de le laisser se calmer seul quelques minutes – il pleurera sans doute un moment. Souhaitez-lui bonne nuit et quittez la pièce. Si vous retournez le voir, évitez de le sortir de son lit et essayez de le perturber le moins possible. Allongez progressivement les intervalles entre vos visites. Lorsque vous revenez, parlez-lui une minute avant de repartir.

Si votre bébé s'est habitué à ce que vous soyez présents au moment où il s'endort et que vous souhaitez remédier à cela, essayez de vous éloigner de son berceau un peu plus chaque soir jusqu'à vous trouver à l'extérieur de la pièce quand il s'endort. Il prendra ainsi l'habitude de s'endormir seul sans ressentir un sentiment d'abandon.

Beaucoup de bébés aiment le bruit de fond émanant de pièces voisines. Ne vous souciez pas du volume de votre télévision, de votre radio ou des autres bruits du quotidien. De la musique douce peut aider les bébés à s'endormir. Des histoires enregistrées peuvent aussi être bénéfiques ; un bébé n'en comprendra pas les mots, mais il sera bercé par le ton du lecteur.

RÉVEILS NOCTURNES

Les premiers mois seront nécessairement ponctués de réveils nocturnes, puisque votre bébé se réveillera pour manger. Lorsqu'il sera plus âgé et qu'il pourra passer une nuit sans manger, ces réveils feront partie de son cycle normal. Vous pourrez alors, après avoir éliminé les autres motifs de réveil (voir ci-après), mettre en place une stratégie pour l'encourager à se rendormir sans votre intervention.

Lorsque votre bébé se réveille pendant la nuit, il est important de passer en revue les motifs de la liste de la page 214. Avec le temps, vous apprendrez à reconnaître ses différents pleurs et pourrez vous faire une idée assez précise de ce qui ne va pas.

Pour aider votre bébé à faire ses nuits, ne dérogez pas à votre rituel du coucher et insistez sur la différence entre le jour et la nuit ; après quelque temps, il peut être tentant de sortir votre bébé de son lit et de le rendormir en regardant une émission ou un film. Rappelez-vous toujours que la nuit doit être synonyme de calme et de silence.

Mieux vaut éviter d'utiliser de la musique pour calmer votre bébé pendant la nuit. S'il en dépend et ne peut plus s'en passer, vous devrez vous lever pour allumer votre lecteur CD chaque fois qu'il se réveillera. Certaines personnes conseillent cependant de donner à l'enfant un objet familier, comme une couverture, qui l'apaisera lorsque ses parents ne seront pas présents pendant la nuit.

DE 3 À 6 MOIS

Une fois que votre bébé pourra se passer de ses repas nocturnes, il sera sans doute capable de faire ses nuits. Pour y parvenir, il doit apprendre à se rendormir sans votre aide. Il se peut qu'il pleure quelques instants en se réveillant, mais il devrait finir par se rendormir. La plupart des parents trouvent trop éprouvant de laisser pleurer leur enfant. D'autres façons moins drastiques de parer aux réveils nocturnes existent et vous en trouverez une qui vous conviendra.

À PARTIR DE 6 MOIS

Il arrive que des bébés ayant bien dormi jusqu'alors se mettent à se réveiller la nuit. L'angoisse de la séparation, qui apparaît à partir de l'âge de 6 mois, est un aspect normal du développement. Le réveil nocturne en est une manifestation ; votre bébé

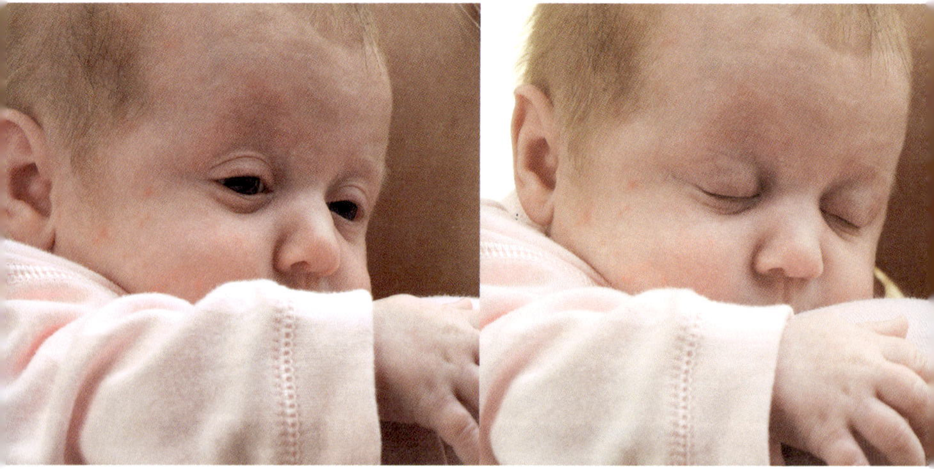

se réveille normalement au cours de son cycle, mais votre absence l'angoisse. Il est encore une fois conseillé de laisser à votre bébé la possibilité de se rendormir seul, même s'il est vrai que vous ne devez pas attendre trop longtemps avant d'aller le voir. Si vous le laissez pleurer trop longtemps, il risque de ne plus pouvoir s'arrêter et d'avoir du mal à se calmer.

À partir de cet âge, les bébés commencent à être plus actifs et plus mobiles. Cela signifie qu'il leur arrive de se réveiller de temps en temps pour changer de position et ainsi de perturber leur sommeil. Il est primordial que vous respectiez votre rituel lorsque votre enfant se réveille la nuit : votre persévérance a toutes les chances de payer un jour ou l'autre.

Les réveils nocturnes de votre bébé peuvent aussi s'expliquer par le fait que ses dents percent (voir page 264). Il est encore une fois recommandé de lui laisser une chance de se calmer, afin qu'il traverse cette période sans prendre l'habitude de se réveiller la nuit. Si votre bébé utilise la tétine, laissez-en plusieurs dans son lit pour qu'il en trouve une s'il se réveille. À ce stade, vous saurez en général si votre bébé a faim. S'il se réveille alors que ce n'est pas l'heure pour lui de manger, ne le calmez pas en lui donnant à manger ; si vous pensez qu'il peut avoir soif, contentez-vous de lui donner de l'eau. En effet, il en faudra peu pour qu'il prenne l'habitude de se réveiller pour des repas dont il n'a pas besoin. Si votre bébé se réveille la nuit et pleure, vous pouvez opter pour la méthode des « pleurs contrôlés ».

Méthode des « pleurs contrôlés »

Cette technique convient aux bébés à partir de 6 mois. Elle consiste à retourner auprès de votre bébé lorsqu'il pleure et à simplement lui parler doucement. Ne le prenez pas dans vos bras et ne le câlinez pas. Évitez également d'allumer la lumière afin de perturber au minimum son environnement. Vous rassurerez votre bébé par votre présence et vous vous rassurerez en vérifiant qu'il va bien.

La première nuit où il pleure, attendez cinq minutes avant d'aller le voir ; la deuxième, dix minutes ; et ainsi de suite jusqu'à ce qu'il se rendorme de lui-même. Plus facile à dire qu'à faire, mais avec de la rigueur, les pleurs devraient cesser en une ou deux semaines.

Une autre option consiste à sortir votre bébé de son lit et à le calmer en le berçant. Après quelques semaines, il ne devrait plus avoir besoin de vous pour se rendormir.

6 causes de réveil

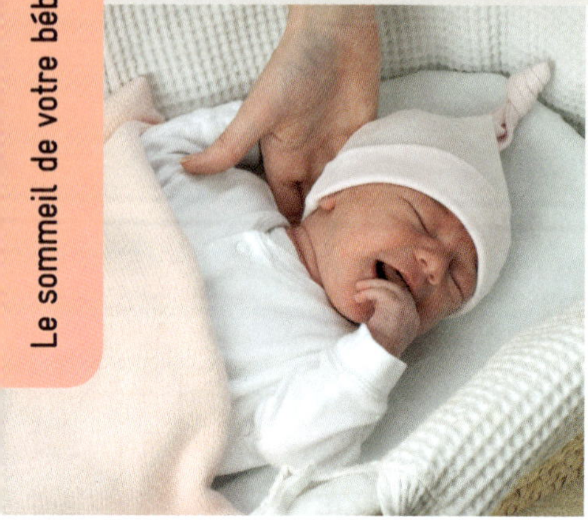

1 Votre bébé a faim ou soif.

2 Il a besoin d'être changé.

3 Il a trop chaud ou il a froid.

4 Il fait ses dents (aux alentours de 6 mois).

5 Votre bébé est souffrant (voir encadré page 454 pour savoir quels sont les signes à traquer).

6 Vous lui manquez et il veut simplement être avec vous.

Certains experts préconisent cette méthode, à condition que vous ayez un rituel bien établi pour le coucher et que votre bébé soit capable de s'endormir seul le soir. Cette approche va néanmoins à l'encontre du conseil selon lequel il vaut mieux déranger son bébé le moins possible et présente le risque que votre bébé devienne dépendant de vous pour se rendormir.

RÉVEIL MATINAL ET AUTRES TROUBLES

Certains bébés requièrent tout simplement moins de sommeil que d'autres et se réveilleront tôt quoi que vous fassiez. Mais des mesures appropriées pourront peut-être vous aider, vous et votre enfant, à dormir un peu plus tard. Retarder l'heure du coucher progressivement (sans toutefois dépasser une heure) aura une influence sur certains bébés. D'autres, en revanche, continueront de se réveiller tôt, mais au lieu d'être frais et dispos, ils seront grognons et fatigués.

Lorsque votre bébé sera plus âgé, vous vous apercevrez peut-être qu'il aura moins besoin de dormir en journée. Dans ce cas, vous pourrez essayer de raccourcir ses siestes ou même d'en supprimer une. Il est toutefois important qu'il dorme suffisamment pendant la journée, au risque d'être très fatigué. Lorsque votre bébé se réveille le matin, attendez quelques minutes pour voir s'il se rendort. Il se peut aussi qu'il s'amuse quelque temps dans son lit et vous offre ainsi une petite rallonge de sommeil.

Essayez de mettre un peu de musique – cela peut aider votre bébé à se rendormir. Pendant l'été, certains bébés sont réveillés par la lumière du jour avant d'avoir fini leur nuit. C'est pourquoi il est conseillé de poser des rideaux noirs ou des stores opaques dans la chambre de votre enfant.

Plutôt que de continuer à essayer de modifier les horaires de votre bébé, à aller vous coucher tard le soir et à vous priver du sommeil dont vous avez besoin, peut-être vous faut-il simplement accepter que votre bébé est un lève-tôt. En allant vous coucher plus tôt, vous serez plus à même de supporter les réveils matinaux.

En grandissant, votre enfant se réveillera la nuit pour différentes raisons. Parmi lesquelles figurent :

- *Une perturbation de la routine.* N'importe quel changement dans le rituel ou dans l'environnement de l'enfant, comme un départ en vacances ou un déménagement dans une nouvelle pièce, peut perturber ses heures de sommeil. En plus de se réveiller tôt, votre enfant aura peut-être du mal à s'endormir.
- *L'apparition des dents.*
- *La peur du noir.* Vous pourrez pallier cette peur assez répandue en rassurant votre bébé et en allumant une veilleuse ou une lumière tamisée.
- *Cauchemars et terreurs nocturnes.* Chez les jeunes enfants, les mauvais rêves sont particulièrement angoissants. Ils les vivent comme une expérience réelle

ZOOM SUR... les terreurs nocturnes

Elles sont généralement moins fréquentes que les cauchemars, mais nombre de jeunes enfants en font l'expérience à un moment ou à un autre. Elles ont surtout lieu lorsque l'enfant est malade ou très fatigué. Lors d'un accès de terreur nocturne, l'enfant transpirera, criera et battra des bras et des jambes. Il arrivera qu'il ait les yeux ouverts, qu'il s'assoie et même qu'il parle en dormant. Votre enfant est inquiet, il ne sait pas vraiment où il se trouve, qui vous êtes et ce qui lui arrive. En cas de terreur nocturne, il est important de s'asseoir à ses côtés le temps qu'il retrouve un sommeil paisible. Ne cherchez pas à le calmer ou à le serrer dans vos bras, car il se peut qu'il ne vous reconnaisse pas. Il se rendormira en général en l'espace d'une demi-heure.

7 facteurs favorisant le sommeil

1 Assurez-vous que la dernière sieste de votre bébé n'est pas trop proche du coucher et qu'il ne dort pas trop longtemps pendant ses siestes.

2 Ménagez un moment d'activité avant le calme du rituel du coucher.

3 Tenez-vous à votre rituel du coucher.

4 Fixez l'heure du coucher en fonction du moment où votre enfant commence à avoir sommeil.

5 Laissez à votre enfant une chance de s'endormir seul, ce qui induit de ne pas lui donner à manger ni de jouer avec lui avant qu'il dorme.

6 Faites de la chambre de votre bébé un havre de paix en la baignant d'une lumière douce (utilisez une veilleuse ou laissez une lampe allumée en dehors de la pièce).

7 Bercez votre bébé s'il est agité.

(davantage que les adultes) et s'en souviennent longtemps en continuant de se sentir mal et effrayés. Les cauchemars sont souvent brefs et suivis d'un réveil au moment duquel votre enfant aura besoin d'être réconforté. S'il se réveille, vous devez lui montrer qu'il est en sécurité (en le serrant contre vous, en lui parlant et en allumant la lumière afin qu'il voie que tout est en ordre). S'il vient vous réveiller dans votre chambre, ramenez-le dans son lit. Vérifiez que tout est calme avant qu'il n'y retourne. Pour prévenir les mauvais rêves, limitez les divertissements tels que la télévision, la musique forte et les jeux bruyants avant le coucher. Les terreurs nocturnes, contrairement aux cauchemars, ne réveilleront pas nécessairement votre enfant, mais perturberont son sommeil. La façon de les gérer est également différente (voir encadré ci-contre).

• *L'inquiétude et l'angoisse.* L'angoisse chez le jeune enfant peut avoir de nombreuses causes : la naissance d'un frère ou d'une sœur, un parent absent, une chambre inconnue. (Si votre enfant dort dans un lit qu'il ne connaît pas, par exemple en vacances, la présence de ses jouets préférés le rassurera.) Dans de telles circonstances, assurez-vous que votre enfant reçoit un maximum d'attention et qu'il se sent aimé. Si possible, essayez de découvrir ce qui l'inquiète. Ne modifiez pas votre rituel habituel, mais sachez qu'il aura encore plus besoin d'être rassuré au moment du coucher et en cas de réveil nocturne.

Votre enfant se réadaptera plus facilement à une routine si vous respectez votre approche du coucher – y compris pour les réveils nocturnes. Insistez pour qu'il reste dans son lit, même si vous devez retourner dans sa chambre plusieurs fois pour l'apaiser ; vous éviterez ainsi de créer un autre problème. Si vous autorisez votre enfant à dormir dans votre lit plusieurs nuits de suite, ce qu'il assimilera à une récompense pour s'être réveillé, il prendra peut-être l'habitude de se réveiller en pleine nuit et de venir dans votre chambre ou de pleurer jusqu'à ce que vous le sortiez de son lit. Non seulement vous serez réveillés par votre enfant, mais vous dormirez aussi moins bien avec lui à vos côtés. Résultat : au lieu de ressentir un peu de fatigue, vous serez réellement épuisés.

Il est chaudement recommandé de toujours faire du coucher une expérience positive. Ne couchez jamais votre enfant lorsqu'il est malheureux ; par exemple après l'avoir grondé ou en guise de punition. N'insistez pas non plus pour qu'il aille au lit immédiatement.

Il arrive que les problèmes de sommeil aient une origine médicale. Si vous avez un doute, demandez conseil à votre médecin traitant.

8 Les pleurs et leurs remèdes

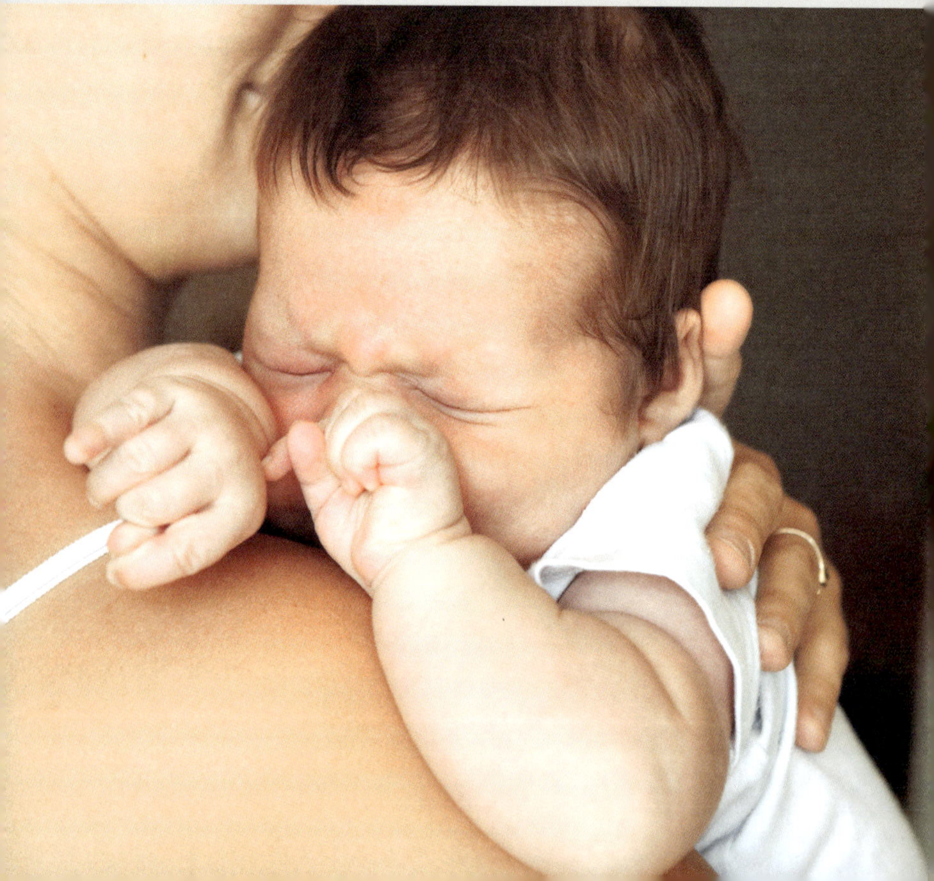

Des pleurs signifiants

Les bébés ne peuvent exprimer ce qu'ils veulent ou ce qui les dérange avec des mots, les pleurs sont leur mode de communication. Qu'ils soient le fruit de la conscience ou de l'évolution, les pleurs sont très utiles à l'humain. À la naissance, votre bébé saura déjà pleurer à gorge déployée, ce qui ne manquera pas de vous ennuyer. L'agacement que cela causera chez vous vous amènera à recentrer votre attention sur votre enfant. Ses pleurs vous empêcheront de l'oublier et de vous laisser accaparer par une autre tâche.

Malheureusement, lorsque votre nouveau-né pleure – en moyenne deux à trois heures par jour –, il s'agit d'une alarme générique indiquant seulement qu'il demande votre attention. Mais ses pleurs ne révèlent pas de prime abord ce qu'il veut ou ce dont il a besoin. Avec le temps, quand vous aurez appris à le connaître, vous progresserez dans le déchiffrage des pleurs de votre enfant et en devinerez la raison.

CAUSES PROBABLES

Des pleurs qui se font entendre longtemps (plus de deux heures) après le dernier repas doivent *a priori* être mis sur le compte de la faim. Si vous nourrissez votre bébé à la demande, donnez-lui à manger. (Si vous n'avez pas fait ce choix et que vous avez opté pour un planning où les repas ont lieu à intervalle fixe, et qu'il n'est pas encore l'heure de manger pour votre bébé, essayez de le faire patienter en utilisant d'autres méthodes (voir page 227), si possible jusqu'au prochain repas.) Si la faim était la cause de ses pleurs, votre bébé se sera calmé. En revanche, si votre bébé ne se calme pas après que vous lui avez donné à manger, cherchez une autre raison à ses pleurs.

Des pleurs qui débutent peu de temps (moins de deux heures) après le dernier repas de votre bébé ne s'expliquent en général pas par la faim. Commencez par chercher une autre explication à ces pleurs : sa couche est-elle sale ? Veut-il être contre vous ? Est-il trop stimulé ? S'ennuie-t-il ? A-t-il trop chaud ou se sent-il mal ?

Peut-être a-t-il besoin de faire son rot ou envie de téter. Essayez successivement de vérifier sa couche, de le prendre dans vos bras, de lui tapoter le dos, de cesser toute activité superflue, de jouer, de lui ôter ou de défaire ses vêtements/ses couvertures, de le laisser téter votre doigt ou sa tétine. Si l'une de ces solutions fait cesser les pleurs, vous en avez trouvé l'origine. Mais si vous les avez toutes testées sans amélioration, essayez néanmoins de le nourrir. Même s'il n'est peut-être pas encore l'heure, la faim, comme vous le savez, ne vient pas forcément à horaire fixe.

CAUSES MOINS PROBABLES

La plupart du temps, les pleurs de votre nouveau-né seront sans peine calmés par un repas ou par l'une des techniques simples décrites ci-dessus. Lorsque celles-ci ne fonctionnent pas, il peut s'agir d'un problème d'alimentation, tel que le RGO (reflux gastro-œsophagien), d'une intolérance au lait, d'une maladie, de la colique ou de faim chronique.

UN PROBLÈME D'ALIMENTATION

Un bébé qui a faim cesse en général de pleurer au moment où on lui donne du lait. Mais que signifient les pleurs de votre enfant alors que vous êtes en train de le nourrir ? Si les pleurs commencent juste après qu'il s'est mis à téter, il se peut que votre bébé ait des difficultés à saisir votre sein ; malgré ses efforts, il n'absorbe que peu de lait. De façon analogue, au cours des premiers jours où vous donnerez le sein, pendant la montée de lait, l'engorgement empêchera votre enfant d'obtenir beaucoup de lait. Les pleurs suivront alors le même schéma que dans le cas du bébé qui ne parvient pas à attraper le sein de sa mère.

Si, en revanche, votre bébé tète votre sein ou son biberon avec force pendant une minute puis qu'il s'arrête et pleure, il se peut que ce soit de l'« impatience ». Nombre de bébés allaités, lorsqu'ils atteignent l'âge de 1 ou 2 mois, montrent des signes de contrariété lorsque le lait arrive lentement et régulièrement du sein, plutôt que par jets importants et saccadés. Votre bébé cherche peut-être à vous dire : « Je veux tout mon lait maintenant (et pas par petites doses). » Les bébés nourris au biberon peuvent avoir la même réaction d'impatience si le trou de leur tétine est trop petit ou bouché et que le lait sort plus lentement qu'ils ne le voudraient. Si vous soupçonnez qu'il s'agit de ce problème, achetez une tétine

3 types de pleurs reconnaissables

Les bébés pleurent lorsqu'ils veulent quelque chose ou que quelque chose les dérange. Ces pleurs se déclinent selon un répertoire varié.

1 **Les pleurs dus à la faim** sont à la fois sonores et rythmés. Ils sont souvent accompagnés de coups de pied et de mouvements saccadés.

2 **Les pleurs dus à la douleur** sont plus forts et plus intenses que les autres.

3 **Les pleurs dus à l'ennui** sont irréguliers et désordonnés. Votre enfant s'arrêtera parfois pour voir si vous réagissez.

avec un trou plus gros, ou faites des trous avec une épingle propre dans la tétine actuelle.

Il peut sembler difficile d'identifier laquelle de ces trois causes est en jeu lorsqu'un bébé pleure pendant ses repas. En réalité, il n'est pas sorcier de les distinguer les unes des autres. Les deux premières causes – mauvaise prise du sein et engorgement – sont associées aux premiers jours de l'allaitement. L'impatience, qui ne se manifeste pas avant l'âge de quelques semaines, se diagnostique sans difficulté. Si elle survient alors que vous allaitez, vos efforts pour tempérer l'ardeur de votre bébé (après avoir brièvement interrompu la tétée) finiront par payer et ses repas se dérouleront en toute quiétude. Si vous donnez le biberon à votre enfant, vous n'aurez aucun mal à identifier la cause de ses pleurs s'ils cessent après que vous avez agrandi le trou de sa tétine.

Les douleurs causées par le RGO sont aiguës et ne se soignent pas aussi simplement que l'impatience. Vous devez vous inquiéter en cas de régurgitations fréquentes ; si ce n'est pas le cas, il y a peu de risques pour que ce soit la cause de ses pleurs.

GÊNE OCCASIONNÉE PAR UNE INTOLÉRANCE OU UNE ALLERGIE AU LAIT

Il semblerait logique que la douleur intestinale engendrée par une intolérance au lait de vache survienne peu après le début des repas. C'est pourtant rarement le cas. Si l'on s'en tient à la définition strictement médicale du terme, seule une minorité de nourrissons faisant une réaction au lait de vache ont une allergie à proprement parler. Une réaction allergique au lait de vache surviendra très peu de temps après l'exposition à l'allergène, en général entre quelques minutes à une heure après le début du repas. La réaction peut se manifester uniquement par des pleurs, mais elle s'accompagne en général d'autres symptômes : vomissements, pâleur et, plus rarement, respiration sifflante ou signes d'allergie sévère (urticaire, souffle court, état de choc).

Curieusement, la plupart des enfants faisant des réactions au lait de vache ne sont pas allergiques à la protéine qu'il contient mais « intolérants » au lactose. Il ne s'agit pas d'une réelle allergie, car ces enfants ne produisent pas d'anticorps de type IgE contre les protéines de lait (pour satisfaire la définition médicale de l'allergie) et la réaction ne survient pas nécessairement dans l'heure qui suit l'exposition. Les pleurs occasionnés par l'intolérance au lait sont dus à l'absence – ou à la production insuffisante – chez certains nourrissons d'un enzyme, la lactase, responsable de la bonne digestion du lactose présent dans le lait. Ils sont si longs à venir (d'une à vingt-quatre heures après l'exposition) qu'il est facile de ne pas faire le lien avec l'ingestion de lait – que ce soit dans du lait infantile ou dans le lait maternel après que la mère a ingéré elle-même du lait.

ACCÈS D'IRRITABILITÉ ET COLIQUE

Les repas des bébés sujets à l'irritabilité et aux coliques se passent en général sans encombre et les pleurs ne surviennent qu'après. Les accès de pleurs nocturnes sont longs et sonores, mais ne se concentrent pas autour des repas. L'irritabilité chronique chez des bébés par ailleurs bien portants peut parfois s'expliquer, bien que cela soit rare, par un glaucome infantile (pression élevée à l'intérieur du globe oculaire) ou par un phénomène dit du « syndrome du cheveu entortillé » dans les pays anglo-saxons (un cheveu ou un fil parvient à s'enrouler solidement autour d'un doigt ou d'un orteil et l'enserre suffisamment pour réduire l'afflux sanguin, causant ainsi une douleur vive).

ZOOM SUR... le reflux gastro-œsophagien

Les bébés sujets au reflux gastro-œsophagien (RGO) régurgitent le contenu de leur estomac (sucs gastriques et lait partiellement digéré) jusqu'à l'œsophage et la bouche. Si la plupart de ces bébés ne souffrent d'aucune gêne lorsqu'ils vomissent, quelques-uns ressentent une brûlure au niveau de l'œsophage au moment du reflux. Le reflux et les pleurs ont lieu pendant ou juste après les repas.

MALADIE

Si votre bébé a mal à la gorge, au ventre ou s'il souffre d'autres maux liés à une maladie, il sera grognon et pleurera peut-être démesurément. Votre enfant présentera souvent d'autres symptômes : fièvre, toux, nez qui coule, diarrhée. Il mangera sans doute moins que d'habitude, mais ses pleurs surviendront hors des repas. Votre médecin vous prescrira peut-être du paracétamol (Doliprane® ou un de ses génériques), dont la prise soulagera votre enfant et atténuera ses pleurs.

FAIM CHRONIQUE

S'il arrive que les bébés allaités pleurent pour se plaindre du peu de lait qu'ils reçoivent, les bébés qui ne reçoivent pas assez de lait au quotidien ne se manifestent pas par des pleurs. Ils sont inactifs, peut-être pour économiser leur énergie, et semblent habitués à leur régime pauvre en calories. Pour ces raisons, on ne diagnostique souvent la faim chronique que lors d'un contrôle de routine chez le médecin, en s'apercevant que l'enfant ne prend pas assez de poids.

Réagir aux pleurs

Quelle que soit l'origine de sa contrariété, un bébé qui pleure doit être apaisé. Réagir à son chagrin prouve à votre bébé que vous l'aimez et renforce le lien qui vous unit. En le réconfortant, vous vous sentirez mieux vous aussi. Mais si vous le prenez dans vos bras dès qu'il pleure, n'allez-vous pas le « gâter » ?

« Gâter » un enfant véhicule l'idée qu'il est mal de réagir rapidement à ses pleurs car il doit au contraire apprendre à se calmer seul. Souvenez-vous que chaque bébé naît avec un tempérament unique fait d'un savant dosage d'introversion/extraversion, de frilosité/audace, d'optimisme/pessimisme, d'anxiété/sérénité, d'entêtement et de sensibilité (voir page 170). Bien que tous les aspects du caractère de votre bébé ne transparaissent pas forcément à la naissance, certains traits de sa personnalité prédominent déjà. Il se peut qu'il apprécie de rester longtemps seul dans son lit ou bien, au contraire, qu'il requière beaucoup d'attention de votre part pour le consoler.

Ceux qui croient qu'un enfant se « gâte » par trop d'attentions estiment que celui dont les parents écoutent trop les pleurs n'apprendra pas à se calmer seul et ne pourra se passer de leur présence. Si votre bébé demande que vous vous occupiez souvent de lui, c'est parce que, par nature et par tempérament, il fait partie des enfants qui ont besoin d'être apaisés. Il n'y a aucun mal à laisser quelques instants à votre bébé pour qu'il se calme, mais n'hésitez pas à le prendre dans vos bras s'il devient évident que cela ne fonctionne pas. Vous n'êtes pas en train de le gâter ; vous réconfortez un bébé qui en a besoin.

QUAND RÉAGIR

Savoir comment réagir aux pleurs de votre enfant s'apprend avec le temps. Il va de soi que les extrêmes sont à éviter. Se ruer sur son enfant chaque fois qu'il pleure l'empêchera d'apprendre à se calmer seul. Mais si vous ne faites jamais cas de ses pleurs, il courra le risque de souffrir inutilement, de faim, de maladie, du résultat d'une blessure. Le réconfort que vous lui apportez quand il a besoin de vous démontre que vous l'aimez et lui apprend à aimer les autres. L'art d'être parent consiste en partie à trouver ce juste milieu. Voici quelques conseils :

RÉAGISSEZ RAPIDEMENT QUAND VOTRE BÉBÉ :

- A faim. (Cela ne s'applique pas aux jeunes enfants qui cherchent à gagner du temps au moment du coucher en demandant à manger.)
- Est malade.
- Est blessé ou a mal.
- A peur ou est en difficulté dans une situation sociale quelconque.

RÉAGISSEZ SEULEMENT APRÈS UN TEMPS D'ATTENTE QUAND :

- Les pleurs ne signalent rien d'urgent.
- Vous avez opté pour des heures de repas fixes et qu'il a faim.
- Vous apprenez à votre bébé à se calmer seul.
- Vous êtes en train de faire quelque chose que vous ne pouvez pas abandonner sur-le-champ.
- Vous avez besoin de temps pour vous (pour aller aux toilettes, prendre une douche, etc.).
- Vous essayez de lui donner de bonnes habitudes de sommeil (s'endormir seul, ne pas manger la nuit).

ESSAYEZ DE NE PAS RÉAGIR DU TOUT QUAND :

- Votre enfant fait une crise de colère.
- Votre bébé est exténué mais qu'il ne veut pas dormir.
- Votre bébé (ou votre jeune enfant) réclame votre attention, sans qu'il y ait de caractère d'urgence, et que vous ne pouvez pas ou ne voulez pas interrompre ce que vous faites pour vous occuper de lui. Nombre de situations ayant trait à l'angoisse de la séparation rentrent dans cette catégorie. Si par exemple vous

ZOOM SUR... la tétine et l'allaitement

Les défenseurs de l'allaitement soutiennent qu'avec la tétine, un bébé tire moins sur le sein de sa mère, influant ainsi sur la production de lait maternel. Selon ce même groupe de personnes, les nourrissons sont susceptibles d'être sujets à la « confusion mamelon/tétine » ; s'ils ne parviennent pas à téter efficacement, c'est parce qu'ils ont pris l'habitude de téter leur tétine. Aucune de ces deux affirmations n'est solidement étayée. Toutes les études à l'origine de cette appréciation négative de la tétine comportent une faille majeure : au lieu que les enquêteurs assignent les bébés à un groupe au hasard, les parents décidaient eux-mêmes de donner ou non la tétine à leur enfant. Le problème de cette méthode vient du fait que les bébés diffèrent dans leur besoin de téter et qu'il est fort probable que les nourrissons auxquels les parents donnaient la tétine étaient ceux qui avaient le plus besoin de téter. En d'autres termes, un bébé manifestant son besoin de téter par des pleurs fréquents avait plus de chances qu'on lui donne la tétine. Ce que ces tests montrent peut-être, en revanche, c'est qu'un bébé ayant besoin de téter arrêtera de téter sa mère plus tôt que les autres. Il se peut que les autres bébés soient différents et, n'ayant pas de tétine, que leurs caractéristiques individuelles déterminent le moment du sevrage. À cela s'ajoute qu'un bébé avide de téter aura tendance à manger longtemps et fréquemment. Il se peut que la mère, ayant besoin de temps, arrête d'allaiter plus tôt. Enfin, rien ne prouve à ce jour que la confusion mamelon/tétine soit une réalité chez le nouveau-né.

partez au travail, votre bébé se mettra peut-être à pleurer dès que vous vous séparerez de lui. En le reprenant dans vos bras, vous ne ferez que remettre à plus tard le moment où vous devrez partir. Curieusement, lorsque votre bébé ou votre jeune enfant prendra conscience qu'il n'obtient pas ce qu'il veut, il se calmera rapidement si vous vous contentez de l'ignorer.

COMMENT RÉAGIR

Prendre votre bébé dans vos bras et le tenir contre vous est de loin la meilleure façon de le calmer. Vous pouvez aussi chanter, lui parler d'une voix douce. Certains nourrissons sont également sensibles à l'emmaillotage. Essayez en outre de le mettre dans une pièce sombre et calme, où la lumière est tamisée, ou de l'emmener en promenade. Reportez-vous à la page ci-contre pour plus de suggestions. Vous connaîtrez bientôt votre bébé mieux que quiconque, ainsi que les méthodes pour le calmer.

Comment apaiser votre bébé

Dans vos bras

Prenez votre bébé dans vos bras en le tenant contre vous de façon qu'il entende les battements de votre cœur ou votre voix si vous chantonnez, ou portez-le dans une écharpe latérale ou un porte-bébé.

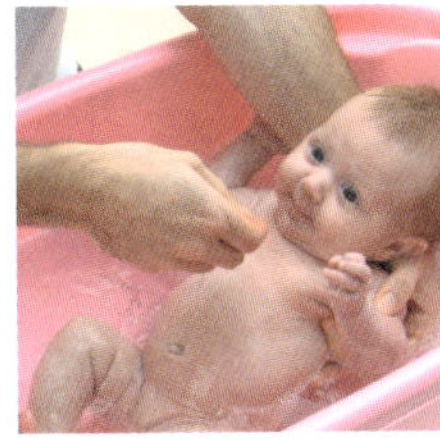

Un bain

Certains bébés réagissent positivement au bain et à l'eau chaude éclaboussant doucement leur corps. Vous pouvez également prendre un bain avec votre bébé en le tenant contre vous.

Emmailloté

S'il est douillettement enveloppé dans une couverture lui rappelant ses mois dans l'utérus, un bébé qui pleure trouvera peut-être le sommeil.

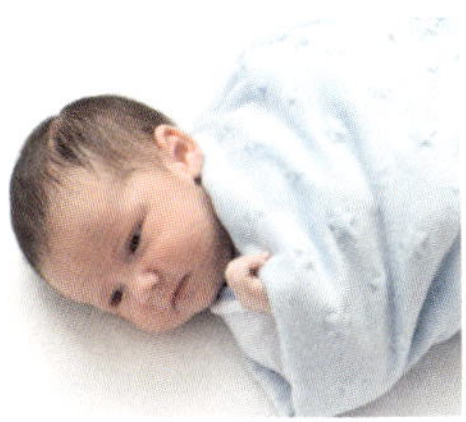

Stimulé

Certains bébés s'ennuient vite ! Un jouet coloré, un mobile ou un peu de musique parviendront peut-être à le distraire et à faire cesser ses pleurs.

Bercé

Que ce soit dans un transat, sur votre épaule, sur vos genoux ou dans un hamac, un mouvement de va-et-vient continu contribuera à calmer un bébé agité.

En promenade

Une promenade en plein air a une influence favorable sur certains bébés.

LA TÉTINE

Rien ne permet de trancher sur l'utilité de la tétine lorsqu'un bébé a besoin de téter. De nombreuses études ont montré que les nourrissons utilisant la tétine abandonnent le sein plus rapidement que les autres (voir page 226), mais aussi que la tétine diminue légèrement le risque de mort subite du nourrisson.

En revanche, on constate que le risque d'otite chronique augmente faiblement avec l'utilisation de la tétine. Au-delà de l'âge de 2 ans, la tétine peut également entraîner une avancée des incisives nécessitant par la suite une correction orthodontique (port de bagues).

Les mères qui allaitent peuvent profiter du calme des tétées en les prolongeant de quelques minutes – l'apport nutritif étant alors négligeable. Mais cette solution demande du temps et vos mamelons en ressortiront peut-être douloureux et crevassés. Autre solution : laisser votre bébé sucer votre doigt. Paume vers le haut, pliez votre petit doigt en forme de C et insérez-le dans la bouche de votre bébé jusqu'à ce qu'il vienne appuyer contre son palais. (Mieux vaut garder votre ongle court.) Cependant, remplacer la tétine par votre doigt n'empêche pas la confusion mamelon/tétine (si l'on considère que c'est un phénomène réel) et demande que vous portiez votre enfant souvent et longtemps. Si l'on soupèse les arguments ci-dessus, la tétine n'est peut-être pas une si mauvaise chose pour les enfants ayant besoin de téter.

La colique

Le terme « colique » fait référence à de longues phases de pleurs chez des bébés par ailleurs bien portants, ces pleurs ne s'expliquant ni par la faim, ni par un besoin quotidien non assouvi. Il semblerait que 20 % des nourrissons en souffrent, ce chiffre comprenant des bébés présentant une forme modérée de colique. Lors d'un accès de colique, un bébé n'ayant montré aucun autre signe d'indisposition pendant la journée ramène soudain ses genoux sur son ventre, serre les poings et se met à pleurer. Les pleurs, malgré tous les efforts que vous pouvez déployer pour répondre aux besoins de votre enfant, se prolongent pendant des heures. Ces accès de pleurs commencent en général autour de deux à quatre semaines, augmentent peu à peu en intensité et en durée et atteignent un pic aux alentours de la sixième ou septième semaine. Une fois le pic atteint, les symptômes diminuent de façon fulgurante. Par la suite, les crises s'atténuent jusqu'à disparaître, en général aux alentours de 3 mois, bien qu'elles puissent réapparaître jusqu'à 6 mois. Les coliques ont le plus souvent lieu le soir et se terminent vers minuit. Dans les cas les plus graves, les pleurs ne cessent pas de la journée.

La colique touche aussi bien les filles que les garçons, les nourrissons allaités que ceux nourris au biberon, les aînés que les cadets, les bébés nés sans intervention médicale que ceux nés par césarienne. La plupart des pédiatres considèrent la colique comme une maladie bénigne n'ayant pas d'incidence sur l'avenir de l'enfant. Mais, dans certains cas, la colique a un effet prononcé sur les parents.

La règle de 3

En 1954, le docteur M. Wessel donna de la colique une définition toujours utilisée : des pleurs intervenant chez un bébé par ailleurs en bonne santé et bien nourri durant au moins :

- 3 heures par jour,
- 3 jours par semaine,
- 3 semaines de suite.

Vous n'avez en réalité pas besoin de cette définition pour savoir si votre enfant a la colique ; les cris se renouvelleront certainement chaque soir. Ni d'attendre trois semaines pour être certains qu'il s'agit d'une colique. Cependant, cette définition largement acceptée de la colique permet de classifier les patients dans le cadre de recherches.

Une définition plus terre à terre de la colique serait : phases quotidiennes de pleurs insistants et perçants sans cause apparente, difficiles à soulager et éprouvants pour vous.

Après de longues nuits passées à entendre les pleurs de leur enfant sans bien souvent pouvoir le soulager suffisamment, des parents peuvent voir leurs sentiments changer. Être parents ne leur semblera plus aussi enrichissant qu'avant et ils ne développeront pas un lien aussi fort qu'ils l'auraient fait si tout s'était passé « normalement ». Il est naturel de se sentir en colère contre un bébé qui se montre très difficile. Lorsque des parents ne ressentent plus que de l'exaspération et de l'agacement, les démonstrations d'amour risquent de faire place à des sentiments négatifs. Et une fois que les semaines de coliques seront passées, le regard que les parents porteront sur leur bébé et leur façon de répondre à ses besoins pourront avoir changé du tout au tout. La colère et la frustration parentales causées par les coliques peuvent conduire à des maltraitances.

Les coliques peuvent également perturber l'enfant. Certaines études laissent penser que les bébés souffrant de coliques ont des caractères difficiles, sont sujets à des troubles du sommeil et de l'alimentation, et sont plus à même de développer des comportements problématiques à l'école maternelle. Il n'est pas difficile d'imaginer que des pleurs de cette intensité restés sans remède puissent affecter le développement émotionnel d'un enfant. Mais ces changements découlent-ils directement des coliques ou ont-ils une autre origine ? Par exemple, un nourrisson atteint de colique peut simplement être né avec un tempérament difficile qui aurait de toute façon conduit aux mêmes dérives comportementales. Ou peut-être est-ce l'effet de semaines de pleurs sur les parents qui, ayant altéré leur style éducatif, amène leur enfant à se comporter ainsi. C'est pourquoi il est important de se souvenir que, d'après l'expérience de la majorité des pédiatres, la quasi-totalité des bébés et des parents passent ce cap difficile et développent une relation d'amour et d'affection.

Traditionnellement, on explique la colique par des douleurs abdominales attribuées à une immaturité intestinale. En réalité, le mot « colique » vient du grec *kolikos*, qui signifie « du colon ». Aucune théorie, y compris celle-ci, n'a été validée à ce jour (voir page 233). De nombreux scientifiques conçoivent la colique comme un ensemble de symptômes n'ayant pas une seule, mais une multitude de causes possibles. Il n'est pas impensable que plusieurs des théories exposées puissent expliquer les coliques chez certains nourrissons. À l'inverse, il se peut que toutes se trompent et que la véritable explication de la colique reste à découvrir.

On peut en revanche affirmer avec certitude qu'il reste beaucoup à apprendre sur la colique.

TRAITEMENT DE LA COLIQUE

Les mesures communément utilisées pour traiter la colique se répartissent en trois catégories : non ciblées, ciblées et inefficaces. Bien qu'aucune de ces mesures ne s'avère complètement efficace (et certainement pas la dernière), si l'une d'entre elles soulage un tant soit peu votre bébé, n'hésitez pas à la prolonger. Il arrivera sans doute que tous vos efforts échouent à contrer la souffrance de votre bébé. Lorsqu'une de vos tentatives pour le calmer ne semble pas avoir d'effet, allongez-le dans son lit et éteignez les lumières. Parfois, le laisser pleurer quelques minutes d'affilée peut aider. Cessez un instant de croire que ses pleurs continuels signifient que vous échouez dans votre rôle de parent. Le fait est qu'à certains moments personne ne pourra le calmer.

MESURES NON CIBLÉES

Ce type de recours ne traite pas la cause des coliques, mais apporte parfois un soulagement passager. L'accent est mis sur l'adjectif « passager ».

Tisane à la camomille et au fenouil

Il a été démontré par un protocole de recherche que la tisane, donnée au biberon à température ambiante, est plus efficace qu'un placebo. Les autres mesures tombant dans cette catégorie, détaillées en page 235, n'ont pas fait l'objet d'une validation scientifique, mais ont néanmoins fait leurs preuves à l'usage.

MESURES CIBLÉES

Selon la théorie à laquelle on choisit d'adhérer, les différentes mesures incluent : éliminer du régime alimentaire des mères qui allaitent le lait et les aliments causant des « gaz » ou passer à des laits infantiles hypoallergéniques dans le cas des bébés nourris au biberon (théorie des gaz, théorie de l'allergie au lait/allergie alimentaire) ; enseigner aux parents à être à l'écoute des besoins de leur bébé (théorie de l'interaction parent/nourrisson) ; laisser son enfant pleurer jusqu'à ce qu'il se fatigue et s'endorme (théorie du trouble du sommeil) ; emmailloter son

ZOOM SUR... l'évolution de la colique

L'intensité des coliques augmente progressivement pour atteindre un pic vers l'âge de 6 à 8 semaines, moment où l'on constate une brusque amélioration. Cela peut expliquer pourquoi des pseudo-traitements sans aucune valeur avérée sont considérés comme des remèdes miracle par de nombreux parents. Si, à bout, des parents entament ce type de traitement au moment du pic de colique, ils peuvent attribuer l'amélioration qui suit au produit alors que les pleurs se seraient résorbés d'eux-mêmes de toute façon.

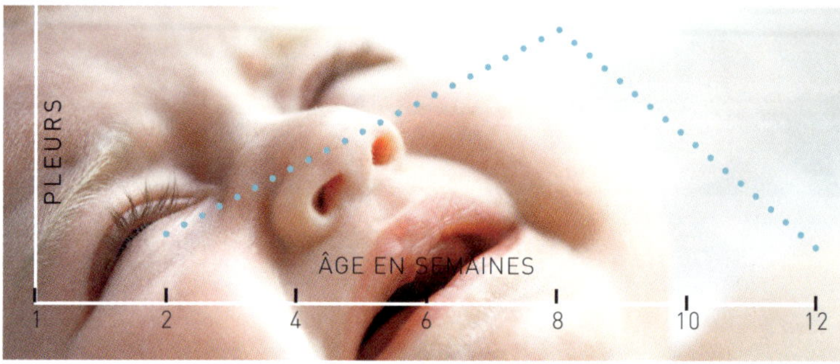

bébé et l'allonger dans un environnement calme avec un minimum de stimulation sensorielle (théorie du tempérament) ; ou enfin lui donner des probiotiques (théorie du déséquilibre bactérien).

Les traitements ciblés ne fonctionnent vraiment que pour une faible proportion de nourrissons. Peut-être est-ce en raison des étiologies multiples de la colique, ou au contraire car aucune des théories avancées n'est correcte. Parmi ces solutions, la plus récente, la prescription de probiotiques, est étonnante et laisse entrevoir un espoir, bien que son efficacité reste à prouver.

7 théories répandues sur les causes de la colique

1 **L'immaturité intestinale et les gaz.** Pendant les crises, les nourrissons ont des gaz et semblent avoir mal au ventre. Ceci n'explique pas, cependant, pourquoi la colique se manifeste surtout le soir et ne se déclenche pas immédiatement à la naissance, ni pourquoi les nourrissons arborent la même expression que quand ils pleurent pour d'autres raisons.

2 **Une réaction aux protéines du lait de vache dans le lait infantile ou dans le lait maternel si la mère en a ingurgité.** Un petit pourcentage d'enfants voit leur état s'améliorer considérablement à partir du moment où on leur donne une formule hypoallergénique ou que leur mère retire le lait de leur alimentation (ou tout aliment suspect). Cela ne marche pas avec tous les enfants et n'explique pas pourquoi les coliques sévissent surtout le soir.

3 **Il s'agit d'une réaction face à l'incapacité des jeunes parents à percevoir les signaux de leur enfant et à répondre à ses besoins.** Une étude ayant donné lieu à une publication a montré qu'en apprenant à un échantillon de mères à mieux reconnaître les signaux de leur bébé et à y réagir plus rapidement et plus efficacement, les symptômes de colique diminuaient. Mais peu de parents sont concernés !

4 **L'épuisement.** Tout le monde sait que, lorsqu'ils sont fatigués, les nourrissons et les enfants sont grognons et irritables. Les horaires de colique pourraient ainsi s'expliquer par le fait que la fatigue est maximale en fin de journée. Le fait que les coliques cessent entre six et huit mois laisse penser que les enfants ne souffrant pas de colique ont un meilleur sens du cycle jour/nuit et font des nuits plus longues aux alentours de 2 et 3 mois. Pourtant rien ne prouve vraiment que la colique soit un problème de sommeil.

5 **Un tempérament instable.** Il existe une infinité de cas de figure chez les nourrissons souffrant de colique : certains ne font pas de crises, beaucoup ont des coliques modérées, d'autres ont des coliques insupportables. Souvent, on trouve des antécédents familiaux chez un parent du nourrisson. (L'hérédité joue un rôle dans les traits de la personnalité.) Un certain nombre d'experts soupçonnent certains bébés souffrant de colique d'avoir une sensibilité exacerbée à leur environnement sensoriel. Le bruit, la lumière vive, le contact avec la peau les dérangent plus que les autres enfants. Chez ces bébés, les coliques sont causées par la multitude de stimuli qu'ils perçoivent dans leur environnement. Cependant, il n'existe aucune preuve tangible qui confirme ou infirme cette hypothèse.

6 **De « mauvaises » bactéries intestinales plus nombreuses que les « bonnes ».** On a découvert que les selles des nourrissons atteints de colique contenaient bien moins de lactobacilles et autres bactéries non pathogènes que celles des autres nourrissons. En donnant des lactobacilles à des nourrissons atteints de colique dans le cadre d'une étude, la plupart d'entre eux ont vu leurs symptômes s'atténuer, alors que l'état des nourrissons à qui on n'en n'avait pas donné ne s'est pas amélioré. Cependant, cette théorie n'explique pas pourquoi les symptômes empirent le soir.

7 **La conséquence d'une pression à l'arrière du crâne du nourrisson pendant l'accouchement.** Une pression peut entraver le fonctionnement normal de l'arrière du crâne et des vertèbres supérieures (les os protégeant la moelle épinière) au niveau du cou. Cette explication est avancée par les tenants de l'ostéopathie crânienne mais aucune preuve ne vient la corroborer.

MESURES INEFFICACES

On a recommandé à des générations de parents des médicaments disponibles sans ordonnance, comme l'eau de chaux. La plupart de ces parents vous diront qu'ils sont efficaces. L'atténuation des symptômes suite à la prise de l'un de ces produits découlerait plutôt de l'évolution naturelle de la colique (voir encadré page 232) que de la réalisation des promesses des industriels.

QUE FAIRE EN CAS DE COLIQUE?

Comme la plupart des parents, vous aurez deux réactions à l'heure des pleurs. Vous commencerez par vous demander si votre enfant a quelque chose de grave (une visite chez le médecin est conseillée pour écarter tout problème de santé générant des pleurs de cette ampleur). Ensuite vous penserez que les pleurs continuent car vous n'êtes pas à la hauteur en tant que parents.

En plus, du fait que vous êtes sans aucun doute une mère ou un père compétent, vous tenir pour responsable des pleurs de votre bébé ne fera qu'aggraver les choses, car si votre frustration et votre anxiété transparaissent, elles accroîtront son mal-être. Malheureusement, la colique arrive parfois alors que l'on est encore jeune parent, incertain de ses compétences, en plus d'être épuisé par les tétées nocturnes. Les mères en particulier, sujettes aux changements hormonaux, peuvent être en proie à des sautes d'humeur et à la tristesse post-natale. Reportez-vous à la page 237 pour passer ce cap difficile.

À essayer pour calmer la colique

Le mouvement

Entre autres façons d'utiliser le mouvement pour calmer votre bébé, vous pouvez l'allonger dans vos bras en le berçant, le placer dans une écharpe de portage latéral, un transat, l'allonger dans un landau ou dans une poussette en lui donnant un mouvement de va-et-vient continu. L'une des techniques les plus efficaces reste la promenade en voiture. Votre bébé doit évidemment être attaché dans son siège pendant le trajet.

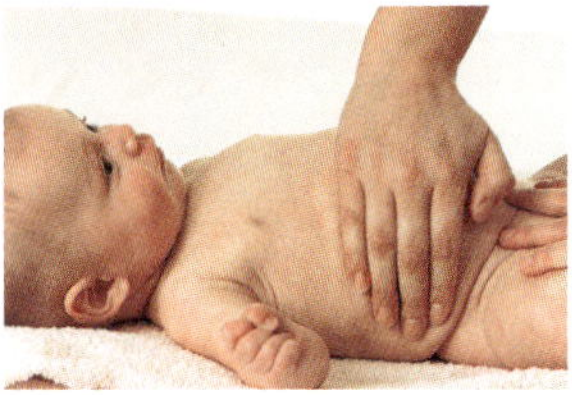

Un massage

Avec la paume de la main arrondie, pétrissez doucement le ventre de votre bébé d'un flanc à l'autre puis dans le sens des aiguilles d'une montre. Ne faites cela que quand votre bébé est calme.

Les vibrations

Les solutions basées sur les vibrations et le bruit peuvent être efficaces ; certains pensent que ces techniques fonctionnent car elles rappellent au nourrisson l'environnement utérin. Mettez votre bébé dans son transat et posez-le sur un lave-vaisselle, une machine à laver ou un sèche-linge en marche.

Le tigre dans l'arbre

Vous pouvez mettre votre bébé dans cette position qu'il soit calme ou qu'il pleure, qu'il soit nu ou habillé. Allongez-le sur votre bras de manière à ce qu'il repose sur vos deux mains. Doigts écartés, essayez de pétrir les deux côtés de son ventre. Vous pouvez marcher ou vous asseoir en le posant sur votre cuisse dans la même position.

6 façons de passer le cap des semaines de colique

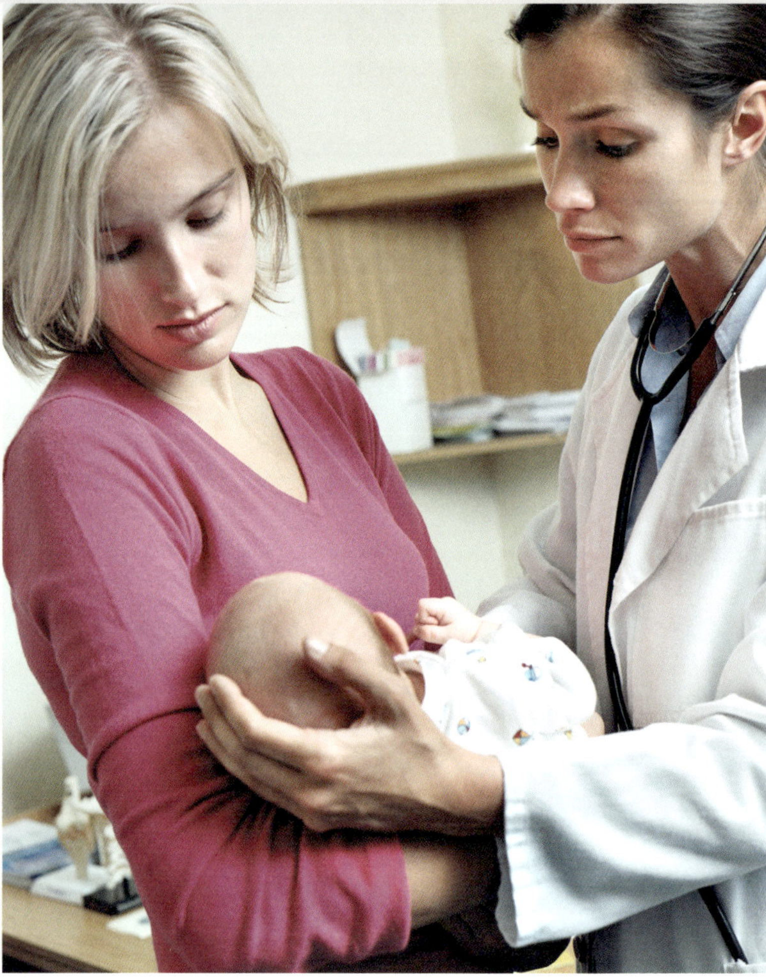

1 **Amenez votre bébé chez le médecin.** Dès que vous vous inquiétez des pleurs incessants de votre enfant, faites-vous confirmer par un médecin qu'il s'agit de la colique. Vous saurez au moins avec certitude qu'il n'a rien de grave.

2 **Faites-vous aider.** Au-delà de leur empathie, vos proches peuvent vous offrir un peu de leur temps. Partager les soirées difficiles avec quelqu'un de compréhensif vous permettra de vous couper temporairement des pleurs et de vous sentir mieux. Si quelqu'un vous accorde de faire une sieste, du sport ou de sortir de chez vous, vous serez plus à même d'affronter une soirée de pleurs.

3 **Rationalisez.** Même si vous savez que vous n'êtes pas responsable des coliques et qu'elles finiront par disparaître, vous avez tendance à l'oublier lorsque l'émotion l'emporte. Vous vous sentez alors totalement désemparés face à cette torture qui ne semble pas avoir de fin. Répétez-vous régulièrement que vous n'avez pas déclenché les coliques et qu'elles seront bientôt derrière vous, ou laissez-vous des messages écrits pour vous le rappeler. Utilisez la force de la pensée positive ; elle vous aidera beaucoup pour traverser cette mauvaise passe.

4 **Assumez votre rôle.** Une fois convaincu de ne pas être fautif, concentrez-vous sur la façon dont vous pouvez aider votre bébé. Utilisez les techniques non ciblées de la page 235. Consultez votre partenaire ou votre médecin pour décider d'un éventuel traitement ciblé. Répétez-vous que, en tant que parent, votre rôle est d'aider votre bébé à passer ce cap difficile. Et la meilleure façon de le faire est de rester calme et de dispenser de l'amour et du réconfort à votre enfant.

5 **Prenez garde à la dépression post-natale.** Les soirées harassantes, l'épuisement et l'impression que les pleurs ne cesseront jamais peuvent contribuer à faire naître un sentiment de dépression. Si vous êtes triste, que vous pleurez souvent, que vous manquez d'énergie et que vous n'en pouvez plus, appelez votre médecin.

6 **Déceler un sentiment de colère.** Frustrée de ne pas pouvoir faire cesser les pleurs, il vous arrivera parfois d'être en colère contre votre bébé. C'est un sentiment courant. Cependant, si cela vous arrive souvent ou que vous avez envie de le frapper ou de le secouer, demandez de l'aide immédiatement. Vous avez besoin de vous éloigner de votre bébé pour vous reposer et vous relaxer. Réquisitionnez votre partenaire ou des membres de votre famille (ou des amis proches) pour vous épauler et vous soulager. Personne ne souhaite faire de mal à son bébé, mais trop de fatigue, d'isolement, de frustration et de colère peuvent vous faire perdre pied et vous conduire à frapper votre enfant. Surtout appelez à l'aide avant d'atteindre ce stade !

9 Du nourrisson au bébé

Anticiper le changement

Une fois les premières semaines passées, votre bébé doit continûment prendre du poids et dormir selon des rythmes plus réguliers, vous permettant de commencer à vous détendre et de réellement profiter de lui. Chaque mois est l'occasion de nouveaux progrès – et défis (voir chapitre 5) – et vous êtes par ailleurs plus sûrs de vous lorsqu'il s'agit de comprendre les besoins de votre bébé et de vous en occuper. Vous avez effectué de nombreuses tâches pour votre nouveau-né – soin du cordon ou circoncision, par exemple –, qui n'ont plus à être réalisées et d'autres – comme le nourrir et le changer – se font désormais tout naturellement. Cette

3 manières d'aider son bébé à s'épanouir

1 Donnez-lui confiance en lui. Quoi qu'il entreprenne, dites-vous toujours qu'il va y arriver. Vous avez une grande influence sur la manière dont votre bébé se perçoit ; ainsi, s'il croit que vous le pensez capable, par exemple, de se brosser les dents, il fera davantage d'efforts pour y parvenir. Ayez une vision positive de votre bébé, et, si ses progrès sont lents, dites-vous qu'il est toujours possible que cela change et qu'il évolue : cela ne pourra que le motiver.

2 Considérez-le comme exceptionnel. Même si votre bébé a pu hériter de certaines caractéristiques similaires aux vôtres, il demeure un individu unique. Vous pouvez l'aider à développer son potentiel, en reconnaissant ses qualités et ses défauts propres et en tenant compte de ses besoins individuels.

3 Donnez-lui l'exemple. Étant donné que votre bébé vous observe et, la plupart du temps, vous imite, vous devez prendre soin d'agir de la manière dont vous souhaiteriez qu'il le fasse. Prenez garde à tout comportement qui pourrait perturber son bien-être et, si nécessaire, faites en sorte de le modifier.

Équilibre/déséquilibre

Les experts de la petite enfance ont établi que l'équilibre émotionnel repose sur l'alternance de périodes de calme et de satisfaction (équilibre) et de turbulences (déséquilibre) – généralement à intervalles de six mois. Ils considèrent également que pour permettre aux futurs développements de se mettre en place, une partie des « bonnes choses » qui ont été acquises précédemment doivent être mises de côté ; c'est ainsi qu'un enfant peut être très facile à 2 ans ou 3 ans, par exemple, et se révéler, au contraire, très difficile à 2 ans et demi : c'est la fameuse « crise des 2 ans ».

période de la petite enfance est, de même que le deuxième trimestre de la grossesse, généralement perçue comme la moins problématique et la plus agréable à vivre.

Cependant, entre 12 et 15 mois, votre bébé commencera à manifester ses propres exigences, de manière souvent affirmée. Le baigner, l'habiller ou lui brosser les dents ne seront alors plus forcément choses faciles. Votre relation avec lui évolue et, en communiquant davantage, votre bébé vous fera part de plus en plus de ce qu'il ressent. C'est pourquoi il vous faudra désormais compter avec sa volonté de coopérer (ou non) pour tous les soins que vous devez lui apporter, comme couper ses ongles ou le coiffer.

En manifestant le besoin de s'affirmer, votre bébé évolue d'un comportement guidé par ses réflexes à des actions de plus en plus contrôlées et volontaires (comme bouger les mains et pointer son doigt). Vers 24 mois, il tendra encore vers une plus grande autonomie, et bien que vous puissiez trouver son comportement difficile et fatigant, vous devrez interpréter toutes ses tentatives d'émancipation comme l'expression positive d'une volonté d'indépendance croissante, plutôt que relevant de la pure défiance ou désobéissance.

On peut tout à fait aider son bébé à grandir et à gagner confiance en lui sans se laisser gagner par le stress ; le tout est de garder à l'esprit que ce qui est évident pour vous l'est beaucoup moins pour lui. Vous devez toujours faire en sorte de le valoriser, ce qui nécessite impérativement la mise en place d'une relation affective profonde.

Parler à votre bébé

Lorsqu'ils parlent à leur bébé, les parents adoptent d'instinct un langage qu'on appelle le « parler bébé », qui consiste à adopter un timbre de voix plus aigu et une large gamme d'intonations, tout en mettant l'accent sur la fin des phrases pour capter davantage l'attention et donner au « parler bébé » une sonorité musicale. Cette façon de parler inclut également l'utilisation fréquente du prénom du bébé, le fait de poser des questions pour inciter le bébé à répondre, des gestes illustrant les paroles, ainsi qu'un contact physique fréquent. Le discours des parents fait généralement allusion uniquement à ce qui peut être vu, entendu ou ressenti sur le moment, et utilise des phrases courtes et simples ; la parole est plutôt lente, rythmée, avec de nombreuses répétitions.

Lorsque votre petit « dit » quelque chose, approfondissez son propos, de façon à créer un échange qui ressemble le plus possible à une conversation. Lorsque, par exemple, votre bambin montre du doigt ce que vous portez et dit : « Robe de maman », vous pouvez répondre : « Oui, c'est la robe de maman. C'est la robe de soirée de maman. Elle est rouge avec de jolies fleurs blanches. Est-ce que tu trouves que la robe de maman est belle ? »

Il a été démontré que, quelques heures seulement après la naissance, les nouveau-nés préfèrent déjà le « parler bébé » au discours normal, ce qui entre en ligne de compte dans le processus d'acquisition du langage. Le « parler bébé » ne permet pas d'améliorer l'apprentissage du vocabulaire ou de la grammaire, mais aide à la compréhension et encourage l'interactivité parent-enfant, en captant l'attention du bébé et en lui donnant envie de comprendre et d'apprendre à parler.

Au fur et à mesure que votre enfant grandira, vous adapterez votre discours à ses réponses, à son niveau de compréhension, et finalement, à son propre langage. Puis, progressivement, vous vous mettrez à utiliser des phrases avec des structures plus complexes.

Avant l'acquisition du langage, les dialogues précoces entre adultes et enfants présentent déjà de nombreux points communs avec le rapport au langage futur ; en réalité, ils préparent les bases de ce qui sera plus tard un échange élaboré. Ils permettent également aux enfants d'apprécier leur propre capacité à communiquer et d'être en interaction rythmique avec leurs parents, en particulier si maman ou papa répondent de façon sensible aux tentatives d'expression de leur enfant. Le principe d'une conversation consiste à ce que l'un parle pendant que l'autre écoute. Chaque participant doit être attentif à la réponse de l'autre et réagir de manière appropriée ; dans l'interaction parent-bébé, les réponses doivent avoir pour but de maintenir la conversation. Le bébé peut construire ses réponses doucement, *crescendo*, puis se taire et attendre la réaction de son papa ou de sa maman. Papa ou maman, ensuite, réagira avec de plus en plus d'enthousiasme, imitera les expressions du bébé ainsi que ses silences, entraînant un nouveau cycle de dialogue actif.

Construire votre relation

Au fur et à mesure que votre bébé grandit et se développe, vous constatez que vous n'êtes pas juste une personne apportant des soins à un nourrisson fragile – tentant de le comprendre et de répondre à ses besoins –, mais qu'il devient un intervenant actif dans la relation, de plus en plus à même de vous faire part de ses envies et de ses désirs, et capable d'obtenir de vous la réaction qu'il souhaite.

UNE COMMUNICATION À DOUBLE SENS

En l'espace de quelques semaines, votre bébé va se mettre à communiquer en usant de bien d'autres moyens que les pleurs. Il peut montrer, par exemple, qu'il n'aime pas telle ou telle chose en boudant, en détournant la tête, en s'arc-boutant, en suçotant son pouce ou ses doigts, ou encore en évitant votre regard. Cette dernière « technique » est très révélatrice du fait que, pour les bébés qui ne savent pas encore parler, le contact visuel est un moyen de communication très important : vous devez donc toujours le rechercher lorsque vous vous occupez de votre bébé. Si, dans le même temps, vous lui parlez (voir encadré ci-contre), il pourra commencer à acquérir les bases du langage ; dans un premier temps, il gazouillera pour vous répondre, puis il développera rapidement tout un répertoire de sons par imitation.

Lorsqu'on parle à un bébé, celui-ci réagit, gazouille, sourit et regarde son interlocuteur. Il ne comprend pas ce qu'on lui dit, mais il capte les intonations, le rythme des phrases, et tous les gestes et les regards qui les accompagnent. Rapidement, la sonorité des mots les plus fréquents lui devient familière et c'est dans ceux-là qu'il puisera pour dire ses premiers mots.

Quelques semaines après sa naissance, votre bébé commencera à jouer un rôle plus actif dans votre relation. Il pourra, par exemple, tendre les bras lorsque vous vous approcherez de son lit à barreaux, pour que vous le preniez, et, une fois dans vos bras, se blottir de façon intentionnelle contre vous ou caresser votre visage. Très vite, il saura aussi comment vous faire sourire ou retenir davantage votre

Masser votre bébé

Le massage doux est une excellente manière de créer des liens avec son bébé. On peut le pratiquer en s'asseyant et en calant confortablement son bébé sur ses jambes, ou bien en l'allongeant sur une serviette moelleuse dans un lieu tempéré et calme. Si vous ne le sentez pas très à l'aise lorsque vous le mettez tout nu, vous pouvez effectuer les premières séances sans le déshabiller. Commencez par caresser son dos, de haut en bas, puis descendez le long de sa colonne vertébrale jusqu'à ses jambes. Lorsqu'il aura 2 mois environ, vous pourrez essayer un massage du corps complet en utilisant une huile appropriée (voir *Le massage des bébés*, de Kiran Vyas, chez Marabout). Ne massez pas votre bébé s'il est fatigué, s'il a faim ou s'il vient de manger.

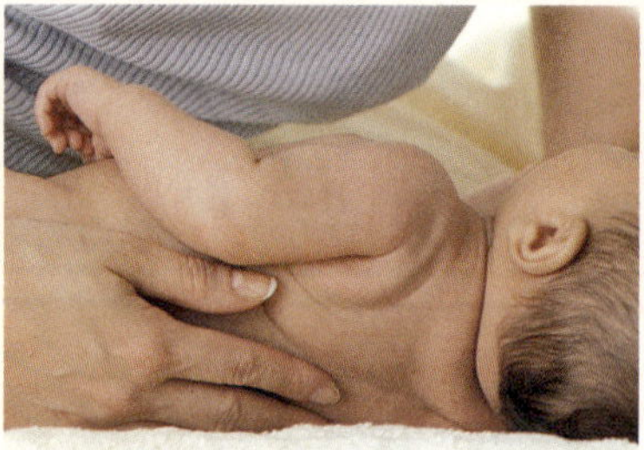

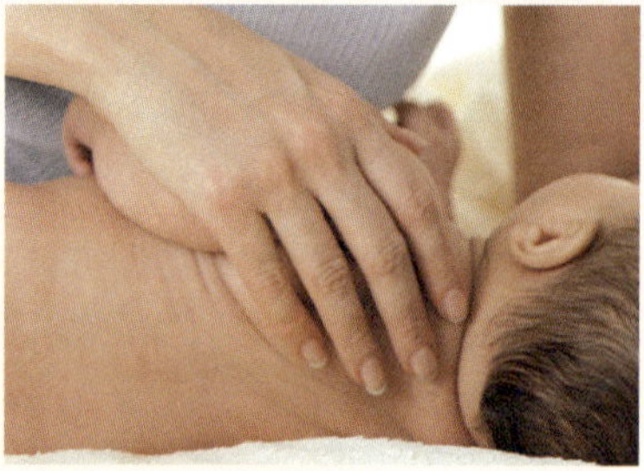

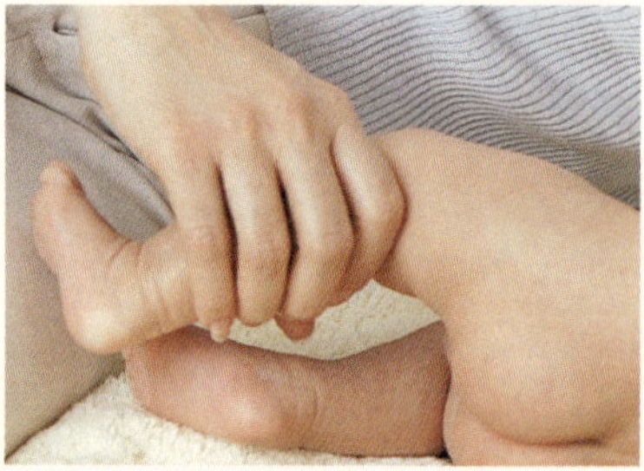

DOS, JAMBES ET BRAS

Étendez-vous sur le côté gauche, votre bébé face à vous et allongé quant à lui, sur le côté droit. Commencez à le caresser avec votre main droite tout entière, en partant de la nuque pour descendre jusqu'au bas de la colonne vertébrale – de la même manière que vous caresseriez un chaton ou un chiot. Poursuivez ces caresses pendant environ une minute. Massez ensuite doucement le haut de son dos, en pratiquant un mouvement circulaire, puis descendez progressivement jusqu'au bas de la colonne verticale, le tout pendant à peu près une minute.
Ensuite, entreprenez de masser ses bras, toujours avec des gestes très doux et très fluides, en partant de l'épaule pour finir vers la main. Poursuivez là encore pendant à peu près une minute.
Déplacez enfin votre main vers la cuisse de votre bébé et massez-la, en allant de la hanche vers le pied, toujours avec votre paume. Vous pouvez secouer doucement sa jambe pour la détendre et l'aider à se relaxer. Continuez pendant une minute environ, puis recommencez l'opération sur l'autre jambe.

attention, par des attitudes, des sourires, puis des petits mots tels que « maman » ou « papa ».

LE SOURIRE ET LE RIRE

En réalité, votre bébé vous sourit depuis le jour où il est né, mais au début vous n'avez pas su interpréter comme tel le léger mouvement au coin de ses lèvres. Il a fallu qu'il s'« entraîne » pour pouvoir produire, aux alentours de 6 semaines, un sourire identifiable comme tel, en réaction à un jouet favori, à un bruit rigolo ou à une action particulière de votre part. Vers 4 mois, votre bébé répond à vos sourires par un vrai sourire « social », signifiant qu'il ressent la même chose que vous.

Par la suite, il va apprendre à produire divers sourires, lèvres fermées, dents découvertes ou bouche ouverte, afin de moduler ses réponses ; il pourra aussi rire lorsque vous le chatouillez ou émettez un son agréable. Le rire, comme le sourire, améliore la qualité de vos échanges et vous encourage à répéter l'action qui l'a provoqué, afin de le faire rire à nouveau.

MONTRER DU DOIGT

Vers 6 mois, le bébé se met à pointer du doigt des objets hors de portée pour qu'on les lui apporte. Ce n'est que vers 1 an qu'il devient capable d'effectuer ce geste simplement pour partager avec autrui l'intérêt qu'il trouve dans ce qu'il voit ; par exemple, en vous montrant un autre bébé dans une poussette. Il peut également pointer du doigt pour montrer qu'il sait à quoi renvoie un mot, si vous lui demandez « Où sont tes pieds ? ». Et lorsqu'il commencera à parler, il palliera souvent ses lacunes de vocabulaire en usant de ce moyen, par exemple en montrant sa tête et en disant « bonnet » pour vous demander de lui mettre son bonnet.

RECONNAÎTRE PAPA ET MAMAN

Durant ses premières semaines de vie, votre bébé va progressivement différencier les façons que vous et votre conjoint avez de parler, de sentir, de bouger et de le manipuler, ainsi que la manière dont chacun de vous réagit lorsqu'il sourit, gazouille ou s'agite. À 3 mois, il se sera déjà fait une idée précise de ses parents, ce qui influencera sa façon d'interagir avec chacun de vous et la façon dont vous, en retour, réagirez. Par exemple, en voyant sa mère approcher, il anticipera peut-être le fait qu'il va être nourri et adoptera les gestes appropriés, alors qu'en entendant la voix de papa, il pourra s'agiter en pensant qu'il va jouer avec lui.

JOUER

Vers 3 mois environ, votre bébé commencera à reconnaître à votre intonation si vous êtes fâchés ou contents et, au cours des semaines suivantes, il apprendra quelles actions de sa part entraînent tel ou tel type de réponses. Vers 8 ou 9 semaines, il aura élaboré tout un répertoire de comportements permettant d'obtenir le type d'attentions qu'il préfère – câlins, félicitations, sourires ou rires ; il sera même parfois capable d'endosser votre rôle lors des petits jeux que vous avez mis en place, comme tendre un jouet et le retirer au moment où l'autre veut s'en saisir, ou initier sa propre version de cache-cache. Ces petits jeux participent à l'apprentissage du partage et du don et l'on peut les proposer à l'enfant dès qu'il a 6 mois, mais on ne doit pas s'attendre à ce stade à ce qu'il comprenne ce que signifie le fait de prêter un jouet par exemple, ou penser que l'enfant se montre malveillant en faisant croire qu'il donne un jouet pour aussitôt le mettre hors de portée. Les jeux de cache-cache ne sont pour lui que l'occasion d'imiter certains comportements, avec à la clé des rires.

JEUX DE GARÇONS, JEUX DE FILLES

De nombreuses études montrent que, même de façon non intentionnelle, les parents encouragent souvent leurs enfants à pratiquer des activités qui correspondent à leur sexe, et que les papas, notamment, ont tendance à jouer à des jeux un peu brutaux avec un garçon, alors qu'ils choisiront des jeux plus calmes avec une fille. Les mères, elles aussi, expriment davantage de satisfaction à voir leur fils jouer avec un camion ou des cubes plutôt qu'avec une poupée, et inversement lorsqu'il s'agit d'une fille. Lorsque les enfants grandissent, l'attitude et les réactions des parents sont de plus en plus liées au genre, qui influence leurs attentes par rapport à l'avenir de leur enfant.

Bien qu'il ne soit pas toujours possible d'éliminer totalement les stéréotypes liés au sexe, il est important d'être conscient du fait qu'ils peuvent limiter le potentiel de votre enfant. En lui offrant une plus grande diversité de jeux et d'expériences (voir chapitre 11), vous lui permettrez de développer plusieurs compétences.

Un bébé toujours propre

Vous devrez baigner et laver les cheveux de votre bébé, mais également lui apprendre à se laver les mains après certaines activités, en particulier avant de manger et après être allé sur le pot.

L'HYGIÈNE

Les standards d'hygiène varient selon les familles. Certaines pensent que la maison et les enfants doivent être toujours scrupuleusement propres, afin de se protéger des infections, alors que d'autres considèrent qu'un peu de saleté n'a jamais fait de mal à personne.

Quoi qu'il en soit, il est impossible de protéger votre bébé de toutes les maladies ou infections, et, de toute manière celui-ci a besoin de se constituer des défenses immunitaires pour pouvoir les combattre ensuite ; c'est pourquoi il est important de trouver un équilibre entre une trop grande et une trop faible protection, tout en imposant des règles d'hygiène personnelle qui lui resteront toute sa vie.

Les enfants sont particulièrement vulnérables à certains troubles digestifs, tels que les diarrhées et les vomissements, et attrapent facilement des maladies à l'extérieur. Vous pouvez contribuer à les combattre en donnant à votre enfant de bonnes habitudes d'hygiène.

Lorsque votre enfant commence à manger tout seul, apprenez-lui à se laver les mains avant de manger ou de toucher à de la nourriture et à ne pas consommer de fruits ou de légumes crus sans les avoir lavés. Il devra également apprendre à se laver les mains (ou utiliser un liquide désinfectant) après être allé aux toilettes,

ZOOM SUR… les savons et shampoings pour enfants

Le chapitre 2 fait état de l'utilisation répandue de produits spécialement adaptés aux nourrissons pour leur laver le corps et les cheveux, ceux-là étant supposés être plus doux pour la peau et piquant moins les yeux que ceux pour adultes. Le principe reste le même lorsque votre bébé grandit, le principal avantage de ces produits pour bébés étant qu'ils sont plus attirants pour les enfants : ils peuvent avoir une jolie couleur, montrer un personnage de dessin animé sur leur emballage, ou encore avoir une odeur de bonbon ou autre friandise. À ce jour, aucune étude n'a pu démontrer qu'un savon ou un shampoing est vraiment meilleur qu'un autre, même si les fabricants aimeraient vous le faire croire. Si votre enfant a la peau sensible, ou que vous ne voulez prendre aucun risque, optez de préférence pour un produit sans savon.

avoir joué dehors ou touché des animaux. Supervisez le lavage des mains, ou vérifiez s'il l'a fait correctement, jusqu'à ce que vous soyez certains qu'il le fait bien. Assurez-vous que votre enfant sait quels sont son gant et sa serviette : d'un point de vue hygiénique, c'est bien mieux et cela l'encourage en outre à s'en servir.

Beaucoup d'enfants ont des doudous ; si c'est le cas du vôtre, ne le laissez pas le faire traîner partout pour le mettre ensuite dans sa bouche. Lavez-le souvent, pourquoi pas pendant qu'il dort, si vous avez peur qu'il lui manque.

Les petits enfants qui marchent à quatre pattes ou jouent sur le sol ou dans des bacs à sable ont tendance à mettre leurs doigts sales dans leur bouche ou à manger des saletés. Ils risquent alors d'attraper la toxocarose, une maladie infectieuse causée par un ver.

Tâchez d'empêcher votre enfant de manger ce qu'il trouve par terre, surtout si c'est dans du sable ou de l'herbe, et dissuadez-le de mettre ses doigts sales dans la bouche. Veillez à bien couper ses ongles, pour éviter que des saletés se coincent dessous, et, si vous avez un bac à sable chez vous, recouvrez-le d'une bâche lorsque votre enfant a terminé d'y jouer. Une bonne habitude consiste, par ailleurs, à toujours avoir des lingettes sur soi lorsqu'on est de sortie avec son enfant, de manière à pouvoir lui essuyer les mains en cas de nécessité.

LE BAIN

Après les pleurs qui accompagnaient les bains de votre nouveau-né, le moment du bain est désormais beaucoup plus agréable et s'il est parfois difficile de le faire entrer dans la baignoire, il est souvent encore plus malaisé de l'en faire sortir. Le bain est un moment idéal pour permettre à votre enfant de se détendre et de s'amuser. Il peut jouer avec des jouets pour le bain, apprendre à connaître les parties de son corps et comment les laver, ou simplement s'allonger et vous écouter lui raconter une histoire. Lorsqu'il se mettra à parler mieux, il aimera sans doute aussi chanter des chansons, parler de ce qui s'est passé pendant sa journée, ou jouer à des devinettes. De manière générale, le bain constitue un moment d'échange privilégié entre l'enfant et le parent qui s'occupe de lui, car l'attention du parent est concentrée sur lui, et le fait d'être dans l'eau rend le bébé particulièrement calme et réceptif ; le plaisir et le bénéfice qui en résultent incitent beaucoup de parents à en programmer un tous les jours en fin de journée, avant le dîner et le rituel du coucher.

Du strict point de vue de l'hygiène, il n'est pas nécessaire de donner un bain tous les jours à votre enfant et l'on peut n'en prévoir un que tous les deux ou trois jours, ainsi que les jours où il s'est particulièrement sali. Le reste du temps, une toilette effectuée avec un gant ou une éponge suffit amplement.

Une fois que votre enfant saura rester assis sans votre soutien (vers l'âge de 6 mois), vous pourrez lui donner son bain dans la grande baignoire. La sécurité pendant le bain est capitale : ne remplissez pas trop la baignoire, 5 à 7 cm d'eau, soit de quoi couvrir ses jambes, suffisent. Vérifiez aussi la température de l'eau avec votre coude avant de mettre votre enfant dans le bain, loin des robinets afin qu'il n'y touche pas et ne se brûle pas. Pour éviter qu'il glisse et tombe en se levant, placez un tapis antidérapant dans le fond de la baignoire ou bien mettez une baignoire pour enfant en plastique dans votre baignoire. Sortez-le vous-même de la baignoire ou tenez-le par les mains lorsqu'il sort. Surtout, ne laissez jamais votre bébé seul dans son bain, même pour un court instant.

Lotions et crèmes hydratantes

Quelle est la meilleure crème hydratante pour les peaux sèches ? Il existe de nombreux produits spécifiques pour bébé, généralement doux, mais par conséquent moins hydratants qu'un produit pour adulte. N'importe quelle crème pour adulte fera donc l'affaire, une marque générique tout autant qu'une grande marque : ce qui les différencie en réalité est bien plus souvent leur prix que leur efficacité elle-même. D'ailleurs, si vous le souhaitez, vous pouvez très bien utiliser votre crème hydratante pour les mains pour hydrater votre bébé. Toutefois, si au bout de quelques jours la crème que vous mettez quotidiennement à votre enfant, de préférence après le bain, ne donne pas de résultats convaincants, essayez d'augmenter la fréquence des applications ou d'en changer.

Beaucoup d'enfants adorent qu'on leur mette du bain moussant ; vous pouvez y souscrire car ces mousses sont des produits absolument non toxiques et qui, de plus, s'éliminent facilement. Il peut arriver qu'ils provoquent une irritation externe de la vulve chez les petites filles, ou de l'urètre chez les garçons, pouvant éventuellement entraîner une infection de la vessie ; si vous constatez que votre enfant est sujet à ce genre d'irritations, évitez-les. Mais à part ce risque mineur vous êtes tout à fait libre de décider que votre enfant aura ou non de la mousse dans son bain.

Sachez, pour ce qui est du savon, qu'il n'est nullement indispensable d'acheter un savon spécial bébé (voir

encadré ci-contre). La plupart des professionnels de santé recommandent un produit lavant sans savon (qui risque moins de dessécher ou d'irriter la peau de votre bébé) ou un savon enrichi d'une crème hydratante, mais, si votre enfant n'a pas une peau particulièrement fragile, n'importe quel savon pour adulte fera en réalité parfaitement l'affaire.

FAIRE DU BAIN UN MOMENT AGRÉABLE

Il arrive que le bain ne se passe pas de manière aussi agréable que nous venons de le dire. Les problèmes qui peuvent survenir sont généralement dus au fait que votre bébé est fatigué, ou bien que vous n'avez pas la patience nécessaire (ce qui peut fort bien se comprendre après une journée passée à vous occuper d'un bébé pas toujours facile et à accomplir toutes sortes de tâches ménagères, ou après une dure journée de travail). Pour éviter à votre bébé d'accumuler de la fatigue, couchez-le bien tous les jours à la même heure et faites-lui toujours faire sa sieste. Vous trouverez au chapitre 11 des conseils pour prévenir les conflits dans ces moments-là, ainsi que pour vous montrer plus patients.

Certains petits enfants n'aiment pas le bain parce qu'ils ont peur de l'eau. Si c'est le cas de votre enfant, essayez de faire du bain un moment amusant, en l'agrémentant de bain moussant, en proposant à votre enfant des crayons ou de la peinture pour le bain, une sélection de jouets de bain, ou bien chantez des chansonnettes telles que « Ah les crococo, les crococo, les crocodiles… ». Si votre enfant a peur de mouiller son visage, montrez-lui comment faire des bulles dans l'eau. Vous pouvez aussi l'emmener à la piscine ou le laisser jouer avec le tuyau d'arrosage dans le jardin pour l'aider à se familiariser avec l'eau.

Prendre votre bain avec lui peut aider votre enfant à se sentir plus en confiance. Laissez-le vous éclabousser ou vous verser de l'eau sur la tête, puis faites-lui la même chose. Vous pouvez aussi le laisser prendre un bain avec un petit copain ou une petite copine, il en sera certainement ravi. Si malgré tout il continue à faire des histoires au moment du bain, laissez-le se tenir debout dans une bassine d'eau pendant que vous le lavez. Vous pouvez également essayer de lui faire prendre une douche avec vous. Si rien ne fonctionne, lavez-le avec un gant ou une éponge jusqu'à ce qu'il se sente prêt à retourner dans l'eau.

LAVER LES CHEVEUX

Si le bain est généralement un moment que les bébés apprécient, ils aiment plus rarement qu'on leur lave la tête. Votre bébé prendra sans doute plaisir à s'allonger sur le dos et à laisser ses cheveux se mouiller, mais il pourra avoir peur de mettre vraiment la tête dans l'eau (alors que plus tard, il adorera ça !). Ce n'est pas le fait de masser le crâne après avoir appliqué le shampoing qui pose problème, mais le fait de faire couler de l'eau sur sa tête pour le rincer : votre bébé redoute alors de ne plus pouvoir respirer ou d'avoir un produit irritant qui lui coule dans les yeux.

Bien que les produits pour enfants ne soient vraiment pas meilleurs que ceux pour adultes, l'avantage des shampoings pour bébé est qu'ils piquent moins que ceux pour adultes, ce qui peut présenter un avantage lorsque votre enfant en a dans les yeux, bien que vous deviez vous attendre à ce qu'il proteste tout autant !

Peau, cheveux et ongles

Au cours des premières semaines de vie, la peau des nouveau-nés est souvent sèche et épaisse, et il arrive fréquemment qu'elle pèle. Ce n'est qu'après cette période initiale que les bébés se mettent à avoir la peau toute douce que nous leur envions souvent ; lorsqu'ils ont un problème de peau, il s'agit le plus souvent d'une sécheresse ou d'une irritation cutanée.

Il se peut que votre bébé soit né avec des cheveux et qu'ensuite la plus grande partie d'entre eux soit tombée, surtout sur le haut de sa tête. Comme il passe presque tout son temps allongé sur le dos, il est également probable qu'il ait un endroit « dégarni » à l'arrière de la tête – à l'endroit où il la pose. Si votre bébé a très peu de cheveux ou qu'il les perd, rassurez-vous, ils pousseront (ou repousseront).

Les ongles des pieds et des mains vont également se mettre à pousser, plus rapidement cependant aux mains qu'aux pieds : vous n'aurez donc pas à couper aussi souvent ceux de ces derniers.

PEAU SÈCHE

Vous pouvez vous rendre compte que votre bébé a la peau sèche lorsque, en la caressant, elle vous paraît un peu rêche. Si vous l'examinez de plus près, vous devriez y voir des petites pellicules blanches, ou bien des petites protubérances ; vous trouverez peut-être également des zones localisées de peau sèche, rugueuse, un peu enflée, à l'apparence plus rose que le reste de la peau, qu'on appelle « plaques sèches ».

La sécheresse cutanée peut avoir de nombreuses causes. Certains enfants héritent cette tendance de leurs parents, alors que pour d'autres elle résulte surtout d'un air trop sec dans la maison (ce qui est souvent le cas lorsqu'on chauffe trop). Elle peut aussi être due au fait de séjourner trop longtemps dans l'eau d'un bain ou d'une piscine. Si la sécheresse cutanée devient chronique et se met à provoquer des démangeaisons, on parle alors d'eczéma (voir page 483).

On doit traiter la sécheresse cutanée pour deux raisons : d'abord pour rendre à la peau une apparence nette et saine ; ensuite, pour éliminer l'inconfort ou les démangeaisons que pourrait ressentir votre bébé.

Si votre bébé a la peau très sèche, ne lui donnez pas forcément un bain tous les jours, et surtout utilisez un savon hydratant. Appliquez-lui une bonne crème hydratante juste après l'avoir séché avec une serviette, lorsque sa peau est encore un tout petit peu humide. Une autre mesure consiste à installer un humidificateur d'air dans sa chambre.

IRRITATIONS DE LA PEAU

Elles se situent principalement sur la zone du siège et sur le visage, et résultent de deux facteurs intervenant de concert sur la peau : le frottement et l'humidité. Les érythèmes fessiers se développent plus facilement lorsque la couche mouillée ou sale est en contact avec la peau : l'urine et les selles peuvent ainsi pénétrer la surface supérieure de l'épiderme et entraîner des irritations. Les zones qui sont humides mais ne frottent pas contre la couche, comme les plis des cuisses, ne développent généralement pas de telles irritations, même si des rougeurs peuvent s'y développer.

Les joues et le menton sont également assez fréquemment irrités, principalement à cause de la salive, bien que le lait, la nourriture et tout ce que l'enfant peut régurgiter puissent avoir aussi un effet irritant sur la peau. Si votre enfant est sujet aux régurgitations, lesquelles peuvent survenir peu de temps après la naissance, sachez que cela durera peut-être plusieurs mois. Les bébés ont par ailleurs de la salive en excès, qui les font baver, phénomène qui s'accentue vers l'âge de 3 mois (on attribue souvent cela aux poussées dentaires, mais en réalité c'est plutôt la maturation des glandes salivaires qui en est responsable).

Il faut désormais ajouter à l'humidité de la salive ou des vomissements le fait que votre bébé se frotte le visage contre les draps de son lit à barreaux, ou sur votre épaule lorsque vous le tenez contre vous. Cela peut provoquer des plaques de peau irritées rose-rouge. Le vent ou un temps froid peuvent également être des facteurs irritants pour la peau.

Parfois, un petit enfant développera aussi une mycose, par exemple si un érythème fessier persiste pendant plusieurs jours et que celui-ci finit par être infecté par un champignon. La mycose peut également apparaître dans les plis du cou, vers l'âge de 2 ou 3 mois, lorsqu'un double, voire triple menton se forme, et la bave ou le lait qui ont coulé viennent se loger dans les plis de peau qui en résultent. La chaleur et l'humidité de ces zones sont très favorables au développement des champignons.

Afin de traiter les érythèmes, essayez de réduire les facteurs déclenchants. Ne vous attendez pas à ce que votre bébé cesse de régurgiter ou de baver ; essayez plutôt de mettre en place une protection empêchant ces liquides d'atteindre la surface de la peau. À cet effet, vous pouvez appliquer une crème épaisse (vaseline, crèmes à base d'oxyde de zinc, etc.) sur les joues ou le menton de votre enfant. Si le vent est la cause des irritations, appliquez la crème avant de sortir lorsqu'il fait froid. Afin de prévenir l'humidité dans le cou, utilisez un bavoir, et lorsque les plis du cou sont irrités, nettoyez-les avec une lingette propre au moment où vous changez sa couche. Certaines crèmes permettent également de protéger la peau des frottements sur le drap, la couverture ou le lange qui couvre votre épaule. Pour plus de détails sur l'érythème fessier et les moyens de les éviter, reportez-vous au chapitre 2.

L'ENTRETIEN DES CHEVEUX

Le rôle principal des cheveux sur la tête de votre bébé est de garder son crâne au chaud, ce qu'ils ne font pas forcément très bien. Les cheveux ont aussi d'autres fonctions. Ils offrent à votre enfant des caractères esthétiques vous aidant à le différencier des autres jeunes enfants et peuvent également être source d'amusement si vous les arrangez de façon particulière, surtout si vous avez une petite fille, qui sera encore plus mignonne une fois que vous l'aurez coiffée. En dehors de ces avantages, les cheveux sont plutôt une source de problèmes pour les parents car vous devez les laver, les sécher, les peigner ou les brosser, et de temps en temps les couper. Si votre bébé est comme la plupart des autres enfants plus âgés ou tout petits, aucune de ces tâches, comme le shampoing, ne sera simple à réaliser.

En dehors du crâne, votre nouveau-né peut naître avec des poils fins et sombres sur le corps, en particulier sur le dos, les avant-bras et les tempes. Ces poils disparaissent souvent progressivement pendant les premiers mois, mais, chez certains enfants, ils persistent et poussent sur presque tout le corps, sauf le visage, le cou, les mains et les pieds. On les remarque plus facilement chez les enfants bruns, et il faut savoir qu'ils n'ont rien d'anormal. Une telle pilosité chez les enfants a généralement un caractère héréditaire, et intervient souvent dans les familles où le père présente lui-même une pilosité corporelle assez développée. Ne prêtez pas attention à ces poils, sauf s'ils apparaissent dans la zone pubienne. Si votre enfant a des poils courts et fins sur les parties génitales, cela n'est pas préoccupant, mais s'ils sont longs, frisés ou épais, parlez-en à votre pédiatre, cela peut être un signe de puberté précoce.

COUPER LES CHEVEUX

Couper les cheveux de votre bébé peut être une réelle épreuve. Beaucoup d'enfants n'apprécient pas ou ont peur lorsqu'on s'approche d'eux avec des ciseaux ou une

4 astuces pour simplifier l'entretien des cheveux

1. **Gardez les cheveux courts.** Il est beaucoup plus facile d'entretenir des cheveux courts que des cheveux longs, alors, dès que le brossage se transforme en bataille, prévoyez une coupe.
2. **Distrayez votre bébé.** Il vaut mieux brosser les cheveux de votre bébé pendant qu'il est occupé à quelque chose d'amusant.
3. **Il est plus facile de peigner les cheveux de bébé lorsqu'ils sont humides ou mouillés,** alors passez le peigne dans ses cheveux juste après le bain, quand il est sec, ou bien humidifiez-les légèrement (avec de l'eau dans un vaporisateur) avant de le faire.
4. **Utilisez un démêlant.** Si votre bébé a les cheveux longs, des mèches peuvent s'emmêler et former des nœuds parfois fort difficiles à défaire. Heureusement, il existe des sprays démêlants dans le commerce qui vous permettront d'écourter la séance de coiffage.

tondeuse. Et même dans les meilleures conditions, il peut sembler impossible que votre enfant reste assis sans bouger pendant plus de quelques instants. Trouvez un coiffeur patient et offrant des distractions aux enfants ou bien un coiffeur spécialisé pour enfants.

COUPER LES ONGLES

Votre bébé aura besoin que vous lui coupiez les ongles moins souvent que lorsqu'il était nouveau-né, mais s'il existe plusieurs techniques pour le faire, aucune n'est forcément simple ou facilement acceptée par lui.

Il existe des petits coupe-ongles pour les tout-petits et les plus grands. Il peut être difficile de les utiliser sur un bébé sans enlever de temps en temps un petit morceau de peau car on ne sait pas exactement où se trouve la lame coupante

3 trucs pour couper les ongles

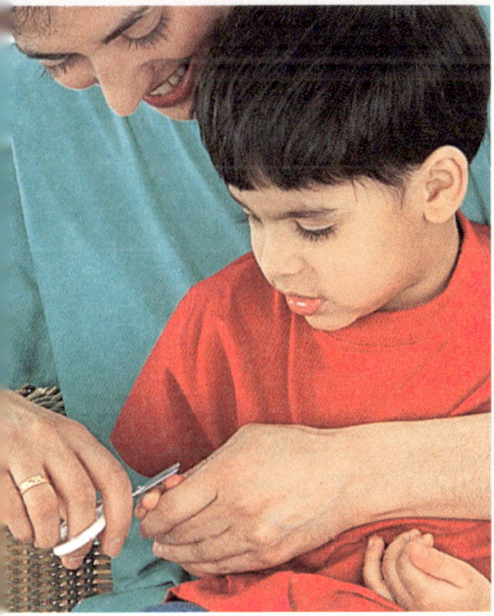

1 **Coupez l'ongle bien droit.** Il n'est pas utile de l'arrondir sur les côtés, d'autant que cela nécessite davantage de temps et de dextérité.

2 **Coupez les ongles de votre bébé pendant qu'il dort** ou qu'il est occupé à une activité calme.

3 **Faites-le à deux,** une personne ayant pour mission de tenir le doigt droit et immobile, pendant que l'autre coupe l'ongle.

inférieure lorsque l'on coupe, mais avec un bébé de 6 ou 9 mois, dont les ongles sont plus grands, c'est beaucoup plus facile.

Si vous aviez utilisé vos dents pour couper les ongles de votre nouveau-né, cette méthode n'est plus très efficace maintenant que votre bébé est plus âgé, à moins que ses ongles soient très longs. De plus, il existe des risques d'introduire des infections, des germes de votre bouche pouvant pénétrer dans les petits interstices de la peau entourant les ongles de votre enfant. Une lime à ongles en émeri souple permet de lui limer les ongles en toute sécurité, mais comme il n'est pas possible de passer beaucoup de temps sur chaque ongle, ce n'est pas très pratique non plus.

Les pédiatres recommandent d'utiliser des ciseaux pour bébé pour couper les ongles. Les ciseaux pour bébé sont arrondis au bout, et présentent une lame coupante et l'autre émoussée. Pour les utiliser, placez la lame émoussée vers le bas et la coupante, vers le haut. La lame émoussée ne coupera pas la peau du doigt, tandis que la lame du dessus coupera l'ongle.

Les ongles des pieds poussent beaucoup plus lentement et il est moins nécessaire de les maintenir courts que les ongles des mains, ni de les couper aussi souvent. Il vous faudra vérifier que les extrémités ne deviennent pas pointues car cela peut être douloureux si elles s'accrochent aux vêtements.

Toute rougeur, inflammation ou zone dure près d'un ongle peut indiquer la pousse d'un ongle incarné, signalez-le à votre pédiatre.

L'entretien des dents

Les premières dents de votre enfant apparaissent lorsqu'il a environ 6 mois, et vous devez tout de suite commencer à en prendre soin afin de prévenir les caries, en les nettoyant avec un mouchoir après chaque repas. L'émail des premières dents de lait n'est pas encore assez solide pour les protéger, les rendant particulièrement sujettes au tartre et à l'usure ; c'est pourquoi on déconseille de donner des aliments trop sucrés aux bébés entre 6 et 12 mois. Par ailleurs, on vous conseillera peut-être de lui administrer du fluor.

LE FLUOR

Administrer du fluor de sodium à un bébé permet de renforcer ses dents et de les rendre moins vulnérables aux caries. Des chercheurs ont démontré que lorsqu'on boit une eau complémentée en fluor, on voit son nombre de caries baisser de 20 à 40 %. Le fluor contribue également à renforcer les os ; c'est pourquoi la plupart des distributeurs d'eau potable ajoutent une très faible quantité de fluor à leur eau, de

ZOOM SUR... les caries

Les caries sont une maladie infectieuse causée par des bactéries qui prolifèrent sur les gencives des enfants. Certaines circonstances favorables, comme un contact répété et prolongé d'une dent avec des aliments sucrés, accélèrent leur multiplication, l'émail de la dent est alors attaqué. Cela vaut vraiment la peine de faire des efforts pour éviter les caries, car elles entraînent des douleurs dentaires et les soins mis en œuvre pour les combattre sont désagréables. En outre, une mauvaise hygiène dentaire pendant la petite enfance entraîne dans la bouche et sur les gencives une augmentation des « mauvaises » bactéries responsables des caries, et une diminution des « bonnes » bactéries. Ne pensez donc pas qu'une carie sur une dent de lait est sans importance, car, lorsque l'enfant la perdra quelques années plus tard, elle sera remplacée par une nouvelle dent, définitive cette fois ; or, si les bactéries responsables de cette carie sont toujours présentes dans la bouche de votre enfant, elles risqueront de s'attaquer à la dent définitive qui poussera à la place de la dent cariée.

manière à améliorer la santé des consommateurs. Si vous consommez de l'eau de source, il y a, en revanche, peu de chances qu'elle en contienne.

Diverses sources de fluor existent (voir encadré ci-contre). Si la pâte dentifrice que vous achetez pour votre enfant est fluorée, il est très probable qu'il en ingère au moins une partie jusqu'à l'âge de 3 ou 4 ans, au lieu de la recracher comme il se doit, et qu'il reçoive déjà ainsi une dose suffisante de fluor.

Dentistes et pédiatres recommandent une administration régulière de fluor. Cependant, si le fluor est effectivement bénéfique lorsqu'il est correctement dosé, il peut provoquer des effets indésirables s'il est absorbé en trop grandes quantités. Le fluor ingéré agit sur les dents en formation dans les gencives, avant leur éruption, donc plus on commence à administrer tôt du fluor, mieux on prévient les caries.

En tant que parents, vous devez à la fois vous assurer que votre enfant prend du fluor et vérifier que les doses ne sont pas excessives. Un bébé peut fort bien recevoir une trop grande quantité de fluor si on lui en administre de plusieurs sources différentes, ou s'il avale trop de dentifrice fluoré ; pour supprimer ce dernier risque, ne lui donnez que l'équivalent d'une demi-noisette de pâte dentifrice pour se brosser les dents. Vérifiez également que votre bébé ne prend du fluor qu'à une seule source, pour éviter toute surdose. Si vous ne savez pas si, chez vous, l'eau du robinet contient du fluor, vérifiez auprès de l'organisme chargé de la distribution de l'eau potable dans votre région.

Tétines et dents

Le fait d'utiliser une tétine peut avoir un impact négatif sur la manière dont les dents des bébés sortent et se mettent en place. Plus votre enfant mettra une tétine dans la bouche, plus il risquera d'en modifier la structure interne, ce qui peut affecter la façon dont les dents de lait, puis les dents définitives, seront alignées ; c'est pourquoi il vaut mieux essayer de limiter les moments pendant lesquels votre enfant utilise une tétine (en ne la lui donnant que pour aller au lit, par exemple), et tâcher de lui faire perdre cette habitude à partir de l'âge de 1 an. Si votre enfant continue de réclamer sa tétine alors qu'il a déjà 2 ou 3 ans, sachez qu'il court un risque accru d'occlusion inversée (elle se produit lorsque les dents du haut se placent en retrait par rapport au dents du bas, ce qui est contraire à la position normale).

LE BROSSAGE

Dès que les premières dents apparaissent, vous pouvez commencer à apprendre à votre bébé à se brosser les dents, habitude qu'il devra conserver sa vie durant. Vous pouvez au début vous servir d'un gant ou

5 sources de fluor pour votre enfant

1 **Le lait maternel.** Il contient naturellement du fluor, la plupart du temps en quantité suffisante pour répondre aux besoins du bébé ; certaines mères, toutefois, en produisent trop peu.

2 **Le lait infantile en poudre ou concentré, additionné d'eau enrichie en fluor.** Certains parents mélangent le lait en poudre avec de l'eau minérale enrichie en fluor.

3 **L'eau du robinet.** La plupart des carafes équipées d'un filtre pour purifier l'eau ne filtrent pas le fluor de l'eau.

4 **Les dentifrices au fluor.**

5 **Les compléments au fluor**, que l'on peut se procurer sur ordonnance.

d'une compresse humide, puis passer à une brosse à dents à poils souples adaptée aux bébés. Votre pharmacien ou votre dentiste pourront vous conseiller d'utiliser un peu de dentifrice, fluoré ou non, ou seulement de l'eau.

Les dentistes recommandent généralement de se brosser les dents deux fois par jour, de préférence après le petit déjeuner et le soir. Si votre enfant accepte que vous lui passiez du fil dentaire, vous pouvez inclure ce geste à ses habitudes de brossage.

Certains parents préfèrent brosser les dents de leurs jeunes enfants avant le dernier repas du soir, car celui-ci se rattache aux moments apaisants du rituel du coucher et le fait de brosser les dents peut énerver l'enfant. Si vous souhaitez procéder ainsi, sachez que cela ne pose pas de problème si votre bébé ne consomme que du lait avant d'aller dormir, car sa salive nettoiera le lait qui adhère à ses dents.

Le brossage a, en revanche, la fonction importante d'enlever les résidus d'aliments restés collés aux dents. La salive ne peut en effet tous les nettoyer, et le fait qu'ils restent en contact avec les dents pendant plusieurs heures permet aux bactéries cariogènes de créer des caries.

La poussée dentaire

Au sens strict, on définit la poussée dentaire comme l'inconfort précédant l'éruption d'une nouvelle dent. Cette définition n'inclut que les symptômes liés à cette nouvelle dent ; or il est fréquent que l'on attribue d'autres symptômes à cette poussée dentaire, alors qu'ils n'ont en réalité pas de rapport réel avec les dents.

SYMPTÔMES DE LA POUSSÉE DENTAIRE

On considère généralement que la poussée dentaire survient deux à trois semaines avant l'arrivée d'une dent, et on lui attribue un grand nombre de symptômes. Or, ce n'est pas la poussée dentaire qui provoque une salivation excessive ou l'envie de mordre tous les objets durs que manifestent tous les bébés vers 3 mois, lesquelles se produiraient même si la première dent n'apparaissait pas avant des mois. Ce n'est pas non plus à cause d'elle que votre bébé est grognon ou dort mal plusieurs nuits d'affilée, alors que tout va bien pendant la journée ; ces derniers problèmes résultent plutôt de mauvaises habitudes de sommeil.

Fièvre élevée, diarrhée, manque d'appétit, vomissements, toux et nez qui coule sont d'autres symptômes que l'on attribue volontiers à la poussée dentaire, alors qu'ils peuvent aussi bien avoir des causes toutes autres. En effet, vingt dents de lait vont pousser au long des deux ou trois premières années de la vie de bébé, et il sera confronté, dans le même temps, à toutes sortes de maladies ou de petits maux. Si une dent se met à pousser alors que l'enfant traverse un épisode fiévreux ou qu'il a la diarrhée, on pourra penser de manière erronée que les deux sont liés.

La plupart des dents sortent sans douleur ou inconfort visible. Il peut arriver que l'éruption d'une dent entraîne une certaine mauvaise humeur, une salivation excessive ou le désir de mordre dans un objet dur ; mais, si tel est le cas, ces symptômes ne se manifesteront qu'un jour ou deux après que la dent sera apparue.

Lorsque la poussée dentaire génère un réel inconfort, donnez à votre enfant un objet qu'il peut mordiller sans danger. Beaucoup de parents donnent un quignon de pain dur, que l'on a facilement sous la main ; veillez simplement, si vous faites de même, à le récupérer avant que le pain n'ait complètement ramolli et se détache en morceaux. Vous pouvez aussi proposer à votre enfant un anneau de dentition rempli d'un liquide qui lui permet de rester bien froid après qu'on l'a mis au réfrigérateur : le froid est connu pour anesthésier ce type de douleur et, ainsi, soulager beaucoup d'enfants.

Les granules homéopathiques de *Chamomilla* soulagent aussi la douleur.
Si elle persiste, deux autres solutions s'offrent à vous : administrer du paracétamol, un excellent antidouleur, par ailleurs très sûr, ou bien un anesthésiant local.
Il existe en pharmacie des gels associant deux principes actifs, l'hydrochloride de lidocaïne, anesthésiant local, et le chlorure de cétalkonium, antiseptique léger. La lidocaïne soulage la douleur causée par la poussée dentaire chez les tout-petits, tandis que l'antiseptique permet d'éviter que les zones irritées s'infectent.
Il convient d'appliquer une petite quantité de gel sur la gencive, au niveau de la zone concernée, puis de masser doucement avec le bout du doigt (après s'être bien lavé les mains).

Évitez les produits qui contiennent de la benzocaïne : ils ne conviennent pas aux enfants de moins de 4 mois, et doivent être administrés aux autres uniquement en petites quantités, conformément aux instructions du fabricant. En effet, il existe un risque de méthémoglobinémie, une complication rare due à la benzocaïne qui survient si une quantité suffisante du médicament est absorbée dans le système sanguin par le biais de la gencive.
Très rarement, un kyste violacé peut apparaître avant l'éruption d'une dent. Une poche de sang d'environ 6 mm de diamètre, se forme sur la partie de la gencive qui recouvre la dent à venir. Le kyste se rompt lorsque la dent sort, ce qui explique que l'on puisse alors observer un peu de sang dans la bouche du bébé.
Ces saignements, tout comme les kystes, sont tout à fait bénins.

Dans quel ordre sortent les dents

Bien qu'elles ne sortent pas au même moment pour tous les enfants, ces derniers ont généralement toutes leurs dents de lait vers 2 ou 3 ans.

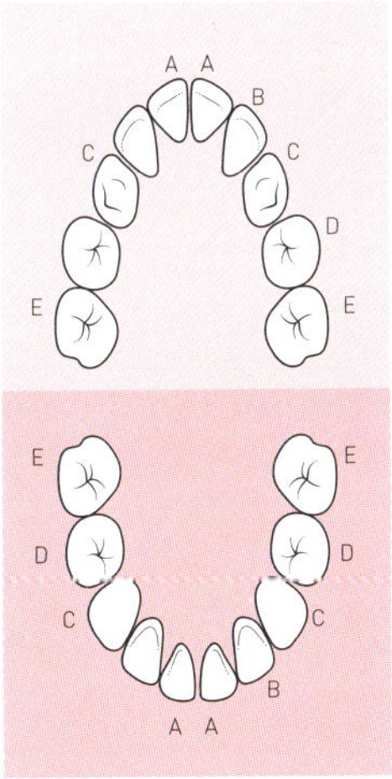

EN HAUT

A. Premières incisives 8-13 mois

B. Secondes incisives 8-13 mois

C. Canines 16-19 mois

D. Premières molaires 13-19 mois

E. Secondes molaires 25-33 mois

EN BAS

A. Premières incisives 6-10 mois

B. Secondes incisives 10-16 mois

C. Canines 16-23 mois

D. Premières molaires 13-19 mois

E. Secondes molaires 23-31 mois

Il est particulièrement important de brosser les dents de votre enfant s'il aime manger des sucettes ou d'autres sucreries, car ces aliments restent typiquement collés aux dents et provoquent facilement des caries. Plus le régime alimentaire de votre bébé sera riche en sucre, plus il aura de sucre dans la bouche et mieux les bactéries produisant les acides qui entraînent la carie dentaire proliféreront. Il est donc préférable de limiter pour votre enfant l'accès à ce type d'aliments, bien que l'on puisse se permettre de lui donner un bonbon de temps en temps. Bon à savoir également, le fromage neutralise très bien l'acidité ; encouragez donc votre enfant à en consommer à la fin des repas.

Brosser les dents de votre enfant peut être beaucoup moins facile que vous ne l'imaginiez. Beaucoup d'enfants n'aiment pas sentir les poils de la brosse frotter sur leurs dents et sur leurs gencives, mais ils sont en revanche nombreux à apprécier le goût du dentifrice ! Bien souvent aussi, ils voudront absolument se brosser les dents tout seuls, sans être aidés, et suçoteront principalement la brosse à dents pour avoir le goût agréable du dentifrice, sans vraiment procéder à un brossage efficace ; c'est pourquoi il convient qu'un adulte supervise au moins ce moment.

Installez votre enfant sur vos genoux et laissez-le d'abord, s'il le souhaite, le « faire tout seul ». Ensuite, prenez-lui la brosse à dents et effectuez rapidement le véritable brossage. Peu importe que vous le fassiez de haut en bas, de gauche à droite ou de manière circulaire, tant que vous nettoyez aussi bien l'avant que l'arrière de chaque dent. Les prémolaires et les molaires des enfants présentent des sillons importants, et 90 % des caries se forment dans ces sillons ; veillez à bien brosser les dents du fond. Vous n'aurez au début pas beaucoup de dents à brosser, mais progressivement de nouvelles dents apparaîtront et votre travail deviendra moins aisé. On estime généralement qu'un enfant a besoin d'être aidé pour le brossage tant qu'il a moins de 7 ans.

Si votre enfant refuse le brossage ou ne se laisse pas faire, restez ferme et insistez sur l'importance de cette

Les caries du biberon

Des caries importantes peuvent se développer de manière simultanée sur plusieurs dents si votre bébé a l'habitude de s'endormir avec son biberon dans la bouche. La salive permet de nettoyer le lait bu lors du dernier biberon, mais pas si le biberon reste dans la bouche pendant toute la nuit, car les dents de l'enfant continuent alors de baigner dans du lait. *Idem* pour les bébés que l'on allaite et qui s'endorment en restant au sein tout ou partie de la nuit : une exposition continue au lait maternel durant plusieurs semaines peut, elle aussi, entraîner de graves caries.

pratique. Il est primordial qu'il prenne conscience de la nécessité de prendre bien soin de ses dents, même si, lorsqu'il aura 6 ans, celles-ci seront remplacées par des dents définitives. Dites-lui combien les caries font mal et s'il en a, il pourra vivre chez le dentiste une expérience désagréable, qui aurait facilement pu être évitée. De plus, un enfant peut très bien développer un complexe s'il a des taches sur ses dents, ou un plombage. Avec la plupart des enfants, il suffit de faire preuve d'un peu de persévérance pour que de bonnes habitudes de brossage se mettent en place ; vous pouvez aussi vous brosser les dents ensemble, ce qui lui permettra de vous imiter et de prendre la chose comme un jeu. Dans l'hypothèse où votre enfant refuse systématiquement le brossage, mieux vaut essayer de transiger en en faisant à chaque fois un peu plus, pour ne pas tomber dans une confrontation systématique.

Il pourra arriver que vous n'obteniez de lui que le fait qu'il accepte de se brosser les dents tout seul, auquel cas ce ne sera, bien sûr, qu'un brossage en surface. Il peut aussi être parfois indiqué de sauter le brossage pendant quelques jours pour reprendre ensuite ces efforts sur une meilleure base.

LE POUCE ET LA TÉTINE

Beaucoup d'enfants sucent leur pouce ou ont une tétine, car ils aiment la sensation que cela leur procure. Cependant, ces deux habitudes peuvent entraîner des problèmes si leur utilisation est prolongée (voir aussi encadré page 262). Il est plus facile de faire arrêter la tétine à votre bébé que de lui faire arrêter de sucer son pouce, car vous pouvez, par exemple, lui retirer doucement la tétine pendant qu'il dort, ce qui lui permet d'apprendre à s'en passer. La plupart des enfants arrêtent d'eux-mêmes de sucer leur pouce ou une tétine entre 2 et 4 ans ; il est donc préférable d'attendre que cela se fasse tout seul, sauf si vous observez une action

PRIORITÉ SANTÉ

Brosse à dents pour bébé

Il est important de protéger le plus possible les brosses à dents des bactéries. À cet effet, rincez-les soigneusement après le brossage et rangez-les dans un verre ou sur un support propre. Remplacez la brosse à dents tous les trois mois au minimum.

négative sur les dents. Un sevrage brutal de la tétine peut conduire à d'autres habitudes orales néfastes, comme sucer ses doigts ; procédez donc plutôt avec douceur, mais fermeté, pour encourager votre enfant à se séparer de son pouce ou de sa tétine volontairement. Plusieurs tentatives peuvent être nécessaires pour parvenir à le défaire définitivement de cette habitude. Vous pouvez aussi utiliser un système fondé sur la récompense, comme un petit tableau sur lequel vous apposerez des étoiles autocollantes pour marquer les jours où il a réussi à se passer de sa tétine. Une autre possibilité consiste à essayer de substituer à la tétine un autre objet rassurant. Dans tous les cas, tâchez plutôt de complimenter votre enfant lorsqu'il progresse dans ses démarches que de le blâmer lorsqu'il se remet à sucer son pouce ou une tétine.

LE SUIVI DENTAIRE

À chaque visite chez le pédiatre, ce dernier vérifiera l'état des dents de votre bébé. Ce n'est que lorsqu'il sera devenu plus grand qu'il sera nécessaire de l'emmener chez le dentiste, à moins d'un problème particulier – par exemple, si votre bébé se casse une dent, qu'il a une tache sur une dent, ou bien qu'il paraît avoir mal ou une sensibilité trop importante au chaud ou au froid. Lors de vos visites annuelles chez le dentiste, ce dernier vérifiera que les dents sont bien sorties et qu'elles sont saines – peut-être lui appliquera-t-il une solution fluorée sur les dents pour renforcer leur émail contre les caries. Cependant, en dehors de cette visite annuelle, si vous avez l'impression que votre bébé a un problème dentaire, n'attendez pas qu'il souffre pour aller chez le dentiste, sous peine qu'il associe ensuite le cabinet dentaire à une expérience douloureuse.

7 trucs pour avoir de bonnes dents

1. **Encouragez votre bébé à privilégier l'eau comme boisson,** en dehors du lait. Il finira par y prendre goût et s'en satisfera ensuite totalement.

2. **Évitez de lui donner des boissons sucrées,** y compris des jus de fruits.

3. **S'il souhaite boire du jus de fruits, diluez-le avec pas mal d'eau** et proposez-le lui dès que possible dans une tasse plutôt que dans un biberon.

4. **N'autorisez pas votre enfant à garder son biberon dans son lit ou à s'en servir comme tétine** ; s'il a besoin d'un biberon pour pouvoir le mâchouiller, remplissez-le d'eau.

5. **Lorsqu'il n'a pas besoin d'être allaité, ne le laissez pas utiliser vos tétons comme une tétine,** car même le lait maternel peut causer des dégâts s'il reste trop en contact avec les dents.

6. **À la fin des repas, proposez à votre bébé des fruits plutôt que des gâteaux.** Les fruits sont riches en fructose, un sucre naturel qui ne contribue pas au développement des caries de la même manière que les aliments sucrés.

7. **Donnez-lui des aliments sucrés de préférence à la fin d'un repas,** plutôt qu'entre deux repas, et toujours avant de lui brosser les dents.

L'alimentation

Vers l'âge de 6 mois, votre bébé verra son alimentation se diversifier. Il ne prendra plus exclusivement le sein ou des biberons, et se mettra à ingérer des aliments solides. Vous pouvez vous référer au chapitre 10 pour plus d'informations, et pour des recettes utiles à ce sujet.

Apprendre à manger avec le reste de la famille est une étape importante du développement social de votre bébé. Si vous dînez généralement tard et que votre bébé a déjà mangé, vous pouvez l'asseoir à table avec vous et lui proposer des aliments qu'il pourra porter lui-même à sa bouche. Essayez aussi de prendre votre petit déjeuner et vos repas du week-end avec lui.

Pendant les repas, votre bébé fait bien plus qu'absorber des aliments, il apprend dans le même temps des règles sociales, telles que la manière dont on utilise des couverts, dont on échange verbalement à table et dont on partage la nourriture. Il est important que les repas soient des vrais moments de détente et de plaisir, sous peine que le bébé trouve ennuyeux de rester assis et de manger à table et que cela engendre un climat conflictuel entre lui et ses parents. Gardez également à l'esprit que les bébés imitent les adultes : si vous mangez avec plaisir, votre bébé aura toutes les chances d'aimer lui aussi manger. Si vous voyez qu'il s'ennuie à table, laissez-le descendre de sa chaise et jouer par terre.

Soyez réalistes sur ce que vous pouvez attendre de votre bébé, et attendez-vous à ce qu'il fasse des saletés lorsqu'il apprendra à manger tout seul. Mettez-lui un grand bavoir et disposez éventuellement des journaux ou une protection plastifiée au sol. Vers 15 à 18 mois, il devrait être capable de porter les aliments à sa bouche avec une cuiller sans en mettre trop à côté, même si manger avec les doigts pourra être plus rapide pour lui.

S'il est fatigué, votre bébé attendra sans doute simplement que vous lui donniez à manger.

5 trucs pour éviter de trop se salir

Certains enfants préfèrent jouer avec la nourriture que l'avaler ; inutile de trop vous inquiéter à ce sujet, cette phase ne dure généralement pas. Le mieux est donc de prendre son mal en patience et de rester calme !

1 Placez la chaise haute sur une protection plastifiée ou sur des feuilles de papier journal, pour faciliter le nettoyage du sol.

2 Dessinez un cercle sur le plateau de la chaise haute de bébé pour lui montrer où il doit poser sa tasse. Donnez-lui une tasse munie d'un bec jusqu'à ce qu'il apprenne à ne plus la renverser.

3 Présentez le lavage des mains comme un jeu lorsque votre enfant s'est sali.

4 Utilisez une assiette creuse et à compartiments pour qu'il attrape plus facilement les aliments avec sa fourchette, et non avec ses mains.

5 Mettez-lui un bavoir en plastique permettant de recueillir les aliments qui tombent.

Tant qu'il est petit, ne vous souciez pas trop des bonnes manières, mais fixez tout de même des limites au-delà desquelles vous estimez son comportement inacceptable, lorsqu'il se met à lancer de la nourriture par terre ou sur quelqu'un, par exemple.

À 3 ans, votre enfant doit pouvoir utiliser une fourchette et une cuiller avec une certaine dextérité, mais il aura toujours besoin d'aide pour utiliser un couteau, en particulier pour découper certains aliments. Prévoyez plus de temps que nécessaire pour les repas lorsque votre enfant apprend à manger seul, et encouragez ses efforts. Servez toujours de petites portions, quitte à le resservir. Enfin, ne lui promettez pas de récompense s'il termine tout ce qu'il y a dans son assiette.

LA CHAISE HAUTE

Lorsque vous achetez une chaise haute, vérifiez qu'elle est bien robuste et équipée d'une sangle se passant autour de la taille, et d'une autre pour l'entrejambe. Votre bébé ne doit pas pouvoir s'y mettre debout, et elle doit être en outre recouverte d'un tissu lavable et facilement déhoussable. La tablette doit être suffisamment large pour que le bébé puisse y poser ses bras ; elle doit aussi comporter un rebord permettant de mieux retenir ce qui s'y trouve, dont les miettes. On doit aussi pouvoir la retirer facilement afin de la nettoyer. Certains modèles sont pliables, ce qui peut être utile lorsque l'espace est limité.

Vous pouvez aussi opter pour une petite table, plus basse et plus stable qu'une chaise haute, mais qui sera tout de même plus encombrante et moins pratique que si le bébé mange à la table familiale.

MANGER DEHORS

Si vous sortez pour la journée, emportez des provisions telles que des fruits, des sandwiches, un peu de fromage et de l'eau ou des jus de fruits, car un jeune enfant qui a faim peut vite devenir irritable. Pensez également à vous munir de lingettes ou de mouchoirs en papier pour nettoyer les mains de bébé avant de le faire manger, et sa bouche après.

Il est bon d'emmener votre bébé au café ou au restaurant de temps en temps, car cela lui apprendra à prendre un repas en compagnie d'autres personnes et à bien se tenir. Le fait de manger ailleurs qu'à la maison constitue également une bonne occasion de goûter à de nouveaux mets.

Cependant, tous les lieux de restauration ne sont pas forcément adaptés aux bébés, ce qui peut rendre pour vous l'expérience stressante et n'apporter aucun plaisir à votre enfant.

Assurez-vous que le restaurant que vous choisissez est bien familial et fournit des chaises hautes, et commandez des plats qui pourront être servis rapidement. Il existe aussi des petits sièges faciles à transporter, adaptés aux bébés, qui se fixent aisément aux chaises ou aux tables.

Habiller votre bébé

Il peut être très agréable d'acheter de jolis vêtements et d'habiller coquettement son bébé, mais on ne doit jamais oublier que leur utilité principale est de tenir chaud et de protéger l'enfant des agressions extérieures, bien plus que de suivre la mode ou de porter des articles de prix. N'oubliez pas non plus qu'avec un bébé, les vêtements se salissent et doivent être fréquemment lavés, et qu'en outre il va grandir très vite et ne pourra pas les porter très longtemps, quelle que soit la taille que vous preniez.

La plupart des parents choisissent donc avant tout des vêtements pratiques : certains se mettent et s'enlèvent beaucoup plus facilement que d'autres, lorsqu'ils sont munis, par exemple, de boutons-pression ou d'une fermeture Éclair plutôt que de boutons. De même, un pull ou un tee-shirt à large encolure facilitera l'enfilage par la tête. Les bodies avec entrejambe sont parfaits pour bien maintenir les couches en place ; mais, une fois que votre enfant commence à apprendre la propreté, il vaut mieux au contraire lui choisir des vêtements lui permettant de se déshabiller rapidement pour aller sur le pot, tels que des bodies normaux et des pantalons à taille élastique.

Lorsqu'il aura 9 ou 10 mois, il deviendra plus difficile de compter sur sa coopération. Certains enfants développent une réelle résistance lorsqu'il est question d'enfiler tel ou tel vêtement, laquelle peut aller jusqu'à un refus total de s'habiller vers l'âge de 2 ou 3 ans (voir conseils dans l'encadré page 275). Vous pouvez essayer de présenter la séance d'habillage comme un jeu, proposer à votre enfant de « choisir » avec vous ses vêtements, ou simplement vous montrer fermes, sachant que, si les choses ne s'améliorent pas, seule la dernière approche reste valable. Bien sûr, il s'agit toujours de s'adapter aux circonstances, et, si votre enfant veut sortir sans manteau en plein hiver, il est évident que vous ne devrez pas céder – même si cela engendre des pleurs. En revanche, s'il veut bien mettre un manteau mais pas ses gants, n'insistez pas, mais prenez tout de même les gants avec vous. Au bout de quelques instants dehors, lorsqu'il aura froid aux mains, proposez-les lui de nouveau ; il est probable qu'il acceptera de les mettre. Dans tous les cas, ménagez-vous suffisamment de temps pour vous occuper d'habiller votre enfant, même si cela implique d'avancer un peu votre réveil le matin : quelques minutes supplémentaires peuvent se révéler bien utiles en cas de conflit au sujet de l'habillage, car les enfants ont tendance à s'entêter encore davantage lorsqu'on est pressés de les habiller.

S'HABILLER SEUL

Vers 15 mois, votre enfant commence à pouvoir effectuer certains gestes qui vont lui permettre de s'habiller seul, mais il a aussi beaucoup de mal à rester tranquille pendant que vous l'habillez ! Dans ce cas, essayez de faire de ce moment un jeu, une sorte de cache-cache : « Où est passée ta tête ? Ah, la voilà ! », lorsque vous lui enfilez un pull. S'il refuse de mettre son manteau pour sortir et qu'il ne fait pas trop froid, emportez-le avec vous et proposez-le lui après quelque temps, il y aura des chances pour qu'il l'accepte.

On peut aussi chanter en habillant son enfant ; il existe des chansons sur ce thème ou vous pouvez inventer la vôtre, que vous chanterez avec lui. Si votre enfant n'est pas de bonne humeur le matin, attendez qu'il ait pris son petit déjeuner pour l'habiller.

À 18 mois, votre enfant s'amusera à retirer ses vêtements, sa couche, ses chaussettes et même ses chaussures, mais il aimera aussi participer à l'habillage, par exemple en levant les bras pour enfiler un pull.

Le moment de l'habillage est une bonne occasion pour lui apprendre les parties du corps, ce que sont les vêtements, où on les met et à quoi ils servent. Cela lui apprendra aussi à s'habiller seul. Par exemple, « la chemise par-dessus le tricot de corps, le pantalon par-dessus la culotte, la combinaison pour être au chaud et au sec, la fermeture Éclair garde la combinaison bien fermée, le bonnet sur la tête, l'écharpe tient le cou au chaud, les moufles gardent les mains bien au chaud, les bottes gardent les pieds au sec, etc.»

Les très jeunes enfants ne se soucient pas de ce qu'ils portent, mais, à partir de 3 ans, ils peuvent développer des goûts bien précis et faire des histoires pour certains vêtements. Dans la mesure du possible, laissez votre enfant choisir ce qu'il veut porter et ne critiquez pas ses choix, en veillant aussi à ne pas vexer la grand-mère qui a tricoté le vêtement !

5 trucs pour habiller votre bébé plus facilement

1 **Distrayez-le.** Si votre enfant est occupé à lire un livre ou à jouer, il sera certainement plus facile de l'habiller.

2 **Montrez-vous ferme.** Si votre bébé est d'un caractère facile, un peu de fermeté pourra suffire pour venir à bout de sa résistance.

3 **Laissez-le choisir.** Beaucoup d'enfants aiment avoir l'impression de choisir ce qu'ils veulent mettre, et les parents de leur côté se retrouvent gagnants dans l'opération. Laissez-le choisir, par exemple, entre deux ou trois tee-shirts, il aura ainsi l'impression que la décision vient de lui et se montrera plus coopératif.

4 **N'attendez pas le dernier moment.** Si vous prévoyez une marge du point de vue du temps, vous pourrez attendre un peu si vous voyez que votre enfant n'est pas immédiatement disponible pour s'habiller, ou bien l'habiller de manière progressive, en lui enfilant, par exemple, d'abord une chaussette, puis un autre vêtement, jusqu'à ce qu'il se retrouve fin prêt.

5 **Adaptez-vous à votre enfant.** Il est parfois plus simple de ne pas trop contrarier son enfant. S'il veut à tout prix porter le même tee-shirt vert tous les jours, lavez-le quotidiennement, cela vous prendra finalement moins de temps et d'énergie que de vous battre pour l'habiller autrement chaque jour. Les filles ne veulent parfois porter que des robes, prévoyez-en alors un nombre suffisant, et qui soient faciles d'entretien. Si votre enfant ne veut porter que des vêtements d'une certaine couleur ou matière, il sera également plus simple de vous plier à sa volonté si vous n'avez pas réussi à lui imposer la vôtre.

L'AIDER À S'HABILLER SEUL

Même si vous le faites plus rapidement que lui, il est important que votre enfant apprenne à s'habiller seul, car c'est une étape vers l'indépendance que vous apprécierez par la suite. Ne vous moquez pas de lui s'il se trompe, cela risque de le décourager et de lui retirer le plaisir d'essayer, en revanche offrez-lui votre aide s'il en a besoin. Même si ses choix de couleurs ne vous plaisent pas, laissez-le faire et, pour éviter trop de discussions, ne placez à sa portée que les vêtements que vous voulez bien qu'il mette.

Disposez les vêtements de votre enfant de façon qu'il puisse facilement les atteindre et les enfiler. Par exemple, si le vêtement comporte un motif sur le devant, tournez-le du bon côté afin qu'il se retrouve sur sa poitrine lorsqu'il l'aura enfilé ; *idem* s'il y a des boutons au dos du vêtement. Pour un pantalon, c'est la taille que l'enfant doit pouvoir saisir en premier, orientez-le donc dans le sens qui convient.

Pour les tee-shirts et les pulls, l'encolure doit être plus éloignée que le bas du vêtement ; apprenez à votre enfant à se glisser dedans en passant la tête dans l'ouverture basse du vêtement.

N'hésitez pas à donner une poupée à votre enfant pour lui permettre de s'entraîner à fermer les boutons, faire les lacets, zipper les fermetures Éclair, etc.

LES FERMETURES

Lorsque votre enfant apprend à fermer une fermeture Éclair, dites-lui bien de la tenir écartée de sa peau et de ses vêtements, pour éviter qu'ils s'y coincent. Lorsqu'il apprend la propreté, achetez des pantalons avec une taille élastique, faciles à retirer et à remettre. Les Velcro et les crochets sont également plus pratiques que les boutons. Lorsque votre enfant apprend à boutonner, dites-lui de lire du bas vers le haut, pour éviter qu'il ne boutonne dimanche avec lundi.

LES CHAUSSURES

La fonction principale des chaussures est de protéger les pieds des objets blessants ainsi que du froid, de la chaleur, de la neige ou de l'eau. Médecins et orthopédistes recommandent des chaussures ou des tennis solides mais souples, plutôt basses, même si les vendeurs essayeront de vous vendre des chaussures plus montantes et rigides « pour maintenir le pied de bébé ». Il est inutile de porter des chaussures à la maison, et, à moins qu'il n'y ait une raison particulière de protéger les pieds de bébé, il vaut mieux qu'il soit pieds nus ou en chaussettes.

Les sandales ou les bottes ne sont généralement pas adaptées aux bébés (voir encadré ci-contre), car elles manquent de souplesse, mais si vous en achetez, essayez de trouver le modèle le plus confortable. Contrairement aux autres chaussures, les bottes ne doivent pas être basses, mais monter au-dessus des chevilles pour protéger de l'eau. Évitez les chaussures à lacets ; optez plutôt pour des chaussures se fermant avec un scratch.

5 qualités recommandées pour des chaussures

1. **Souples.** Vous devez pouvoir plier la chaussure, talon et pointe vers le haut, autant que vos propres chaussures.

2. **Solides.** La chaussure/tennis doit être solide mais souple, et non rigide.

3. **Basses.** Les chaussures/tennis ne doivent pas monter au niveau de la cheville.

4. **Légèrement cambrées.** L'intérieur de la chaussure doit présenter une légère cambrure, repérable avec les doigts.

5. **À la bonne taille.** Les chaussures/tennis doivent être à la taille de votre enfant – vous devez avoir la place de mettre votre index entre le bout de son gros orteil et la pointe de la chaussure.

LES CHAUSSETTES

Le choix des chaussettes est aussi important que celui des chaussures. Trop grandes, elles peuvent entraîner une pression dans des chaussures pourtant adaptées ; trop petites, elles empêcheront les orteils de se positionner bien droits.

Vérifiez régulièrement que les chaussettes sont à la taille de votre enfant.

Pour permettre aux pieds de bien respirer et éviter le développement de champignons, n'achetez que des chaussettes en coton, pas en acrylique ni en laine.

LAVER LE LINGE

Un bébé salit énormément de linge. Il n'y a aucune raison de laver séparément votre linge et celui de bébé, ni d'utiliser un produit de lavage spécifique. Il n'y a pas de lessive meilleure qu'une autre, et il faut se méfier de certains produits pour bébé qui ont tendance à diminuer les propriétés ignifuges des vêtements.

Le sommeil

À partir d'environ 12 à 18 mois, votre enfant va avoir besoin de moins dormir. À ce stade, une des siestes de la journée va être remplacée par d'autres activités plus excitantes, tandis que des problèmes de sommeil nocturne sont susceptibles d'apparaître (voir Réveil matinal et autres troubles, page 214).

Certains enfants ont besoin de dormir plus que d'autres. La quantité de sommeil peut influer sur l'humeur de votre bébé. Si votre enfant de 2 ans ne dort que onze heures par nuit, ne vous attendez pas à ce qu'il dorme jusqu'à huit heures du matin si vous le couchez à sept heures du soir. Dans l'ensemble, les bébés dorment de douze à quatorze heures (incluant les siestes) à 1 an, de douze à treize heures à 2 ans, et douze heures à 3 ans.

LES SIESTES

La plupart des enfants font une sieste jusqu'à 2 ans, certains jusqu'à 3 ou 4 ans. Sa durée dépend de chaque enfant, et elle intervient généralement à la même heure chaque jour. Si l'heure de sa sieste ne vous convient pas, ou se révèle trop tardive par rapport à l'heure du coucher, essayez de l'avancer ou de la reculer de dix ou quinze minutes chaque jour, jusqu'à ce qu'il dorme quand vous le souhaitez.

Si votre enfant refuse de faire la sieste, laissez-le jouer au calme dans son lit, mettez-lui un peu de musique ou lisez-lui une histoire, cela lui permettra de se reposer même s'il ne dort pas.

5 suggestions pour le rituel du coucher

1 **Fixez une heure pour le coucher,** et faites en sorte de la respecter le plus possible. Prévenez votre enfant de façon répétée lorsque l'heure approche.

2 **Donnez le bain à votre enfant peu avant de le coucher** ; vous pouvez le laisser jouer un peu après, mais sans excès.

3 **Mettez votre enfant en pyjama,** donnez-lui une boisson lactée ou un petit en-cas avant de lui brosser les dents.

4 **Ne laissez pas votre enfant seul juste après l'avoir mis au lit.** Restez un peu dans sa chambre pour discuter de la journée passée ou bien lui lire une histoire.

5 **Bordez-le, faites-lui un câlin et un bisou en lui disant bonne nuit.** Quittez la pièce avant qu'il se soit endormi.

Vous pouvez aider votre enfant à faire la sieste en commençant par lui faire cesser toute activité trop excitante, puis en lui donnant un petit en-cas, du lait et un biscuit (sans sucre), par exemple. Ensuite, veillez à ce qu'il n'y ait pas de lumière dans sa chambre et mettez-le au lit un peu comme si c'était le soir. S'il ne veut pas dormir pour ne pas s'éloigner de vous, restez un peu avec lui.

DU LIT À BARREAUX AU LIT DE « GRAND »

Dès que votre enfant est capable d'escalader son lit à barreaux, il est plus sûr de le mettre dans un vrai lit, car il risque de se faire mal en tombant. La plupart des enfants sont ravis d'avoir un vrai lit, même si certains quittent à regret leur environnement familier. Si vous le pouvez, conservez les deux lits dans la chambre pendant quelques semaines, il pourra ainsi dormir dans l'un ou l'autre selon son envie.

Attendez pour changer le lit de votre enfant si un autre bouleversement survient dans sa vie par ailleurs, comme l'arrivée d'un frère ou d'une sœur, l'acquisition de la propreté, une maladie, ou bien un départ ou un retour de vacances.

N'hésitez pas à associer votre enfant au choix des draps, tout en le limitant afin d'éviter les problèmes. Pensez à acheter une alèse plastifiée pour protéger le matelas des accidents.

Pour aider votre enfant à s'habituer à son nouveau lit, placez-y sa couverture et ses peluches préférées ou, s'il le souhaite, une nouvelle peluche plus grande et adaptée à son grand lit.

Le lit ne doit pas être trop haut, afin d'éviter que votre enfant ne se fasse mal en tombant. Vous pouvez y fixer une barrière de sécurité ou y mettre des coussins jusqu'à ce qu'il se sente en sécurité.

LE RITUEL DU COUCHER

Il est important de mettre en place un petit rituel du coucher, qui rassurera votre enfant et permettra de lui assurer un bon sommeil (voir encadré page précédente). Autant que possible, essayez de respecter ce rituel, votre enfant l'associera ainsi au moment d'aller se coucher et de dormir.

De sortie avec son enfant

En rentrant d'une sortie avec son enfant, il est probable que l'on apprécie encore plus que d'habitude d'être chez soi. En effet, on peut avoir en tête l'image parfaite d'une visite chez les grands-parents, avec ces derniers postés sur le pas de leur porte, occupés à admirer bébé, mais on oublie trop vite que, pendant ce temps, le papa est occupé à sortir de la voiture tout l'attirail bien encombrant nécessaire au nourrisson, tel que couches, nécessaire à langer et poussette. S'il n'est pas difficile de se déplacer près de chez soi, les voyages plus longs nécessitent en revanche tout un tas de préparatifs qu'il est préférable de connaître.

PRÈS DE CHEZ SOI

Les déplacements courts sont plus simples que les longs : votre bébé n'est pas immobilisé trop longtemps, vous n'avez pas à emporter beaucoup de choses, les temps d'attente (pour monter dans la voiture ou prendre un bus ou un train) sont courts et vous pouvez facilement vous organiser en fonction des horaires de votre enfant. Si par hasard les choses ne se passent pas bien, vous pouvez toujours faire demi-tour et rentrer à la maison.

Pour tous vos déplacements, au parc, au supermarché ou au musée, ayez toujours un petit sac préparé à l'avance, contenant quelques couches ou des culottes de rechange (en fonction de l'âge de votre enfant), des lingettes, des sacs en plastique, des petites briques de jus et des gobelets. S'il est assez grand, votre enfant peut aussi avoir un petit sac à dos, dans lequel vous aurez placé un jouet ou un doudou, une boisson et un goûter.

Si votre enfant est très actif, ne le laissez pas trop longtemps attaché dans sa poussette. Si vous prenez la poussette, évitez de transporter trop de choses en plus, un grand sac à dos devrait suffire pour emporter le nécessaire.

LE PORTE-BÉBÉ

Dès que votre enfant peut tenir sa tête, vers 16 à 20 semaines, vous pouvez le mettre dans un porte-bébé ventral, mais lorsqu'il est plus lourd ou pour des longs trajets, préférez le porte-bébé dorsal. Il lui permet de se redresser et de voir plus de choses ; son poids est aussi mieux réparti sur vos épaules et votre dos. Les meilleurs modèles sont équipés d'une armature métallique, d'une hauteur d'assise réglable, et sont stables quand on les pose sur le sol pour y installer

bébé. Les porte-bébé dorsaux conviennent aux enfants de plus de 6 mois, dont les muscles du cou sont assez développés.

DANS LE BUS

Pour voyager en toute sécurité dans le bus, faute de ceinture de sécurité, placez votre enfant dans un siège auto coque sur le siège à côté de vous et maintenez-le d'une main ou bien prenez-le sur vos genoux. S'il est dans une poussette et qu'une zone est réservée, vous pouvez l'y mettre en vous assurant que les roues sont bien bloquées. Mais quand il sera en âge de marcher, il ne voudra certainement pas rester longtemps dedans, prévoyez donc un modèle léger et facile à plier si vous empruntez souvent le bus.

Préparez votre titre de transport à l'avance, prenez votre temps pour monter et descendre du bus et demandez de l'aide aux autres passagers si nécessaire.

6 manières de rendre vos déplacements plus agréables

1 **Apportez des distractions.** Prévoyez des livres, des jouets, des crayons et des cahiers de coloriage pour l'occuper, ainsi que ses DVD favoris, si vous avez un lecteur portable ou si vous pouvez les regarder dans la chambre d'hôtel.

2 **Emportez de la nourriture.** Ayez toujours quelques-uns des aliments préférés de votre enfant avec vous. Prévoyez un ou deux en-cas pour le bus, l'avion ou le train, ou les sorties quotidiennes. Si vous allez au restaurant, votre enfant risque de ne pas aimer ce qu'on lui proposera ; emportez donc un sandwich ou un petit plat au cas où.

3 **Respectez un rituel.** Autant que possible, essayez de respecter les habitudes de votre enfant, en gardant à peu près les mêmes horaires de coucher, de siestes, de repas. Votre enfant aura ainsi plus de chances d'être de bonne humeur.

4 **Tenez compte de votre enfant.** La découverte d'un nouvel environnement pourra l'exciter, mais aussi beaucoup le fatiguer.

5 **Ayez une trousse de premiers secours** (voir encadré page 286).

6 **Lorsque vous arrivez dans une chambre d'hôtel ou une maison étrangère,** inspectez les lieux pour vous assurer qu'ils ne présentent pas de danger pour un enfant. Vous pouvez utiliser du scotch épais pour couvrir les prises ou protéger les fils électriques. Consultez le chapitre 12 pour en savoir plus sur les dangers à l'extérieur.

PRIORITÉ SANTÉ

Pensez pratique !

En arrivant à l'aéroport, n'enregistrez pas votre poussette en même temps que les bagages : elle vous sera utile pour emmener votre enfant jusqu'à la porte d'embarquement. Vous pourrez l'enregistrer juste au moment de monter dans l'avion et elle vous attendra à votre descente. Si votre enfant est sous traitement, achetez plus de médicaments que nécessaire, et ayez-en à la fois sur vous et dans votre valise ; si vos bagages se perdent, vous ne serez ainsi pas pris au dépourvu.

- Faites vos courses quand le magasin est calme et que vous et votre enfant n'avez pas faim, ni n'êtes fatigués, ou bien emportez une collation.
- Impliquez votre enfant dans le choix des aliments, demandez-lui s'il préfère les pommes rouges ou vertes, ou quelle sorte de céréales il souhaite. S'il choisit quelque chose dont vous ne voulez pas, vous pouvez lui expliquer pourquoi vous n'en voulez pas, ou simplement attendre le moment où il ne regardera pas pour remettre le produit en rayon. S'il est assez grand, il peut chercher les articles lui-même. Vous pouvez dessiner certains des produits et lui demander de vous dire ce que c'est.

FAIRE LES COURSES AVEC VOTRE ENFANT

Faire les courses avec un enfant excité ou fatigué n'est pas une expérience très agréable, mais on n'a parfois pas le choix. Pour éviter que cela ne devienne une corvée, vous pouvez essayer plusieurs stratégies.

- Établissez des règles, comme ne jamais acheter de bonbons au supermarché, et tenez-vous-y.

- Si possible, allez dans des magasins équipés de toilettes.
- Emmenez votre enfant dans les petits commerces de temps en temps pour qu'il voie de près comment les aliments sont préparés et pesés.
- Si vous avez beaucoup de courses à faire, prévoyez une pause dans un café, ou bien déposez votre enfant dans une halte-garderie si vous en avez la possibilité.

LES PETITS DÉPLACEMENTS

Pour votre enfant, toutes les sorties sont instructives. Avant d'arriver à destination, vous croiserez dans la rue toutes sortes de choses dont vous pourrez parler avec lui, que ce soit un chien, un bus ou un objet en vitrine d'un magasin. Si vous êtes à la campagne ou au bord de la mer, vous trouverez peut-être des marrons, des galets, des coquillages, des plumes, des feuilles ou bien des pommes de pin, qui pourront servir pour des collages ou autres compositions.

Dans les parcs, il y a toutes sortes d'activités possibles, comme nourrir les canards, jouer sur les aires de jeu, avec l'eau et le sable, ou simplement courir.

Vous pouvez sortir s'il neige ou s'il pleut, tant que vous couvrez suffisamment votre enfant. Pensez à le chausser de bottes lorsqu'il pleut, afin qu'il puisse goûter au plaisir de marcher dans les flaques. Vous pouvez jouer à reconnaître des animaux dans les formes des nuages, observer vos reflets dans les flaques, reconnaître les couleurs dans l'arc-en-ciel, etc. Faites-lui goûter la pluie ou la neige, faire des empreintes avec ses chaussures, faire des batailles de boules de neige, ou fabriquer un bonhomme de neige.

Lors des sorties quotidiennes, essayez de varier vos itinéraires pour qu'il voie des lieux différents ; faites-lui découvrir des endroits en tenant compte de son âge et de ses goûts. S'il apprécie les animaux, emmenez-le au zoo ou à la ferme, et apprenez-lui le nom des animaux et leur cri. Pour éviter qu'il s'ennuie, ne prolongez pas trop vos sorties, et une fois rentrés à la maison, regardez ensemble un livre animalier pour que votre enfant y retrouve les animaux qu'il a vus. Si vous habitez près d'un aéroport, d'une gare ou d'un port, emmenez-le regarder ce qui s'y passe, cela l'intéressera sans nul doute.

LES LONGS VOYAGES

Faire de grands voyages avec un bébé nécessite une bonne dose de préparation et d'organisation, pas seulement au cours du voyage, mais aussi une fois à destination. Les voyages se révéleront moins reposants que lorsque vous étiez seuls, et votre emploi du temps sera désormais dicté par le rythme de votre enfant.

Si votre enfant est sujet aux otites, demandez à votre pédiatre de vous prescrire des antibiotiques ou des gouttes ; et s'il est sujet aux allergies alimentaires, au diabète, à l'asthme ou à d'autres maladies graves, ayez toujours les traitements appropriés sur vous et soyez prêts à réagir en cas d'aggravation de la situation.

EN VOITURE

Assurez-vous que le siège est adapté à votre enfant. Faites des pauses toutes les une ou deux heures pour changer sa couche ou le faire aller sur le pot et lui permettre de se défouler un peu. Essayez de faire la route aux heures auxquelles il dort habituellement. Respectez l'heure des repas et laissez-le se relaxer pendant deux à trois heures avant de le mettre au lit.

EN TRAIN ET EN AUTOCAR

Voyager en train et en autocar est plus compliqué que la voiture. Il n'y a souvent pas d'endroit pour changer les couches et il faut attendre un arrêt de l'autocar pour aller aux toilettes. Comme dans un bus, vous devrez mettre votre enfant dans un siège auto coque sur le siège à côté de vous et le maintenir d'une main ou bien le prendre sur vos genoux pendant tout le trajet.

Si vous pouvez choisir, préférez partir à l'heure de sa sieste ou à celle qui vous permet de respecter au mieux son rythme. En train, vous aurez au moins la possibilité de bouger un peu, en changeant de wagon, ou en allant dans le wagon-restaurant – où il y a plus d'animation pour le distraire. Certains trains sont équipés de prises électriques, vous pouvez y brancher un lecteur DVD ou un ordinateur pour que votre enfant regarde un dessin animé.

EN BATEAU

Dans un petit bateau, gardez votre enfant sur vos genoux, et sachez qu'il doit impérativement porter un gilet de sauvetage. Sur un gros bateau ou en croisière, assurez-vous que la cabine ne présente pas de danger pour votre enfant ; ensuite, votre vigilance habituelle sera suffisante. Si votre enfant a le mal de mer, ne lui donnez pas un traitement pour adulte, les experts s'accordent à recommander plutôt un antihistaminique (voir encadré ci-dessous).

EN AVION

Même si la plupart des compagnies le déconseillent, il est tout à fait possible de voyager avec un enfant de moins de 1 mois dans un avion moderne en cabine pressurisée, mais sachez que prendre l'avion avec un petit enfant est toujours compliqué.

Vérifiez s'il est nécessaire de prendre un billet pour votre bébé : peut-être êtes-vous autorisés à le garder sur vos genoux, auquel cas sa place pourra être payante ou non. Le mieux est tout de même qu'il ait un siège à lui, sur lequel vous l'installerez dans un siège auto adapté ; ainsi, maintenu par la ceinture de sécurité de l'avion, il serait bien en sécurité si des turbulences advenaient.

Le passage des portiques de détection est une autre difficulté, qu'il vaut mieux aborder en s'étant au préalable débarrassé de tous les objets métalliques et en ayant retiré sa veste, avant de prendre bébé dans ses bras et de se mettre dans la queue. Les poussettes pliantes doivent être pliées pour passer les portiques du détecteur.

À ce jour, seuls les récipients contenant au plus 100 ml de liquide et placés dans un sac plastique transparent fermé sont autorisés dans un avion. Vérifiez auprès de votre compagnie aérienne si vous pouvez emporter du lait que vous avez tiré, du lait maternisé et/ou du jus pour votre petit enfant, ainsi que tout médicament qui aurait été prescrit.

Trousse de premiers secours

- Un antidouleur adapté.
- Une crème solaire et une crème ou une lotion apaisante contre les coups de soleil.
- Une lotion anti-insectes (si nécessaire). Certains produits, qui apaisent les coups de soleil, agissent également sur les piqûres d'insectes.
- D'éventuels médicaments prescrits.
- Des pansements (de plusieurs tailles) sont toujours utiles, prenez-en suffisamment. Une crème antibiotique pour les coupures et les égratignures.
- Un antihistaminique contre les réactions allergiques, le mal des transports, le mal de l'air ou le mal de mer, et parfois contre le rhume.
- Le carnet de vaccinations.

LES VOYAGES EXOTIQUES

Avant de partir dans un pays en voie de développement, vérifiez les vaccins nécessaires auprès de votre pédiatre, ainsi que les mesures à prendre pour prévenir et traiter la diarrhée et autres maux possibles. Effectuez les vaccins au moins un mois avant le départ.

PETITS MAUX LIÉS AUX VOYAGES

Si la plupart des voyages se passent sans problème, mieux vaut être préparé aux imprévus. Certains maux liés aux voyages peuvent être soignés en adaptant la posologie de traitements pour adulte.

LE MAL DES TRANSPORTS

Lorsque l'on tente de faire le point sur des objets mobiles en effectuant des mouvements rapides des yeux, cela peut entraîner le mal des transports et des nausées. Pour pallier ce risque, placez votre enfant sur le siège arrière au milieu et fixez des morceaux de carton de part et d'autre de son siège auto avec du scotch épais pour l'empêcher de regarder par les fenêtres latérales. Des médecins recommandent également d'administrer un antihistaminique afin de prévenir le mal des transports, mais on ne sait pas si son bénéfice est dû à ses propriétés ou à l'état de somnolence qu'il entraîne.

Certains enfants ont envie de vomir dès que la voiture démarre. En général, les vomissements se produisent peu de temps après le début du voyage, mais ils peuvent intervenir avant même que la voiture ait démarré. Si votre bébé développe cette habitude, quelle qu'en soit la raison, la meilleure chose à faire est d'avoir toujours un sac en plastique à portée de main lorsque vous l'attachez dans son siège auto. Essayez de ne pas montrer de désapprobation, cela risquerait d'encourager cette habitude. Après un ou deux épisodes de vomissements, le reste du voyage devrait se passer normalement.

Le meilleur traitement contre le mal de mer chez les jeunes enfants est le repos, et, en prévention, la scopolamine ou un antivomitif.

MAL AUX OREILLES

Les changements de pression associés à l'ascension et à la descente de l'avion peuvent causer des douleurs dans les oreilles, qui sont plus rares qu'on ne le pense (selon une étude, 6 % des enfants y sont sensibles lors de l'ascension et 10 % lors de la descente). La trompe d'Eustache a pour fonction d'harmoniser la pression de l'air entre l'oreille interne et l'extérieur du corps. Si elle reste bloquée en position fermée, ce qui peut être le cas si votre enfant est enrhumé, elle ne pourra plus remplir son rôle, provoquant ainsi une douleur au décollage et à l'atterrissage. Pour remédier à ce problème, faites boire votre enfant ou donnez-lui quelque chose à mâcher aux moments critiques ; en effet, la mastication ou la déglutition entraînent l'ouverture momentanée de la trompe d'Eustache et lui permettent de rétablir l'équilibre des pressions. Si votre enfant est très enrhumé, ces manipulations peuvent se révéler inefficaces. Dans ce cas, ayez sur vous un antidouleur adapté à lui administrer s'il a mal. Si votre enfant a une otite, contrairement à ce que vous avez pu entendre, il n'est pas dangereux pour lui de prendre l'avion, car le pus ou les liquides présents dans l'oreille interne auront un effet protecteur en cas de changement de pression.

MAL DE L'ALTITUDE

Il ne se manifestera pas dans un avion, dans une cabine pressurisée, mais plutôt dans le lieu où vous séjournez, s'il se situe à plusieurs centaines de mètres plus haut que ce à quoi vous êtes habitués. Les symptômes du mal de l'altitude sont une impression de malaise générale, un manque d'appétit, des maux de tête, et parfois aussi des vomissements et une respiration rapide. Ils sont souvent attribués au décalage horaire ou au changement de cadre, qui peuvent en effet entraîner les mêmes symptômes chez votre enfant. C'est le manque d'oxygène à haute altitude qui est à l'origine de ce malaise. Bien que les symptômes disparaissent généralement en deux ou trois jours, ils peuvent être alarmants. Il existe des médicaments et des traitements préventifs pour adulte, mais il n'est pas recommandé d'en donner aux enfants. Le mieux est de beaucoup faire boire votre enfant et de vous assurer qu'il dorme bien avant le voyage et à son arrivée, la déshydratation et le manque de sommeil ayant des effets aggravants sur le mal de l'altitude. Des médecins conseillent d'administrer un antihistaminique aux enfants sujets au mal de l'altitude, mais encore une fois, on ne sait pas si le médicament agit directement ou endort simplement l'enfant.

LE DÉCALAGE HORAIRE

Le changement rapide de fuseau horaire et la perturbation du rythme corporel peuvent fatiguer votre enfant, le rendre grognon et entraîner des maux de tête. Ce malaise se produit généralement lorsque l'on voyage dans des zones ayant plus de trois à quatre heures de décalage horaire, et plus particulièrement lorsqu'on se déplace de l'est vers l'ouest. Le bon sens est la meilleure arme pour combattre le décalage horaire : essayez de choisir des vols respectant les horaires de sommeil habituels de votre enfant, ou bien faites une étape d'une nuit sur la route, veillez à ce que votre enfant soit bien hydraté et exposez-le à la lumière du soleil une fois arrivés à destination ; cela remettra son horloge interne à l'heure. On conseille parfois de donner de la mélatonine à son enfant une demi-heure avant de le coucher les deux premiers soirs suivant son arrivée, pour l'aider à se caler sur l'heure locale.

Si vous ne séjournez que brièvement dans un autre fuseau horaire, il peut être judicieux de maintenir le rythme et les horaires de votre zone de départ ; mais, en cas de séjours plus longs, adaptez-vous tout de suite à l'heure locale en maintenant votre rythme habituel.

L'apprentissage de la propreté

Les mouvements intestinaux des nouveau-nés sont spontanés – on parle de réflexe gastrocolique, qui signifie que, lorsqu'ils ingèrent du lait, leurs intestins effectuent un mouvement d'évacuation automatique. Vers 1 mois ou 2, ce réflexe est plus faible et votre enfant doit « pousser » pour évacuer ses selles. Il n'y a presque pas de décalage entre le moment où il ressent le besoin d'uriner ou de déféquer et l'acte en lui-même. Ce n'est qu'entre 18 et 30 mois qu'un enfant commence à montrer les signes d'une capacité physique à acquérir la propreté. Vous constaterez que votre enfant se rend compte qu'il va déféquer, et va alors se mettre dans sa chambre ou dans un endroit tranquille pour que le processus s'effectue.

QUAND COMMENCER

Avant de commencer l'apprentissage de la propreté, deux conditions doivent être réunies. Tout d'abord, votre enfant doit sentir quand il va avoir besoin d'uriner ou de déféquer et être capable de se retenir pour aller sur le pot, et il doit par ailleurs avoir envie d'aller sur le pot. En général, un enfant est physiquement apte à être propre avant 2 ans et demi (en particulier les filles), le plus difficile étant qu'il consente à faire cet apprentissage.

Tous les médecins et spécialistes dans le domaine de la propreté s'accordent sur le fait que l'acquisition de la propreté ne doit pas se faire de manière conflictuelle. Si vous essayez de forcer votre enfant à être propre, il y a de grands risques pour que cela échoue. Si votre enfant décide de ne pas faire ses besoins ailleurs que dans ses couches, vous ne pourrez pas faire grand-chose contre. Lorsque la pression de la propreté est trop forte ou qu'ils sont angoissés par cette étape, certains enfants vont jusqu'à retenir leurs selles pendant plusieurs jours, entraînant une constipation sérieuse.

Avant de commencer, attendez que votre enfant manifeste des signes d'intérêt pour cet apprentissage (par exemple, en s'asseyant sur son pot tout habillé), ou soit capable de se retenir avant d'aller s'isoler pour faire ses besoins. Vous pouvez aussi acheter un pot quand votre enfant atteint 18 mois, et le poser dans les toilettes en attendant qu'il manifeste un intérêt pour l'objet, ou bien attendre qu'il sache se retenir.

CHOISIR SON POT

Comment choisir le bon pot parmi tous les modèles proposés ? N'importe lequel fera probablement l'affaire, sachant que les décorations et autres gadgets musicaux censés séduire votre enfant perdront rapidement leur caractère attractif à ses yeux.

Votre choix devra plutôt se porter entre un pot et un réducteur à poser sur les toilettes. Le pot se met par terre, ce qui permet à votre enfant de s'y asseoir confortablement, les pieds posés au sol. Une fois qu'il a fait dedans, vous devez le vider dans les toilettes avant de le nettoyer. Le réducteur, quant à lui,

Pourquoi refuse-t-il d'aller sur le pot ?

Votre enfant peut ne pas souhaiter être propre pour plusieurs raisons, lesquelles peuvent relever d'un problème psychologique ou comportemental, la seule constante étant qu'il aime faire dans sa couche et n'éprouve pas l'envie que cela change. La sensation d'humidité sur ses fesses ne le dérange pas, ni le contact avec ses propres selles ; dans ce cas, la seule chose qui puisse le motiver à devenir propre est la volonté de vous faire plaisir. C'est pourquoi, si vous l'y incitez gentiment et en douceur, cela fonctionnera certainement mieux que si vous employez une méthode purement autoritaire.

4 trucs pour qu'il devienne propre

1 **Ne remplacez la couche par une culotte que si votre enfant n'a pas eu d'accident pendant plusieurs jours de suite.** C'est le meilleur moyen de s'assurer qu'il réussira à rester propre quand vous supprimerez les couches.

2 **Le port de la culotte doit être une récompense dans son apprentissage de la propreté ;** ne lui en mettez pas une par-dessus une couche s'il le réclame, cela minimiserait la valeur de la récompense.

3 **Attendez-vous à ce que votre enfant aille très souvent sur le pot dans les semaines qui suivent l'acquisition de la propreté diurne,** pour éviter un accident dès qu'il ressentira une petite envie. Si vous êtes dans un magasin ou au parc, cela peut être compliqué de trouver des toilettes : ayez toujours une solution pour lui permettre d'y aller quand il en a besoin.

4 **Habillez votre enfant de façon pratique,** avec des pantalons faciles à ouvrir ou une jupe facile à relever.

s'adapte sur la lunette des toilettes, afin de proposer une assise plus confortable à l'enfant, et qui l'empêche de tomber dans la cuvette. Vous devez y installer vous-même votre enfant, ou placer un petit marchepied à proximité. L'un des avantages du pot serait que l'enfant, avec les pieds posés au sol, se sent plus en sécurité, mais les enfants qui utilisent un réducteur de toilettes s'y sentent souvent tout aussi à l'aise. Le pot est facile à déplacer d'une pièce à l'autre ; il peut même être posé dans le jardin pour que l'enfant l'ait à portée de main s'il a besoin de s'en servir. Son principal inconvénient est que l'on doit le laver après chaque utilisation.

Les réducteurs ne nécessitent pas d'être nettoyés après que l'enfant s'en est servi, il suffit de tirer la chasse d'eau ; ils sont aussi plus faciles à emporter en voyage, car ils sont plus légers et moins volumineux. Ils imposent néanmoins d'avoir des toilettes à disposition, et qu'on les retire, puis les remette en place chaque fois qu'un adulte veut utiliser les toilettes. Pour conclure, le choix entre les deux dépend avant tout de vous.

DÉMARRER L'APPRENTISSAGE

Une fois que vous êtes équipés d'un pot, il faut que vous donniez à votre enfant envie de l'utiliser. Ne démarrez pas le processus à un moment inapproprié, comme avant un déménagement ou avant l'arrivée d'un autre bébé, car votre enfant vous demandera par ailleurs beaucoup trop d'attention.

Certains enfants, par volonté d'imiter les plus grands, iront spontanément s'asseoir sur le pot ou le feront lorsque vous-mêmes irez aux toilettes ; d'autres, en revanche, auront besoin d'être sollicités. Incitez votre enfant à aller sur le pot lorsque vous voyez, à son expression ou à son comportement, qu'il est sur le point d'uriner ou de déféquer. Encouragez-le à s'asseoir sur le pot et félicitez-le chaque fois qu'il le fait. Lorsqu'il aura fait quelque chose dans le pot, dites-lui qu'il est devenu un grand garçon ou une grande

Pour être propre la nuit

Ces stratégies sont souvent mises en œuvre par les parents, mais ne traitent pas les causes de l'incontinence nocturne.

Limiter les boissons après le dîner. Cette recommandation repose sur l'idée selon laquelle moins on donne à boire à son enfant, moins il produira d'urine et sa vessie se remplira plus lentement. Même si cela peut retarder le moment auquel sa vessie sera pleine, le fait de faire pipi au lit est rarement lié à la trop faible capacité de la vessie mais plutôt à l'incapacité de l'enfant à percevoir le signal émis par sa vessie lorsqu'elle est pleine.

Réveiller son enfant pour le mettre sur le pot avant d'aller se coucher. Cette technique peut avoir son utilité, mais, si elle permet de vider la vessie après que l'enfant a dormi plusieurs heures et de décaler le moment où elle se remplira de nouveau, lorsque celle-ci sera pleine, il ne s'en rendra pas compte et un incident risquera à nouveau de se produire.

Ne plus mettre de couches, car après plusieurs incidents l'enfant n'aura plus envie de se mouiller la nuit. Appliquer ce principe implique que l'on considère que l'enfant fait pipi au lit volontairement ou parce qu'il est trop paresseux pour se lever et aller aux toilettes, alors qu'en général il ne se rend compte qu'il est mouillé que le matin au réveil. En retirant les couches, vous vous exposez surtout à devoir laver beaucoup plus de linge.

fille. Certains experts de l'enfance conseillent de récompenser l'enfant par un biscuit ou par un bonbon, mais les avis sont partagés à ce sujet. Si vous décidez de le faire, récompensez votre enfant chaque fois qu'il fait dans le pot – n'attendez pas qu'il soit resté propre pendant une semaine. Vous pouvez aussi l'encourager avec la perspective d'un plus gros cadeau en utilisant un système d'étoiles ou autres bons points récompensant chaque utilisation du pot. Au bout d'un certain nombre d'étoiles, votre enfant aura son cadeau, mais surtout ne lui reprenez pas sa récompense s'il se trouve qu'il a un accident par la suite. Pour certains, les étoiles seront en elles-mêmes des récompenses suffisantes.

Il arrive fréquemment qu'un enfant qui voulait aller sur le pot décide brusquement qu'il ne veut plus y aller. La meilleure façon de réagir est de ne pas évoquer le sujet de la propreté pendant quelque temps. Après une semaine ou deux, vous pouvez lui demander s'il veut s'asseoir sur son pot, et tant que sa réponse est non, n'insistez pas. Réessayez plus tard, il finira bien par dire oui.

LES GARÇONS ET LA PROPRETÉ

En général, les garçons sont propres plus tard que les filles ; ils sont aussi moins soigneux et plus à même de jouer avec leurs excréments. Si cela arrivait, nettoyez simplement les saletés en évitant d'afficher du dégoût. Un garçon peut faire pipi assis ou debout ; montrez-lui comment baisser son pénis pour que le jet d'urine aille bien dans le pot s'il est assis, et comment viser dans la cuvette s'il fait pipi debout.

COMBIEN DE TEMPS DURE L'APPRENTISSAGE ?

Si vous êtes fermes et inflexibles et que votre enfant est d'un tempérament facile, il peut être propre vers 2 ans et demi. Mais si vous êtes dotés, lui et vous, de caractères affirmés, vous risquez de vous enfermer dans des conflits quotidiens totalement stériles. Il ne faut pas forcer son enfant à être propre, il risquerait de se braquer et d'attendre d'avoir 3 ans et demi ou plus pour l'être. Même si elle prend un peu plus de temps, la méthode douce permet à l'enfant d'être propre en quelques jours à partir du moment où il se sent prêt.

LA PROPRETÉ NOCTURNE

La propreté nocturne diffère de la propreté diurne, car elle ne dépend pas vraiment de la volonté de l'enfant mais de sa capacité à percevoir le signal indiquant que sa vessie est pleine lorsqu'il dort profondément. Tant que cette capacité est insuffisante, il ne se rend pas compte qu'il urine et ne peut même pas être réveillé par le fait d'être mouillé.

Pour être propre la nuit, l'enfant endormi doit sentir que sa vessie est pleine et réagir à ce signal en se retenant ou en se levant pour aller aux toilettes. Cependant, pour cela, il doit avoir atteint une certaine maturité neurologique ; cette donnée est variable, et si certains enfants deviennent propres très tôt à la fois le jour et la nuit, d'autres peuvent continuer de faire pipi au lit jusqu'à 5 ans, voire jusqu'à 6 ou 7 ans.

L'âge auquel un enfant est propre, celui auquel il est capable de ressentir que sa vessie est pleine durant son sommeil est programmé génétiquement. Si vous ou votre conjoint avez acquis cette propreté tardivement, il en sera probablement de même pour votre enfant.

10 L'alimentation du 2e âge

Prêt pour le sevrage

L'introduction de nourritures solides dans le menu de votre bébé est une étape excitante dans sa vie et joue un rôle important dans son évolution. Gardez bien à l'esprit que le principe du sevrage – qui consiste à remplacer la dépendance complète au lait par des nourritures solides – est de préparer petit à petit votre enfant à une grande variété de goûts et de consistances, jusqu'à ce qu'il soit prêt à manger les mêmes plats que le reste de la famille. L'aspect progressif est capital. Abordez donc cette étape avec décontraction et prenez plaisir à suivre les progrès de votre bébé.

QUAND DÉBUTER LE SEVRAGE?

C'est une des questions les plus fréquemment posées par les jeunes parents. Selon les recommandations de l'Organisation mondiale de la santé, le sein ou le lait infantile satisfont tous les besoins nutritifs de votre bébé pendant les six premiers mois, et un sevrage avant cet âge ne présente aucun avantage. Le débat sur l'âge idéal du sevrage n'est pas clos pour autant, car tous les bébés sont différents et ont des besoins différents. De nombreux parents continuent à sevrer leur bébé dès

8 signes que votre bébé est prêt pour le sevrage

1. Il ne semble pas rassasié après avoir bu son lait et plus affamé que d'habitude.
2. Il montre de l'intérêt pour ce que vous mangez.
3. Il fait des mouvements de mastication.
4. Il est capable de refermer sa bouche sur une cuiller.
5. Il tient sa tête bien droite.
6. Il peut s'asseoir tout seul.
7. Il est capable de remuer sa langue d'avant en arrière.
8. Il fait ses dents.

4 mois. Les professionnels de la santé suggèrent d'introduire l'alimentation solide à partir de 4 mois et pas avant, et le passage à un régime mixte aux alentours de 6 mois.

Ne vous croyez cependant pas obligés de commencer le sevrage plus tôt ou plus tard que vous ne l'estimez convenir à votre bébé. Ces recommandations ne prennent en effet pas totalement en compte les différences d'évolution, qui peuvent être importantes d'un enfant à un autre. Malgré tout, il est préférable de ne pas dépasser l'âge de 6 mois (environ 26 semaines), à moins d'une indication contraire de votre pédiatre. À cet âge, en effet, votre bébé a besoin de nutriments non lactés pour recevoir un apport suffisant en calories, vitamines et minéraux. Après 6 mois, le sein ou le lait infantile ne comblent pas tous les besoins nutritionnels de votre bébé, particulièrement en fer, et il est temps d'introduire des aliments solides dans ses menus. Les besoins en protéines, thiamine (vitamine B1), acide nicotinique, vitamines B6 et B12, magnésium, zinc, sodium et chlorure augmentent également entre 6 et 12 mois.

Apprendre à croquer et à mâcher est également très important pour le développement de la parole et du langage.

Un sevrage avant 4 mois (17 semaines) est déconseillé, car le système digestif de votre bébé – notamment ses intestins et ses reins – n'est pas mûr pour supporter autre chose que du lait maternel ou infantile. De plus, il semble qu'un sevrage prématuré risque de faire des bébés trop gros et augmente les probabilités de développer des allergies (encore que ce dernier point soit discutable), un risque que vous avez des chances d'éviter si vous attendez que votre bébé ait 6 mois. C'est d'autant plus important si l'histoire familiale présente des cas de problèmes de poids et d'allergies.

Introduire des nourritures solides

Le saviez-vous ?

Jusqu'à environ 6 mois, les bébés ont un mécanisme de protection qui consiste à pousser la langue en avant. Mais cela change par la suite, et ils deviennent peu à peu capables d'amener la nourriture vers l'arrière de la bouche.

Bien que tous les aliments conviennent à votre bébé à partir de 6 mois (voir les exceptions en page 313), il est recommandé de le sevrer progressivement, surtout si l'histoire familiale présente des cas d'allergies. La première étape consiste simplement à le familiariser avec l'alimentation à la cuiller. Les aliments doivent être moelleux, de consistance semi-liquide, et ne pas avoir un goût trop fort. Ne vous étonnez surtout pas si, au début, il avale une quantité infime de nourriture... Vous pouvez aussi commencer par le laisser manger tout seul (voir page 306), auquel cas il pourra apprendre un peu plus tard à s'alimenter à la cuiller.

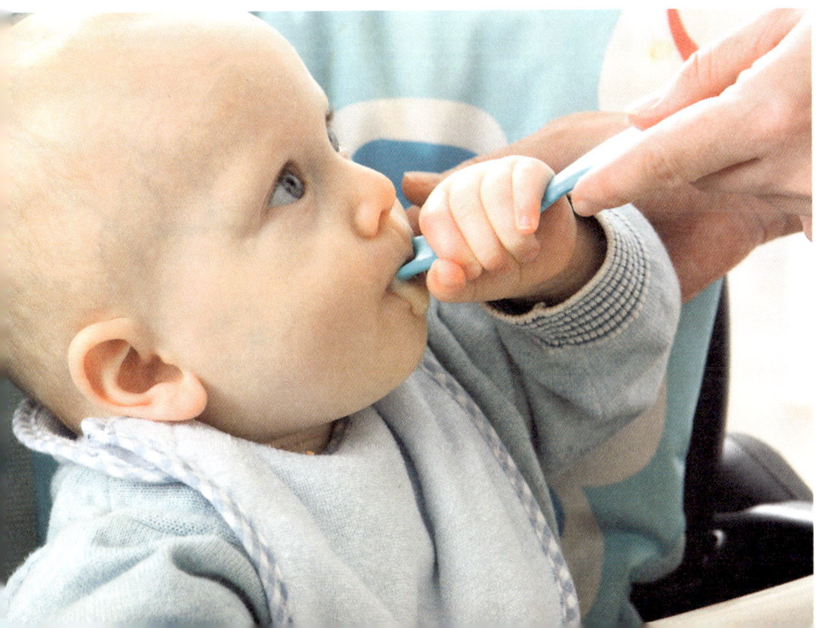

Choisissez une heure de la journée où vous n'êtes pas trop bousculé et ou votre bébé n'est pas trop fatigué pour avaler des aliments solides. La mi-journée est souvent le moment le plus favorable. Gardez bien présent à l'esprit que l'ingestion de nourriture solide est pour votre bébé une nouvelle technique, n'attendez pas de lui qu'il réussisse à la première tentative ! Cela implique en effet de faire jouer des muscles jusqu'alors inutilisés, il ne faut donc pas vous affoler s'il commence par rejeter ce que vous lui donnez : c'est tout à fait normal.

La communication entre vous et votre bébé est importante : parlez-lui tout en lui donnant à manger, essayez d'être positif et encourageant.

Commencez progressivement : proposez-lui des fruits ou des légumes (voir page 302) à l'extrémité d'une cuiller en plastique ou sur un doigt propre. Cela peut être une bonne idée de lui donner d'abord un peu de lait pour empêcher les crampes d'estomac, mais dès que l'habitude de se nourrir de cette façon sera acquise, proposez-lui la nourriture avant le lait. À cette étape, ne vous attendez pas à ce que votre bébé prenne plus d'une ou deux cuillerées à café, même s'il est également possible qu'il fasse beaucoup mieux. Les premiers aliments solides doivent être considérés comme des compléments à son alimentation lactée. Comme vous le verrez, son appétit ne sera pas le même selon les aliments. À ce stade, peu importe la quantité de nourriture qu'il avale. Une fois qu'il a mangé ce que vous lui avez donné, ou s'il ne semble plus intéressé, continuez son repas avec du lait.

Pendant les premières semaines, proposez à votre bébé la même nourriture pendant environ trois jours d'affilée avant de passer à un

Équipez-vous !

Inutile d'investir dans toutes sortes d'ustensiles, mais ceux de la liste suivante vous seront d'une grande utilité :

- Bavoirs : il vous en faudra une bonne quantité ! Ceux en plastique éviteront que la nourriture et le liquide se répandent sur les vêtements. Les bavoirs en plastique avec rebord creux conviennent particulièrement aux bébés un peu plus grands qui commencent déjà à manger seuls.
- 2 ou 3 cuillers en plastique peu profondes.
- 2 bols en plastique à revêtement antidérapant.
- Passoire ou hachoir.
- Cuit-vapeur : bien qu'il ne soit pas indispensable, il permet de conserver les nutriments des fruits et des légumes qui sont solubles dans l'eau.
- Petit robot ménager, mixer et/ou centrifugeuse : ils ne sont pas indispensables, mais ils vous permettront de préparer des purées et de hacher les aliments plus facilement.
- Tasse ou timbale avec un couvercle et deux poignées.

autre aliment, de façon à lui laisser le temps de s'habituer à de nouveaux goûts. Une suggestion : tenez un journal dans lequel vous noterez ce que votre bébé aime et ce qu'il n'aime pas, ainsi que les réactions allergiques que vous aurez pu remarquer. Les signes d'allergie sont : rougeurs, diarrhées, ballonnements et flatulences excessives.

Ne soyez pas étonnée si ses selles ont une couleur et une odeur différentes. C'est tout à fait normal. La constipation est également fréquente à cette étape. Les céréales infantiles à base de riz, par exemple, manquent en effet de fibres. Cela peut également être dû à la déshydratation, ou au fait que le système digestif doit s'adapter à ce nouveau type d'alimentation. Si votre bébé est constipé, ajoutez des fruits et des légumes, riches en fibres, à ses aliments, et faites-lui boire une timbale d'eau du robinet bouillie puis refroidie (voir page 304 : Commencez à utiliser la tasse).

Le saviez-vous ?

Les bébés naissent avec une réserve naturelle de fer, et ils en trouvent également dans le lait maternel ou le lait infantile. Vers 6 mois, cependant, ces réserves ont été largement entamées, et, même si votre bébé est nourri au sein ou boit du lait enrichi en fer, il est important de lui donner des aliments riches en cet oligo-élément. C'est le cas de la viande rouge, du foie, des légumes verts, des haricots et des légumes secs, des œufs, du poisson, des fruits secs (particulièrement les abricots), et des céréales de petit déjeuner enrichies. Pour les végétariens, il faut privilégier haricots, légumes secs et fruits secs.

LES TOUT PREMIERS ALIMENTS

Les aliments n'ayant pas un goût trop prononcé et les purées préparées avec un seul légume sont un bon point de départ (voir aussi les recettes pages 330-349). Lavez ou brossez avec soin les fruits et les légumes, épluchez-les et retirez bien le trognon et les pépins. Puis hachez-les grossièrement, mettez-les dans une casserole avec un peu d'eau, et faites-les cuire jusqu'à ce qu'ils soient tendres. Écrasez-les ensuite jusqu'à obtenir une purée bien lisse.

TESTEZ-LES :

- légumes : pommes de terre, courgettes et carottes ;
- fruits : banane, poire et pomme ;
- céréales pour les petits mélangées avec un peu de lait maternel ou de lait infantile ;
- purées faites à la maison avec du riz ou des céréales sèches pour bébé, mélangées avec du lait maternel ou infantile.

Suggestions de repas à partir de 6 mois

N'oubliez pas qu'il faut commencer le sevrage de façon progressive, en proposant d'abord à votre bébé du riz ou des céréales, et une sorte de fruits ou de légumes. Enrichissez peu à peu ses repas avec de nouveaux ingrédients, et essayez les plats qui en associent plusieurs. Un grand nombre de plats familiaux lui conviendront tout à fait, à condition d'éviter de les assaisonner. Si votre bébé est assis dans une chaise haute, il aura sûrement plaisir à prendre des repas avec toute la famille. (Voir aussi les recettes à la fin de ce chapitre).

- Céréales et riz* pour bébés, mixés avec une purée de fruits ou de légumes
- Bouillie de flocons d'avoine avec de la purée d'abricots*
- Purées de pommes, de pêches et de bananes*
- Purées de carottes et de patates douces*
- Purée de courgettes, panais et pommes*
- Avocat écrasé avec du riz pour bébé
- Lentilles mixées avec de la purée de carottes
- Purée d'abricots secs* et chou écrasé
- Purée de chou-fleur, de pomme de terre et de poireaux
- Patate douce cuite au four avec des pois chiche et des courgettes écrasés
- Poisson ou poulet coupé en petits morceaux avec tomates et riz
- Petites pâtes avec courgettes écrasées
- Pomme de terre écrasée avec carottes et panais
- Pomme et prunes cuites, avec yaourt nature
- Yaourt nature avec de la banane écrasée

*voir la partie Recettes pages 330-349

LA QUESTION DU LAIT

Pendant la première année, le lait maternel ou infantile reste une source essentielle de nutriments pour votre bébé, mais vous remarquerez peut-être qu'à partir du moment où il absorbe davantage d'aliments solides, il a tendance à délaisser le lait. Si en revanche il en boit trop, son appétit pour les aliments solides risque d'en pâtir et son alimentation pourrait manquer d'éléments nutritifs. Pendant les premières étapes du sevrage, il faut lui donner chaque jour au moins quatre biberons de lait infantile, ou l'équivalent en lait maternel.

Le lait de vache peut être inclus dans la préparation des plats à partir de 6 mois, mais il n'est pas recommandé en tant que boisson principale tant que votre bébé n'a pas atteint 1 an. Il contient en effet trop de sel et de protéines, et sa teneur en fer et en nutriments ne comblerait pas les besoins de votre bébé. Un bébé nourri au sein boit la quantité nécessaire à ses besoins. Il n'est donc pas recommandé de diminuer les tétées, car il n'est pas certain qu'elles ralentissent son développement. Ne donnez de lait infantile à base de soja que sur avis médical. Votre pédiatre pourra décider de vous le prescrire si votre bébé est allergique au lait de vache.

Continuez à stériliser les biberons, car le lait chaud est un véritable bouillon de culture.

L'EAU

Avant 6 mois, les bébés nourris au sein n'ont pas besoin de compléter par d'autres liquides, sauf avis contraire du pédiatre. Par temps très chaud, les bébés nourris au biberon peuvent boire de l'eau bouillie puis refroidie, mais cela doit venir en plus du lait.

Une fois l'alimentation diversifiée un peu plus établie, votre bébé aura besoin de boire autre chose que du lait. L'eau bouillie puis refroidie est la meilleure solution, car certaines eaux minérales sont trop riches en minéraux pour les bébés, et l'eau en bouteille n'étant pas stérile, elle doit de toute façon être également bouillie puis refroidie avant d'être consommée. Évitez les jus de fruits concentrés, les sirops et les nectars de fruits. Leur teneur en sucre est élevée, ce qui risque d'abîmer les dents, même si elles ne sont pas encore sorties.

Vous pouvez commencer à remplacer le lait du repas de midi. Commencez avec 15 ml d'eau dans une tasse, et augmentez progressivement la quantité en même temps que vous augmenterez le nombre de repas par jour.

COMMENCEZ À UTILISER LA TASSE

Habituer votre bébé à boire dans une tasse à partir d'environ 6 mois est une bonne chose. Si jusqu'à cet âge votre bébé n'a jamais bu autrement qu'au biberon ou au sein, passer à la tasse représente pour lui une nouvelle difficulté. Certains bébés acceptent volontiers cette nouveauté, alors que d'autres ont plus de mal à abandonner leur biberon. Les tasses à couvercle et à bec verseur sont faciles à se procurer, mais elles incitent à boire à très petites gorgées et risquent d'endommager les dents. De plus, elles peuvent freiner le développement du muscle buccal et même avoir des conséquences sur l'acquisition de la parole. Le but étant que votre bébé absorbe les liquides en les avalant et non en tétant, les tasses sans couvercle et d'où le liquide coule librement sont fortement conseillées.

De plus, les tasses à couvercle peuvent favoriser le développement des bactéries. Or votre bébé peut tomber par hasard sur une tasse abandonnée depuis plusieurs heures, voire même plusieurs jours, et contenant un reste de liquide qui a toutes les chances d'être contaminé. Au début, pour familiariser votre bébé avec cette nouvelle façon de boire, commencez par lui proposer du lait dans une tasse.

COMPLÉMENTS ALIMENTAIRES

Si vous nourrissez encore votre bébé au sein au-delà de six mois, le ministère de la Santé recommande un complément en vitamines A, C et D, particulièrement essentiel si votre bébé a la peau foncée et que vous vivez dans une région peu ensoleillée.

En revanche, si votre bébé boit au moins 500 ml de lait infantile ou de lait de suite, de tels compléments ne sont pas nécessaires, car ces laits sont déjà enrichis en vitamines A, C et D. Cependant, si votre bébé boit moins de 500 ml, il faut lui donner un complément.

Le sevrage à la demande

Des spécialistes de la nutrition infantile estiment que nourrir les bébés avec des purées est à la fois inutile et peu naturel ; ils ont inventé ce qu'on appelle aujourd'hui couramment le « sevrage à la demande », qui consiste à laisser le bébé déterminer lui-même ce qu'il mange et sous quelle forme il le mange. L'idée est la suivante : plutôt que de commencer avec des purées, vous présentez des morceaux solides qu'il peut attraper. À condition, bien sûr, qu'il puisse s'asseoir dans une chaise haute sans avoir besoin d'être maintenu !
Certains estiment en effet que nourrir un bébé avec des purées peut entraîner par la suite des problèmes de santé. Selon eux, c'est la surproduction industrielle de nourriture pour bébé qui a ancré les parents dans l'idée qu'elles sont indispensables au début du sevrage. Non seulement il n'est pas nécessaire de donner des purées au début du sevrage, mais cela peut retarder l'apprentissage de la mastication. De plus, laisser l'enfant se nourrir autant ou aussi peu qu'il en ressent le besoin a de grandes chances de lui éviter la constipation. Celle-ci apparaît souvent très peu de temps après qu'on a introduit des aliments solides dans ses repas. On ne sait pas encore exactement pourquoi, mais il n'est pas impossible que ce soit dû au fait qu'un bébé alimenté à la cuiller mange davantage que ce que son organisme réclame et peut digérer et éliminer. Dans l'idéal, un bébé devrait être nourri exclusivement au sein ou avec du lait infantile jusqu'à 6 mois, puis passer immédiatement à la nourriture solide. À cet âge, il est tout à fait capable de mastiquer.
On estime également que les bébés qu'on laisse se nourrir à la demande sont moins difficiles, apprennent plus vite à contrôler leurs mains, et évitent naturellement les aliments que leur organisme ne supporterait pas.
Il y a encore un autre avantage : votre bébé peut manger la même chose que vous, ce qui vous évitera d'avoir à lui préparer des plats spéciaux.
De nombreux pédiatres s'intéressent à cette méthode, mais certains estiment que, pour certains bébés, les purées facilitent la transition entre aliments liquides et aliments solides. D'une manière générale, on peut dire que tous les bébés sont différents. Vouloir appliquer la même méthode à tous ne serait donc pas réaliste.

Pas d'ustensiles particuliers

Nourrir votre bébé avec de « vrais » aliments coupés en morceaux présente un avantage non négligeable : inutile de vous procurer un arsenal d'ustensiles tels que mixeurs, robes, hachoirs. Et, puisque vous n'avez pas à cuisiner de grandes quantités et à les congeler, oubliez les bacs à glace et les récipients pour congélateur.

Enrichir les menus

Votre bébé mange maintenant sans difficulté un « repas » par jour (même s'il n'en prend que quelques cuillerées). Vous allez pouvoir passer à deux repas et même, d'ici quelques mois, à trois. Commencez à varier les aliments, de façon à familiariser votre bébé avec de nouveaux goûts et des combinaisons de saveurs, et vous en récolterez bientôt les bénéfices. Les études montrent en effet qu'un enfant qui a été confronté très tôt à une grande diversité de goûts a beaucoup moins de risques d'être difficile pendant le reste de sa vie. Les chercheurs l'ont vérifié : entre 6 et 9 mois, les enfants sont plus réceptifs à de nouvelles saveurs, et les expériences qu'ils auront faites durant cette période forment leur palais de demain.

Gardez bien présent à l'esprit que tous les bébés sont différents. Certains s'adaptent rapidement au sevrage et accueillent les nouveaux goûts avec plaisir, tandis que ce sera plus long pour d'autres. Ne vous inquiétez pas et ne cherchez pas à précipiter les choses.

CUISINER POUR VOTRE BÉBÉ

Il est généralement admis que les bonnes habitudes alimentaires se forment de bonne heure. Il est donc important, à cette étape, d'introduire une quantité importante d'aliments frais, avec un large

La consistance de ce que vous donnez à votre bébé doit évoluer de façon progressive. Commencez par des purées presque liquides, puis, peu à peu, mixez de moins en moins longtemps de façon qu'il y ait davantage de morceaux. Ensuite, vous pouvez hacher les ingrédients, les écraser ou les couper en petits morceaux.

choix de fruits et de légumes ainsi que d'hydrates de carbone et de protéines. Vous verrez qu'une grande partie des plats que vous consommez – quiches, soupes épaisses, pâtes à la sauce tomate ou légumes verts avec du fromage râpé – conviennent à votre bébé. Mais évitez d'ajouter du sel ou des épices fortes. N'oubliez pas que les aliments tout prêts contiennent du sucre, du sel, des conservateurs et du lait sous diverses formes – petit-lait, par exemple.

Il n'y a pas de règle pour fixer la quantité que doit manger votre bébé, cependant entre une et quatre cuillerées à café de chaque plat sont une bonne moyenne. Essayez de respecter l'appétit de votre enfant. S'il a encore faim, vous pouvez lui donner davantage, mais ne le forcez pas à manger s'il n'a pu avaler qu'une très petite quantité : vous risqueriez d'obtenir l'effet inverse de celui que vous désirez.

À cette étape, passez des purées liquides à des purées plus consistantes, et même à de la nourriture écrasée ou hachée. Si au début votre bébé recrache quelques bouchées, ce qui est fréquent, ne cherchez pas à bousculer les choses, mais modifiez la consistance des purées de façon progressive, en les rendant tout doucement plus grumeleuses et légèrement plus difficiles à avaler.

Certains bébés préfèrent que les différents ingrédients d'un plat soient bien séparés dans leur assiette, car ils veulent pouvoir tester séparément les goûts et les consistances. C'est assez normal, et l'essentiel est de présenter la nourriture sous une forme qui puisse convenir. Une suggestion : préparez des plats en assez grande quantité, et congelez-les en petites portions pour une consommation ultérieure. Dans ce cas, la congélation doit être la plus rapide possible (en une ou deux heures, pour bien faire). Vous pouvez aussi conserver des aliments dans le réfrigérateur pendant un ou deux jours.

Dans le congélateur, protégez les portions avec un film plastique ou mettez-les dans un bac à glaçons. N'oubliez pas d'indiquer une date sur chacune d'entre elles. Quand vous les utilisez, retirez-les du film plastique ou du bac à glaçons. Le procédé le plus sûr pour les décongeler est de les laisser dans le réfrigérateur pendant la nuit, ou d'utiliser la position « décongélation » de votre four à micro-ondes.

Réchauffez les aliments dès qu'ils ont été décongelés. Quand ils sont très chauds, remuez bien de façon à éviter que certaines zones soient trop brûlantes, puis laissez tiédir jusqu'à la bonne température. S'il y a des restes, jetez-les sans attendre. Il ne faut les réchauffer, les recongeler, ou les réutiliser sous aucun prétexte, pour éviter tout risque d'intoxication.

Propre et en sécurité

- N'oubliez pas de vous laver les mains au savon avant de préparer les plats, et assurez-vous que toute la famille en fait autant.
- Soyez très à cheval sur l'hygiène et la propreté, et vérifiez que tous les bols et les cuillers sont stérilisés jusqu'à la fin du sevrage.
- Évitez de garder des restes et de réchauffer de la nourriture, qui serait un vrai bouillon de culture pour les bactéries. Tous les restes doivent être jetés.
- Donnez à votre bébé ses propres ustensiles, et restez toujours près de lui quand il mange pour éviter tout risque d'étouffement.
- Si vous lui servez un petit pot, assurez-vous qu'il soit bien hermétique (vous devez entendre le petit « pop » indiquant que l'air y pénètre au moment où vous l'ouvrez). Sinon, il faut jeter tout son contenu. Ne gardez pas de restes dans le réfrigérateur au-delà de vingt-quatre heures. Si vous achetez des plats tout prêts, ils doivent être consommés avant leur date limite d'utilisation.
- Voir pages 405-407 pour les autres mesures de sécurité.

LES ALIMENTS BIOS

Bien qu'ils soient plus coûteux, ils présentent de nombreux avantages. Il existe un lien évident entre pesticides, allergies et hyperactivité des enfants.

Les produits bios frais ont généralement meilleur goût, car ils ne sont pas cultivés de façon intensive pour absorber l'excès d'eau, poussent généralement sur des terrains de meilleure qualité, et mûrissent plus progressivement. Des études ont montré qu'ils apportent davantage de nutriments du fait qu'ils contiennent moins d'eau.

LES ALIMENTS À MANGER AVEC LES DOIGTS

Vous constaterez probablement que votre bébé adore les aliments qu'il peut manger avec les doigts. Non seulement cela l'aide à calmer ses gencives douloureuses, mais cela lui permet de manger vraiment seul. Il est probablement en train de faire des dents, et les aliments à grignoter lui permettent de mordiller, tout en l'occupant pendant que vous préparez son plat ou celui de toute la famille.

Assurez-vous que ces aliments ne sont ni trop petits ni trop difficiles à manipuler. Pour bien faire, ils doivent être coupés suffisamment petits pour pouvoir tenir dans la main de votre bébé : il faut des petits morceaux faciles à attraper et à manger. N'oubliez pas de retirer trognon, peau et pépins des fruits. Essayez d'éviter les biscuits, qui stimuleraient le goût de votre bébé pour le sucré, et ne le laissez jamais tout seul quand il mange, à cause du risque d'étouffement.

QUELQUES SUGGESTIONS

- Légumes bouillis : bâtonnets de carottes, haricots mangetout, asperges, haricots verts, maïs avec des lamelles de poivron rouge, des morceaux de patates douces ou des fleurs de brocoli.
- Fruits : morceaux (épluchés) de pomme, de poire, de banane, de mangue, de melon ou de pêche.
- Pâtes bien cuites.
- Gressins, gâteau de riz, morceaux de pain, de pain grillé ou de pita.

LES PLATS INDUSTRIELS POUR BÉBÉS

Dans un monde idéal, les bébés seraient nourris exclusivement de nourriture préparée à la maison. Mais, dans la réalité, on peut compléter occasionnellement les plats faits maison avec des petits pots industriels. C'est plus pratique et plus facile à gérer pour la plupart des parents. Il est cependant important, au

moment de l'achat, de vérifier la composition en additifs, sucres (dextrose, saccharose, glucose), édulcorants artificiels (aspartame, saccharine), sel et épaississants (comme l'amidon transformé). Aujourd'hui, un certain nombre de sociétés proposent des plats réfrigérés ou congelés pour bébés, dont la plupart ont des qualités très voisines de la nourriture préparée à la maison.

LAIT ET BOISSONS

Le lait maternel, infantile ou de suite reste la principale source d'éléments nutritifs pour votre bébé. Ses besoins en fer, en particulier, sont d'environ 500 à 600 ml par jour. L'allaitement lui apportant le lait qui correspond à ses besoins, il n'est pas forcément nécessaire d'avoir recours à un autre lait. Si votre bébé est malade et perd l'appétit, il est capital de lui donner des anticorps pour lutter contre les microbes et le fortifier.

Cependant, si vous ne l'avez pas encore fait et si son alimentation est bien réglée, vous pouvez maintenant supprimer le lait du repas de midi et lui proposer à la place une tasse ou une timbale d'eau bouillie puis refroidie. (Vous constaterez peut-être que votre bébé se désintéresse de son biberon et préfère boire dans une tasse.) Aux autres repas, vous pouvez lui donner du lait, mais seulement à la fin, de façon qu'il ne soit pas rassasié trop rapidement et ne se tourne pas trop vite vers son biberon avant d'en avoir terminé avec les aliments solides. Ne lui donnez à boire ni lait de vache, ni lait de chèvre, ni lait de brebis avant 1 an, mais vous pouvez en mettre dans les préparations (céréales, sauces et desserts).

MANGER TOUT SEUL

De nombreux bébés prennent plaisir à manger seuls très tôt. Ce besoin d'indépendance n'est pas une mauvaise chose, et il stimule la coordination entre la vue et le toucher. Vous pouvez très bien donner à votre bébé une cuiller à tenir, tout en continuant à le nourrir avec une autre : cela va peut-être créer un peu d'agitation, mais ce sera plutôt amusant !

Il est fort possible que votre bébé mette plusieurs mois à réussir à manger seul à la cuiller, et qu'une partie de la nourriture atterrisse sur le sol ou tapisse la chaise haute au lieu d'aller dans sa bouche ! Mieux vaut prendre les devants : disposez une feuille de plastique ou de papier journal sous sa chaise, et restez calme quoi qu'il arrive. Choisissez plutôt des aliments faciles à mettre dans une cuiller, comme des pommes de terre écrasées, du fromage blanc épais, du riz et des céréales cuits. La nourriture qu'on peut prendre avec les doigts et les plats coupés en petites bouchées plutôt qu'écrasés sont plus faciles à attraper et évitent la frustration. Plus votre bébé pourra utiliser ses mains, plus tôt il arrivera à se débrouiller avec une cuiller. Cela lui permet également de participer activement au repas, ce qui lui fera évidemment très plaisir.

TROIS REPAS PAR JOUR

À environ 8 ou 9 mois, si votre bébé a plaisir à manger les plats que vous lui préparez et s'il est encore à deux repas « solides », vous pouvez commencer à passer à trois repas. Il faut lui donner trois à quatre fois par jour des féculents (hydrates de carbone) et des fruits et légumes, et deux à trois fois des protéines (voir page 314). Introduisez progressivement de nouveaux aliments. S'il en refuse certains, attendez quelques jours avant de faire une nouvelle tentative, et présentez-les différemment. Vous constaterez sans doute qu'une grande partie des plats que vous préparez pour toute la famille conviennent à votre bébé. Évitez tout de même le chili et les plats épicés, ainsi que les sauces. Tout ce qui est écrasé, haché ou finement coupé encouragera votre bébé à mastiquer.

En-cas

- Œuf dur
- Morceaux de pain ou de toast
- Gâteau de riz avec de l'extrait de levure
- Pain pita avec du houmous
- Bâtonnets de fromage, ou fromage râpé
- Bâtonnets de légumes
- Morceaux ou gros cubes de fruits
- Céréales sèches en petits morceaux
- Yaourt ou fromage frais
- Fruits secs

Aliments à éviter dans la petite enfance

Les oléagineux. Il ne faut surtout pas donner d'oléagineux entiers à un enfant de moins de 5 ans à cause des risques d'étouffement. Tous les aliments qui en contiennent sont d'ailleurs à éviter s'il y a des cas d'allergie dans la famille proche.

Le sucre. Les sucreries à base de sucre raffiné sont riches en calories, ont un pouvoir nutritif faible, coupent l'appétit, abîment les dents et peuvent entraîner des problèmes d'obésité. Les nourritures sucrées ont souvent une forte teneur en lipides, comme c'est le cas par exemple des beignets, des biscuits et des gâteaux.

Le miel. C'est également un aliment sucré, il cause donc des problèmes de santé similaires. Il arrive même qu'il contienne une bactérie susceptible d'être cause de botulisme chez l'enfant. Pour cette raison, il est déconseillé aux bébés de moins de 1 an. Par la suite, les intestins seront capables de lutter contre le développement des bactéries.

Le lait de vache, de chèvre ou de brebis est déconseillé comme boisson, car il ne contient pas une quantité suffisante de fer et d'éléments nutritifs nécessaires à l'enfant. À partir de 6 mois, cependant, on peut en mettre dans des préparations comme les sauces Béchamel, ou en verser sur les céréales du petit déjeuner.

L'œuf cru ou pas assez cuit peut exposer l'enfant aux salmonelles, susceptibles de provoquer une véritable intoxication. C'est pourquoi il faut veiller à faire cuire les œufs jusqu'à ce que le blanc et le jaune soient solides.

Le sel. Ajouter du sel à une préparation en boîte est nocif pour des intestins encore immatures. Jusqu'à 7 mois, les bébés doivent consommer moins de 1 g de sel par jour. De 7 à 12 mois, 1 g par jour est le maximum conseillé. De 1 à 3 ans, un enfant ne devrait pas consommer plus de 2 g de sel par jour. Les aliments naturellement salés, comme le bacon, le fromage, le bouillon, l'extrait de levure, sont également à consommer très modérément. N'oubliez pas que le lait contient du sel, de sorte que les bébés en absorbent même s'ils ne sont pas encore totalement sevrés.

Les crustacés, tels que les crevettes et les moules, présentent un léger risque d'intoxication.

Les aliments riches en graisses saturées. Évitez de donner à votre enfant trop d'aliments gras comme le beurre, le fromage, la margarine, les viandes grasses, les biscuits, la pâtisserie et les gâteaux.

Les besoins de bébé

Durant la première année, les bébés grandissent beaucoup et ont des besoins d'énergie énormes par rapport à leur taille. Essayez d'apporter à votre enfant un bon équilibre alimentaire, en particulier en aliments frais. Un équilibre qui, à cette étape, est à envisager davantage sur une semaine que sur une journée. Les comportements alimentaires des enfants sont souvent irréguliers, et vous n'en êtes qu'aux premiers stades du sevrage.

HYDRATES DE CARBONE ET FÉCULENTS

(environ 3-4 portions par jour)

Les aliments de la liste suivante sont d'excellentes sources d'énergie, de vitamines, de minéraux et de fibres. Gardez cependant présent à l'esprit que si un régime riche en fibres est très bon pour les adultes, celles-ci sont plus difficiles à digérer pour les bébés, chez qui elles peuvent déclencher des troubles digestifs. Évitez donc de donner trop d'aliments riches en fibres à votre bébé.

- Céréales de petit déjeuner et flocons d'avoine sans sucre ajouté
- Pâtes et nouilles
- Riz
- Pain
- Pommes de terre

PROTÉINES

(environ 2-3 portions par jour)

Les aliments suivants sont de bonnes sources de protéines, essentielles pour la croissance et la bonne santé de l'organisme. Combinez plusieurs aliments protéinés de façon à fournir un mélange équilibré d'acides aminés.

- Poisson
- Tofu
- Viande et volaille
- Aliments remplaçant la viande
- Œufs bien cuits
- Fromage au lait entier (râpé ou coupé en petits morceaux)
- Yaourt ou fromage frais

LAIT

Le lait apporte des protéines, des vitamines et des minéraux – en particulier du calcium, essentiel pour la solidité des dents et des os. Le lait de vache peut être utilisé dans des préparations dès 6 mois, mais il ne faut pas en donner à boire pur avant 1 an, âge où on peut introduire le lait de vache entier. Si le lait demi-écrémé convient à partir de 2 ans, le lait écrémé est déconseillé avant 5 ans, car il n'apporte pas les ressources énergétiques nécessaires à la croissance.

FRUITS ET LÉGUMES

(3-4 portions par jour, ou davantage)

Les fruits et les légumes frais, congelés, en conserve ou secs constituent une part essentielle des menus d'un bébé. Parfaits comme premiers aliments solides, ils sont riches en vitamines (particulièrement en vitamine C), en minéraux et en fibres. Les aliments contenant de la vitamine C (excellente pour le système immunitaire, les cheveux, la peau et les ongles) sont à inclure dans les plats car ils favorisent l'absorption du fer. Essayez de donner à votre bébé une grande variété de produits frais. La liste suivante n'est pas exhaustive.

- Pomme épluchée
- Banane
- Mangue
- Abricot
- Pèche et nectarine
- Melon
- Fraise
- Carotte
- Brocoli
- Haricots verts
- Petits pois
- Poivron
- Haricots mangetout

PRIORITÉ SANTÉ

Les allergies

Un grand nombre d'allergies alimentaires apparaissent dès la petite enfance. Les allergènes les plus fréquents sont les oléagineux (particulièrement les cacahuètes), le müesli, le lait de vache, le blé, le gluten, les œufs, les baies, le citron, les tomates, le sucre et les fruits de mer. Les allergies peuvent être difficiles à détecter car les symptômes sont très variables. Ils peuvent aller des coliques aux maux d'estomac en passant par les rougeurs, l'asthme, l'eczéma, les difficultés respiratoires, l'hyperactivité, l'œdème de la gorge et le choc anaphylactique.
Vous devez donc introduire les aliments allergènes très progressivement et un seul à la fois, de façon à pouvoir maîtriser les éventuelles réactions négatives.
L'importance de l'allergie aux oléagineux a été multipliée par trois durant les vingt dernières années, si bien qu'elle touche maintenant une personne sur vingt. Les bébés les plus sujets à en souffrir sont ceux qui naissent dans une famille souffrant de ce type d'allergie mais aussi éventuellement d'une autre, que ce soit l'asthme, l'eczéma ou le rhume des foins. Les enfants ayant un parent allergique ont 30 % de risque de développer un terrain allergique. Avec deux parents allergiques, ce chiffre monte à 70 %. Si votre bébé présente un risque d'être allergique, ne lui donnez ni oléagineux ni produit en contenant avant qu'il ait au moins 3 ans. Lisez attentivement les compositions des produits, car même une quantité infime d'oléagineux peut entraîner une réaction grave.
En revanche, s'il n'y a pas d'allergie dans la famille, il n'y a aucune raison d'éviter les oléagineux, qui sont très nutritifs. Il faut cependant s'assurer qu'ils sont très finement hachés ou écrasés.

Prendre ses repas en famille

Peu avant son premier anniversaire, il est probable que votre bébé reste facilement assis dans la chaise haute ou dans un siège bébé fixé à la table, ce qui va lui permettre de participer aux repas familiaux. Il est maintenant capable de manger presque comme le reste de la famille à quelques exceptions près (voir page 313), et les cas où il faudra cuisiner spécialement pour lui seront peu fréquents. À la fin de ce chapitre, vous trouverez un choix de recettes qui conviendront à tout le monde, famille et bébé.

Prendre ses repas avec le reste de la famille va être pour votre enfant l'occasion d'acquérir de bonnes habitudes pour se tenir à table, habitudes qui doivent se forger et se perfectionner tout petit.

Lorsque vous ne mangez pas ensemble, pensez à préparer les plats (sans assaisonnement) en assez grande quantité et à les mettre au congélateur dans des récipients contenant une portion pour un repas. Mais attention, il faut décongeler et réchauffer au dernier moment, juste avant de servir. Les plats industriels pour enfants ont leur intérêt, mais ils ne doivent pas remplacer totalement la cuisine faite à la maison.

Disposez les aliments consistants dans une assiette creuse en plastique à revêtement antidérapant. Écrasez les aliments un peu grossièrement, coupez-les en petits morceaux, râpez-les ou encore hachez-les : cela incitera votre bébé à s'entraîner à la mastication et favorisera la formation des dents et l'acquisition de l'articulation. Votre bébé mettra peut-être du temps à accepter des aliments de consistance irrégulière. Persévérez malgré tout, prenez les choses en douceur et montrez-vous aussi positif et encourageant que possible.

Les aliments que l'on peut manger avec les doigts favorisent également l'apprentissage. Peut-être au début trouverez-vous que votre bébé a un peu trop tendance à tout manger avec les doigts, mais ce n'est pas une mauvaise chose. Manger tout seul est une étape très importante dans le développement du bébé, car cela stimule la coordination yeux/mains et l'indépendance.

LA RÉPARTITION DES REPAS

La routine est favorable au développement des bébés. Leurs besoins énergétiques étant proportionnels à leur taille, ils ont besoin de trois repas par jour. Si cela vous est possible, faites en sorte que le repas principal se situe au moment du déjeuner, car à cette heure-là votre bébé est éveillé et a moins tendance à être grincheux. S'il commence à marcher à quatre pattes ou a une poussée de croissance, il peut avoir besoin d'un ou deux en-cas reconstituants entre les repas de façon à maintenir un niveau d'énergie suffisant. Les en-cas industriels sucrés, salés ou très gras sont à déconseiller fortement, car ils contiennent peu de nutriments et sont riches en calories.

N'obligez jamais votre bébé à manger, vous ne réussiriez qu'à le dégoûter. Si vous vous désolez parce qu'il ne mange pas assez, parlez-en à votre pédiatre. Il étudiera la courbe de croissance de votre bébé et observera son développement.

Peut-être découvrirez-vous alors que vos craintes n'ont aucun fondement et qu'en réalité il évolue tout à fait normalement. S'il est vivant et actif, il est très probable que son alimentation lui fournit l'énergie dont il a besoin. Il faut noter que le lait doit être considéré davantage comme un aliment que comme une boisson. Si votre bébé boit de 500 à 600 ml par jour, la quantité de nutriments qu'il reçoit est tout à fait équilibrée. Une partie de ce lait peut d'ailleurs être consommée dans les desserts lactés, les sauces, ou avec les céréales du petit déjeuner.

AUTRES BOISSONS

Si ce n'est déjà fait, essayez de faire perdre à votre bébé l'habitude du biberon en commençant à lui présenter une timbale ou une tasse à deux poignées, de façon qu'il puisse boire à petites gorgées, pendant le repas, de l'eau ou des jus de fruits très dilués. Il semble que boire dans une tasse favorise l'acquisition du langage et le développement des dents. Le thé, le café, les boissons gazeuses et les boissons aux fruits sucrées, y compris celles qui sont pauvres en sucre, ne conviennent pas à des bébés et sont à éviter.

DES REPAS SANS SOUCIS

Il serait étonnant que votre bébé aime tous les plats qu'on lui propose ! Mais ne le forcez pas à manger s'il détourne la tête, et attendez plusieurs jours avant de lui resservir ce même plat ou ce même aliment – peut-être préparé d'une façon différente. Son état général et la formation de ses dents influent largement sur ses habitudes alimentaires qui, au grand désespoir des parents, peuvent varier presque d'un jour à l'autre !

À cette étape, de nombreux bébés manifestent un désir croissant d'indépendance et peuvent se montrer difficiles pour la nourriture. Si vous restez calmes, votre enfant aura moins tendance à profiter des repas pour tester votre patience, et ces moments n'en seront que plus harmonieux. Un conseil souvent plus facile à donner qu'à suivre, mais cela vaut la peine d'essayer !

Votre bébé a 1 an

Votre bébé a maintenant 1 an, et devient difficile et capricieux avec la nourriture, lui qui jusqu'à présent dévorait tout ce que vous lui donniez. Ce n'est qu'une difficulté passagère et n'aura pas la moindre conséquence pour sa santé future. Ne vous découragez surtout pas, il n'est pas le seul et continuez à lui proposer des menus aussi variés que possible, en lui présentant une grande diversité de couleurs, de consistances et de goûts.

Plutôt que vous focaliser sur ce que votre enfant mange chaque jour, faites le point sur ce qu'il avale en une semaine. Il est probable que son alimentation soit finalement assez variée, même si quelques plats restent peut-être intacts. Surtout, ne vous tracassez pas à chaque fois que votre enfant traverse une période difficile. Il y a de grandes chances pour que ses besoins alimentaires soient en réalité parfaitement satisfaits. Les besoins en énergie augmentent beaucoup entre 1 an et 3 ans, car le petit enfant continue à grandir et se dépense de plus en plus. Bien que le besoin en protéines de bonne qualité reste à peu près le même (deux ou trois portions par jour), le besoin en vitamines et minéraux, excepté la vitamine D, est comblé par la simple exposition au soleil.

MAINTENEZ-LE EN BONNE SANTÉ

L'expression « alimentation équilibrée » peut faire peur. En fait, à partir du moment où votre enfant mange de façon régulière des plats suffisamment divers, il reçoit tous les éléments nutritifs dont il a besoin.

Une alimentation riche en fibres et pauvre en lipides ne convient pas à un enfant de cet âge, car elle ne lui fournirait pas toute l'énergie et les nutriments nécessaires à son développement. D'une part, un régime trop riche en fibres freine l'absorption des minéraux, parmi lesquels le fer (si précieux !) et le calcium. Toutes les graisses ne sont pas mauvaises, et elles jouent un rôle important, celui d'acheminer les vitamines A, D, E et K dans l'organisme. Les graisses non saturées des huiles végétales, des poissons gras et de la margarine à tartiner contribuent largement à une bonne santé.

Ce dont un petit enfant a besoin...

HYDRATES DE CARBONE ET AMIDON

4 ou 5 portions par jour

Pain, céréales, pâtes, nouilles, riz et pommes de terre sont d'excellentes sources d'énergie, de fibres, de vitamines et de minéraux.
Les hydrates de carbone doivent constituer une partie importante de chaque repas, mais retenez que les jeunes enfants ont du mal à digérer de grandes quantités d'aliments riches en fibres, comme le pain et le riz complets. Il est donc préférable de combiner les aliments contenant des hydrates de carbone blancs et bruns. Par exemple, si vous préparez un crumble aux fruits, faites votre préparation avec un mélange de farine blanche et de farine complète.
Les pommes de terre apportent une quantité intéressante de vitamine C. Celle-ci se trouve surtout juste sous la peau, il faut donc se contenter d'un épluchage extrêmement fin. Pour les pommes de terre à peau fine, un simple grattage suffit. Celles en robe des champs sont également une bonne source d'aliments nutritifs. Ajoutez des patates douces, des navets ou des panais à vos pommes de terre écrasées : leur qualité nutritive n'en sera que meilleure.

PROTÉINES

2 ou 3 portions par jour

La viande, la volaille, le poisson, les œufs et les légumineuses (haricots, lentilles...) sont riches en vitamines et minéraux, essentiels pour la santé et le développement de votre très jeune enfant. Si celui-ci est végétarien, veillez à varier les aliments riches en protéines : bananes, lentilles, tofu, noix et noisettes, œufs.

Les poissons gras sont la source la plus riche en oméga-3 (acides gras dont les bénéfices pour le cerveau, les yeux et la peau ont été démontrés). Des recherches ont également révélé une étroite corrélation entre le taux d'acides gras et les performances intellectuelles et comportementales de l'enfant.
On peut donner à un garçon du poisson gras quatre fois par semaine et une fille deux fois : thon (en conserve, il est moins riche en oméga-3 que le poisson frais), saumon, maquereau, hareng, sardine et truite.
On trouve également des oméga-3 dans les œufs, les céréales enrichies, les noix, les graines de lin, l'huile de colza et le soja.

PRODUITS LAITIERS

Le lait entier, le fromage, les yaourts et le fromage frais apportent des protéines qui favorisent la croissance, ainsi que du calcium, un oligo-élément important pour les dents et qui, associé à la vitamine D, fortifie les os. L'enfance est un âge capital pour leur développement, et l'effet sur la santé des os perdure jusqu'à l'âge adulte.
Le fromage frais et les yaourts natures (épais) peuvent remplacer la crème dans la préparation des plats, et ils présentent l'avantage d'être moins gras. Utilisez-les dans les sauces, les soupes, les quiches et les tartes sucrées.

FRUITS ET LÉGUMES

5 portions par jour

Qu'ils soient frais, congelés, en boîte, secs ou en jus, les fruits et les légumes apportent toute une gamme de vitamines et de minéraux, en particulier la vitamine C. On recommande au moins cinq portions par jour. Pour un petit enfant, une portion sera, par exemple, une mandarine, une demi-pomme ou une demi-banane, cinq grains de raisin, une fleur de brocoli, une cuillérée à dessert de petits pois ou de carottes, ou une tomate. Un petit verre de jus de fruits frais vaut également une portion.

Vous ne serez probablement pas étonné d'apprendre que la plupart des enfants ne mangent pas assez de produits frais, et que la majorité des parents ont le plus grand mal à faire avaler des légumes verts à leurs petits. Essayez de présenter les fruits et les légumes de différentes manières. Certains enfants, par exemple, se détournent avec virulence des légumes cuits, mais adorent les manger crus, en particulier sous la forme de bâtonnets de concombre, de carotte et de poivron. Les bâtonnets de légumes sont faciles à tremper, c'est donc une bonne idée de les servir avec du guacamole ou du houmous, très nutritifs (voir page 335) : les bénéfices pour la santé seront ainsi multipliés par deux. Vous pouvez aussi mettre les légumes dans des beignets ou, si les choses se compliquent, les glisser sous forme de purée dans les sauces, les ragoûts, les soupes et les quiches. Il est sans doute plus facile de stimuler le goût pour les fruits, mais il n'en faut pas moins soutenir l'intérêt de l'enfant en variant les fruits ainsi que leur présentation.

Ce dont il n'a pas besoin

SUCRES ET SUCRERIES

La plupart des enfants aiment spontanément les aliments sucrés (à commencer par le lait maternel et le lait infantile, ce dont les bébés ont besoin car ils se nourrissent peu et souvent). Il faut cependant repousser le plus possible le moment de donner à votre enfant des aliments sucrés (beignets, biscuits, gâteaux), car il lui sera ensuite difficile d'en perdre l'habitude. Les aliments préparés avec du sucre raffiné sont riches en calories, pauvres en éléments nutritifs, ils coupent l'appétit de l'enfant et, de plus, sont la cause de problèmes dentaires. Enfin, ils contiennent souvent un taux élevé de lipides.

Malgré tout, une suppression brutale peut avoir l'effet contraire et renforcer cette envie de sucré ! Mieux vaut donc sans doute éviter les confiseries et les desserts très sucrés et colorés artificiellement. Ne vous rabattez pas pour autant sur les aliments dans lesquels on a remplacé le sucre par des édulcorants, car, consommés en trop grande quantité, ils provoquent des difficultés de digestion et, à long terme, ils ne sont pas meilleurs que le sucre raffiné.

Essayez d'assurer quotidiennement un mélange équilibré d'aliments très énergétiques et riches en nutriments, en prenant pour base les groupes d'aliments recommandés (voir encadré ci-dessus). Bien entendu, si votre enfant doit suivre un régime particulier, ses menus en tiendront compte, de même que s'il présente des réactions à certains aliments ou s'il manifeste des préférences très marquées.

Suggestions de repas à partir de 1 an

PETIT DÉJEUNER

- Céréales non sucrées pour bébés
- Milk-shake à la banane et à la fraise*
- Toast à la cannelle*
- Yaourt nature avec des fruits rouges écrasés
- Œuf à la coque avec une mouillette et de l'extrait de levure
- Pain perdu aux haricots secs sans sel ni sucre

DÉJEUNER

- Poulet et haricots secs en ragoût
- Pomme de terre cuite au four et fourrée
- Salade d'Halloumi avec pita*
- Morceaux de pizza avec bâtonnets de légumes
- Légumes en morceaux dans une soupe de pâtes
- Morceaux de tortilla grillée et dips
- Burgers au falafel pour bébés*
- Pâtes à la sauce tomate
- Tofu mariné et nouilles
- Guacamole et mouillettes*

DÎNER

- Spaghetti à la bolognaise
- Poisson avec tomates à la poêle*
- Fritatta de thon et de poireaux*
- Hachis Parmentier
- Porc et nouilles saisis à la poêle
- Saucisse et pommes de terre sautées*
- Petits pâtés de dinde à l'ananas*
- Macaroni aux poireaux à la sauce Béchamel*

DESSERT

- Compote de fruits*
- Esquimau au yaourt
- Gâteau roulé aux fruits*
- Fromage frais au coulis de fruits
- Petits cubes de gâteau aux carottes*
- Mousse à la fraise

*Les astérisques (*) renvoient à la partie Recettes pages 330 à 349.

En-cas

- Œuf dur avec des morceaux de pain grillé
- Petits morceaux de fromage avec des lamelles de pommes et une galette d'avoine
- Toast au fromage fondu
- Morceaux de melon avec du jambon
- Thon mayonnaise avec des triangles de tortilla grillée
- Houmous et gressin
- Gâteau de riz au chocolat
- Sandwich à la banane écrasée
- Pain pita avec de l'extrait de levure de bière et des bâtonnets de carotte
- Boulettes de viande (de bonne qualité) avec tomates cerises coupées en deux
- Lamelles de pommes séchées
- Toasts aux fruits ou gâteau
- Yaourt nature avec de la mangue
- Tranche de cake aux fruits
- Morceaux de fruits frais
- Raisins secs ou fruits secs coupés en morceaux

EN-CAS

Les bébés ont des besoins en énergie importants par rapport à leur taille. Il faut donc leur donner des repas peu copieux mais fréquents auxquels on ajoutera des en-cas, car leur estomac n'est pas assez développé pour faire face à trois repas abondants par jour. Vous remarquerez probablement que votre bébé a besoin d'un en-cas au milieu de la matinée, au milieu de l'après-midi et peut-être également peu avant le coucher. Certains enfants aiment grignoter. Si c'est le cas du vôtre, profitez-en pour lui proposer des en-cas sains qui seront un peu comme des mini repas, et non des préparations industrielles sucrées, salées ou grasses. Il est cependant important que l'heure du repas soit pour lui un plaisir, auquel des en-cas trop fréquents pourraient nuire.

LAIT ET AUTRES BOISSONS

Le lait de vache, de chèvre ou de brebis entier peut constituer la boisson principale d'un bébé de plus de 12 mois. Une partie du lait dont il a besoin va certes lui être fournie par les desserts lactés et les sauces, ou par le lait pris avec les céréales du petit déjeuner, mais n'oubliez pas qu'il lui en faut de 500 à 600 ml par jour. À 1 an, vous devez inciter votre enfant à remplacer le biberon par une tasse ou une timbale. Vous pouvez le nourrir encore au sein, mais il n'est plus nécessaire de lui donner du lait infantile ou du lait de suite. Vous pouvez cependant continuer à le faire si vous avez l'impression qu'il ne mange pas assez, ou si vous avez peur qu'il n'ait pas tous les nutriments dont il a besoin.

Vous pouvez commencer à lui donner du lait demi-écrémé à partir de 2 ans, à condition qu'il se nourrisse bien par ailleurs. Le lait écrémé est déconseillé pour les enfants de moins de 5 ans, car il ne procure pas assez d'énergie et de vitamine A à un enfant qui grandit.

Les besoins en fer

Une carence en fer n'est pas rare chez les enfants, aussi faut-il essayer de leur donner une alimentation et des boissons riches en vitamine C (jus de fruits, légumes), en même temps que des aliments riches en fer, car la vitamine C favorise l'absorption du fer. Ne donnez ni thé ni café à de jeunes enfants, en particulier au moment des repas. Non seulement ils contiennent de la caféine, mais ils freinent l'absorption du fer.
Cet élément étant plus difficile à absorber lorsqu'il ne provient pas de la viande, si votre enfant est végétarien, donnez-lui chaque jour des aliments qui contiennent du fer : haricots secs, lentilles, légumes verts, fruits secs (en particulier abricots et raisins), céréales enrichies.

L'eau reste la meilleure boisson pour les enfants, cependant il est bon d'y mélanger un peu de jus de fruits car celui-ci contient de la vitamine C et, s'il est consommé en même temps qu'un plat contenant du fer, il en favorise l'assimilation. Cependant, même les jus de fruits contiennent naturellement du sucre, aussi faut-il éviter d'en donner à votre enfant en dehors des repas car cela pourrait abîmer ses dents. Plus les dents restent longtemps en contact avec des aliments sucrés, plus elles risquent d'être endommagées. De plus, elles coupent l'appétit de l'enfant.

COMPLÉMENTS ALIMENTAIRES

Entre 1 et 5 ans, un complément en vitamines A, C et D est indispensable, sauf si votre enfant a déjà une alimentation très variée comportant les éléments nutritifs dont il a besoin et s'il est suffisamment exposé au soleil. S'il mange peu ou s'il ne voit pas assez le soleil, il faut continuer à lui en donner jusqu'à l'âge de 5 ans.

À partir de 2 ans

Plus l'activité de votre jeune enfant augmente, plus il a besoin de calories pour alimenter son énergie.

Efforcez-vous de respecter un programme basé sur trois repas et deux ou trois en-cas par jour. Les enfants qui ont du mal à s'habituer aux petits morceaux accepteront sans doute mieux les aliments coupés fins ou hachés. Par ailleurs, les aliments qu'on peut manger avec les doigts inciteront votre enfant à mâcher la nourriture et à prendre plaisir à des consistances plus épaisses.

Votre enfant va peut-être maintenant à la crèche ou à la halte-garderie. Il va y faire face à de nouveaux défis ainsi qu'à la pression de ses petits camarades. Vous aurez peut-être la chance d'en trouver une où on prépare sur place des repas et des en-cas de bonne qualité. C'est très variable d'un endroit à l'autre, aussi serait-il bon que vous parliez avec les autres parents pour savoir ce qu'ils pensent des repas. Dans certaines crèches, les parents sont autorisés à apporter eux-mêmes plats, en-cas et boissons.

PRENDRE DE BONNES HABITUDES ALIMENTAIRES

Votre enfant devient de plus en plus conscient du monde qui l'entoure, et cela crée chez lui un tout nouveau désir d'indépendance et de liberté. Cela a des conséquences positives… et d'autres moins. Quoi qu'il en soit, les études montrent que les parents qui ont donné à leur enfant de bonnes habitudes alimentaires dès le plus jeune âge en récolteront les bénéfices à long terme.

Il ne faut pas perdre de vue certains points :

- Ne vous focalisez pas trop tôt sur les bonnes manières à table, vous avez tout le temps pour cela. Votre enfant va continuer pendant un moment à manger en en mettant partout. Et bien sûr, il s'obstine à utiliser ses doigts et ses mains…
- Il n'est évidemment pas toujours possible de prendre tous les repas en famille, mais vous constaterez que c'est tout à fait bénéfique, même si cela ne se produit que pendant les week-ends. Manger tous ensemble favorise le dialogue entre parents et enfants et détourne tout le monde de l'écran de télévision. Les enfants apprennent à manger correctement en observant leurs parents, aussi avez-vous tout intérêt à terminer vos légumes verts.
- Soyez patients et persévérants. Les recherches montrent que les enfants ont besoin de temps pour apprécier la nourriture, et qu'il faut faire goûter un nouvel aliment en moyenne dix fois pour qu'il soit accepté. Ce qui veut dire que si des parents peuvent à dix reprises persuader leur enfant de prendre une grosse bouchée de carottes, il finira par les aimer.

- Vous arriverez mieux à convaincre votre enfant de manger sainement si vous faites en sorte que le repas soit un moment distrayant. Pensez aux couleurs, aux consistances et aux formes lorsque vous préparez un plat. Des assiettes, des bavoirs, des couverts et des sets de table amusants ou colorés peuvent faire toute la différence et faire accepter à votre enfant un plat qu'il refusait auparavant. Les légumes cuits à la vapeur sont plus brillants que les légumes bouillis, et les légumes frais ont une consistance craquante qui donne envie de croquer dedans.
- De nombreux parents tombent dans le piège qui consiste à penser que les enfants préfèrent les aliments fades ou ceux qu'on qualifie de « nourriture pour enfants ». En réalité, une étude a montré que les enfants aiment beaucoup plus les goûts bien marqués qu'on ne l'a longtemps imaginé, et qu'ils peuvent tout à fait apprécier un curry, un sauté, un chili et d'autres plats de ce genre.
- Même si jusqu'à présent vous avez réussi à tenir votre enfant à distance du sucre, cela va devenir de plus en plus difficile. Il grandit, rencontre d'autres enfants, et remarque de plus en plus les produits destinés aux enfants avec leur emballage brillant et coloré. Même si vous en achetez peu, essayez de choisir ceux qui contiennent le moins de colorants, d'additifs et de conservateurs !
- Un des meilleurs moyens d'intéresser votre enfant à la nourriture est de lui apprendre à cuisiner, ou du moins de le faire participer à la préparation d'un plat, ne serait-ce qu'en tournant une sauce ou en versant des céréales dans un bol.
- De la même façon, emmenez-le lorsque vous allez faire les courses. Laissez-le choisir, tout en l'orientant vers des produits sains, faites-lui peser les produits frais et laissez-le vider le Caddie.

LE CAS DES ENFANTS DIFFICILES

Tous les enfants connaissent des périodes durant lesquelles leur appétit est tout à fait imprévisible. Comment encourager votre enfant à manger ce que vous lui donnez, et que faire s'il refuse ? Il n'y a probablement pas de réponses simples à ces questions, mais les pistes suivantes vous aideront peut-être à vous sortir de ces périodes délicates :

- L'obliger à manger n'est une solution ni pour lui ni pour vous. Conflits et tensions ne peuvent que rendre la situation encore plus difficile, et inciter votre enfant à profiter des moments des repas pour attirer l'attention. Les enfants sont champions pour percevoir l'anxiété de leurs parents, au point parfois de partager leur frustration, ce qui évidemment n'arrangera rien.

- Essayez de le convaincre avec douceur et faites tout pour l'encourager à avaler au moins une bouchée. Souvent, c'est suffisant pour qu'il termine le plat.
- Félicitez-le le plus souvent possible, même s'il n'a mangé qu'une bouchée.
- Si les encouragements ne suffisent pas, retirez la nourriture mais ne lui proposez rien d'autre à la place, quoi que cela vous coûte. Un enfant doit s'habituer à manger ce qu'on lui donne sans espérer qu'on lui proposera autre chose s'il refuse la première possibilité.
- Ne préparez pas des portions trop grosses car cela pourrait le décourager. Vous pourrez toujours le resservir s'il mange tout ce que vous lui avez donné.
- Invitez à goûter un ami de votre enfant dont vous savez qu'il mange bien. Les enfants apprennent beaucoup par l'exemple, et si le vôtre voit que son copain termine tout, cela l'encouragera à en faire autant.
- Transformez le repas en jeu : un pique-nique – le simple fait de mettre la nappe par terre peut suffire ! –, ou le choix d'un thème en liaison avec le jeu ou l'histoire favorite de votre enfant peuvent sauver la situation.
- Les petits panneaux à autocollants ont souvent un succès étonnant et sont un moyen très simple d'encourager votre enfant à goûter de nouveaux aliments, en particulier les fruits et légumes.
- C'est bien sûr plus facile à dire qu'à faire, mais ne tombez pas dans le piège qui consisterait à « acheter » votre enfant avec un dessert ou des bonbons.
- Le compromis est parfois la seule solution. Associez des aliments que votre enfant aime bien avec d'autres qu'il n'a encore jamais goûtés ou dont il n'a pas voulu une première fois. Cela peut suffire à lui donner envie de tenter de nouveau l'expérience.

LA QUESTION DU POIDS

L'importance de l'obésité dans de nombreuses régions du globe va en augmentant, et malheureusement les enfants n'échappent pas à ce qu'on peut considérer comme une épidémie.

Une enquête de l'INSERM effectuée en juin 2007 a révélé que le nombre d'enfants de 10 ans souffrant d'obésité avait doublé depuis 1980. D'après cet institut, des anomalies apparaissent chez l'enfant obèse : augmentation de la pression artérielle, du cholestérol total, ou hyperinsulinémie. Une obésité sévère peut

entraîner des apnées du sommeil et des pathologies orthopédiques.

De nombreux experts attribuent cette augmentation de l'obésité au développement de la restauration rapide et à la gamme de plus en plus étendue, dans les magasins, de gâteaux, biscuits, bonbons, glaces, chips, sandwicherie et boissons gazeuses. Outre ce phénomène qui n'a évidemment pas arrangé les choses, le mode de vie joue également un rôle. L'engouement pour les jeux vidéo et la télévision rend les enfants de plus en plus inactifs, ce qui diminue la dépense des calories consommées.

Cependant, un surpoids peut également avoir de multiples causes qui ne se résument peut-être pas simplement à une consommation excessive et à l'inactivité. Il est donc recommandé de consulter le médecin avant d'imposer un régime particulier à votre enfant, car un régime inapproprié risquerait de diminuer l'apport en éléments nutritifs.

La plupart des gros bébés s'amincissent lorsqu'ils commencent à se déplacer à quatre pattes puis à marcher, et deviennent de jeunes enfants d'un poids tout à fait normal, mais certains restent trop gros. La meilleure façon d'empêcher un enfant d'être en surpoids est de ne le nourrir au sein que durant les six premiers mois, et de lui donner de bonnes habitudes alimentaires le plus tôt possible. Prévenir est toujours plus facile que guérir ! Il ne faut jamais essayer de faire maigrir un jeune enfant sans avoir pris l'avis du médecin, mais il est important que la famille développe une attitude vis-à-vis de la nourriture la plus saine possible, et l'exercice physique est essentiel dans la gestion du poids. Essayez de vous tenir à la règle de trois repas par jour, plus deux ou trois en-cas sains. Beaucoup d'enfants adorent grignoter, mais le grignotage n'est pas idéal et risque d'empêcher de prendre de vrais repas.

LAIT ET BOISSONS

Si votre enfant mange bien et a un régime équilibré varié, il est possible – mais non obligatoire – de passer au lait demi-écrémé à partir de 2 ans. Le lait écrémé est déconseillé avant 5 ans, car il n'apporte pas suffisamment d'énergie et de nutriments à un enfant en pleine croissance.

Beaucoup d'enfants ne boivent pas assez et peuvent passer plusieurs heures sans boire une goutte de liquide. Une bonne hydratation favorise le fonctionnement du cerveau, il faut donc veiller à ce que votre enfant boive beaucoup d'eau filtrée ou bouillie, ou encore du jus de fruits dilué dans de l'eau, et non des boissons gazeuses et sucrées. On conseille au moins six à huit verres d'eau par jour pour des enfants de 2 ans et plus, et encore davantage pour des enfants très actifs. La déshydratation peut affecter l'assimilation et le transport des éléments nutritifs dans l'organisme et dans le cerveau.

Le saviez-vous ?

L'influence du régime sur le comportement n'a pas été absolument démontrée, mais un régime médiocre, le manque d'acides gras essentiels et des allergies alimentaires peuvent provoquer un comportement destructeur.
Un manque de zinc, de calcium et de magnésium peut engendrer de la nervosité, une mauvaise concentration et des problèmes d'apprentissage.
Un comportement agressif, fantasque et impulsif peut être lié à une carence en thiamine (vitamine B1).
Il a été suggéré que des enfants souffrant de Trouble déficit de l'attention/Hyperactivité (TDAH) ont souvent des problèmes de métabolisme du sucre, ce qui peut provoquer de l'hypoglycémie, donnant lieu à des accès d'agressivité.
De nombreux enfants sujets au TDAH présentent également de faibles niveaux d'acides gras essentiels.
La dépression et les changements d'humeur peuvent être dus à une carence en oméga-3. Certains médecins et nutritionnistes pensent que les compléments alimentaires tels que les vitamines B, C, D et E, le chrome et le molybdène, et les acides gras oméga-3 et 6 peuvent améliorer le comportement de nombreux enfants perturbateurs. Les probiotiques et un régime riche en protéines constituent d'autres moyens naturels d'améliorer le comportement par l'alimentation. Éliminer du régime une nourriture qui pose problème – tels que les plats cuisinés et les aliments tout préparés, contenant une grande quantité d'additifs – s'est également révélé efficace. Le régime Feingold, par exemple, mis au point par un médecin américain dans les années soixante pour venir en aide aux enfants hyperactifs, reposait sur la suppression des conservateurs, parfums et colorants alimentaires artificiels à base de pétrole et jaune tartrazine.

Les recettes ci-dessous sont très simples afin de donner à votre bébé un avant-goût de la nourriture solide et de l'habituer progressivement à manger. Les purées à base d'un seul légume peuvent, le moment venu, faire l'objet de combinaisons gustatives différentes.
Les recettes des pages suivantes sont assorties d'une recommandation d'âge en rapport avec la digestibilité des ingrédients utilisés. Ces informations sont données à titre indicatif, en sachant que chaque bébé progresse à son rythme et que le sevrage commence pour chacun à un âge différent. Vous savez ce qui est le mieux pour votre enfant : ne lui donnez rien avant qu'il soit prêt.
Ces recettes ont été créées pour plaire à des bébés d'âges différents et ne précisent pas forcément s'il faut servir les aliments en purée, les écraser, les hacher ou les émincer. Faites preuve de bon sens et servez chaque plat sous une forme qui conviendra à votre bébé.
Le nombre de parts indiqué est approximatif; à moins que cela ne soit précisé, une part correspond à un enfant. Votre bébé n'en mangera peut-être que quelques cuillerées au début (s'il en mange). Certains plats ont été imaginés pour une famille de deux adultes et deux enfants, mais vous pourrez souvent les congeler et les manger plus tard.

Premiers aliments... à partir de 6 mois

RIZ POUR BÉBÉ

Il en existe des versions industrielles en grandes surfaces, mais rien de plus simple que de le préparer vous-même. Mélangez-le avec du lait maternel ou du lait infantile. Vous pouvez également l'utiliser comme base pour une purée de fruits ou de légumes.

● 4-7 parts
✻ peut se congeler

1 Rincez 25 g de riz rond dans une passoire. Mettez-le ensuite dans une casserole et recouvrez-le d'eau froide. Portez à ébullition, remuez, puis baissez le feu.
2 Couvrez et laissez cuire à petit bouillon pendant 10 à 15 minutes ou jusqu'à ce que le riz ait absorbé toute l'eau et que les grains soient bien tendres.
3 Mixez le riz avec suffisamment de lait pour obtenir une purée homogène et liquide.

Pour le réchauffer
Laissez décongeler complètement puis réchauffez jusqu'à ce que le riz soit brûlant pour éviter tout risque de contamination. Vérifiez la température avant de servir.

Purée de pomme

La pomme se marie bien avec le riz pour bébé, ainsi qu'avec une purée de viande et de légumes.

● 2–3 parts

1 Lavez, pelez, évidez et coupez une pomme en petits morceaux. Mettez-la dans une casserole avec 2 cuillerées à soupe d'eau et portez à ébullition. Laissez cuire 5-8 minutes à petit bouillon et à demi-couvert.

2 Retirez-la de la casserole et mixez-la jusqu'à obtenir une purée fluide, en ajoutant un peu d'eau de cuisson si nécessaire.

Variante

La poire se prépare de la même façon. Si elle est très mûre, contentez-vous de la peler, de la vider et de l'écraser à la fourchette.

PURÉE DE BANANE

Choisissez impérativement une banane très mûre, plus digeste pour votre bébé.

● 1 part

Écrasez 1/2 banane pour la rendre crémeuse. Ajoutez un peu d'eau bouillie, de lait maternel ou infantile afin d'obtenir une purée relativement claire.

PURÉE DE PATATE DOUCE

La chair des patates douces est plus riche en vitamine C et en bêta-carotène que celle des pommes de terre.

● 4-6 parts

1 Épluchez et coupez une patate douce une en morceaux de la taille d'une bouchée. Couvrez d'eau, portez à ébullition et laissez cuire 10-15 minutes.

2 Égouttez les morceaux et mixez-les avec un peu de lait maternel ou infantile.

PURÉE DE CAROTTE

La carotte est un aliment prisé des bébés.

● 2-3 parts

* peut se congeler

1 Épluchez et coupez une carotte en morceaux de la taille d'une bouchée. Portez à ébullition dans une casserole avec 2 cuillerées à soupe d'eau. Laissez cuire 10 minutes ou jusqu'à ce que la carotte soit tendre.

2 Mixez la carotte avec un peu d'eau de cuisson.

Variante

Associez la carotte dans des purées à de la pomme de terre, de la courge musquée ou du potiron.

PURÉE D'ABRICOTS SECS

Les abricots constituent une bonne source de fer, mais sont riches en fibres et doivent donc être servis avec parcimonie.

● 5–8 parts

1 Lavez 10 abricots secs et coupez-les en petits morceaux. Mettez-les dans une casserole, recouvrez-les d'eau et portez à ébullition. Laissez ensuite cuire 20 minutes à petit feu.

2 Mixez-les pour en faire une purée, en ajoutant un peu d'eau de cuisson si nécessaire. Laissez un peu refroidir puis mélangez avec 3 cuillerées à soupe de yaourt nature.

Purée de pêche

Une pêche mûre et bien juteuse sera un délice pour votre bébé — vous pouvez aussi la remplacer par des nectarines ou des prunes.

● 2 parts

✱ peut se congeler

1 Coupez 1 pêche en quartiers. Mettez-la dans une casserole avec 2 cuillerées à soupe d'eau. Portez à ébullition puis faites cuire à petit feu pendant 8 à 10 minutes.

2 Retirez de l'eau. Pelez les morceaux lorsqu'ils sont tièdes.

3 Mixez-les pour obtenir une purée homogène. Ajoutez un peu d'eau bouillie si nécessaire.

PURÉE DE COURGE, DE PANAIS ET DE POMME

Riche en vitamine C.

● 3–4 parts

✱ peut se congeler

1 Lavez, épluchez et coupez en dés 75 g de courge musquée (en enlevant tous les pépins) et 1 petit panais. Mettez-les dans une casserole et recouvrez d'eau. Faites bouillir, puis laissez cuire 10 minutes à feu doux.

2 Pendant la cuisson, lavez 1 pomme à couteau avant de la peler, de l'évider et de la couper en dés. Ajoutez-la aux légumes et faites cuire encore 5 minutes.

3 Passez le tout au mixeur et faites-en une purée en ajoutant un peu d'eau bouillie si nécessaire.

Petit déjeuner

SMOOTHIE BANANE ET FRAISE

Ce smoothie regorge des nutriments essentiels à l'énergie dont votre bébé a besoin. À servir avec un toast et un œuf dur.

■ à partir de 6 mois
● 1–2 parts
1 petite banane coupée en rondelles
3 fraises équeutées
2 c. s. de yaourt brassé bio
4 c. s. de lait (maternel, infantile, de vache ou autre)

Mettez tous les ingrédients dans un mixeur. Mixez jusqu'à obtenir une préparation épaisse, homogène et crémeuse à verser dans des bols.

ŒUFS BROUILLÉS À LA TOMATE

Ce plat délicieux contient du fer et des vitamines B. Les œufs doivent être suffisamment cuits pour ne pas être baveux. Accompagnez d'un verre de jus d'orange dilué pour favoriser l'absorption du fer.

■ à partir de 6 mois
● 1 part
15 g de beurre doux, et beurre pour tartiner le bagel
1 tomate moyenne épépinée et coupée en dés
2 petits œufs fermiers
1 c. s. de lait (maternel, infantile, de vache ou autre)
½ bagel

1 Faites chauffer le beurre dans une poêle moyenne à fond épais. Ajoutez les tomates

et laissez cuire 2 minutes en remuant de temps en temps.

2 Battez les œufs avec le lait. Versez l'appareil dans la poêle et remuez constamment à l'aide d'une cuiller en bois pour que l'œuf n'attache pas au fond. Laissez cuire en remuant jusqu'à ce que l'œuf ne soit plus baveux – soit environ 4 minutes.
3 Pendant ce temps, faites griller le bagel et coupez-le en morceaux. Servez avec les œufs brouillés.

ŒUFS EN PANIER DE JAMBON

Les œufs apportent les protéines, les vitamines B et D ainsi que le zinc dont votre bébé a besoin, mais ils doivent être bien cuits pour éviter tout risque de salmonellose. Ils font un parfait en-cas pour les bébés.

■ à partir de 8 mois
● 4 parts
huile d'olive pour les ramequins
4 tranches de jambon maigre
4 œufs fermiers

1 Faites préchauffer le four à 200 °C. Graissez légèrement quatre petits ramequins et placez une tranche de jambon dans chacun, de façon qu'elle en tapisse les parois pour former un « panier ».
2 Égalisez les bords du jambon tout en veillant à ce qu'il dépasse des ramequins.
3 Cassez un œuf dans chacun des « paniers » puis enfournez 10 minutes, ou jusqu'à ce que les œufs soient cuits.
4 Retirez du four et laissez tiédir avant de retirer les paniers de leurs ramequins.

Conseil de conservation
Ces petits en-cas se conserveront jusqu'à deux jours au réfrigérateur.

Pain perdu à la canelle

En petit en-cas ou en petit déjeuner, accompagnez les toasts d'un fruit que votre bébé apprécie pour y ajouter un bonus nutritionnel.

■ à partir de 8-9 mois
● 1 part
1 œuf fermier légèrement battu
1 c. s. de lait demi-écrémé
1 pincée de cannelle en poudre
1 noisette de beurre
1 tranche de brioche, de panettone ou de petit pain aux fruits secs

1 Mélangez l'œuf, le lait et la cannelle dans un récipient peu profond. Faites fondre le beurre dans une poêle en en tapissant le fond.
2 Plongez la brioche dans la préparation à base d'œuf et laissez égoutter. Répétez l'opération sur l'autre face.
3 Faites cuire 2 minutes environ sur chaque face, jusqu'à ce que l'œuf soit cuit et doré.

YAOURT AUX DATTES ET À LA VANILLE

Un mélange de protéines et de glucides lents, nourrissant et gorgé d'énergie pour entamer la journée. Accompagnez de mouillettes de pain grillé aux fruits secs.

■ à partir de 6 mois
● 2 parts
60 g de dattes sèches dénoyautées et coupées grossièrement
15 cl d'eau
6 cl de yaourt brassé bio
½ c. c. d'extrait de vanille
4 c. s. de lait (maternel, infantile, de vache ou autre)

1 Mettez les dattes et l'eau dans une casserole. Portez à ébullition, puis baissez le feu. Couvrez et faites cuire à petits bouillons jusqu'à ce que les dattes soient tendres. Laissez refroidir.
2 Mixez les dattes et l'eau de cuisson restante, accompagnées du yaourt, de l'extrait de vanille et du lait. Transvasez dans un bol.

Conseil de conservation
S'il vous en reste, vous pouvez conserver ce yaourt jusqu'à trois jours au réfrigérateur dans un récipient hermétique.

PORRIDGE À LA PURÉE D'ABRICOTS

Le porridge, qui améliore la concentration, constitue un excellent petit-déjeuner. Vous pouvez remplacer la purée d'abricots par une banane écrasée ou une pomme ou poire cuite à l'eau.

■ à partir de 8 mois
● 1-4 parts (4-6 parts de purée)
Pour la purée d'abricots
115 g d'abricots secs
30 cl d'eau
Pour le porridge
55 g de flocons d'avoine
12,5 cl de lait (maternel, infantile, de vache ou autre) ou moitié lait, moitié eau

1 Mettez les abricots dans une casserole et recouvrez-les d'eau. Portez à ébullition, couvrez, puis baissez le feu et laissez cuire jusqu'à ce que les abricots soient bien tendres. Mixez-les avec l'eau de cuisson restante jusqu'à obtenir une purée homogène, en ajoutant de l'eau si nécessaire.
2 Pour préparer le porridge, placez les flocons d'avoine dans une casserole. Ajoutez le lait et portez à ébullition en remuant de temps en temps. Baissez le feu et laissez cuire 6 minutes jusqu'à obtenir un porridge bien crémeux.
3 Versez-le dans un saladier et incorporez une grosse cuillerée de purée d'abricots.

Déjeuner

HOUMOUS FACILE

Cette préparation est faite à partir d'une pâte de graines de sésame riche en calcium. Les pois chiche contiennent du fer et de la vitamine B.

■ à partir de 7-8 mois
● 7 parts
200 g de pois chiche en conserve
jus d'½ citron
½ gousse d'ail écrasée
1 c. s. de tahini (pâte de graines de sésame)
2 c. s. d'huile d'olive extra-vierge
2 c. s. d'eau

1 Égouttez et rincez les pois chiche. Mixez-les avec le jus de citron, l'ail, le tahini, l'huile d'olive et l'eau.
2 Mixez jusqu'à obtenir une pâte homogène ; peut-être devrez-vous remuer le houmous de temps en temps afin qu'il ne s'agglomère pas. Ajoutez de l'eau si le résultat obtenu est trop épais.

CAVIAR D'AUBERGINE

Les aubergines sont riches en vitamines et, contre toute attente, donnent des préparations crémeuses qui plaisent beaucoup plus aux enfants que d'autres plats à base de ce légume.

■ à partir de 8 mois
● 4 parts
1 petite aubergine
1 c. s. d'huile d'olive, et huile pour graisser la plaque
1 gousse d'ail hachée
½ c. c. de cumin en poudre
½ c. c. de coriandre en poudre
jus d'½ citron
1 c. s. de tahini (pâte de graines de sésame)

1 Préchauffez le four à 200 °C. Placez l'aubergine sur une plaque huilée. Faites-la griller environ 30 à 35 minutes, jusqu'à ce que la chair soit bien tendre.
2 Laissez tiédir puis coupez-la en deux dans le sens de la longueur. Retirez la chair à l'aide d'une cuiller et jetez la peau.
3 Mettez l'aubergine dans un robot ou un mixeur avec le reste des ingrédients et mixez jusqu'à obtention d'un mélange homogène.

De quoi picorer

Les amuse-gueule – mouillettes de pain, lanières de tortilla, pitas, toasts ; carottes légèrement cuites à l'eau et bâtonnets de poivron ; tranches de concombre et mange-tout – sont l'occasion pour votre bébé de s'exercer à de nouvelles façons de manger et de soulager ses gencives.

SALADE AU HALLOUMI ET À LA PITA

L'édam ou le cheddar peuvent remplacer le halloumi.

■ à partir de 12 mois
● 1–2 parts
petit pain pita tranché en son milieu

1 concombre de 2,5 cm de diamètre
½ petit poivron rouge
25 g de halloumi rincé, égoutté et coupé en dés
3 olives noires dénoyautées
vinaigrette (facultatif)
1 c. s. d'huile d'olive extra vierge, et huile pour la cuisson
½ c. c. de vinaigre de vin blanc

1 Préchauffez le gril à température moyenne. Ouvrez la pita et passez-la au gril jusqu'à ce qu'elle soit dorée et légèrement craquante. Retirez-la du four et réservez. Pendant ce temps, préparez la vinaigrette si vous avez choisi d'en faire une.
2 Coupez les concombres en quatre dans le sens de la longueur. Ôtez les pépins puis coupez en petits morceaux. Coupez le poivron en morceaux identiques.
3 Placez le concombre et le poivron dans un saladier et ajoutez les olives. Versez la vinaigrette et mélangez bien. Cassez le pain pita en morceaux suffisamment gros pour servir de cuiller puis ajoutez-les à la salade.
4 Faites chauffer un peu d'huile dans une poêle et faites revenir le halloumi jusqu'à ce qu'il commence à dorer. Attendez qu'il tiédisse et incorporez-le au reste de la salade.

GALETTES SOUFFLÉES ET CROUSTILLANTES

Ces galettes sont délicieuses accompagnées de tomates grillées et de haricots blancs.

■ à partir de 8 mois
● 4–8 parts
675 g de pommes de terre coupées en dés
175 g de chou de Milan
1 c. s. de moutarde de Dijon

Guacamole crémeux

En plus d'apporter d'importantes quantités de protéines et de glucides, l'avocat est le fruit avec la plus haute concentration en vitamine E.

■ à partir de 7-8 mois
● 2–4 parts
la chair d'1 petit avocat mûr
1 c. c. de mayonnaise
½ gousse d'ail écrasée (facultatif)
1 c. c. de jus de citron

Placez l'avocat dans un saladier et écrasez-le jusqu'à obtenir un mélange homogène. Ajoutez la mayonnaise, l'ail si vous avez choisi d'en mettre, le jus de citron, puis mélangez bien.

Conseil de conservation
Vous pouvez conserver le guacamole au réfrigérateur dans un récipient hermétique jusqu'à deux jours.

2 ciboules hachées finement (facultatif)
1 œuf battu
farine pour les galettes
huile végétale pour la cuisson

1 Faites cuire les pommes de terre dans un grand volume d'eau salée jusqu'à ce qu'elles soient tendres. Égouttez-les et écrasez-les bien.
2 Pendant ce temps, cuisez le chou à la vapeur pendant 5 minutes. Lorsqu'il est bien fondant, émincez-le.
3 Mettez les pommes de terre et le chou dans un saladier, accompagnés de la moutarde, de la ciboule si vous avez choisi d'en mettre, et de l'œuf. Mélangez bien puis laissez refroidir.
4 Formez 8 petites galettes à la main et enduisez-les de farine.
5 Versez de lhuile dans une poêle pour en recouvrir le fond. Faites frire les galettes à feu moyen pendant 3-4 minutes sur chaque face jusqu'à ce qu'elles soient dorées.

Variante
Des haricots verts ou des oignons peuvent être utilisés à la place ou en plus du chou.

MINI PIZZAS

Ici, un muffin sert de base à une garniture à base de tomate et de mozzarella.

■ à partir de 8-9 mois
● 2 parts
2 c. s. de passata (coulis de tomates) ou de tomates en conserve
1 c. c. de pesto rouge
½ c. c. d'huile d'olive
1 pincée d'origan séché (facultatif)
1 muffin coupé horizontalement
2 tranches de mozzarella égouttée et essorée dans un torchon

1 Préchauffez le gril à température moyenne. Mélangez le coulis de tomate (si vous avez opté pour des tomates en conserve, écrasez-les jusqu'à obtenir une purée assez homogène), le pesto, l'huile d'olive et l'origan si vous avez choisi d'en mettre.
2 Étalez la sauce tomate sur le dessus de chaque muffin.
3 Ajoutez une tranche de mozzarella puis passez au gril pendant 10 minutes, le temps que le fromage ait fondu et soit légèrement doré. Coupez en quarts et servez froid.

MINI SANDWICHS AUX FALAFELS

Ces sandwichs très nourrissants sont faits à partir de pois chiche, une source de fer, de zinc, de folates (vitamine B9) et de vitamine E.

■ à partir de 8-9 mois
● 3–6 parts
400 g de pois chiche en conserve, égouttés et rincés
3 ciboules hachées
2 gousses d'ail écrasées
1 c. c. de cumin en poudre
1 c. c. de coriandre en poudre
1 œuf battu
farine pour les boulettes
huile végétale pour la cuisson
6 petits pains ou pitas

1 Mixez les pois chiche, la ciboule, l'ail, le cumin et la coriandre. Ajoutez l'œuf et mixez de nouveau jusqu'à obtenir une pâte grossière. Placez ensuite au réfrigérateur pendant une heure.
2 Retirez-le, puis farinez-vous les mains pour former 6 boulettes d'environ 6 cm de diamètre chacune.
3 Faites chauffer de l'huile dans une grande poêle en en recouvrant le fond. Faites cuire

les boulettes (sans hésiter à ajouter de l'huile si nécessaire) pendant 6 minutes en les retournant à mi-cuisson jusqu'à ce qu'elles soient dorées.

4 Servez chaque boulette dans un petit pain ou coupez en morceaux.

HOT-DOG MINUTE

Procurez-vous des saucisses de bonne qualité pour éviter de faire ingurgiter des additifs à votre enfant. S'il est encore petit, coupez les saucisses en petites bouchées et servez les tortillas à part.

■ à partir de 9 mois
● 1–2 parts
4 saucisses cocktail au porc ou végétariennes
1 petite tortilla de blé souple coupée en 4 lanières
mayonnaise, ketchup, guacamole ou houmous en accompagnement (facultatif)

1 Préchauffez le gril à température moyenne. Recouvrez une plaque de cuisson d'aluminium et posez les saucisses dessus. Faites griller les saucisses jusqu'à ce qu'elles soient dorées et cuites à cœur.
2 Mettez les lanières de tortillas dans une poêle sans matière grasse et faites-les chauffer. Si vous le souhaitez, tartinez-les avec le mélange de votre choix. Disposez une saucisse à une extrémité puis enroulez-la dans la tortilla.

RISOTTO AUX LÉGUMES POUR BÉBÉ

Le risotto n'est pas compliqué à faire mais demande d'être remué en permanence. Vous pourrez le mixer ou l'écraser en fonction de l'âge de votre enfant. À partir de 12 mois, vous pouvez préparer ce risotto avec du bouillon cube aux légumes à faible teneur en sel plutôt qu'avec de l'eau.

■ à partir de 6 mois
● 4 parts familiales
2 c. s. d'huile d'olive
15 g de beurre
4 mini poireaux coupés en tronçons
4 mini courgettes coupées en rondelles
1 c. c. d'origan séché
250 g de riz pour risotto
1 litre d'eau
55 g de petits pois
85 g de parmesan râpé

1 Faites chauffer l'huile et le beurre dans une grande casserole à fond épais. Ajoutez les poireaux et les courgettes. Laissez-les cuire 5 minutes environ jusqu'à ce qu'ils soient fondants. Ajoutez l'origan et le riz et laissez cuire 2 minutes sans cesser de remuer, jusqu'à ce que le riz devienne brillant et presque translucide.
2 Ajoutez une louche d'eau sans vous arrêter de remuer. Attendez que l'eau soit absorbée avant d'en ajouter une nouvelle louche. Continuez jusqu'à ce que le risotto soit tendre et crémeux tout en restant légèrement ferme, soit 25 minutes environ.
3 Ajoutez les petits pois, une dernière louche d'eau, les trois quarts du parmesan et mélangez bien. Saupoudrez avec le parmesan restant juste avant de servir.

SOUPE DE PETITS POIS

Les soupes sont une excellente façon d'encourager les enfants à manger des légumes. Afin d'obtenir une soupe épaisse ou une purée, il vous suffit de diminuer la quantité d'eau indiquée. Quand votre bébé sera plus grand – à partir de 1 an – vous pourrez préparer cette soupe avec du bouillon de cube à faible teneur en sel plutôt qu'avec de l'eau.

■ à partir de 6 mois
● 4 parts familiales
1 c. s. d'huile végétale
1 poireau coupé en petits tronçons
1 bâton de céleri haché finement
225 g de pommes de terre coupées en dés
1 litre d'eau
280 g de petits pois surgelés

1. Faites chauffer l'huile dans une casserole à fond épais. Ajoutez le poireau et faites-le cuire à feu moyen jusqu'à ce qu'il soit tendre. Ajoutez le céleri, les pommes de terre et les petits pois, et laissez cuire encore 5 minutes.
2. Versez l'eau sur les légumes et portez à ébullition. Couvrez, et laissez mijoter 5 minutes supplémentaires. Les pommes de terre doivent être tendres.
3. Mixez les légumes jusqu'à ce que la soupe soit homogène. Faites-la réchauffer avant de servir. Assaisonnez les assiettes des adultes à votre convenance.

BEIGNETS DE RIZ ET DE LÉGUMES

Cette recette est parfaite pour utiliser un reste de riz et peut être mangée avec les doigts. On a choisi du riz brun car il est riche en vitamine B et en fibres, mais le riz blanc convient également.

■ à partir de 7-8 mois
● 4 à 8 parts pour enfant
85 g de riz brun long, cuit et refroidi
2 ciboules émincées
½ poivron rouge coupé en dés
1 gousse d'ail écrasée
1 petit œuf battu
2 c. s. de crème fraîche épaisse
2 c. s. de farine
huile de tournesol pour la friture

1. Mélangez le riz avec la ciboule, le poivron rouge, l'ail, l'œuf, la crème et la farine.
2. Versez l'huile dans une poêle à fond épais, suffisamment pour tapisser tout le fond, et faites chauffer. Posez 2 cuillerées à soupe bombées de la préparation dans l'huile très chaude et aplatissez légèrement du dos d'une cuiller. Faites cuire en plusieurs fois, 3 minutes de chaque côté, jusqu'à ce que les beignets soient dorés. Égouttez-les sur du papier absorbant.

LENTILLES À L'INDIENNE

La lentille est sous-estimée mais cette graine à faible teneur en graisse et riche en protéines procure du fer, de l'acide folique et du zinc, ainsi que des fibres, et sa saveur douce se marie bien avec les épices.

■ à partir de 12 mois
● 4 parts familiales
2 c. s. d'huile de tournesol
1 gros oignon haché
2 grosses gousses d'ail écrasées
4 gousses de cardamome fendues en deux

2 feuilles de laurier
2 carottes râpées
2 c. s. de gingembre frais râpé
2 c. s. de coriandre en poudre
200 g de lentilles corail
500 cl d'eau
200 cl de lait de coco allégé
200 cl de passata (coulis de tomates) ou de tomates concassées en conserve
2 c. s. de garam masala (NdT : mélange d'épices du nord de l'Inde qui se compose traditionnellement de cumin, de coriandre, de cardamome, de poivre noir, de clous de girofle, de laurier et de cannelle)
jus de 1 citron
4 c. s. de coriandre fraîche ciselée (facultatif)

1 Faites chauffer 1 cuillerée à soupe d'huile dans une grande poêle et faites fondre l'oignon pendant 10 minutes, en remuant fréquemment. Ajoutez l'ail et faites-le revenir 30 secondes, en remuant, puis ajoutez la cardamome, les feuilles de laurier, la carotte, le gingembre et la coriandre en poudre.
2 Au bout d'1 minute, ajoutez les lentilles, l'eau, le lait de coco et la passata, remuez et portez à ébullition, puis baissez le feu et laissez mijoter 20 minutes à couvert. Incorporez le garam masala et le jus de citron et laissez cuire 20 minutes de plus, en remuant de temps à autre.
3 Quand les lentilles sont tendres, retirez les feuilles de laurier et les gousses de cardamome, puis réduisez les lentilles en purée lisse. Incorporez la coriandre fraîche si vous avez choisi cette option.

Conseil de conservation
Le dahl de lentilles peut être conservé quatre ou cinq jours au réfrigérateur, ou congelé, jusqu'à trois mois.

Dîner

GRATIN DE MACARONI AUX POIREAUX

Ce gratin, qui fait les délices de toute la famille, procure le calcium qui fortifie les dents et les os.

■ à partir de 6 mois
● 4 parts familiales
300 g de macaroni
50 g de beurre
3 poireaux, parés et émincés
4 c. s. de farine
700 cl de lait (maternel, infantile, de vache ou autre)
1 c. s. de moutarde
2 c. s. de crème fraîche
50 g de parmesan finement râpé
110 g de cheddar vieux râpé

1 Faites cuire les macaronis dans un grand volume d'eau bouillante en respectant le temps indiqué sur le paquet.
2 Faites fondre le beurre dans une casserole à fond épais de taille moyenne, puis ajoutez le poireau et faites-le fondre pendant 4 minutes.
3 Incorporez la farine et faites cuire 1 minute en remuant constamment. Versez le lait petit à petit en remuant constamment avec un fouet pour éviter les grumeaux. Quand vous avez ajouté tout le lait, incorporez la moutarde. Préchauffez le gril à température élevée.
4 Portez la sauce blanche à ébullition, puis baissez le feu et laissez mijoter 5 minutes en remuant fréquemment. Incorporez la crème fraîche, la moitié du parmesan et les 2/3 du cheddar. Attendez que le fromage ait complètement fondu.

5 Égouttez les pâtes, et réservez 3 cuillerées à soupe de l'eau de cuisson. Remettez les pâtes et l'eau dans la casserole et incorporez la sauce au fromage. Remuez pour enrober les pâtes de sauce et transvasez dans un plat allant au four préalablement chauffé.

6 Parsemez du reste de parmesan et de cheddar et passez 6 à 8 minutes sous le gril, jusqu'à ce que le dessus du plat soit doré.

Variante
En plus des poireaux, vous pouvez ajouter des brocolis cuits à la vapeur ou des petits pois et couvrir le tout de tranches de tomate.

Conseil de conservation
Ce gratin peut être conservé jusqu'à trois jours au réfrigérateur, dans un récipient hermétique, ou congelé, jusqu'à trois mois.

BÂTONNETS DE LÉGUMES

Cette alternative végétarienne aux bâtonnets de poisson peut être une façon habile de camoufler des légumes. Des brocolis ou des carottes finement hachés, du chou râpé, ou des haricots verts peuvent également être utilisés.

■ à partir de 8 mois
● 2–4 parts
450 g de pommes de terre coupées en morceaux
55 g de petits pois congelés
1 poireau finement émincé
85 g de maïs nature en conserve, égoutté
55 g de cheddar vieux râpé
polenta fine ou maïzena pour enrober
huile végétale pour frire

1 Faites cuire les pommes de terre dans un grand volume d'eau pendant 10 à 15 minutes, jusqu'à ce qu'elles soient tendres. Ajoutez les petits pois 2 minutes avant la fin du temps de cuisson. Égouttez les légumes et laissez refroidir.

2 Pendant que les pommes de terre et les petits pois cuisent, faites cuire les poireaux à la vapeur pendant 5 à 8 minutes, jusqu'à ce qu'ils soient tendres. Pressez-les pour en extraire l'eau et mélangez-les avec les pommes de terre et les petits pois. Réduisez le tout en purée. Laissez refroidir complètement. Quand la purée est froide, incorporez le fromage.

3 Couvrez le fond d'une assiette de polenta. Prenez 2 cuillerées de purée et formez un bâtonnet. Roulez chaque bâtonnet dans la polenta jusqu'à ce qu'il soit entièrement enrobé. Procédez ainsi jusqu'à épuisement de la purée.

4 Versez l'huile dans une poêle à fond épais, suffisamment pour tapisser tout le fond, et faites chauffer. Faites cuire les bâtonnets pendant 3 minutes de chaque côté, en plusieurs fois, ou jusqu'à ce qu'ils soient chauds et dorés.

TOURTE CRÉMEUSE AU POISSON

Ce repas contient des protéines à faible teneur en matière grasse, des vitamines C et B, zinc et calcium.

■ à partir de 12 mois
● 4 parts familiales
2 c. s. d'huile végétale
1 oignon finement haché
1 branche de céleri finement hachée
1 carotte finement hachée
1 feuille de laurier
700 g de pommes de terre épluchées et coupées en deux, en quatre si elles sont grosses
25 g de beurre, et un supplément à parsemer sur le dessus
2 c. s. de farine
300 cl de lait
1 c. c. de moutarde de Dijon
2 c. s. de crème fraîche
250 g de filet de haddock fumé sans colorant ou autre poisson fumé, débarrassé de sa peau et coupé en morceau de 2,5 cm
250 g de filet d'églefin ou autre poisson blanc à chair ferme, débarrassé de sa peau et coupé en morceau de 2,5 cm

100 g de petites crevettes cuites, fraîches ou décongelées
100 g de petits pois congelés

1 Faites chauffer l'huile dans une grande casserole et faites fondre l'oignon, le céleri et la carotte pendant 10 minutes. Ajoutez la feuille de laurier.

Carrelet aux tomates rôties

Si vous préparez ce plat pour un jeune bébé, retirez la peau du poisson après la cuisson et émiettez la chair en veillant à ne laisser aucune arête. Réduisez-le en purée avec les tomates.

■ à partir de 6 mois
● 4 parts familiales
1,5 c. s. d'huile d'olive, un supplément pour la friture
20 tomates cerises
1 poignée de basilic frais
4 filets de carrelet
farine pour saupoudrer
20 g de beurre doux
2 c. c. de jus de citron (facultatif)

1 Préchauffez le four à 200 °C. Faites chauffer 1 cuillerée à soupe d'huile dans un plat à rôtir, ajoutez les tomates et le basilic. Tournez les tomates dans l'huile, poivrez ou non à votre convenance. Laissez rôtir les tomates 6 à 10 minutes, jusqu'à ce qu'elles soient tendres. Retirez la peau.
2 Saupoudrez le poisson de farine assaisonnée. Faites chauffer la moitié du beurre et un peu de l'huile restante dans une poêle. Quand la matière grasse est très chaude, faites cuire les filets de poisson 4 à 5 minutes ; tournez-les à mi-cuisson.
3 Servez avec les tomates, arrosé d'un filet de jus de citron.

2 Faites cuire les pommes de terre dans un grand volume d'eau jusqu'à ce qu'elles soient tendres. Égouttez. Préchauffez le four à 180 °C.

3 Réduisez les pommes de terre en purée lisse, avec le beurre – la purée doit être plutôt sèche. Réservez.

4 Tamisez la farine et incorporez-la à l'oignon fondu, laissez cuire 1 minute, puis incorporez progressivement le lait en remuant constamment. Quand l'appareil a épaissi, incorporez la moutarde et la crème fraîche et réchauffez.

5 Ajoutez le poisson, les crevettes et les petits pois dans l'appareil et mélangez.

6 Couvrez d'une couche homogène de purée de pommes de terre. Parsemez de noisettes de beurre et faites cuire au four, jusqu'à ce que la tourte soit dorée.

BÂTONNETS DE POISSON ET FRITES DE PATATE DOUCE

Une version saine et équilibrée des « fish and chips » qui fournit le plein d'oméga-3. Les enfants ont besoin des acides gras essentiels présents dans le saumon, indispensables au développement du cerveau et des nerfs.

■ à partir de 8 mois
● 4 parts familiales
100 g de maïzena, de polenta ou de chapelure
3 c. s. de parmesan frais râpé
350 g de filet de saumon, débarrassé de sa peau et coupé en 10 bâtonnets
2 œufs battus
huile de tournesol pour frire
poivre (facultatif)
Pour les frites de patate douce
500 g de patates douces, grattées et coupées en quartiers
2 c. s. d'huile d'olive

1 Préchauffez le four à 200 °C. Séchez les quartiers de patate douce dans une serviette propre. Versez l'huile dans un plat à rôtir et faites-la chauffer brièvement. Tournez les morceaux de patate douce dans l'huile pour les enrober et laissez-les rôtir 30 minutes, en les tournant à mi-cuisson, jusqu'à ce qu'ils soient tendres et dorés.

2 Pendant ce temps, mélangez la maïzena et le parmesan sur une assiette. Trempez chaque bâtonnet de saumon dans l'œuf battu, puis roulez-le dans le mélange de maïzena et de parmesan pour bien l'enrober.

3 Versez l'huile dans une poêle à fond épais, suffisamment pour tapisser tout le fond, et faites chauffer. Disposez soigneusement les bâtonnets de poisson dans la poêle et laissez-les cuire 6 minutes, jusqu'à ce qu'ils soient dorés ; tournez-les à mi-cuisson. Égouttez-les sur du papier absorbant, puis servez avec les frites de patate douce.

Variante
Remplacez le saumon par des filets épais de poissons blancs comme le cabillaud, l'églefin ou le lieu jaune.

FRITTATA DE THON ET DE POIREAU

Ce plat nourrissant et riche en protéines peut être consommé chaud ou froid et, comble du bonheur, avec les doigts. Vous pouvez mélanger la frittata avec un peu de lait si vous en faites de la purée. Des quartiers de pommes de terre et des bâtonnets de légumes sont un accompagnement parfait.

■ à partir de 8 mois
● 4 parts familiales
1 c. s. d'huile d'olive
1 noisette de beurre
1 gros poireau finement émincé

200 g de thon en conserve à l'huile d'olive ou au naturel, égoutté
6 œufs battus

1 Faites chauffer l'huile et le beurre dans un plat allant au four et faites fondre le poireau 5 à 7 minutes. Incorporez le thon, en veillant à ce que le mélange de poireau et de thon soit homogène et qu'il reste quelques morceaux de thon.
2 Préchauffez le gril à température moyenne à haute. Versez les œufs sur la préparation de thon et de poireau. Faites cuire 5 minutes à feu moyen, jusqu'à ce que les œufs aient pris et que le fond de la préparation soit brun doré.
3 Mettez le plat sous le gril et faites cuire le dessus de la frittata pendant 3 minutes, jusqu'à ce que les œufs aient pris et que le dessus soit légèrement doré. Servez la frittata chaude ou froide, coupée en quartiers ou en bâtonnets.

Variante
Remplacez le thon par 200 g de poulet cuit coupé en dés ou 4 tranches de bacon grillées. Vous pouvez aussi le remplacer par des saucisses cuites coupées en tranches (4 environ) ou 200 g de jambon fumé coupé en dés.

BŒUF AUX NOUILLES CHINOISES

Le bœuf est une bonne source de fer. Servez ce plat avec un verre de jus d'orange frais pour améliorer son assimilation.

■ à partir de 8-9 mois
● 4 parts familiales
2 c. s. d'huile de tournesol ou végétale
500 g de bœuf maigre, coupé en lamelles
250 g de nouilles aux œufs de taille medium
3 gousses d'ail
2 poignées de pois « mangetout»
1 poivron rouge, épépiné et coupé en lamelles de 1 cm
4 ciboules ciselées en biseau
175 cl de sauce de haricots noirs
2 c. s. de sauce de soja salée réduite

1 Chauffer l'huile dans un wok à feu modéré à vif. Faites sauter le bœuf 2 minutes. Retirez-le du wok à l'aide d'une écumoire et réservez-le.
2 Pendant ce temps, portez un grand volume d'eau à ébullition. Plongez les nouilles dedans et remuez pour les séparer. Égouttez les nouilles quand elles sont tendres et gardez-les au chaud.
3 Ajoutez l'ail, les mangetout et la ciboule dans le wok et faites sauter 2 minutes, puis remettez le bœuf dans le wok avec les sauces de haricots noirs et de soja ; faites sauter encore 1 minute ; ajoutez une goutte d'eau si les sauces s'évaporent.
4 Répartissez les nouilles dans les quatre assiettes, puis ajoutez le bœuf sauté.

Conseil de conservation
Ce plat peut être conservé jusqu'à deux jours au réfrigérateur, dans un récipient hermétique. Réchauffez-le à cœur.

BURGERS DE BŒUF MAISON

Vous pouvez proposer à votre bébé de manger avec les doigts en coupant le burger et le petit pain en morceaux que vous lui tendrez séparément.

■ à partir de 8 mois
● 4 parts familiales
1 c. c. d'origan séché
1 oignon râpé
1 carotte finement râpée

1 gousse d'ail écrasée
450 g de bœuf maigre haché
1 petit œuf battu
poivre (facultatif)
huile de tournesol pour frire
petits pains longs ou ronds
en accompagnement

1 Mettez l'origan, l'oignon, la carotte, l'ail, le bœuf et l'œuf dans un grand saladier. Poivrez à votre convenance et mélangez intimement les ingrédients à la main.
2 Farinez-vous les mains, divisez le mélange en quatre parts et aplatissez-les en forme de burger. Réservez au réfrigérateur pendant 15 minutes.
3 Versez l'huile dans une poêle à fond épais, suffisamment pour tapisser tout le fond, et faites chauffer. Faites frire les burgers dans l'huile très chaude, 3 minutes de chaque côté, jusqu'à ce qu'ils soient cuits à cœur et dorés.
4 Servez les burgers dans les petits pains avec du ketchup et des condiments.

Conseil de conservation
Ces burgers peuvent être conservés jusqu'à trois mois congelés crus.

PENNE AU JAMBON ET AUX PETITS POIS

Un jambon à teneur réduite en sel est préférable pour les bébés. S'il est salé, réduisez la quantité.

■ à partir de 6 mois
● 4 parts familiales
300 g de penne
1 c. s. d'huile d'olive
2 grosses gousses d'ail hachées
200 cl d'eau
150 g de petits pois congelés
6 c. s. de crème fraîche
4 tranches épaisses de jambon de pays coupées en morceaux de la taille d'une bouchée
poivre (facultatif)
parmesan frais râpé

1 Faites cuire les pâtes dans un grand volume d'eau. Égouttez et réservez 2 cuillerées à soupe d'eau de cuisson.
2 Pendant ce temps, chauffez l'huile d'olive dans une grande poêle à fond épais et faites revenir l'ail 30 secondes. Ajoutez l'eau, puis les petits pois et laissez cuire 2 minutes à feu moyen, jusqu'à ce que les petits pois soient cuits et que le liquide ait réduit.
3 Ajoutez le jambon dans la poêle avec la crème fraîche. Faites cuire à feu doux en remuant fréquemment, jusqu'à ce que la préparation soit chaude. Incorporez les penne, et l'eau de cuisson réservée au besoin, et mélangez délicatement. Poivrez à votre convenance et saupoudrez de parmesan.

Variante
Remplacez le jambon par 200 g de thon ou de saumon en conserve. Vous pouvez aussi utiliser du saumon frais cuit, émietté, ou du poulet cuit coupé en dés.

Boulettes de poulet à la sauce tomate

Accompagnez ce plat de pâtes ou de riz.

■ à partir de 6 mois
● 4 parts familiales
Boulettes de poulet
500 g de poulet haché
3 c. s. de parmesan frais râpé
50 g de chapelure
1 petit œuf battu
farine pour saupoudrer
huile d'olive pour frire
Sauce tomate
1 c. s. d'huile d'olive
1 grosse gousse d'ail écrasée
1 c. c. d'origan séché
400 g de tomates concassées en conserve
1 c. s. de concentré de tomates

1 Mélangez le poulet, le parmesan, la chapelure et l'œuf. Farinez-vous les mains et formez 20 petites boulettes.
2 Versez l'huile dans une poêle à fond épais, tapissez tout le fond, et faites chauffer. Faites cuire les boulettes 6 à 8 minutes de chaque côté, en plusieurs fois au besoin ; retournez-les de temps en temps, jusqu'à ce qu'elles soient dorées et cuites à cœur. Retirez-les de la poêle et réservez-les au chaud.
3 Pour la sauce, chauffez l'huile d'olive dans une casserole. Faites revenir l'ail et l'origan 30 secondes, puis ajoutez les tomates concassées et le concentré de tomates. Laissez cuire 4 minutes à feu moyen à doux en remuant.
4 Remettez les boulettes de poulet dans la casserole et réchauffez-les pendant 4 minutes, jusqu'à ce que la sauce ait réduit et épaissi.

STEAKS HACHÉS DE DINDE ET CONDIMENT À L'ANANAS

La dinde est riche en protéines et en vitamine B et elle est moins grasse que la viande rouge. Le condiment à l'ananas et à la menthe est riche en vitamine C.

■ à partir de 8 mois
● 3–4 parts
225 g de dinde fermière hachée
1 c. c. d'origan séché
1 grosse gousse d'ail écrasée (facultatif)
huile d'olive pour badigeonner
mini pains ronds complets ou aux céréales
Pour le condiment à l'ananas
150 g d'ananas frais ou en conserve coupé en dés fins
1 c. s. de menthe fraîche finement ciselée
1 morceau de concombre de 4 cm, épluché, épépiné et coupé en dés fins
2 c. s. de jus de citron

1 Mélangez la dinde hachée, l'origan et l'ail (si vous en utilisez) dans un saladier. Divisez la préparation en parts égales. Roulez chaque part en forme de boule, puis aplatissez-la en petit steak. Posez les steaks sur une assiette, couvrez de film alimentaire et laissez rafraîchir 30 minutes au réfrigérateur.
2 Préchauffez le gril à température moyenne à élevée et tapissez la plaque de papier d'aluminium. Pendant ce temps, mélangez les ingrédients du condiment et laissez reposer pour que les parfums se fondent.
3 Badigeonnez les steaks d'huile, puis faites-les griller 3 à 5 minutes de chaque côté, jusqu'à ce qu'ils soient cuits à cœur.
4 Coupez les petits pains en deux, posez un steak sur une moitié, 1 cuillerée de condiment, couvrez de l'autre moitié de petit pain et servez immédiatement.

GLACE AU YAOURT À LA BANANE ET AU SIROP D'ÉRABLE

Cette gourmandise est idéale pour apaiser les gencives douloureuses. Si les bananes dont vous disposez ne sont pas très mûres, une pointe de sirop d'érable sera la bienvenue.

■ à partir de 6 mois
● 1 part
1 petite banane bien mûre
1 c. s. bombée de yaourt brassé bio
1 c. c. de sirop d'érable (facultatif)

1 Épluchez la banane, enveloppez-la de film alimentaire bien serré et mettez-la au congélateur le temps qu'elle soit ferme, au moins 3 heures (mais vous pouvez la conserver au congélateur jusqu'au moment de l'emploi).
2 Sortez la banane du congélateur et retirez le film alimentaire. Laissez la banane ramollir légèrement, pendant 15 minutes, puis cassez-la en morceaux.
3 Mixez la banane avec le yaourt et le sirop d'érable si vous souhaitez en ajouter, au mixeur ou au robot. La crème glacée doit être épaisse, lisse et crémeuse. Transvasez-la dans un ramequin.

YAOURT AUX FRUITS

La meilleure façon de connaître la composition d'un yaourt est de le confectionner soi-même. Les fruits, en variété unique ou mélangés, comptent dans les « 5 fruits et légumes par jour » recommandés.

■ à partir de 6 mois
● 2 parts
4 c. s. de fruits rouges mélangés frais ou décongelés
1 nectarine coupée en quatre, dénoyautée
3 à 4 c. s. d'eau
yaourt brassé nature bio sans matière grasse

1 Mettez les fruits rouges, la nectarine et l'eau dans une casserole. Portez au point d'ébullition, puis couvrez et laissez cuire 5 à 7 minutes ou jusqu'à ce que les fruits soient tendres et commencent à se défaire.
2 Écrasez les fruits dans une passoire pour éliminer les graines et les peaux.
3 Mettez une portion de yaourt dans un verre ou un saladier. Ajoutez quelques cuillerées de yaourt et incorporez-le en tournant avec le manche d'une cuiller pour obtenir un bel effet marbré.

GÂTEAUX À LA CAROTTE

Votre enfant ne devinera jamais que ce gâteau léger et fondant contient un légume excellent pour sa santé.

■ à partir de 12 mois
● 16 carrés environ
225 g de farine à gâteau
1 pincée de sel
1 c. s. de cannelle en poudre
1 c. s. de mélange d'épices en poudre
225 g de sucre muscovado
225 g de carottes pelées et râpées
3 œufs moyens légèrement battus
175 cl d'huile de tournesol

1 Préchauffez le four à 180 °C. Graissez légèrement un moule à manqué carré et tapissez le fond de papier sulfurisé.
2 Tamisez la farine, le sel et les épices dans un grand saladier. Ajoutez le sucre et les carottes et mélangez.
3 Mélangez les œufs battus et l'huile puis versez dans la farine et mélangez à l'aide d'une cuiller en bois.
4 Versez la préparation dans le moule à manqué, enfournez et laissez cuire 50 minutes, ou jusqu'à ce qu'un couteau enfoncé au centre ressorte propre. Laissez reposer 10 minutes, puis démoulez le gâteau et laissez-le refroidir.

PURÉE DE MANGUE À LA CRÈME

Ce dessert onctueux sera prêt en quelques minutes.
■ à partir de 8 mois
● 4 parts familiales
1 grosse mangue dénoyautée, épluchée et coupée en morceaux
200 ml de crème fleurette
2 c. c. de sucre glace non raffiné
4 c. s. de yaourt nature bio

1 Réservez quatre tranches de mangue pour la décoration et réduisez le reste du fruit en purée lisse au mixeur ou au robot.
2 Ajoutez la crème, le sucre et le yaourt et mixez jusqu'à obtention d'un appareil homogène.
3 Répartissez l'appareil dans quatre verres et laissez-le 1 heure au réfrigérateur de façon qu'il soit froid et ferme.

Variante
Tous les fruits à chair tendre conviennent à cette recette, mais les pommes, les poires et autres fruits à chair ferme devront être cuits au préalable.

BISCUITS AUX FLOCONS D'AVOINE

Ces friandises restituent toutes les qualités nutritionnelles des flocons d'avoine.

■ à partir de 12 mois
● 12 biscuits
120 g de beurre doux
75 g de sucre muscovado
75 g de farine à gâteau
25 g de farine à gâteau complète
100 g de flocons d'avoine

1 Préchauffez le four à 180 °C.
2 Battez le beurre et le sucre jusqu'à obtention d'un appareil léger et mousseux. Incorporez les deux farines et les flocons d'avoine, puis mixez jusqu'à obtention d'une pâte souple.
3 Divisez la pâte en 12 parts. Faites-en des boules et posez celles-ci sur les plaques à pâtisserie, bien espacées pour qu'elles puissent gonfler à la cuisson. Aplatissez-les légèrement et laissez-les cuire 15 à 20 minutes, jusqu'à ce qu'elles soient dorées mais encore tendres au centre.
4 Laissez refroidir les biscuits 5 minutes, puis posez-les sur une grille où ils finiront de refroidir.

CRUMBLE À LA PÊCHE

Cette variante du crumble classique utilise des fruits entiers ; elle est parfaite si le plat est réservé à des enfants car elle permet de faire facilement des petites portions.

■ à partir de 8 mois
● 2–4 parts
2 pêches coupées en deux et dénoyautées
25 g de farine
2 c. s. de beurre doux
1 c. s. de flocons d'avoine (facultatif)
2 c. s. de sucre ou de cassonade

1 Préchauffez le four à 180 °C. Graissez un plat allant au four ou un moule à manqué et disposez les moitiés de pêches dans le plat.
2 Mettez la farine et le beurre dans un saladier et malaxez-les du bout des doigts pour obtenir une pâte sableuse grossière. Incorporez les flocons d'avoine et le sucre et mélangez-les intimement.
3 Saupoudrez les pêches du crumble et ajoutez 2 cuillerées à soupe d'eau dans le plat. Enfournez et laissez cuire 25 minutes, ou jusqu'à ce que les pêches soient tendres et le crumble doré et légèrement croustillant.

Variante

Prunes, pommes, poires ou nectarines sont autant d'alternatives savoureuses. S'il vous reste de la pâte à crumble, conservez-la au congélateur en vue d'une utilisation ultérieure.

Compote de fruits mélangés

Nombre d'enfants n'aiment pas les « morceaux ». Cette compote est onctueuse et riche en parfums. Vous trouverez des sacs de fruits mélangés congelés dans les grandes surfaces ou les magasins spécialisés.

■ à partir de 6 mois
● 4-6 parts
200 g de fruits rouges mélangés, rincés, équeutés et dénoyautés s'ils sont frais, ou décongelés
2 c. s. de jus de pomme frais
1 c. c. de maïzena

1 Mixez les fruits. Passez la purée au tamis dans une casserole pour éliminer toutes les graines ou les peaux.
2 Ajoutez le jus de pomme et la maïzena dans la casserole. Chauffez à feu doux en remuant, jusqu'à ce que le mélange ait épaissi.

Variante

Cette compote de fruits rouges parfume délicieusement un yaourt nature bio et peut aussi être parsemée de muesli.

11 Dialoguer avec votre bébé

Créer une relation d'amour

Aimer votre bébé va bien au-delà de l'écoute de ses besoins essentiels et de l'assurance qu'il se sente bien et en sécurité – tout cela est traité de manière exhaustive dans ce guide. Pour se développer, tous les bébés ont besoin d'un lien émotionnel étroit et affectueux avec au moins un de leurs parents. La construction de cette relation commence peu après la naissance, quand un bébé manifeste ses premières réactions aux expressions du visage de sa mère et à ses paroles, et c'est vital pour qu'il parvienne à se réaliser pleinement. Mais outre la création de ce lien affectif qui l'aide à maîtriser les facultés essentielles de manipulation, de locomotion et de communication, les parents doivent s'assurer que leur enfant acquiert des qualités sociales et émotionnelles, qui feront de lui un membre « acceptable » de la communauté.

RÉCEPTIVITÉ

Alors que le comportement qui rapproche un bébé de ses parents est la plupart du temps instinctif – quand il pleure, vous le prenez ; quand il gazouille à votre adresse, vous lui répondez en gazouillant –, pour créer cette relation étroite d'affection avec votre bébé il vous faudra être sensible à son état émotionnel – certains bébés sont plus réceptifs que d'autres, et ce dès le plus jeune âge –, et l'éveiller en tenant compte du stade de développement qui est le sien.

La sensibilité à l'état émotionnel de votre bébé implique de savoir à quel moment il est assez éveillé pour le stimuler au jeu. Les bébés étant tous différents, chacun a son propre niveau de réceptivité, qui se situe entre les deux extrêmes – actif et passif. Un bébé actif est un bébé qui est très expressif et qui donne des signaux fréquents et très forts tels que le regard, le sourire et la voix. Un bébé passif manifeste très peu ses émotions intérieures. La plupart des bébés se situent à mi-chemin.

Les nourrissons sont plus réceptifs quand ils sont réveillés, mais le fait que votre bébé ne dorme pas ne signifie pas qu'il est prêt à être stimulé. Il n'est recommandé ni de le stimuler trop souvent – car alors il n'apprendra pas à s'amuser tout seul –, ni de le stimuler au point que cela l'agace ou qu'il « fasse la sourde oreille ». Il arrive toutefois que votre bébé, qui semblait calme et tranquille dans son berceau, sourie et agite les bras et les jambes avec excitation dès que vous approchez. De toute façon, vous apprendrez vite quel stimulant fonctionne le mieux pour votre bébé – et à quel moment. Vous découvrirez, par exemple, que cela ne sert à rien de lui montrer un jouet lorsqu'il prend son repas, car son attention est alors entièrement concentrée sur celui-ci, alors que, plus grand, pendant son repas, un jouet peut permettre de le distraire lorsque vous mettez une cuillerée de nourriture dans sa bouche. De même, vous pouvez découvrir qu'il est plus éveillé et prêt à être stimulé au début de la journée que plus tard.

PARTICIPATION DES PARENTS

Vous avez un rôle vital à jouer pour faire en sorte que votre bébé se réalise pleinement. En l'éveillant à des activités appropriées, vous l'aiderez à tirer le meilleur parti des compétences qu'il acquiert. Mais vous construirez aussi votre relation en rendant amusante la pratique de ces compétences et en le félicitant pour ses efforts – qu'il réussisse ou non. Votre objectif ne doit pas être de le pousser à apprendre, mais de lui prodiguer des encouragements et de lui procurer un environnement dans lequel il puisse réussir.

Assurez-vous que vous passez tous les jours du temps à jouer avec votre bébé – et continuez à le faire tandis qu'il grandit. Cela consolidera un lien étroit entre vous deux. Il prendra exemple sur vous dans la plupart de ses tentatives, il est donc important d'être positive et douce lorsque vous êtes avec lui, et de lui procurer l'environnement le plus sain possible. Tout petits déjà, les bébés captent les « ondes négatives », et des voix rudes, même si ce n'est pas à lui qu'elles s'adressent, perturberont votre bébé.

Comme pour d'autres compétences (voir ci-dessous), la sociabilité et l'émergence de la personnalité apparaissent en suivant des étapes bien précises mais qui varient pourtant d'un enfant à l'autre. Il est très important de ne pas avoir de stéréotypes pour votre enfant, et de ne pas lui imposer votre propre comportement social. Votre bébé a besoin de développer sa personnalité et ses aptitudes sociales dégagé des opinions et des attentes d'autrui.

Une de vos responsabilités parentales est de fixer des limites à votre enfant afin qu'il commence à comprendre la différence entre le bien et le mal. La clé, c'est de donner le bon exemple, car votre enfant passera plus de temps avec vous qu'avec quiconque. Il vous faut lui montrer la manière correcte de jouer et de se comporter avec les autres en étant poli, en apprenant à partager et en sachant attendre son tour.

Comment se développe votre bébé

Votre bébé est unique et différent de tous les autres enfants, avec un physique et une personnalité qui lui sont propres, mais, dans l'ensemble, vous constaterez qu'il présente un très grand nombre de similitudes avec les autres enfants. Tous les enfants bien portants, par exemple, sont constitués de la même manière, ont à peu près la même taille et le même poids à la naissance, pleurent lorsqu'ils ont faim, et répondent aux manifestations de tendresse de leurs parents ; ils sont aussi tout à fait semblables dans leur manière de mûrir physiquement, mentalement et émotionnellement.

Les termes « croissance » et « développement » se réfèrent aux schémas types qui sont ceux de tous les enfants durant leur parcours de l'enfance à l'âge adulte. La croissance décrit le processus de développement physique (taille, poids et tour de tête), alors que le développement désigne l'acquisition des fonctions corporelles, des aptitudes (motrices, sociales et de langage) et les étapes successives de la maturation psychologique.

CROISSANCE PHYSIQUE

Dans les premiers jours qui suivent la naissance, votre bébé perdra du poids, pour une raison très simple : l'organisme perd davantage (fonction urinaire et intestinales) qu'il ne reçoit (lait). Mais bientôt tout va changer. Au cours des trois ou

3 règles générales de croissance

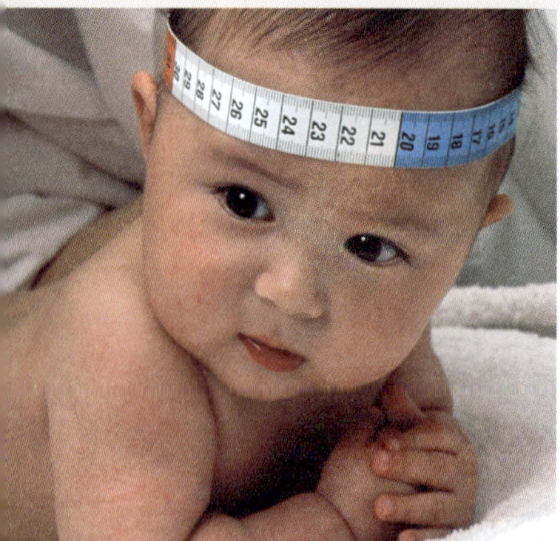

1 Un enfant double son poids de naissance en cinq mois et le triple en douze mois (les enfants qui ont un poids de naissance inférieur le doublent et le triplent plus rapidement ; ceux qui ont un poids de naissance supérieur mettent plus de temps que la moyenne).

2 Un enfant atteint la moitié de sa taille adulte à 24 mois (pour plus de précision, il faudrait mesurer l'enfant debout et se tenant tranquille) ! Les garçons auront habituellement 5 cm de plus que le double de la taille qu'ils avaient à 2 ans ; les filles auront habituellement 5 cm de moins que le double de leur taille à 2 ans.

3 Durant la première année, la tête de l'enfant grossit de moitié ; le reste prend des années.

ZOOM SUR… le tour de tête

Alors que la nécessité d'établir des courbes de croissance pour la taille et le poids de votre enfant vous semble probablement évidente, vous ne voyez peut-être pas pourquoi il est important de contrôler régulièrement le tour de tête. En fait, cela permet de suivre la croissance du cerveau. Il existe des valeurs normales pour la croissance de la tête – ou plutôt, pour être plus précis, un éventail normal de valeurs, puisqu'il n'y a pas une valeur normale unique pour chaque âge. Votre médecin contrôlera la croissance de la tête de votre enfant ainsi que le développement de ses acquis pour s'assurer qu'il est normal sur le plan neurologique. Si la tête d'un enfant ne se développe pas bien – de façon insuffisante ou en ne suivant pas une courbe régulière –, cela peut indiquer que son cerveau n'est pas normal. À l'inverse, si la tête se développe trop vite, il se peut qu'il y ait trop de liquide autour du cerveau (hydrocéphalie) ou quelque autre problème.

quatre premiers mois, votre bébé grandira extrêmement vite. Ensuite, son taux de croissance ralentira quelque peu pendant le reste de la première année, et encore plus entre 12 et 24 mois. Par la suite, la croissance se poursuivra à un rythme relativement constant jusqu'à la puberté, période où se produit une véritable explosion. Les diagrammes de croissance et les courbes de taille, de poids ou de tour de tête à mesure que votre enfant grandit reflètent ces schémas.

Bien que les critères indiqués dans les « règles générales » de croissance soient souvent exacts, il existe de nombreux enfants bien portants qui ne grandissent pas selon ces normes précises. En d'autres termes, même si les « règles » sont globalement correctes, elles peuvent ne pas s'appliquer spécifiquement à votre fils ou à votre fille. De nombreux facteurs influent sur la corpulence et sur la taille de votre enfant. La génétique a une importance considérable, cependant on ne peut savoir avant l'âge de 2 ans quelle sera approximativement la taille définitive d'un enfant.

DIAGRAMMES DE CROISSANCE

Les médecins et les infirmières utilisent des courbes de croissance pour suivre la croissance d'un enfant dans le temps. Si votre bébé grandit correctement, ce qui est un signe de bonne santé, il gardera approximativement le même rang centile (voir encadré page 358) de poids et de taille au cours de sa croissance. Par conséquent, si vous voulez vous assurer que votre bébé grandit bien, vérifiez que ce rang reste le même d'une visite à l'autre. Il est plus important qu'il suive une courbe du diagramme de croissance en restant au même rang centile, plutôt que de dépasser la moyenne.

Regardez, par exemple, les deux diagrammes de croissance de la page 358. Le garçon dont le poids est indiqué en haut suit approximativement la courbe du 25e centile. Il est en bonne santé car il grandit normalement. Le garçon dont le poids figure en bas se situe à un centile plus élevé, mais ne grandit pas correctement. Sa courbe décline, c'est-à-dire que son centile décroît progressivement, ce qui est inquiétant. Le médecin devra trouver la cause de cette mauvaise évolution.

ACQUISITION DES COMPÉTENCES

À la naissance, votre enfant est fort peu semblable à un adulte. Outre son apparence et sa petite taille, il ne sait pas prendre soin de lui-même, ne sait ni marcher ni parler, et ne sait bien sûr pas vous obéir. Cependant, vous pouvez le préparer petit à petit à acquérir de nouvelles compétences, de manière qu'il finisse non seulement par ressembler à un adulte, mais par se comporter comme tel. Certes, il est né petit et sans défense, mais il a la capacité d'acquérir toutes les compétences d'un adulte. La manière dont il y parvient dépend du développement de son cerveau et de son corps jusqu'à ce que ceux-ci soient suffisamment mûrs. Par exemple, un enfant fait habituellement ses premiers pas à environ 1 an (bien que l'éventail « normal » s'étende de 10 à 18 mois). Vous aurez beau tenir votre bébé debout et l'encourager à marcher à 6, 7 ou 8 mois, quels que soient ses efforts, il lui sera impossible de marcher avant que, à 1 an environ, son cerveau, ses nerfs et ses muscles aient atteint la maturation nécessaire. La pratique peut certainement s'avérer utile, mais seulement une fois que la maturité fondamentale est atteinte.

Votre bébé montrera une propension naturelle à essayer de développer de nouvelles compétences. De même, il exercera ses nouveaux acquis de façon répétée jusqu'à ce qu'ils soient totalement assimilés. En un sens, votre bébé est mû par un mécanisme intérieur, une caractéristique commune à tout être humain, qui lui dit par exemple qu'il doit d'abord apprendre à marcher avant de pouvoir grimper et courir, et qu'il doit commencer à émettre des sons avant d'apprendre à prononcer des mots puis à former des phrases complètes.

Donc, en ce qui concerne le développement, tous les enfants bien portants sont semblables en ce sens que l'acquisition des nouvelles compétences respecte un schéma et un rythme bien définis. Mais, du fait que les enfants sont tous différents, il existe tout un éventail des âges normaux auxquels se développe la capacité à réaliser chaque nouvel acquis. De plus, de légères variations peuvent apparaître dans la succession régulière des événements ; certains enfants peuvent même sauter une étape, telle que se retourner ou marcher à quatre pattes, et passer directement à des phases plus difficiles. Naturellement tous les enfants finiront par revenir en arrière et apprendront à se retourner ou à marcher à quatre pattes !

Votre médecin traitant ou votre puéricultrice observera avec soin votre bébé lors des consultations ou des visites à domicile, et vous posera peut-être des questions au sujet de ses nouvelles compétences. Ces nouveaux acquis sont appelés des « bornes ». À l'origine, une borne était un rocher ou une pierre placé tous les kilomètres le long de la route. Compter les bornes permettait de savoir quelle distance on avait parcouru, et chaque borne indiquait au voyageur qu'il se rapprochait de plus en plus de sa destination. Bien que les bornes du développement d'un enfant ne soient pas aussi régulièrement espacées que celles d'une route, elles représentent des jalons que vous pouvez utiliser pour faire le graphique des progrès de votre enfant tout au long de son évolution vers l'âge adulte.

Vous trouverez pages 362-363 l'ordre habituel dans lequel votre bébé acquerra de nouvelles compétences, et le rythme auquel apparaissent habituellement ces dernières. Outre l'âge moyen, il est très important de prêter attention à l'éventail des âges normaux. Pour chaque nouvel acquis, votre enfant peut réussir à l'âge moyen, ou bien être en avance ou en retard. Tant qu'il se situe dans l'éventail de ce qui est normal, il est normal. Gardez à l'esprit que vos services médicaux ne jugeront pas l'évolution de votre bébé sur la base d'une seule aptitude. S'il est en retard sur une seule (par exemple, battre des mains), mais tout

Courbes de croissance

On établit des courbes de croissance à partir d'un grand nombre d'enfants en bonne santé de tous âges (le « groupe de référence »). Parmi ces enfants, il existe un éventail de poids (et de tailles) pour chaque âge. Le poids « normal » est défini selon une base uniquement statistique : pour un âge donné, on considère que les 3 % d'enfants les plus lourds sont en surpoids, et que les 3 % d'enfants pesant le moins lourd ont un poids insuffisant. (On a fixé ce chiffre de 3 % parce que, en statistiques, ces limites représentent deux déviations par rapport à la fourchette haute ou basse du poids moyen.)
Le rang centile attribué au poids (ou à la taille) d'un enfant permet de voir où se situe ce poids (ou cette taille) par rapport à celui des autres garçons ou filles du groupe de référence (du même âge et du même sexe). Le 50e rang centile est la valeur correspondant à la moyenne : 50 % des individus mesurés se trouvent au-dessus, et 50 % en dessous. Le rang centile de votre fils vous permet donc de connaître le pourcentage de garçons de son âge qui sont moins lourds (ou moins grands) que lui. Ainsi, par exemple, si votre fils de 2 ans est au 10e rang centile pour le poids, il est plus lourd que 10 % des garçons de 2 ans du groupe de référence (et il est plus léger que 90 % des garçons).
Malheureusement, les parents utilisent souvent de manière incorrecte les informations données. Ceux dont l'enfant se situe en deçà du 50e centile demandent : « Pourquoi n'est-il pas plus grand (ou plus lourd ?) », tandis que les parents dont l'enfant est au-dessus en tirent quelque fierté. La croissance n'est pas une course à celui qui sera le plus grand ou le plus lourd, et un centile plus élevé n'est pas meilleur qu'un plus faible. Un enfant peut être en bonne santé et se développer tout à fait bien même si son rang centile de taille ou de poids est inférieur à la moyenne. N'oubliez pas que la moitié des enfants se situent au 50e centile ou en dessous.

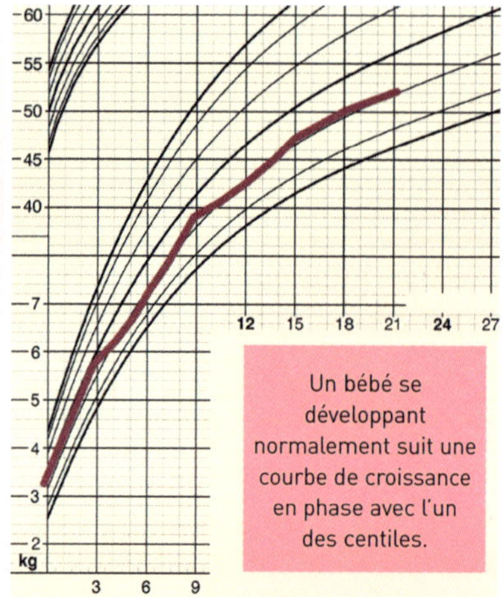

Un bébé se développant normalement suit une courbe de croissance en phase avec l'un des centiles.

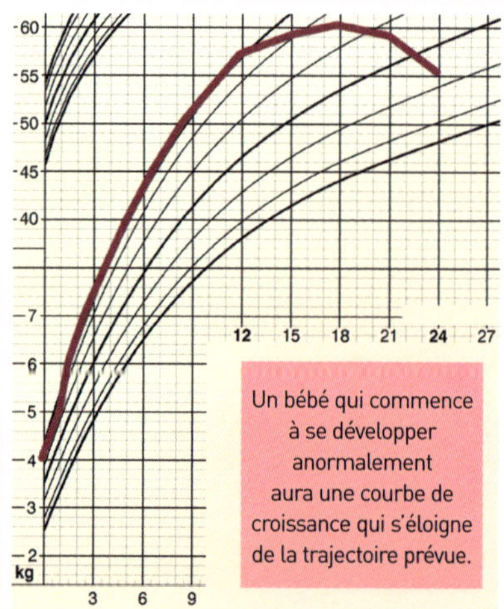

Un bébé qui commence à se développer anormalement aura une courbe de croissance qui s'éloigne de la trajectoire prévue.

L'acquisition du langage

	Âge moyen	Enfant qui parle tôt	Enfant qui parle tard
Babillage (syllabes simples)	7 - 8 mois	6 mois	9 – 10 mois
Premiers mots	12 – 15 mois	10 mois	16 – 18 mois
Phrase de 2 mots	20 – 24 mois	18 – 20 mois	24 – 30 mois
Phrase de 3 mots	24 – 26 mois	21 – 24 mois	36 mois et plus
Obéit à un ordre (sans besoin d'explication)	15 mois	12 – 14 mois	16 – 17 mois
Nomme des parties de son corps	15 mois	12 – 14 mois	16 – 18 mois
Compte jusqu'à 10	26 – 30 mois	24 – 26 mois	30 – 36 mois

à fait normal sur d'autres aptitudes en rapport avec celle-ci, il n'y a pas vraiment de raison de s'inquiéter.

Chaque système (respiratoire, digestif...) et ses fonctions naturelles mûrissent à des périodes et selon des rythmes différents. Cependant, pour comprendre globalement comment ils se développent, vous pouvez découvrir ci-après, à titre d'exemple, l'évolution de la vision, de la dentition et du langage. Ces exemples permettent de constater qu'il existe un schéma bien établi pour la maturation de chaque fonction et de chaque compétence. Étant donné que chaque enfant accomplit certaines tâches en avance par rapport à la moyenne, d'autres tâches conformément à celle-ci, et d'autres enfin un peu plus lentement, les enfants se développent tous de manière totalement différente. Malgré tout, ils présentent de grandes similitudes dans leur façon de grandir et d'acquérir des compétences. Ainsi, tous les enfants se ressemblent, et pourtant le vôtre est unique !

VISION

Au cours du premier mois, votre nouveau-né ne voit clairement que les objets situés à quelques centimètres de son visage, tout le reste lui paraissant flou. À environ 1 mois, il aura plaisir à fixer son regard sur les visages des gens et sera capable de distinguer votre visage de celui des autres. Les lumières vives semblent le fasciner. Alors qu'il peut voir clairement des objets proches, il a encore du mal à voir les objets éloignés. À 6 mois, il vous verra bien si vous vous tenez à un ou deux mètres de lui, mais sa vision ne sera probablement que de 20/100. Ce rapport permet de comparer sa vision avec la moyenne normale chez un adulte. Le premier nombre indique la distance entre le sujet testé et l'échelle de Pigassou, et le second, la distance à laquelle devrait se placer un adulte ayant une vision normale pour voir l'échelle de Pigassou aussi nettement que le sujet. En d'autres termes, si votre bébé a une acuité visuelle de 20/100, sa vision d'un objet situé à une distance de six mètres est équivalente à la vision d'un adulte pour un objet situé à trente mètres de lui. (La vision normale d'un adulte est de 20/20.) Vers 3 ou 4 ans, la vision de votre enfant atteindra 20/40 ; vers 5 ou 6 ans, elle sera de 20/30 ; enfin, vers 7 ans, elle atteindra 20/20. Sa vue sera alors aussi bonne que la vôtre (voire meilleure !)

LES DENTS

En moyenne, votre enfant fera sa première dent vers l'âge de 6 mois. Cependant, comme pour tous les autres aspects du développement, il y a une grande diversité entre les enfants. C'est assez rare, mais certains enfants ont déjà une dent à la naissance, alors que d'autres enfants, à l'inverse, voient pointer leur première dent à l'âge de 12 mois, voire plus tard... Ce qui prouve qu'il existe un facteur génétique dans la poussée des dents ! Lorsqu'un enfant fait ses dents tardivement, il est fréquent que l'un de ses parents ait été dans le même cas.

Les premières dents à sortir sont en général les deux incisives centrales inférieures. Puis viennent les quatre incisives supérieures, suivies par les incisives latérales inférieures. Ensuite, c'est au tour des prémolaires de pointer aux alentours de 18 mois. Lorsque poussent ces dernières, elles laissent un espace entre les incisives latérales et la première molaire, où viendra s'insérer la canine. Les dernières des vingt dents de bébé sont les molaires secondaires. Elles se placent sur le côté extérieur des prémolaires vers l'âge de 2 ans et demi.

Si la plupart des enfants ont leurs dents aux alentours de ces âges-là et généralement dans cet ordre, il peut y avoir des variantes, qui sont tout à fait normales.

LE LANGAGE

L'enfant possède non seulement tout ce dont on a besoin pour communiquer par la parole, mais il fait aussi preuve d'un dynamisme en ce domaine. Comme dans celui de la croissance et du développement, une succession ordonnée d'étapes conduit de l'absence de langage au parler courant.

Un bébé doit simultanément maîtriser trois processus : l'entrée, le traitement par l'« unité centrale » et la sortie. Il doit être capable de différencier la parole des autres sons et d'apprendre à distinguer les nombreuses combinaisons de sons qui représentent des mots, et de comprendre intuitivement le sens de ce qu'on lui dit. Une fois qu'il sait ce qu'il va dire, il doit aussi savoir placer sa bouche, ses lèvres et sa langue, et savoir respirer pour produire les sons corrects.

Déchiffrer le sens de notions abstraites comme les couleurs, le court ou le long, représente un véritable défi. Tous les enfants bien portants y parviennent. Ensuite, apparaissent de nouvelles difficultés : la structure de la phrase, la grammaire, la notion de temps, les pluriels, les pronoms, et la distinction entre les différents sens d'un ou de plusieurs mots qui sonnent de la même manière.

Les débuts du langage

Votre enfant commencera par observer votre visage – et celui des autres – lorsque vous parlez, et essaiera d'imiter les mouvements de la bouche. Entre 5 et 6 mois, il produira des sons connus et expérimentera les cris aigus ou perçants. Entre 7 et 8 mois, il commencera sans doute à répéter une syllabe (voir l'encadré de la page 359). Bientôt, des mots vont faire leur apparition. L'éventail des acquisitions normales du langage est large.

Les bébés qui sont en avance forment des phrases complètes avant l'âge de 2 ans. Ceux qui restent bébés longtemps peuvent ne connaître que quelques mots à 18 mois et être incapables de former des phrases compliquées avant au moins 3 ans (voir l'encadré de la page 359).

Les étapes clés du développement

0 – 3 mois

- Redresse la tête quand vous le tenez sur votre épaule
- Agite les bras et les jambes
- Suit des yeux et regarde les objets
- Gazouille
- Sourit spontanément et répond à vos sourires
- Aime être porté et bercé

3 – 6 mois

- Se retourne du ventre sur le dos
- Lève les genoux
- Atteint les objets
- Se tient assis contre un appui
- Regarde les objets qu'il a en main
- Attrape à deux mains
- Suit des yeux un objet en mouvement
- Gazouille et babille
- Glousse et pousse de petits cris
- Sourit quand on lui sourit
- Éclate de rire
- Fait des bruits expressifs
- Reconnaît la personne qui s'occupe le plus souvent de lui
- Reconnaît la nourriture quand il la voit

6 – 9 mois

- Se retourne du dos sur le ventre
- Peut redresser la tête quand il est allongé sur le dos
- Monte les escaliers à quatre pattes
- Apprend à marcher à quatre pattes
- Mange tout seul
- Ramasse un jouet qui est tombé
- Prononce des consonnes simples (da-da, ba-ba)
- Répond à son nom
- Imite les sons
- Pleure parfois devant des personnes qu'il ne connaît pas
- Pleure parfois lorsque ses parents quittent la pièce

9 – 12 mois

- Marche bien à quatre pattes
- Se tient aux meubles
- Apprend à saisir entre le pouce et les autres doigts
- Met des objets dans des récipients et les en retire
- S'intéresse aux images
- Fait volontairement tomber des objets
- Comprend le mot « non »
- Dit « maman » et « papa »
- Connaît le sens de un à trois mots
- Participe aux jeux
- Joue à « coucou » et à « Ainsi font, font, font »
- Agite le bras pour dire au revoir

12 – 18 mois

- Grimpe les escaliers
- Marche bien tout seul
- Sait se baisser pour récupérer un objet
- S'assoit bien sur une chaise
- A envie de manger tout seul
- Regarde des images dans un livre
- Gribouille spontanément
- Utilise la cuiller
- Sait tenir une tasse et boit tout seul
- Peut suivre une ou deux directions
- Connaît de trois à cinq mots
- Est capable de montrer une partie de son corps
- Est capable de montrer du doigt au moins une image
- Quand il veut quelque chose, le montre du doigt ou l'exprime par la parole
- Participe activement quand on l'habille

18 – 24 mois

- Court et saute
- Se sert habilement de ses doigts
- Tourne les pages d'un livre
- Marche à reculons
- Est capable de montrer deux ou trois parties de son corps
- Connaît au moins vingt mots
- Peut associer deux mots pour former une phrase
- Exprime ses désirs par des mots
- Est capable de se servir d'une cuiller
- Manipule correctement une tasse
- Imite les adultes dans les travaux ménagers
- Sait retirer lui-même un vêtement

2 – 3 ans

- Peut commencer à apprendre à faire sa toilette
- Est très mobile, ses capacités se sont affinées
- Se sert d'une cuiller pour manger tout seul
- Lance un ballon et peut l'envoyer d'un coup de pied
- Peut démonter des objets simples et les réassembler
- Peut faire des puzzles simples, des jeux d'anneaux et des jeux d'empilement
- Est capable de réfléchir avant d'agir
- Adore « faire comme si » et imiter ce que font les gens qui l'entourent
- Entreprend des activités créatrices, comme la construction et l'art
- Sait utiliser le pluriel
- Peut donner le nom d'au moins une image
- Connaît entre cent et trois cents mots
- Forme des phrases de deux à quatre mots
- Reconnaît au moins cinq parties de son corps
- A beaucoup de mal à partager
- A des envies et des désirs puissants en même temps, et développe la capacité à se contrôler
- Veut faire plaisir à ses parents, mais a parfois des difficultés à contrôler ses pulsions
- Manifeste de l'affection, en particulier aux personnes qui s'occupent de lui
- Imite les activités qu'on peut pratiquer seul et sait s'occuper par lui-même
- Commence à s'intéresser aux enfants de son âge

Jouer avec votre bébé

Jouer avec votre bébé renforce le lien d'amour qui vous unit. Quand vous souriez à votre bébé en le regardant avec adoration, son visage se remplit de joie. C'est essentiel pour son bien-être émotionnel, car se sentir aimé est une condition indispensable pour acquérir la confiance en lui-même et en la vie.

Le jeu est éducatif. Quand vous jouez tous les deux à faire coucou ou quand votre bébé jette des objets à terre et regarde ensuite où ils sont tombés, il apprend la permanence des objets (les personnes et les objets continuent d'exister même lorsqu'il ne les voit plus). Faire rouler une balle ou faire passer de vous à lui un petit objet permet à votre bébé de comprendre à tour de rôle la notion de jeu. Le but de nommer (tout comme celui de la lecture) est d'apprendre à votre bébé la signification des mots : « Où est ton nez ? », « Où est le chien (sur l'image du livre) ? »

Jouer permet aussi à votre enfant de s'adapter à la vie sociale. Vers la fin de sa première année, le jeu devient plus interactif. Se dire au revoir en agitant la main, envoyer des baisers ou faire des grimaces nécessite la présence de deux personnes, et prépare donc à l'apprentissage des relations sociales.

Votre bébé a du mal à partager ou à attendre son tour, car, comme tous les autres enfants, il est né avec une nature relativement égocentrique. Ces concepts ont néanmoins un rôle essentiel pour que le jeu puisse fonctionner. Le partage, bien qu'il se fasse souvent avec réticence, est en général maîtrisé à l'âge de 2 ou 3 ans.

Votre petit s'amusera aussi à des jeux faisant fonctionner son imagination, tels que des jeux de rôle qui lui permettent d'expérimenter les échanges sociaux. Les jeux l'aident également à canaliser la frustration et la colère qu'il accumule du fait qu'on lui interdit plusieurs fois par jour de faire ce qu'il veut. S'il joue le rôle de sa maman ou d'une autre personne ayant un contrôle total sur son environnement, il va par exemple vous donner des ordres de la même manière qu'il perçoit ceux que vous lui donnez. Plus votre bébé pourra exprimer ses sentiments négatifs par le jeu, moins ses crises de colère seront fortes et fréquentes.

Le jeu lui permet aussi d'affiner ses acquis de locomotion et de manipulation et de tirer parti de ces exercices. Votre bébé ou votre petit n'a sans doute pas besoin

3 types de jouets à éviter

1 **Les jouets bruyants.** Un tambour, un xylophone ou tout autre jouet faisant beaucoup de bruit peut donner mal à la tête.

2 **Les jouets comportant de nombreuses petites pièces.** Non seulement celles-ci présentent un risque, mais elles peuvent se perdre, limitant ainsi l'usage ou le plaisir du jouet.

3 **Les jouets nécessitant des piles.** Non seulement la pile doit être souvent remplacée, mais les circuits électroniques peuvent se détériorer facilement et le jouet ne fonctionnera plus.

qu'on le pousse à s'exercer. Si votre enfant est « plein d'énergie », emmenez-le à l'aire de jeux ou au jardin; si vous disposez chez vous d'un espace de jeu, cela conviendra également. Son besoin de mouvement peut alors être satisfait dans un environnement sûr et approprié. Laissez-le courir partout. Il aimera les toboggans, les balançoires et les échelles, et, quand il sera disposé à rester tranquille, il pourra rejoindre les autres enfants dans le bac à sable.

LES JOUETS

Un jouet convient à l'âge de votre bébé s'il est sans danger et s'il lui procure de l'amusement. Un très grand nombre de jouets achetés pour les bébés ne sont finalement jamais utilisés, car un jouet qui vous paraît très excitant ne l'est pas nécessairement pour un enfant. Vous serez sans doute étonnés de voir quels jouets intéressent le plus votre bébé. Souvent, ce sont les plus simples ou même les objets domestiques courants qui ont sa préférence, car ils lui permettent de donner libre cours à son imagination de toutes sortes de manière.

Les bébés n'ont pas besoin de beaucoup de jouets, et même les très jeunes enfants peuvent se contenter d'un nombre limité de jouets bon marché. Papier et matériel de dessin intéresseront votre enfant à partir d'environ 15 mois et tout au long de sa vie, et il utilisera pots et casseroles aussi bien pour faire du bruit que pour y mettre et y transporter toutes sortes de choses intéressantes. Les jouets qui font le plus appel à l'imagination – puzzles, blocs de construction et jouets en bois de formes et de couleurs – plaisent généralement davantage que ceux qui sont surchargés de détails réalistes. Alors que votre fils aimera jouer aux petites voitures, aux camions et aux trains, votre fille s'orientera plutôt vers les poupées et les jeux domestiques. Il est cependant important de ne pas forcer votre bébé à avoir des jouets correspondant à son sexe.

ASTUCE PARENTS

Jeux pour jours de pluie

Il est sage d'avoir une solution de rechange pour les jours de mauvais temps. Laissez votre petit déployer toute son énergie dans une activité d'intérieur telle qu'un club de gym pour bébés. Faire faire de l'exercice à votre bébé en dehors de chez vous est excellent. S'il n'a pas la possibilité de dépenser son énergie dans un cadre conçu exprès pour les enfants, il le fera en touchant à tout dans la maison, ce qui réclamera beaucoup plus de vigilance de votre part.

ACTIVITÉS

Entre 9 et 18 mois, il aura plaisir à s'asseoir dans la cuisine devant un meuble bas et à jouer avec des pots et des casseroles. Dans le bain, il s'amusera à verser de l'eau dans des tasses, à faire des bulles et à faire flotter des bateaux.

Après 18 mois, votre petit voudra vous aider dans les tâches ménagères. Il peut essuyer la table ou bien, avec votre aide, mettre les vêtements dans la machine à laver, ajouter la lessive (que vous aurez mesurée) ou ramasser ses jouets. Deux activités qui captivent presque tous les enfants sont la préparation des gâteaux et l'art. Lorsque vous faites des gâteaux ensemble, il peut modeler la pâte avec ses mains, et les saupoudrer ou les décorer avec des petits morceaux de chocolat. Peindre, dessiner, modeler l'argile peuvent également lui procurer beaucoup de plaisir.

Il y a bien d'autres moyens de vous amuser avec votre enfant : jouer au ballon, danser en musique, le déguiser avec vos vêtements et souliers.

En dehors de la maison, vous pouvez faire des sorties intéressantes (dont certaines sont gratuites), comme aller au parc, au zoo, visiter une caserne de pompiers ou un musée pour les enfants. Profitez du trajet pour montrer toutes sortes de choses à votre bébé et lui parler de ce que vous voyez en route.

Une recherche récente a prouvé que les bébés qu'on transporte dans des landaus où ils font face à celui qui les pousse dialoguent davantage avec leurs parents et sont moins stressés émotionnellement.

Vous pouvez également choisir parmi des cours – gymnastique, natation, massage, art, musique, danse, etc. Ou bien vous pouvez avoir envie d'emmener votre bébé dans une halte-garderie où lui seront proposées diverses activités. Les haltes-garderies pour petits et tout-petits peuvent plaire à votre bébé à partir de 10 ou 12 mois, mais il n'y apprendra rien de plus qu'à la maison.

Jouets recommandés

Âge	Jouets
2 - 4 mois	Hochets ; mobiles ; livres tout carton de couleurs très vives.
4 - 7 mois	Jouets d'éveil qui font du bruit ; miroir pour bébés ; livres pour bébés en carton ou en vinyle.
8 - 12 mois	Jouets à empiler ; jouets de bain ; grands jeux de construction ; jouets à pousser et à tirer ; coffrets multi-activités.
13 -18 mois	Puzzles en bois ; pelles et engins pour creuser ; voitures, camions et trains ; livres tout carton ; jouets en bois de formes et couleurs ; poupées ; crayons.
19 mois - 2 ans	Petit marteau ; puzzles simples ; téléphone ; jouets musicaux.
2 - 3 ans	Jeux de construction ; déguisements ; peinture ; outils et articles de ménage non dangereux (par exemple, pelle à poussière et brosse).

LA LECTURE

Écouter votre voix lorsque vous lisez aide votre petit à obtenir des acquis de langage. Non seulement il entend le sens et apprend la signification des mots, mais il assimile la manière de former les phrases et le rythme de la parole. Quand il sera plus grand, au-delà de 15 à 18 mois, il pourra comprendre le contenu de ce qu'on lui lit et l'histoire lui apportera du plaisir.

Pour les tout-petits et pour les enfants plus grands, la lecture est la clé de l'imagination et un moyen éducatif extraordinaire. Le plaisir de lire et l'habitude de le faire régulièrement perdureront lorsque votre enfant commencera à lire tout seul. Il est reconnu que l'aptitude à la lecture et le fait de lire souvent ont un lien très étroit avec les succès scolaires ultérieurs.

LA TÉLÉVISION ET LES DVD

Regarder la télévision ne doit pas être une des occupations principales d'un enfant ! Bien que cela puisse présenter certains avantages, il y a également de sérieux inconvénients.

Le « temps d'écran » doit être limité et le contenu de ce que regarde l'enfant soumis à votre approbation. D'aucuns estiment que les enfants de moins de 3 ans ne doivent pas regarder la télévision, tandis que ceux qui ont entre 3 et 7 ans pourraient le faire entre une demi-heure et une heure par jour. Quoi qu'il en soit, plutôt que fixer une limite de temps, mieux vaut sans doute placer la télévision en dernier dans la liste des activités quotidiennes. Ce n'est que lorsque votre petit a joué dehors, fait fonctionner son imagination, écouté une histoire, participé à d'autres activités (dessin, jeu de construction, etc.) et s'est amusé avec des jouets, que vous pouvez lui permettre de regarder la télévision.

Manières de jouer

Davantage que les jouets, ce sont les personnes (en particulier les parents) qui sont pour les bébés les meilleurs compagnons de jeux – et les plus efficaces. Lorsque vous jouez avec votre bébé, vous ne faites pas que l'amuser, vous lui apprenez aussi des choses comme le langage et le fonctionnement des objets. Par le jeu, vous pouvez l'aider à développer toutes les compétences dont il a besoin – physiques, intellectuelles, émotionnelles et psychosociales. Et vous y parviendrez d'autant mieux que vous respecterez son propre rythme de développement. Jouer à faire coucou, par exemple, sera beaucoup plus drôle pour vous deux lorsque votre bébé aura 8 ou 9 mois ; il commencera alors à comprendre, lorsqu'il ne vous voit plus, que vous allez vite réapparaître.

1 MOIS

Vous pouvez commencer à pratiquer des jeux simples avec votre bébé. Prenez-le sur vos genoux, son visage près du vôtre (à environ vingt ou trente centimètres, pas plus). Penchez-vous vers lui et parlez-lui joyeusement. Arrêtez, et laissez-le réagir – sourire, gazouiller, se trémousser ou vous répondre en remuant les lèvres. Puis essayez de faire tout cela, une chose à la fois : sourire, sortir la langue, ouvrir et fermer grand la bouche, glousser. Votre bébé va vous imiter !

2 MOIS

Votre bébé s'amuse encore à répondre à vos expressions, mais vous pouvez essayer de regarder ensemble dans une glace. Changez l'angle du miroir, mais laissez-lui tout le temps d'observer les reflets. Il aime que vous chantiez des chansons et bouge les bras et les jambes en rythme.

3 MOIS

Votre bébé trouve amusant d'entrer en contact avec des tissus aux couleurs vives et de textures différentes. Caressez ses mains avec des jouets ou des objets – écharpes, anneaux de dentition, plumes – durs et doux, chauds et froids, pelucheux et lisses. Agitez un hochet près de son visage. Faites-le rouler sur un ballon de plage et faites des jeux pleins de douceur : rouler, se balancer.

4 MOIS

Encouragez votre bébé à atteindre des objets en tenant juste en face de lui un jouet ou un hochet de couleur vive. Chantez des chansons ou récitez des comptines en soulevant doucement votre bébé pour le faire passer de la position allongée à la position debout – tout en le soutenant.

5 MOIS

Quand vous vous déplacez pour vaquer à vos activités, portez votre bébé dans toute la maison et montrez-lui des choses familières : laissez-le toucher les fleurs, les coussins, les surfaces rugueuses et les tables en bois, pour développer les différentes sensations du toucher.

6 MOIS

Votre bébé aime danser – c'est-à-dire être tenu dans vos bras tandis que vous le balancez en rythme. Il fait aussi de plus gros efforts pour atteindre un jouet qui se trouve hors de sa portée.

7 MOIS

Continuez le plus possible à lire, à chanter et à parler à votre bébé. Ce serait maintenant le bon moment pour introduire dans ses jeux des blocs de construction de matières douces et l'aider à « construire », assis par terre.

8 MOIS

Votre bébé a du mal à rester toujours au même endroit, mais vous pouvez essayer de l'y maintenir en rendant la situation moins ennuyeuse : empilez sur le sol des coussins de différentes tailles et laissez-le faire cette « course d'obstacles » pour attraper des balles ou des hochets en mousse. Il aime aussi faire coucou et chercher des objets qu'on a cachés.

9 MOIS

Votre bébé fait preuve d'une grande curiosité et vous pouvez stimuler son écoute en l'incitant à faire du bruit – même en tapant sur des pots et des casseroles. Faites-lui découvrir différentes textures : aidez-le à « marcher » sur un tapis ou sur des sols durs ou à se tenir sur des chaises tapissées, et encouragez les jeux dans l'eau et sur le sable. Faites-lui sentir les fleurs et montrez-lui des images très colorées.

10 MOIS

Votre bébé aime les jeux physiques et s'amuse à grimper sur vous. Il aime faire des expériences avec les objets – les introduire les uns dans les autres, puis les retirer. Rassemblez donc dans une boîte des chaussettes et divers objets sans danger tels que balles en mousse, boules et rouleaux de coton et, sous votre surveillance, laissez-le s'entraîner à remplir et à vider.

11 MOIS

Lire sera plus amusant si vous le faites ensemble. Votre bébé imitera l'expression de votre visage, répétera plus de mots qu'il n'en entend et s'amusera à relier les sons aux images. Il vous faut donc animer vos « séances » en faisant des bruits appropriés, par exemple grogner quand il y a une image représentant un cochon ou expliquer qu'un objet qui tombe dans l'eau fait « plouf ». Tout ce que vous faites avec lui – lui donner un bain, le faire manger et l'habiller – peut se transformer en jeu qu'il égaiera de ses éclats de rire.

12 MOIS

Votre bébé a une prédilection pour les jouets qui lui permettent de faire les mêmes choses que vous – téléphone ou dînette, par exemple. Si vous pouvez communiquer avec lui en les utilisant – échanger des appels ou faire manger nounours ensemble –, cela vous amusera tous les deux, et, si en même temps vous racontez ce que vous faites, vous favoriserez l'acquisition du langage.

13 MOIS

Vous pouvez découvrir que votre bébé commence à mener le jeu en vous disant quoi faire. Les jeux consistent maintenant surtout pour lui à jeter les jouets, que vous devez ensuite aller chercher. Les jeux salissants sont particulièrement agréables et vous pouvez maintenant l'initier à peindre avec les doigts.

14 MOIS

Votre bébé adore remplir avec de petits objets les pots de yaourt, les gobelets en plastique et les boîtes de jus de fruits, et en retirer des objets plus gros et des ustensiles de cuisine. Il peut commencer à construire, et vous pouvez l'y encourager en lui donnant des cubes et en jouant avec lui en vous mettant à sa portée : construire une tour puis la démolir, et fabriquer un pont pour faire passer une voiture en dessous.

15 MOIS

Votre bébé s'oriente de plus en plus vers les jeux de poursuite (par exemple, jouer à cache-cache), dans lesquels il peut prendre l'initiative et vous donner des « ordres ». C'est le bon moment pour entreprendre des activités comportant des ordres et des actions – « Touche ton nez » – que votre bébé

doit suivre, ou pour réciter des comptines accompagnées de gestes, telles que « Ainsi font, font, font ». Lorsque vous racontez des histoires à votre petit, il est fort possible que les marionnettes à doigts augmentent son plaisir et développent ses capacités de manipulation et sa dextérité.

16 MOIS

Aidez votre bébé à découvrir le monde en le faisant jouer avec différents matériaux – sable, terre et eau. Travaillez ensemble sur des puzzles simples, demandez-lui de vous montrer les différentes pièces – « Où est le cochon ? » – avant qu'il essaie de les replacer. C'est aussi le moment de commencer des jeux de ballon simples.

17 MOIS

Lorsque vous êtes dehors, encouragez-le à rassembler ce qu'il trouve d'intéressant – pierres, coquilles, feuilles, etc. –, et tirez parti de cet intérêt en conservant ces « trésors » dans un endroit spécial. Vous les utiliserez pour décrire les moments que vous avez passés lorsque vous les avez ramassés, ou bien vous les intégrerez dans ses « œuvres d'art » ou dans un album.

18 MOIS

Votre bébé fait preuve de beaucoup plus de précision pour empiler et trier, pour mettre des objets de formes différentes dans des emplacements, et pour utiliser des blocs de construction. Travailler la pâte à modeler est amusant, et vous pouvez lui demander de faire certaines choses pour vous, par exemple un « biscuit ».

20 MOIS

Votre bébé prend désormais de l'intérêt à identifier différents éléments et à les classer – animaux, objets domestiques et véhicules. À l'aide de modèles réduits, de cubes, d'images découpées dans des magazines ou de pièces de puzzles, demandez à votre petit de classer les objets par groupes – chevaux, appareils ménagers, moyens de transport.

22 MOIS

Chanter et danser ensemble amuse beaucoup votre petit. Il aime la lecture et veut peut-être que vous lui racontiez la même histoire plusieurs fois de suite. Il trouve amusant de se déguiser et vous pouvez l'aider en entrant dans le jeu – inviter quelqu'un à prendre le thé, par exemple. Lui peindre le visage et lui montrer la réaction des gens est une autre activité que vous pouvez faire ensemble.

24 MOIS

Votre bébé est devenu bien plus habile à manier les blocs de construction et peut donner libre cours à son imagination – construire un fort, une enceinte, une tour. Il est probable qu'il soit capable de chanter une chanson et de répéter des comptines avec vous, et il aime en particulier celles dans lesquelles il y a de l'action, comme « Sur le pont d'Avignon ».

26 MOIS

Votre bébé aime jouer à faire semblant – s'occuper de son ours malade ou mettre son bébé au lit –, mais peut aussi vous demander de l'aider. Même s'il ne veut pas jouer avec d'autres enfants, cela peut l'amuser de partager des activités avec vous (gymnastique ou piscine pour tout-petits).

28 MOIS

Jouer à faire semblant est très amusant et peut se développer à l'infini, depuis le facteur qui distribue le courrier jusqu'à l'installation d'une boutique avec des mini-provisions. Vous pouvez l'aider en créant un espace spécial pour ses jeux imaginaires, par exemple en mettant une nappe sur une table pour qu'il puisse camper dessous, ou en lui faisant utiliser une grande boîte en carton en guise de camion de pompier ou de voiture. Lorsque vous lui racontez des histoires, arrangez-vous pour que lui-même et des personnes qu'il connaît y figurent, et posez-lui des questions sur l'histoire.

30 MOIS

Votre bébé est plus habile de ses mains et veut vous aider dans les tâches ménagères (qu'il considère comme quelque chose d'amusant et non comme des corvées). La préparation d'un gâteau et des tâches simples pour lesquelles on utilise de l'eau, comme laver sa chaise haute avec une éponge ou arroser les plantes, l'amusent énormément. Vous pouvez aussi l'associer à des activités artistiques simples – lui demander de participer à la décoration des cartes de Noël en coloriant ou en ajoutant des gommettes scintillantes et des autocollants.

32 MOIS

Votre bébé s'intéresse au dessin et aux couleurs, et peut utiliser des crayons et de la peinture : les barbouillages sont d'un attrait sans fin. Vous pouvez aussi lui suggérer d'autres activités, comme faire des empreintes avec une pomme de terre et de la gouache, ou créer un album d'autocollants.

34 MOIS

Votre bébé aime effectuer des tâches simples et faciles. Il peut participer à la préparation d'un gâteau – mélanger la farine, ajouter des raisins, aller chercher une boîte dans le placard, ou ranger les cuillers. Il peut s'amuser avec une chasse au trésor très simple : montrez-lui une image dans un livre ou un magazine, et demandez-lui d'en trouver une autre semblable. L'heure est venue maintenant de lui proposer des livres avec une véritable histoire, et vous pouvez le laisser choisir lui-même le livre que vous lui lirez avant de s'endormir.

36 MOIS

Bien que votre bébé prenne maintenant plaisir à jouer avec d'autres, tout ce qu'il fait avec vous est encore ce qui l'amuse le plus. Faire de la musique ensemble, danser, jouer à s'attraper, aider à ranger les provisions ou la lessive, faire des gâteaux ou créer des « œuvres d'art » sont autant d'occasions d'être proche de votre enfant tout en lui apprenant beaucoup de choses.

La discipline

La discipline, qui implique d'imposer des règles de conduite, a par conséquent une connotation négative. Quand on pense « discipline », on évoque généralement tout de suite le père ou la mère haussant le ton ou punissant leur enfant. En réalité, cette image est fausse. La socialisation de votre bébé s'accomplira en grande partie sans que vous ayez besoin d'avoir recours à de telles techniques. Lorsque vous jouez avec votre bébé, vous lui transmettez des leçons précieuses sur la manière de se comporter avec les autres. Il est probable qu'il calquera très souvent son comportement sur le vôtre ; vous pouvez donc lui apprendre à se conduire correctement de mille autres manières qu'en faisant appel à la discipline. Encourager positivement votre enfant est aussi bon que le punir lorsqu'il a mal agi. Il est aussi efficace d'encourager votre enfant lorsqu'il s'est bien comporté que de le punir lorsqu'il a mal fait.

Votre objectif en tant que parents sera de lui inculquer une conduite acceptable avec le minimum de conflits ou de punitions. Que ce soit un trait de la nature humaine ou que cela fasse simplement partie de notre culture, les adultes ont tendance à faire une fixation sur le comportement de l'enfant. En y regardant de plus près, vous verrez que votre petit fait ce qu'il faut plusieurs fois par jour. Seulement ces moments-là passent inaperçus...

Prenons l'exemple des repas. Il y a des moments où vous pouvez parier que votre bébé va jeter de la nourriture par terre. Vous pourriez lui dire : « On ne jette pas de la nourriture ! » au moment où il le fait. Mais essayez plutôt d'avoir une réaction positive en lui disant combien vous êtes contents de lui quand il mange proprement sans jeter sa nourriture. Le féliciter et l'encourager à bien se comporter est extrêmement efficace, et a de plus le mérite de développer sa confiance en lui. Un excès de compliments n'est certes pas bon (si vous êtes contents de tout ce que fait votre enfant, il va peut-être finir par se demander si vous dites la vérité !), mais c'est une erreur que la plupart des parents ne risquent pas de commettre...

ZOOM SUR... l'immaturité émotionnelle

Entre 1 et 3 ans, votre enfant peut se montrer par moments entêté et terriblement égocentrique. Il ne s'intéresse qu'à ce qu'il veut, et il le veut TOUT DE SUITE ! La patience est très difficile à obtenir à cette étape de l'existence. Il n'a pas vraiment conscience des raisons qui le font agir comme il le fait, ou des motifs qui le poussent à en avoir envie. Il ne parvient pas davantage à contrôler ses pulsions, au point qu'il donne parfois l'impression d'agir... et de ne réfléchir qu'après coup à ce qu'il a fait. Quand il a du mal à vous faire comprendre ce qu'il veut, ou quand il ne parvient pas à l'obtenir, il y a de grandes chances pour qu'il pique une colère. Et vos efforts pour le raisonner risquent fort d'échouer, car considérer un problème avec la raison – et non avec ses émotions – ne fait pas partie de ses possibilités.

Une histoire vraie... Un père conduit son fils Jean chez le médecin pour un examen de routine. Comme la plupart des enfants, Jean appréhende énormément. À peine entré dans le cabinet de consultation, il se met à hurler. Il refuse de monter sur la balance, crie et se débat lorsque l'infirmière essaie de le mesurer. Son père a beau lui répéter de faire ce qu'on lui dit, Jean ne répond que par des hurlements de plus en plus stridents. « Ta conduite est lamentable ! » crie le père, ne réussissant qu'à faire redoubler les hurlements. Alors le père dit : « Arrête immédiatement ! Tu te conduis comme un enfant de 2 ans ! » Ce n'est pas vraiment surprenant, puisque Jean n'a que 2 ans et que son comportement est le seul dont il soit capable ! Celui qui, dans cette circonstance, doit modifier sa façon d'agir est le père, qui ferait bien d'apprendre que son fils n'est pas un adulte et qu'on ne peut donc attendre de lui qu'il se comporte comme tel. Avec un jeune enfant, il existe des moyens beaucoup plus efficaces que la colère : la patience, des exigences réalistes, et la compréhension du fait que le rôle des parents est d'aider leur enfant à affronter les moments difficiles (sans leur crier qu'ils doivent se tenir correctement !).

Vous avez peut-être l'impression que transmettre des règles d'éducation est un processus à plein temps qui semble ne jamais devoir finir. Pourtant, ce que votre bébé est capable de maîtriser à un âge donné est déjà énorme. Il ne faut pas oublier non plus que l'environnement dans lequel il grandit a une influence capitale sur son comportement futur.

Étant donné qu'aucun parent n'est parfait, il est probable que vous aussi, par moments, commettrez des erreurs, direz ce qu'il ne faut pas, vous mettrez en colère ou gérerez mal une situation. C'est le cas de tout le monde. Heureusement, votre bébé vous pardonnera vos faux pas ; ce qui importe le plus, c'est qu'il se sente aimé et choyé.

POURQUOI LES ENFANTS SE COMPORTENT COMME ILS LE FONT

Les enfants ne se comportent pas comme des adultes, et leur appliquer les principes de comportement de ces derniers serait une erreur. Ignorer ce fait, comme la plupart des parents « normaux » le font de temps à autre, peut vous inciter à vous imaginer que, si votre enfant ne se préoccupe pas le moins du monde de vos réactions face à son comportement, cela signifie qu'il est égoïste. Lorsqu'il répète à plusieurs reprises la même bêtise, vous vous dites qu'il est têtu et qu'il vous désobéit volontairement. Vous allez jusqu'à estimer qu'il défie votre autorité, ou qu'il agit ainsi dans le seul but de vous contrarier. Ce n'est pas avec de tels sentiments d'irritation à l'égard de votre enfant que vous améliorerez son comportement. Souvent, en réalité, une réaction dictée par la colère ne fait qu'envenimer la situation au lieu de l'améliorer, et de plus vous vous sentirez coupable.

Peu à peu – mais pas avant d'avoir atteint l'âge de 1 an –, votre bébé va apprendre ce qu'il est et ce qu'il a le droit de faire. Mais, même si intellectuellement il sait ce qui est interdit – toucher aux boutons de la télévision, courir dans la rue ou frapper et mordre –, il ne s'ensuit pas automatiquement qu'il puisse s'empêcher de le faire. Bien que ce que Freud appelle le « surmoi » – cette voix intérieure qui nous dit ce qui est bien et ce qui est mal – existe déjà chez le petit enfant, il est faible et n'est pas encore complètement développé. Par conséquent, tant que votre petit enfant n'a pas un peu grandi, il y a un déséquilibre fondamental entre le besoin impérieux de faire ce qui n'est pas permis et la voix qui tente de l'en empêcher. Lorsque, par exemple, votre enfant est contrarié ou excité, il peut éprouver un besoin très fort de frapper. Or, contrairement à ce qui se passe chez l'adulte, la voix qui lui conseille de ne pas le faire est extrêmement faible et ne peut rivaliser avec le désir intense qui le pousse à se jeter sur vous pour vous frapper. Même s'il est tout à fait capable, lorsqu'il est calme, de verbaliser la règle exprimant l'idée que frapper est mal, il ne peut s'empêcher de le faire quand il est submergé par ses émotions.

Vous pourrez toujours lui répéter que frapper est mal ; tant qu'il n'aura pas développé son surmoi, il continuera à vous désobéir. Des progrès sensibles apparaîtront aux alentours de 2 ou 3 ans, mais il faudra attendre encore plusieurs années avant qu'il acquière la maîtrise de soi d'un adulte.

Vous aurez peut-être du mal à garder en permanence présent à l'esprit le fait que vous vous trouvez face à un enfant et non face à un adulte. L'objectif est en

4 étapes pour apprendre la patience

1 Reconnaissez que vous avez perdu patience. À chaque fois que vous êtes mécontente de votre réaction face au comportement de votre jeune enfant, prenez un moment (une fois calmée) pour réfléchir à la scène qui vient de se produire. Notez dans un cahier les réponses à ces trois questions : 1) Que s'est-il passé ? 2) À quels signes avez-vous senti que vous alliez perdre patience ? 3) Quels sont les facteurs qui ont entraîné votre mauvaise réaction ? Étiez-vous pressée d'aller quelque part ? Stressée par des événements liés à une autre sphère de votre vie (peut-être une journée de travail particulièrement pénible, une dispute avec votre conjoint, mille choses à faire, des difficultés financières, etc.) ? Étiez-vous malade ou en mauvaise forme ? Fatiguée par manque de sommeil ?

2 Analysez les événements. Un peu plus tard dans la journée, peut-être une fois que votre enfant sera endormi, relisez vos notes et réfléchissez. S'il vous était possible de revivre la même scène, de quelle façon pourriez-vous modifier votre comportement pour vous en sortir correctement ?

- J'étais en retard pour aller à cet anniversaire ; la prochaine fois, je m'y prendrai plus à l'avance.
- Je n'étais pas de bonne humeur, j'étais fatiguée, stressée, etc. Si je l'avais admis, j'en aurais tenu compte. J'aurais pu me taire au lieu de crier quand il ne m'écoutait pas.
- C'est un enfant volontaire, il faudra que j'en prenne mon parti. La prochaine fois, je m'attendrai à ce qu'il réponde « Non ! » quand je lui demanderai quelque chose.

3 Repérez le processus. Si on ne prête pas attention à sa propre conduite, on a tendance à répéter sans cesse les mêmes erreurs. À force d'analyser votre comportement dans différentes situations, vous finirez par reconnaître immédiatement après un de vos « mauvais moments » sa similitude avec d'autres scènes semblables. (« La semaine dernière, je me suis énervée quand j'étais en retard et qu'il refusait de se dépêcher. C'est exactement ce qui vient de se reproduire. ») Le soir, quand vous relirez votre cahier en vous remémorant ce qui s'est passé dans la journée, repensez particulièrement à la façon dont la scène a commencé. Repérez les indices qui indiquaient que vous alliez commettre une erreur de comportement. Imaginez une manière d'éviter le conflit.

4 Modifiez vos réactions. Vous finirez peut-être par savoir que vous allez perdre patience avant même que cela se produise. Si vous le sentez venir, vous pourrez vous comporter différemment.

Quand vous attendre à des mauvais comportements

- Votre enfant est fatigué.
- Vous êtes fatiguée.
- Votre enfant ne se sent pas bien.
- Vous ne vous sentez pas bien.
- Vous essayez de le bousculer.
- Vous avez une vie stressante.
- Votre enfant a faim.
- Tout le monde a besoin de vous au même moment.
- Les habitudes quotidiennes ont été perturbées.
- Vous feriez bien de prendre quelques minutes pour vous calmer.
- À la fin d'une très longue journée.
- Il est très important qu'il se comporte correctement.
- Tout le monde le regarde.

quelque sorte de « rétrograder » sereinement, autrement dit de renoncer à ce que vous attendriez d'un adulte pour vous adapter de façon plus réaliste aux possibilités de votre enfant. L'idéal serait d'adapter vos exigences à son âge et à son niveau de développement. Entre 1 et 2 ans, il sera probablement incapable de respecter la plus grande partie des règles que vous lui imposez, et il écoutera sans doute très peu vos instructions. À cet âge, la discipline consiste surtout à le tenir éloigné du danger et à venir à bout de chaque journée en faisant ce que vous avez à faire avec le moins de conflits possible. Lorsqu'un objet est interdit, tenir votre enfant à distance ou vous arranger pour qu'il ne le voit pas est le maximum que vous puissiez espérer. L'en distraire est souvent suffisant. Plutôt qu'élever la voix lorsqu'il s'est emparé de quelque chose que vous ne voulez pas lui laisser, empressez-vous de lui tendre son jouet favori tout en l'éloignant de cet objet. Ou bien, s'il fait des bêtises dans la cuisine, occupez-le avec une autre activité.

LE TEMPÉRAMENT DE VOTRE ENFANT

Des philosophes ont comparé l'innocence de l'enfant à une ardoise blanche ou à un bloc d'argile mou. On pourrait donc par conséquent le modeler pour en faire exactement celui dont rêvent ses parents. En fait, on peut tout aussi bien appliquer à l'enfant le concept de similarité (tous les enfants sont les mêmes) que celui de variation individuelle (tous les enfants sont différents). Vous pouvez bien sûr influer sur le comportement de votre enfant, mais chaque enfant possède un tempérament qui lui est propre.

C'est le tempérament de votre enfant qui détermine de quelle façon va se faire son éducation. S'il est naturellement timide et crampon avec vous, vous pouvez l'encourager à aller de l'avant. Malgré tout, il y a peu de chances pour qu'il devienne aussi sociable qu'un enfant qui l'a été dès la naissance (à condition que cet autre enfant soit élevé dans un environnement où la sociabilité est valorisée et encouragée).

La personnalité innée de votre enfant va également déterminer sa façon d'apprendre et comment il faut procéder pour le faire progresser. Si, par exemple, il est souple, un peu de fermeté peut suffire à calmer ses protestations quand il ne veut pas se brosser les dents. Si, en revanche, il est résolu et entêté, cette méthode ne sera sans doute pas très efficace. C'est à vous de découvrir quel type d'éducation convient le mieux au tempérament de votre enfant (voir aussi page 172).

LES FACTEURS RÉSULTANT DE L'ÉDUCATION

Votre bébé n'est pas le seul membre de la famille à avoir son propre tempérament. Vous aussi avez le vôtre, et il en est de même pour votre conjoint. Êtes-vous calmes et faciles à vivre, ou vous énervez-vous facilement ?

Il y a un aspect de l'éducation de l'enfant qui varie énormément selon les parents, c'est la dose de patience dont ils disposent. Il faut regarder les choses en face : les enfants ont beau être merveilleux, il ne se passe pas de jour sans qu'ils mettent votre patience à l'épreuve. Durant les premiers mois de sa vie, votre bébé peut pleurer pendant des heures en dépit de tous vos efforts pour le calmer ; il peut vomir sur lui une seconde après que vous lui ayez mis une tenue propre ; et il faut changer sa couche au moment précis où vous vous apprêtez à sortir. Quelques mois plus tard, il jette sa nourriture par terre, met votre sac à main ou votre collection de CD sens dessus dessous, refuse d'aller se coucher le soir, dit « non ! » quand vous voulez l'habiller, pique une colère quand vous refusez de lui acheter les bonbons qui sont à côté de la caisse du supermarché, etc. (Mais n'oubliez pas qu'à certains moments il se montre adorable et délicieux, un vrai petit ange !) Les parents ne sont pas des saints. Aucun d'entre eux n'arrive vraiment à faire face aux bêtises et aux désobéissances continuelles, jour après jour, sans jamais s'énerver ni sortir de ses gonds. Cependant, le seuil au-delà duquel on perd patience varie énormément d'un parent à l'autre.

Quand vous vous mettez en colère, vous risquez de dire ou de faire des choses que vous regretterez par la suite. Vous criez, vous hurlez après votre enfant, vous pouvez le traiter de tous les noms et l'affubler d'épithètes plus que négatifs (« Tu es un empêcheur de tourner en rond! »). Il arrive même que vous le frappiez. Malheureusement, les réactions que vous avez dans ces moments-là ont de très faibles chances d'apprendre à votre enfant à se comporter correctement. En revanche, vous allez presque certainement vous sentir coupable et regretter amèrement d'avoir perdu le contrôle. Plus vous vous montrerez des parents patients, moins ces incidents risqueront de se reproduire, et meilleurs parents vous serez.

VOTRE PROPRE ÉDUCATION

Vous-même avez un jour été un enfant, et vos parents ont dû vous apprendre à vous comporter en adulte civilisé. La façon dont ils s'y sont pris avec vous influe considérablement sur votre propre comportement avec votre enfant. De façon mystérieuse, les parents traitent leurs enfants comme eux-mêmes l'ont été autrefois. C'est comme si, dans l'enfance, le cerveau intégrait en profondeur le comportement des parents au point de se l'approprier comme le seul possible, si bien que, plus tard, on ne peut imaginer d'autre voie que de l'imiter. Cela peut avoir un effet tout à fait bénéfique: si vos parents ont été patients et aimants à votre égard, vous serez également patients et aimants avec votre enfant. Mais si vos parents vous ont traité d'une façon que vous vous êtes promis de ne jamais reproduire avec vos propres enfants – s'ils ont crié après vous et si même parfois ils vous ont battu –, vous risquez fort d'être bouleversé de constater que, sans même en avoir conscience, vous vous comportez exactement comme vos parents des années auparavant. Auquel cas vous aurez à faire de sérieux efforts pour éviter de tels comportements. Il faut du temps pour apprendre à se montrer plus patient. Vous dire que vous allez y arriver ne suffit pas à modifier votre tempérament, vous devrez y travailler pendant des mois. Vous trouverez dans l'encadré de la page 377 quelques conseils pour y parvenir.

LES STRATÉGIES D'ÉDUCATION

Dans le chapitre 6, on a vu qu'il y avait différents types d'éducation. Certains parents considèrent que la meilleure façon d'élever leur bébé est de satisfaire immédiatement ses besoins physiques et émotionnels. S'il a faim, il faut le nourrir tout de suite ; s'il est contrarié, il faut le prendre dans ses bras pour le calmer. D'autres parents, obnubilés par les horaires, estiment que la routine est indispensable. Ils tiennent à ce que leur bébé s'adapte aux habitudes familiales et, par conséquent, ne le laissent dormir et manger qu'à certaines heures bien définies. Un système intermédiaire est préférable, une sorte de compromis entre ces deux approches : c'est celui que choisissent les parents plus souples. Les parents souples reconnaissent que les habitudes familiales et les règles de conduite sont bonnes pour les enfants, mais ils sont conscients de ce qu'un environnement aimant, capable de faire certaines entorses aux règles, est tout aussi important.

Les mêmes schémas peuvent s'appliquer à l'éducation d'enfants un peu plus grands. Les parents de la première catégorie vont continuer à vouloir à tout prix satisfaire ou consoler leur enfant dès qu'il en manifeste le besoin. Les obsédés des horaires compteront bien faire respecter par leur enfant les règles de comportement établies pour toute la famille. Les parents souples prendront le meilleur de chacune de ces deux formules. Selon les experts, c'est cette dernière attitude qui est la meilleure. Ces parents imposeront une structure et des règles, tout en étant à l'écoute des besoins émotionnels de leur bébé.

De nombreux parents, en particulier ceux qui fonctionnent sur le mode règles-horaires, considèrent la discipline comme un impératif absolu. Ils estiment important d'être très strict durant les cinq premières années de l'enfant. Selon eux, les mauvaises habitudes doivent être combattues dès qu'elles apparaissent, faute de quoi elles se répéteront et s'enracineront définitivement dans les comportements de l'enfant. De plus, ils pensent qu'un enfant à qui on laisse trop souvent faire ce qu'il veut (ce qui est le cas lorsqu'il est élevé par des parents trop centrés sur lui) sera « gâté ». Aussi logique que cela puisse paraître, cette façon de considérer la discipline crée un certain nombre de problèmes. Pour commencer, à moins que votre enfant ne soit particulièrement doux et dépourvu de l'entêtement caractéristique de son âge, cette méthode fonctionne rarement aussi bien dans la pratique que dans la théorie. Un parent qui croit à cette théorie a des attentes tout à fait irréalistes par rapport à ce que son enfant peut réaliser (voir aussi Pourquoi les enfants se comportent comme ils le font, page 376). La rigueur que les adeptes de cette méthode sont contraints d'observer est condamnée à déclencher des conflits à répétition. L'éducation selon de tels principes n'a rien d'agréable, elle a au contraire toutes les chances de se transformer en cauchemar quotidien.

Il y a une autre façon de considérer la discipline, c'est celle que choisissent les parents souples. Elle consiste à accepter le fait que les capacités de votre enfant à se comporter comme un adulte sont très limitées durant ses premières années. En grandissant, il va développer l'aptitude à être moins égocentrique et à accepter les nombreuses règles qui empiètent sur sa liberté. Tout petit, il n'a pas à obéir à toutes les règles, et on ne peut pas l'exiger de lui.

Comment obtenir des résultats positifs

Trouvez un dérivatif. La plupart des enfants déplacent facilement leur attention d'un objet vers un autre. Si votre enfant s'est emparé d'un objet interdit, évitez le conflit en lui donnant tout de suite un objet avec lequel il pourra jouer sans danger, tout en retirant le premier objet et en le mettant hors de sa vue.
Une autre possibilité est d'éloigner votre enfant de la « scène du crime » et de l'emmener dans un endroit où il aura moins de tentations.

Le compte à rebours. Cette stratégie est particulièrement utile lorsque votre enfant a du mal à passer d'une activité à une autre. Il peut être très contrarié, par exemple, de devoir brusquement quitter le terrain de jeux, aller prendre un bain, se coucher ou simplement arrêter de jouer. Essayez de le prévenir un peu à l'avance en lui annonçant de temps à autre : « C'est presque l'heure de rentrer à la maison. » Vous pouvez aussi lui demander : « Tu veux rentrer à la maison tout de suite, ou tu préfères rester encore une minute ? » Il choisira sûrement la seconde réponse, mais, lorsque vous aurez répété votre question un certain nombre de fois, il est fort possible qu'il accepte de partir sans protester. Il aura l'impression d'avoir obtenu ce qu'il voulait (rester plus longtemps), et vous partirez à l'heure !
Une troisième possibilité, avec un enfant un peu plus grand, est d'appliquer la technique du « compte à rebours » en utilisant les chiffres. Commencez par annoncer, en levant cinq doigts : « Ce sera l'heure de se coucher dans cinq minutes. » À la fin du compte à rebours, il aura eu plusieurs minutes pour s'habituer au changement imminent.

Amusez-le. Essayez d'obtenir que votre enfant fasse ce qu'il a à faire en présentant les choses comme un jeu. Par exemple, pour l'inciter à ranger, vous pouvez lui dire : « On va voir lequel de nous deux va ranger le plus de jouets. « À vos marques ? Prêt ? Partez ! » Ou bien vous pouvez organiser une course entre le séjour et la salle de bains pour savoir qui arrivera le premier à la brosse à dents...

Laissez-le choisir. Donnez l'impression à votre enfant qu'il contrôle les événements qui le concernent, en lui donnant le choix entre plusieurs décisions. « Quel tee-shirt veux-tu mettre aujourd'hui ? Le rouge, le bleu, ou celui avec le panda ? » En partant du principe que vous ne proposez que des choix acceptables pour vous, votre enfant est gagnant puisque c'est lui qui décide, et vous l'êtes également puisque vous avez évité le conflit.

Le monstre chatouilleur. C'est une excellente alternative à la menace de punition (« Si tu ne commences pas à t'habiller maintenant, tu n'iras pas jouer chez Léo ! »). Dites à votre enfant que s'il n'a pas commencé à s'habiller à « trois », le monstre chatouilleur va venir. En réalité, le monstre, c'est vous !
Il y a deux résultats possibles. Soit votre enfant va courir dans sa chambre et s'habiller tout de suite pour ne pas se faire chatouiller. Soit il va rester et vous laisser le chatouiller. (Une fois la séance terminée, il est très probable qu'il sera disposé à faire ce que vous lui avez demandé.) Quel que soit le résultat, il sera positif. Même si vous « êtes obligée » de le chatouiller, vous serez gagnante puisque vous n'aurez ni à élever la voix ni à punir. Ce qui aurait pu être une situation très désagréable devient amusant pour tous les deux.

Prévoyez les choses. En vous montrant prévoyante, vous éviterez la plus grande partie des conflits. Il suffit de ne pas vous mettre

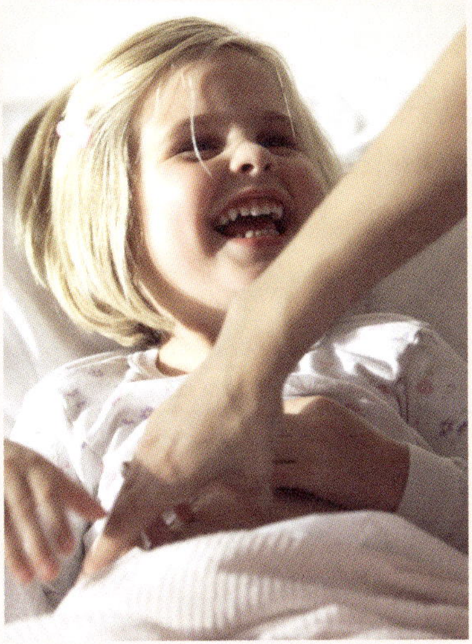

dans des situations où vous pouvez vous attendre à des problèmes de comportement. Voici deux exemples :

- À chaque fois que vous passez à la caisse du supermarché, votre enfant veut une sucette. Si vous dites « non », il pique une colère. Il y a deux solutions : A) Ne l'emmenez plus faire les courses. B) Décidez que lui donner une sucette n'est pas si grave si cela permet d'éviter une scène pénible.
- Il n'y a pas moyen d'habiller votre enfant le matin, et tous les jours vous êtes en retard à votre travail. Deux solutions : A) Levez-vous quelques minutes plus tôt pour ne pas être obligée de vous bousculer. B) Décalez vos horaires de bureau de façon à commencer un peu plus tard.

Évitez la précipitation. Essayez au maximum de prévoir une marge de temps, pour le cas où votre enfant déciderait à un moment où à un autre de résister. Bien souvent, au moment précis où vous devez partir, il refuse de se laisser mettre son manteau. Les enfants ont l'art de traîner quand ils sentent que leurs parents sont en retard. Si vous le bousculez, vous avez toutes les chances d'avoir droit à une colère. Vous n'aurez pas toujours le luxe de pouvoir prévoir une marge, mais si vous y parvenez, les moments que vous passerez ensemble seront beaucoup plus agréables.

Sortez des sentiers battus. Existe-t-il une autre solution que celles que vous avez l'habitude d'utiliser ? Par exemple, dans le cas d'un petit enfant qui met des heures à s'habiller le matin, il y a la solution de le laisser dormir avec des vêtements du jour propres au lieu de lui mettre un pyjama. Il se réveillera déjà tout habillé ! Un autre exemple : s'il refuse de mettre son bonnet en plein hiver, laissez-le sortir sans bonnet mais prenez celui-ci à la main. Dans quelques minutes, quand votre enfant aura les oreilles toutes rouges, il est probable qu'il mettra son bonnet si vous le lui suggérez.

Soyez ferme. Avec certains enfants, le simple fait de ne pas céder et de leur rappeler qu'ils doivent faire ce qu'on leur demande suffit à éviter les conflits. Mais si cela déclenche un caprice, des cris et mêmes des hurlements, mieux vaut éviter ce genre de situation et adopter une autre stratégie.

Cédez. Dans certains cas, la meilleure solution est d'acquiescer, mais il ne faut le faire que si cela ne doit pas avoir des conséquences négatives. Ne jamais céder quand un enfant est au beau milieu d'une colère. (Voir aussi l'encadré de la page suivante.)

Cédez

Laissez votre enfant faire à sa guise est une option possible lorsque :

- Cela aura des conséquences minimes.
- Les conséquences résultant d'un refus de votre part (à savoir une colère) seraient beaucoup plus ennuyeuses.
- Toutes les stratégies pour éviter le conflit, y compris celle consistant à distraire votre enfant, ont échoué.

Ne cédez que lorsque vous sentez venir une éventuelle colère, jamais au moment où elle est à son comble.

Ne cédez pas

Il est important de ne pas laisser faire votre enfant lorsque :

- Cela pourrait porter atteinte à sa sécurité, blesser autrui ou détruire des objets de valeur.
- Une certaine fermeté a toutes les chances d'être efficace.
- Vous parvenez à éviter le conflit en distrayant l'attention de votre enfant ou grâce à une autre stratégie.
- Il est déjà en pleine colère.

Dans cette optique, l'objectif quotidien est d'inciter votre enfant à faire ce qui doit être fait avec un minimum de conflits. Cela implique dans certains cas d'invoquer les règles en se montrant ferme ; dans d'autres, il vaut mieux avoir recours à des stratégies plus subtiles. Quand votre enfant va grandir, sa conduite va évoluer petit à petit, en même temps que son développement psychologique. Lorsqu'il sera capable de se comporter de façon plus mûre, vous pourrez élever le niveau de ce qui n'est pas négociable. Vous avez vingt années devant vous pour faire de lui un adulte. Si son comportement progresse ne serait-ce que de 5 % par an, vous finirez par y arriver !

QUAND FAUT-IL ÊTRE STRICT ?

Il n'y a qu'un petit nombre de situations dans lesquelles les parents ne doivent à aucun prix céder. Il est évident que la sécurité de l'enfant est primordiale. S'il est en train de faire quoi que ce soit qui puisse le blesser, il faut l'en empêcher immédiatement. De la même façon, s'il fait du mal à quelqu'un, il faut l'arrêter fermement. Saccager la maison ou des objets de valeur est également inacceptable.

Par ailleurs, il est indispensable que votre enfant aille au lit à l'heure et il faut lui imposer une sieste. Un enfant fatigué est un enfant grincheux qui ronchonne pour un rien. Si vous laissez votre enfant manquer la sieste ou si vous le laissez veiller trop tard, vous pouvez être sûr que le lendemain il sera encore plus difficile que d'habitude. Il peut enfin y avoir encore une ou deux règles que vous et votre conjoint serez d'accord pour tenir et que vous considérerez comme non négociables. Dans la majorité des autres cas, en revanche, il n'est pas indispensable que vous obteniez toujours tout de suite ce que vous voulez.

FIXER DES LIMITES

D'une manière générale, les enfants qui savent qu'il existe des limites se sentent plus en sécurité et se comportent mieux. Mais où placer ces limites ? Si elles sont fixées de manière trop rigide, les occasions de conflits ne se compteront plus. D'un autre côté, si elles sont trop élastiques, votre enfant n'aura plus aucune raison de s'améliorer. L'idéal est d'ajuster les limites de façon que votre enfant ait le plus souvent la possibilité de satisfaire votre attente. Maintenez-les à ce niveau, et vous élèverez vos exigences progressivement au fur et à mesure de sa maturation. Quand il sera davantage capable de se conformer aux règles, vous pourrez réajuster les limites en fonction de ses nouvelles capacités.

Avec l'expérience, vous saurez quelles règles votre enfant va suivre et lesquelles vont déboucher sur des conflits. Par exemple, s'il se brosse les dents quand vous le lui demandez, vous pouvez très bien fixer cela comme une règle. Si un jour il refuse, soyez ferme et insistez pour qu'il le fasse. (Il faut maintenir la limite là où elle a été posée.) La fermeté est efficace si elle a des chances de porter ses fruits, mais il y aura des situations où vous n'obtiendrez aucun résultat en vous montrant intraitable face à son « non ! ». Donc, pour résumer : dans certains cas, vous devez à tout prix avoir le dessus (quand cela concerne la sécurité, les blessures pour lui ou pour d'autres, la destruction des biens, le fait d'aller au lit à l'heure). Pour le reste, vous pouvez tolérer une marge de manœuvre.

QUAND FAUT-IL CÉDER ?

Le mythe qui affirme que les enfants doivent EN PERMANENCE obéir aux adultes a largement cours, mais il n'est pas très réaliste. Il existe des situations dans lesquelles céder aux désirs de votre enfant est la seule option possible. Céder peut faire partie de la négociation que vous devez mener avec votre enfant quand vous êtes contraint de revoir vos exigences à la baisse. Les autres solutions seraient de prendre les devants pour éviter de telles situations, ou de pratiquer l'art du dérivatif.

Vous pensez que, si vous cédez à un caprice, votre enfant en conclura que hurler, donner des coups de pieds et se laisser tomber sur le sol lui permettra à l'avenir d'obtenir tout ce qu'il veut ? Vous avez raison ! Le laisser en faire à sa guise dans de tels moments ne fera que renforcer des comportements indésirables, et il est fort probable qu'il aura désormais recours à cette méthode. En revanche, si vous cédez au premier signe de résistance, avant que la scène ne tourne à la bagarre, cela ne sera pas perçu par votre enfant comme une récompense pour son attitude (puisqu'il ne s'est pas encore mal comporté).

Mais céder n'est une solution que si cela ne doit avoir que des conséquences anodines. Par exemple, votre enfant veut attraper vos clés et vous avez peur qu'il les perde. Vous avez déjà essayé de le distraire, mais il s'entête dans son idée. Vous sentez que, si vous ne trouvez pas très vite une solution, il va s'énerver... Voilà un cas où céder est sans doute ce qu'il y a de mieux à faire. Si vous le surveillez de près, il est peu probable qu'il perde les clés ou qu'il les abîme. En fait, il y a même des chances pour qu'il s'en désintéresse rapidement, et vous pourrez alors facilement les lui reprendre. Dans un cas comme celui-là, vous ne perdez pas grand-chose, et vous rendez agréable un moment qui aurait pu l'être nettement moins.

DIVERSIFIEZ VOTRE APPROCHE

C'est étonnant de voir à quel point les parents s'obstinent souvent à pratiquer des méthodes qui n'ont jamais fonctionné. Si vous testez une stratégie et qu'elle ne donne pas les résultats escomptés, essayez-en une autre la prochaine fois qu'une situation semblable se représentera. N'oubliez pas qu'aucune méthode n'est infaillible en permanence ; cependant une chose est sûre : une stratégie qui a échoué une fois échouera toujours. De plus, quelque conflit que vous ayez, il sera encore bien plus violent si votre enfant est très fatigué. La sieste et l'heure du coucher ne sont donc pas négociables.

Il est capital d'adopter toujours des stratégies cohérentes. Les enfants sont beaucoup plus à l'aise quand ils savent qu'il y a des limites, et ils se comportent beaucoup mieux s'ils sentent qu'en agissant d'une certaine façon ils obtiendront de votre part une réaction bien précise. Imaginez à quel point cela peut être perturbant pour un enfant d'entendre sa maman lui demander un jour de l'aider à mettre le couvert, et l'attraper le lendemain parce qu'il veut de nouveau le faire !

Un autre problème peut surgir lorsque les deux parents ne sont pas d'accord sur ce qu'il faut autoriser ou interdire, ou sur la façon de gérer les mauvais comportements. Il est bien sûr normal qu'une mère et un père aient des conceptions différentes sur l'éducation de leur enfant. Il est cependant indispensable qu'ils discutent des points de désaccord et en viennent à des compromis acceptables pour tous les deux. Cela implique de soutenir les interventions et les décisions de votre conjoint en ce qui concerne votre enfant, même si vous, vous auriez agi autrement. Les jeunes enfants sont très forts pour détecter les différences de sévérité entre leurs parents, et se font un plaisir de les exploiter. Si vous dites à votre enfant qu'il ne peut pas aller au parc, il va tout de suite courir vers l'autre parent et lui demander la même chose en espérant avoir une réponse plus favorable. Ou bien il va apprendre très vite qu'il a plus de chances d'obtenir ce qu'il veut s'il le demande à l'un de ses parents plutôt qu'à l'autre. Au fur et à mesure de votre apprentissage de parents, ces problèmes d'incohérence devraient être de plus en plus rares.

LES COLÈRES

Tous les enfants ont recours à la colère pour soulager des sentiments violents d'irritation et de ressentiment. Cependant, l'intensité du caprice est souvent sans aucune proportion avec l'énormité de ce qu'on leur refuse ! (Il y a malgré tout une corrélation avec le manque de sommeil : les enfants fatigués font beaucoup plus de colères et celles-ci sont beaucoup plus intenses et plus difficiles à calmer.) Un enfant à qui on ne laisse pas faire ce qu'il veut peut se mettre brusquement à hurler. Certains enfants se jettent par terre et battent le sol avec les poings et les pieds. D'autres se frappent la tête à plusieurs reprises contre le mur, se mettent à jeter des objets aux quatre coins de la pièce ou à frapper et à mordre.

La meilleure façon de traiter une colère est... de l'empêcher de se produire ! Une fois qu'elle a commencé, en revanche, il ne faut pas céder et il est trop tard pour une quelconque stratégie. La seule chose à faire est d'ignorer votre enfant, attitude qui signifie : « Tu peux faire tout ce que tu veux, cela m'est complètement égal. » Si cela se passe à la maison, ignorer votre enfant consiste tout simplement à vous éloigner de lui, à ne pas le regarder, à chantonner et/ou à ne pas répondre à ses questions. Certains parents mettent leur enfant au lit jusqu'à ce qu'il se soit calmé. Si vous avez peur que votre enfant ne se fasse du mal, attrapez-le et emmenez-le dans un endroit sûr, mais évitez surtout de le regarder ou de lui répondre.

Si la colère éclate dans un lieu public, ramenez immédiatement votre enfant à la maison. Vous pensez peut-être que les gens qui assistent à pareille scène vous prennent pour un parent effroyable et cruel, mais dites-vous bien qu'un grand nombre d'entre eux ont subi ce genre de désagrément avec leurs propres

Les punitions

Ne pas manifester votre affection est la réaction la plus efficace à un comportement répréhensible. Votre enfant, comme tout enfant, a désespérément besoin de votre amour et de votre approbation. Il est donc extrêmement malheureux quand vous le réprimandez sévèrement. Pendant un petit moment, montrez-lui que vous êtes déçue par sa conduite (même si vous devez faire semblant). Dites-lui simplement en une phrase pourquoi vous êtes fâchée. Faites en sorte que votre message ne soit ni trop personnel ni trop critique. Focalisez votre reproche sur la règle qu'il n'a pas respectée : « Il est interdit de mordre ! ».

Élever la voix ou crier. Ce type de punition est à utiliser modérément, car c'est d'une efficacité redoutable et cela peut faire éclater en sanglots votre enfant. De plus, si vous y avez trop souvent recours, elle ne servira plus à rien. Après vous être montré sévère ou avoir élevé la voix, essayez d'oublier votre colère. Même s'il est tout à fait normal que vous soyez toujours fâchée contre votre enfant, c'est absolument inutile. Il va retrouver son état d'esprit habituel en quelques minutes, et vous feriez bien de vous efforcer de l'imiter.

Le priver de jouets ou de plaisirs. Quand vous aurez recours à cette méthode, commencez par dire à votre enfant d'arrêter de se comporter comme il le fait. Ensuite, annoncez-lui à quelle punition il va avoir droit. (« Si tu continues à jeter ta nourriture, tu n'auras pas de dessert ! ») Dans un cas comme celui-ci, il reste une solution pour éviter de le punir : « Dans notre famille, on ne jette pas la nourriture. Le repas est terminé ! »

Une des circonstances où la technique de « privation » est efficace est celle où votre enfant refuse de partager. Dites par exemple : « Puisque tu ne peux pas partager ce jouet, aucun de vous deux ne l'aura. » Puis retirez le jouet.

Ne prononcez que des menaces que vous avez l'intention de mettre en pratique. Puis, si vous n'obtenez pas le comportement que vous demandez, tirez-en les conséquences. Essayez cependant de ne pas aboutir à l'escalade jusqu'à ce que la punition soit totalement disproportionnée avec la faute. Il est évident que vous ne lui imposerez jamais une telle punition…

Les temps morts. Cette stratégie fonctionne mieux à partir de 2 ans. Commencez par avertir votre enfant que, s'il se comporte mal, il devra observer un « temps mort ». Si cela se produit malgré tout, obligez-le à s'asseoir sur un siège déterminé ou à aller au coin ou dans sa chambre.

Le temps mort sera bref et toujours lié à un fait particulier. Dites : « Tu pourras revenir jouer quand tu te seras calmé » et non : « Tu vas rester dans ta chambre pendant une heure ». Une durée arbitraire est moins efficace parce qu'alors la punition n'est plus reliée à sa fonction (se calmer).

Un temps mort permet d'atteindre un certain nombre d'objectifs. Il fait cesser le mauvais comportement (puisque votre enfant est éloigné de la « scène du crime »), montre à votre enfant que vous le désapprouvez, et lui permet de retrouver peu à peu son humeur habituelle. Cependant, tout comme celle qui consiste à élever la voix, cette tactique perd de son efficacité si on y a recours trop souvent.

La fessée. Une légère fessée sur le derrière n'est plus très recommandée par les pédiatres, car les méthodes énumérées précédemment sont plus efficaces et, de plus, évitent de présenter la violence comme une solution à des bêtises mineures.

enfants. Au lieu de vous condamner, il se disent : « Je plains vraiment cette mère (ou ce père). Quand mon fils faisait ce genre de choses, j'étais horriblement embarrassé(e). »

LES PUNITIONS

Comme vous le savez maintenant, il faut toujours choisir l'attitude qui permet d'éviter les conflits et qui aide votre enfant à passer les moments difficiles. Entre 18 et 24 mois, la traditionnelle punition n'est pas indispensable et, si malgré tout on l'inflige, elle ne parvient généralement pas à modifier le comportement du bébé.

En dessous de 1 an, il n'y a aucune raison de punir votre bébé. Entre 1 et 3 ans, il est peu probable que votre enfant fasse quoi que ce soit qui mérite davantage qu'une très légère punition. Si cependant vous estimez devoir le punir, voici quelques principes à garder à l'esprit :

- Pour être efficace, une punition doit suivre de très près la faute commise. En d'autres termes, si vous décidez de punir votre enfant qui s'est mal conduit, la punition doit être immédiate. Si vous la reportez à plus tard, il n'établira pas le lien entre ce qu'il a fait de mal et les conséquences de son comportement.
- La sévérité de la punition doit être proportionnelle à la bêtise.
- Ne menacez jamais votre enfant de le laisser et de partir. Non seulement c'est terriblement angoissant pour lui, mais il est presque certain que vous ne tiendrez pas votre promesse !

Encourager l'indépendance et la sociabilité

Un des principaux objectifs à long terme de tous les parents est d'éduquer leur enfant et de l'aider à devenir un adulte équilibré, capable d'être indépendant et d'avoir des relations normales avec ceux qui l'entourent. Rien à voir, donc, avec le nouveau-né dépendant qui ne peut compter que sur vous pour vous occuper de lui et le nourrir, ou avec le petit enfant égocentrique et têtu qui ne respecte pas les consignes. Obtenir que votre bébé se sente en sécurité même lorsqu'il ne vous voit pas, ou qu'il apprenne à jouer quand c'est son tour et en respectant les règles n'est pas chose facile. Vous avez peut-être peine à le croire, mais votre bébé est réellement capable de découvrir qu'il n'est pas le centre du monde, qu'il est un élément de tout un réseau social et que, par conséquent, il doit en respecter les normes et les valeurs ; il perçoit qu'il y a des moments où il doit faire passer les désirs des autres avant les siens propres. Cette prodigieuse transformation se fait petit à petit et de façon assez prévisible au fur et à mesure des étapes du développement social et émotionnel.

L'INDÉPENDANCE

À partir d'environ 10-12 mois, votre bébé commence à essayer d'avoir de plus en plus de contrôle sur sa vie. Cela peut se manifester d'abord par le désir de tenir lui-même sa tasse ou son biberon, ou par celui de manger tout seul. La première fois qu'il parviendra à accomplir une de ces tâches sans aucune aide, il sera certainement très fier. Il est certain que cela va plus vite (et avec beaucoup moins de dégâts !) de le faire boire, de lui mettre ses socquettes ou de mettre vous-même la clé dans la serrure, que de laisser faire ces gestes par un enfant de 1 ou 2 ans. Il est cependant préférable de laisser votre enfant essayer, dans des limites raisonnables bien sûr. Sa propre satisfaction d'avoir réussi, ajoutée à vos félicitations, lui donneront confiance en lui et seront excellentes pour son ego.

Paradoxalement, alors que votre enfant de 1 à 3 ans essaie de manifester son indépendance, il peut tout à la fois se montrer très crampon avec vous. Il trouve merveilleux d'être loin de vous et de se débrouiller tout seul (il a plus d'indépendance), jusqu'au moment où il s'affole. Tout à coup, il a absolument besoin d'être près de vous. À ce moment-là, il est important de répondre (raisonnablement) à sa demande. Donc, tout en l'encourageant à l'indépendance, tenez-vous prêt à le rassurer s'il a soudain besoin de vous.

COMMENT S'Y PRENDRE AVEC UN ENFANT CRAMPON

Voir votre enfant tout retourné quand il n'est pas avec vous est très flatteur ! Vous êtes la personne la plus importante de sa vie ; il veut tout simplement que vous le preniez dans vos bras ou que vous le changiez. Mais cela peut parfois devenir épuisant. Voici un bon conseil si vous avez un petit crampon : si vous arrivez à rire gentiment de ce besoin constant d'être avec vous, il en fera autant.

Vous plier à ses désirs

Si prendre votre bébé dans vos bras ou accepter que ce soit vous qui lui donniez son bain vous semble plus facile que de le laisser crier, alors n'hésitez pas à

3 choses à faire quand vous devez confier votre bébé à quelqu'un

1 **Ne filez pas en douce, cela ne ferait qu'accroître son anxiété.** Il s'imaginerait que vous risquez à tout instant de recommencer. Avant de partir, annoncez-le-lui.

2 **Partez rapidement.** Inutile de vous attarder en essayant de le calmer. Comme la plupart des parents, vous vous sentez peut-être coupable de perturber votre bébé à ce point. Mais il est peu probable, de toute façon, que le serrer dans vos bras quelques minutes en lui expliquant que vous allez bientôt revenir soit suffisant pour le consoler.

3 **N'oubliez pas qu'il cesse généralement de pleurer quelques minutes après votre départ, et qu'il recommencera dès que vous serez rentrée (à ce moment-là, c'est lui qui vous « punit » pour l'avoir laissé !).** Vous voulez une preuve ? La prochaine fois que vous partirez en laissant derrière vous un bébé en larmes, restez un moment derrière la porte de la maison. Vous serez sans doute persuadée qu'il va pleurer indéfiniment, mais surprise ! Au bout de quelques instants vous n'entendrez plus rien.

ASTUCE PARENTS

Les doudous

Une fois que votre bébé a clairement choisi son doudou, par exemple une couverture, procurez-vous en un autre semblable pour le cas où celui-ci serait perdu ou abîmé. (Si vous ne pouvez le remplacer, votre bébé sera bouleversé.) Faites un roulement, de sorte que les deux objets soient usés de la même façon. Une autre possibilité est d'encourager votre enfant à accepter un objet ordinaire, comme une couche en tissu, auquel cas vous en aurez tout un stock.

le faire. Vous n'êtes pas en train de le gâter. (Ce serait le cas si par exemple vous continuiez à lui donner à manger alors qu'il est tout à fait capable d'être indépendant.) Malheureusement, céder à tous les désirs de cette sorte peut être épuisant.

Quand vous ne vous en sortez pas

Il y aura sûrement des moments où vous aurez mal aux bras à force de tenir votre bébé, et d'autres où vous devrez sortir sans lui. Après tout, vous avez le droit de prendre une douche, d'aller travailler ou simplement d'avoir quelques minutes à vous ! Et on ne peut pas vous demander de faire la cuisine avec un bébé dans les bras. Dans de telles situations, il faut le laisser dans un endroit sûr (un parc, un lit de bébé ou sous la surveillance de quelqu'un) et ne pas céder à ses exigences. Il est probable que votre refus le fera pleurer et le mettra dans tous ses états, mais il ne lui arrivera rien de grave. Et, comme c'est le cas presque à chaque fois qu'il fait une colère, il se calmera d'autant plus vite que vous ne lui prêterez pas attention.

LES RITUELS DE RÉCONFORT

Du point de vue d'un jeune enfant, l'existence est parfois très difficile. Pour commencer, on ne cesse de lui dire ce qu'il doit faire et ce qu'il ne doit pas faire. En l'espace de quelques heures, il peut être frustré de ne pouvoir en faire à sa guise, furieux parce que vous ne cédez pas immédiatement, perturbé par le conflit entre les règles et ses propres désirs, coupable lorsque vous lui montrez votre désapprobation, et angoissé de tout à coup ne plus vous voir près de lui... Il n'est donc pas très étonnant qu'il ait besoin d'un moyen qui l'aide à retrouver son calme et lui apporte un sentiment de sécurité. Ce réconfort, il peut le trouver dans son ours en peluche, une couverture ou n'importe quel autre objet.

Votre enfant a peut-être d'autres « trucs » : faire une boucle avec ses cheveux, sucer son pouce ou porter toujours le même tee-shirt. Ce sont pour lui des moyens de se sentir mieux et il ne faut donc pas l'en priver.

Vous-même pouvez le réconforter en le berçant, en lui souriant ou en le félicitant. Sentir que vous l'aimez est ce qui lui apporte le plus sûr sentiment de sécurité. Manifestez-lui généreusement votre approbation et votre tendresse.

APAISER LES CRAINTES

À environ 2 ou 3 ans, votre bébé peut avoir soudain la phobie des chiens, des clowns ou du noir. Il peut également faire davantage de cauchemars et avoir des terreurs nocturnes.

Le mieux est de reconnaître la réalité de la peur de votre petit (« Je sais que tu as peur. Cela peut être très angoissant »), et de lui dire explicitement que vous le protégerez contre le mal. Tenter de faire preuve de logique n'apaisera aucunement ses craintes. Il ne sera capable d'y réfléchir de manière rationnelle que lorsqu'il sera beaucoup plus grand. Avec le temps, de telles peurs disparaîtront, mais évitez pour le moment de mettre votre enfant dans les situations qui l'angoissent (évitez les chiens, n'allez pas au cirque, utilisez une veilleuse).

LA SOCIABILITÉ

Apprendre à jouer « gentiment » avec d'autres enfants et à partager nécessite une vigilance permanente de votre part. Avant 30 à 36 mois, l'idée que votre enfant se fait du partage consiste à utiliser le jouet d'un autre enfant (mais sans permettre aux autres de prendre les siens), et jouer ensemble signifie simplement que deux enfants sont assis l'un à côté de l'autre, chacun jouant seul. Le véritable partage – et encore, à contrecœur – est possible en général après 2 ans et demi ; au cours des années suivantes, ces acquis sociaux s'améliorent. Votre enfant sera capable d'attendre son tour et de respecter les règles d'un jeu avant d'entrer à l'école primaire. Pourtant, même à cet âge, il peut très bien être bouleversé lorsqu'il ne gagne pas.

Il est très difficile d'essayer de convaincre votre petit de se plier à ces exigences sociales. Lorsque des enfants n'arrivent pas à bien jouer ensemble, le moyen le plus simple de s'en sortir est parfois de ramener le vôtre à la maison. Ou alors vous pouvez retirer le jouet qu'ils refusent de partager. Mais il y aura des moments où il vous faudra amadouer votre enfant et l'encourager à partager et à respecter les règles du jeu. Il y aura aussi des occasions où vous devrez vous montrer ferme ou même le gronder si nécessaire. Cependant, quand il se comportera bien, vos félicitations, inestimables, l'inciteront à renouveler l'expérience.

Obtenir d'un enfant qu'il intègre ces acquis sociaux prend des années et des années, et nombreux sont les adultes qui n'aiment toujours pas partager et qui se vexent quand ils perdent !

ÊTRE AVEC LES AUTRES

Il y a deux bonnes raisons pour mettre votre enfant à la crèche (garderie) ou à la maternelle : les deux parents peuvent avoir besoin de travailler à l'extérieur, ou bien ils veulent proposer à leur enfant une journée pleine de jeux et de rires. Bien qu'un environnement préscolaire offre à votre enfant de nombreuses occasions d'apprendre à vivre en société et d'acquérir des connaissances, passer un bon moment avec des amis dans un cadre sécurisant doit rester l'objectif principal. L'acquisition formelle de connaissances doit passer au second plan. Les enfants qui ne vont pas à la maternelle ne sont pas désavantagés. Tout ce qu'on apprend à l'école peut l'être chez soi avec un parent qui reste à la maison ou un(e) bon(ne) baby-sitter. Au lieu de jouer à l'école avec d'autres enfants, votre enfant peut aller au parc ou jouer chez des voisins. Et les connaissances que l'enfant n'aura acquises ni dans un environnement préscolaire, ni à la maison, il les rattrapera en très peu de temps quand il entrera à l'école.

DIFFICULTÉS DE LA SÉPARATION

Au début de la période de crèche ou de maternelle, la difficulté majeure que vous rencontrerez, vous et votre enfant, est la séparation. Les enfants de 2 et 3 ans supportent généralement mal d'être séparés de leur maman (ou de leur papa), mais certains parents trouvent aussi dur d'être loin de leur enfant. Il va sans dire que si telle est votre réaction, il est préférable de faire au moins comme si vous envisagiez la séparation avec sérénité. Car votre enfant sera d'autant plus anxieux s'il voit que cela vous bouleverse.

Comme pour tous les autres aspects de la nature d'un enfant, tous les degrés sont possibles en ce qui concerne cette tendance de votre petit à être anxieux au moment de la séparation d'avec son « protecteur » principal. Les enfants qui ont déjà été souvent séparés de leur père ou de leur mère ont en général moins de difficultés lors de l'entrée en maternelle. Cependant, cela ne sert à rien d'imposer volontairement des occasions de séparation dans le seul but de préparer l'enfant à l'école. Il sera temps d'apprendre à dominer ces craintes au début de la maternelle.

Dans certains cas, cela peut être moins traumatisant pour votre enfant si quelqu'un d'autre que papa ou maman le dépose à l'école.

12 Garder votre bébé en bonne santé

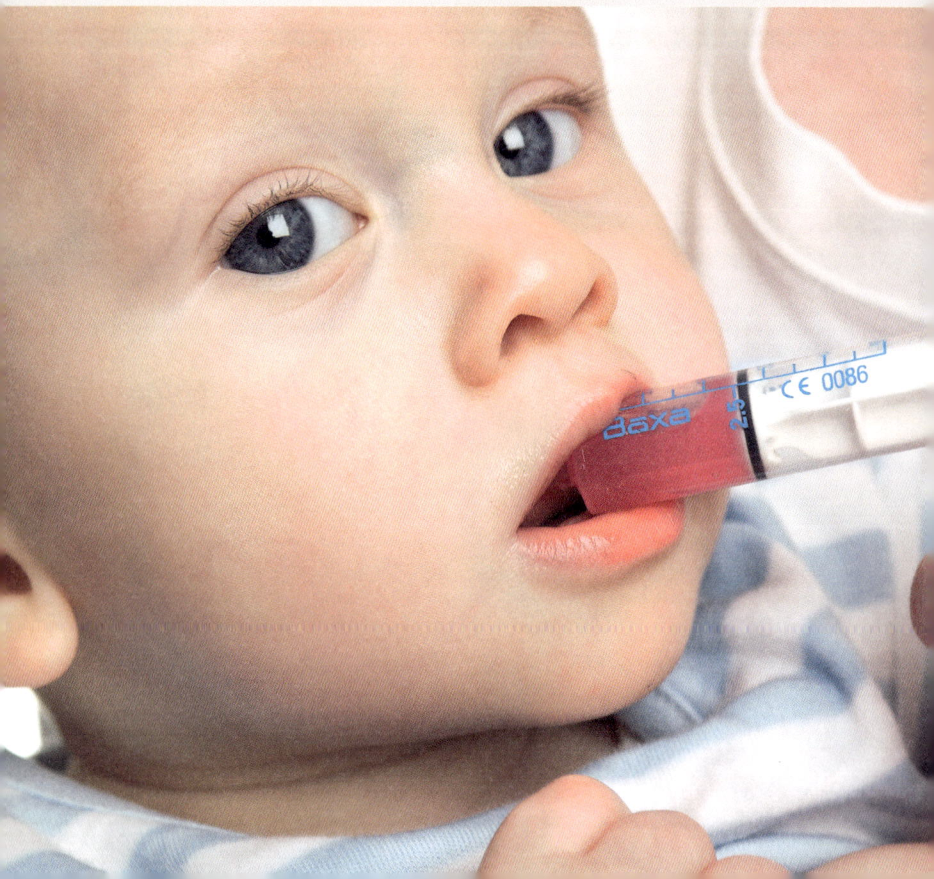

Priorités parentales

Pour qu'un bébé ait toutes les chances de rester en bonne santé, ses parents doivent veiller à lui offrir un environnement sûr, le faire bénéficier d'un suivi médical régulier, garder ses vaccinations à jour, penser à l'emmener chez le dentiste, et savoir détecter s'il est malade ou blessé pour lui prodiguer les soins appropriés ; sans oublier, bien sûr, toute la tendresse et l'attention dont il a par ailleurs tout autant besoin pour se développer au mieux sur les plans psychique et moteur.

Attention, danger !

- **Routes et circulation.** Même s'il est encore dans sa poussette, expliquez à votre enfant ce qui se passe lorsque vous traversez la rue : montrez-lui les feux tricolores et le petit bonhomme qui passe au vert ou au rouge pour les piétons. S'il est assez grand, demandez-lui d'interpréter lui-même ces signaux. Tenez toujours votre enfant par la main pour traverser, et encouragez-le à suivre votre exemple en regardant d'abord à gauche, puis à droite pour vérifier qu'il n'y a pas de voiture.
- **Inconnus dans la rue.** Beaucoup de petits enfants aiment aborder les passants dans la rue. Vous ne devez bien sûr jamais laisser votre enfant se promener seul dehors, mais il est également bon de l'encourager à garder ses distances avec les étrangers. Apprenez-lui à vous consulter avant d'adresser la parole à quelqu'un, sans pour autant le rendre totalement farouche : tout est question de mesure !
- **Aliments et médicaments.** Votre enfant doit apprendre à n'accepter ni nourriture ni boisson de la part de quelqu'un qu'il ne connaît pas. Il doit aussi comprendre que les médicaments ne sont pas des bonbons et que vous seul êtes habilité à lui en administrer.

UN ENVIRONNEMENT SÛR

La plupart des aménagements nécessaires pour accueillir un bébé dans une maison et un jardin sont assez simples, le plus difficile étant peut-être de les identifier. Une bonne astuce consiste à inspecter tous les endroits en s'imaginant à la place de son enfant. L'avantage, c'est qu'une fois ces efforts fournis, votre intérieur sera non seulement adapté à votre bébé, mais aussi à tout autre enfant qui pourrait vous rendre visite !

Outre ces mesures concrètes, vous devrez par la suite sensibiliser votre bébé aux dangers qui l'entourent, aussi bien chez lui qu'à l'extérieur, principalement l'eau, l'électricité et les médicaments ou autres produits toxiques qu'il pourrait ingérer. C'est en suivant votre exemple, comme il le fera pour tant d'autres choses, que votre enfant apprendra à identifier ce qui est dangereux

pour lui. On ne doit jamais sous-estimer les risques d'accident, mais il n'est pas non plus souhaitable de toujours chercher à éviter ou à éluder le danger. Mieux vaut permettre à l'enfant de comprendre ce qui peut arriver lorsqu'on ne fait pas attention ; à cet effet, n'ayez pas peur de manifester clairement votre douleur lorsque vous vous brûlez ou vous coupez devant lui. Commencez par expliquer pourquoi il y a danger avant de vous appliquer à en distraire l'attention de l'enfant. Ce dernier a besoin de vous voir adopter le bon comportement face au risque ; pensez donc également à toujours bien regarder avant de traverser la rue, à boucler systématiquement votre ceinture en voiture, et à mettre un casque pour faire du vélo.

Tout est question d'équilibre entre la nécessité de protéger son enfant et celle, pour lui, d'apprendre à travers ses propres expériences. S'il faut constamment surveiller un enfant, surtout dans son plus jeune âge, il faut aussi lui laisser le loisir d'explorer le monde par lui-même. Ce n'est que progressivement, grâce à votre exemple et à des explications simples, qu'il apprendra à identifier les dangers.

LA BONNE SANTÉ DE VOTRE ENFANT

Divers spécialistes de la petite enfance sont là pour vous aider à veiller sur la santé de votre enfant et à traiter les éventuels problèmes. Les courbes de taille, de poids et la rapidité de ses progrès moteurs sont autant d'indicateurs qui contribueront à évaluer son degré de bien-être.

En vous préoccupant de la santé de votre enfant, vous réduisez les problèmes de santé qu'il pourra connaître dans le futur. Par exemple, si vous veillez à ce qu'il se brosse les dents tous les jours, vous réduisez d'une part à court terme le risque de caries, et vous instaurez dans le même temps une habitude qui, avec un peu de chance, perdurera toute sa vie.

De la même manière, il est important de faire faire de l'exercice à votre enfant et de lui offrir un régime alimentaire équilibré (voir chapitre 10) pour prévenir un problème de surpoids à l'âge adulte. Un enfant qui bouge et se nourrit bien aura lui aussi toutes les chances de conserver une bonne hygiène de vie par la suite.

Les vaccinations de la petite enfance sont également très importantes, car elles protègent de maladies qui peuvent s'avérer dangereuses, voire mortelles (voir tableau des vaccinations page 450).

SOIGNER SON ENFANT

Les enfants, on le sait, tombent souvent malades. Le plus souvent ils n'ont rien de bien grave : des poux, un début d'otite ou une maladie infantile sans complications particulières. Mais ils peuvent aussi attraper des maladies qui touchent aussi bien les adultes, et même y être particulièrement sensibles, comme c'est le cas avec la gastro-entérite. Il n'est donc pas inutile d'avoir des notions des symptômes des maladies les plus courantes, afin de savoir les reconnaître et d'avoir une idée de leur évolution prévisible.

En tant que parent, vous devez être aussi capable de savoir à quel stade il convient d'appeler le médecin, ce qui n'est pas forcément évident lorsqu'il s'agit d'un bébé, dont les symptômes sont plus discrets que ceux d'un enfant ou d'un adulte. En vous appuyant sur vos connaissances médicales et sur celles du comportement et des habitudes de votre enfant, vous serez en mesure de décider quand vous avez besoin d'aller voir le médecin.

Lorsque vous réalisez que votre enfant est malade, employez-vous avant tout à le soulager. Bien sûr, il aura besoin de tendresse et de réconfort, mais il ne faut surtout pas oublier de lui proposer à boire, et éventuellement de lui administrer un médicament pour calmer la douleur ou faire baisser la fièvre.

L'idéal est de savoir traiter les petits bobos, tels que coupures ou morsures, tout en étant préparé à réagir de la bonne façon face à un accident plus sérieux ; il peut donc être bon d'avoir quelques notions de premiers secours, sachant que l'on peut également suivre une courte formation aux techniques de réanimation sur enfant ou nourrisson, qui ne fera que conforter l'aptitude à gérer une situation d'urgence.

Règles de sécurité

Les petits enfants sont d'un naturel curieux et développent au fur et à mesure de leurs progrès moteurs un intérêt croissant pour tout ce qu'ils ne connaissent pas, aussi bien dans la maison qu'à l'extérieur. Si l'on ne peut bien sûr pas éliminer tous les dangers, quelques précautions simples permettent tout de même de rendre leur environnement plus sûr.

D'abord, il faut revoir régulièrement les modifications apportées dans la maison ou dans le jardin en fonction des nouvelles aptitudes de bébé. Vers 8 mois par exemple, il va se mettre à marcher à quatre pattes, puis essayera de se mettre debout ; vous devrez donc déplacer les objets dangereux plus en hauteur et penser à abaisser le sommier de son lit à barreaux pour qu'il ne risque pas de l'escalader ou d'en tomber.

À l'inverse, d'autres risques disparaîtront progressivement : vers 3 ans, l'enfant perdra l'habitude de tout porter à la bouche et ne risquera donc plus d'ingérer des petits objets ou de s'étouffer avec. Attention cependant ! chaque enfant est différent et si certains gardent cette habitude bien plus longtemps, d'autres essayeront aussi de mettre des objets dans le nez ou les oreilles et d'autres enfin ne feront absolument jamais rien de tout cela... Certains enfants pousseront les limites de leurs explorations plus loin. En effet, chaque enfant a sa manière propre de se développer et acquiert souvent de façon imprévisible de nouvelles aptitudes importantes telle que la marche ; il faut donc savoir anticiper les progrès, en prévoyant de préférence une bonne marge d'avance pour plus de sécurité.

UNE SURVEILLANCE CONSTANTE

Quelles que soient les mesures qu'on adopte pour assurer la sécurité d'un enfant, la règle principale est de ne jamais le laisser sans surveillance. Même aménagé au mieux, un intérieur recèle toujours de nombreux dangers pour lui, que seule une attention constante permet de garder écartés. Et pour être prêt à gérer l'imprévu, il n'est pas inutile de se familiariser aux mesures de premiers secours.

LA PROPRETÉ

Faire le ménage régulièrement chez soi est également important pour que l'enfant évolue en toute sécurité et reste en bonne santé. Inutile de devenir maniaque cependant, car il ne s'agit pas de le surprotéger, mais simplement de prendre les mesures nécessaires pour éliminer tout risque d'empoisonnement ou d'infection. Il n'est pas souhaitable, et de toutes manières impossible, de le faire évoluer dans un environnement totalement aseptisé, car c'est par le contact avec les bactéries et les virus que l'enfant développe ses propres anticorps.

SÉCURITÉ ET HYGIÈNE ALIMENTAIRE

Quelques mesures simples permettent de réduire le risque d'empoisonnement alimentaire. Elles concernent la manière dont on conserve ou on prépare les aliments, ainsi que certaines règles d'hygiène dans la cuisine.

STOCKAGE ET CONSERVATION DES ALIMENTS

Les denrées telles que le riz ou les pâtes peuvent se conserver dans un placard, dans des emballages hermétiques. La viande et les produits frais doivent être placés au réfrigérateur pour éviter que les bactéries ne prolifèrent. La viande crue doit être soigneusement emballée dans du film alimentaire ou dans une boîte fermée, dans la partie basse du réfrigérateur pour que son jus ne risque pas de souiller d'autres produits rangés en dessous. Veillez aussi en la préparant à ne pas la mettre en contact avec d'autres aliments.

Si vous préparez un plat à l'avance, au lieu de le laisser tel quel sur une table, laissez-le refroidir, puis rangez-le au réfrigérateur. Il refroidira plus vite s'il est disposé dans un plat creux ou divisé en portions.

Les restes se conservent généralement deux jours au réfrigérateur, sachant qu'il vaut mieux verser un fond de conserve dans un récipient recouvert ensuite d'un film plastique plutôt que le garder tel quel. On ne doit jamais congeler un aliment qui a atteint ou dépassé sa date de péremption, l'idéal étant bien sûr de penser à le faire dès le jour d'achat. On peut tout à fait congeler un plat préparé à l'avance, en l'ayant éventuellement divisé au préalable en portions, au cours des vingt-quatre heures suivant sa préparation. Pour décongeler des aliments surgelés, suivez les instructions du fabricant, l'idéal étant de les faire décongeler au réfrigérateur dès la veille au soir (sur une durée de vingt-quatre heures). On peut aussi utiliser le four à micro-ondes, en mode décongélation, à condition de cuisiner et de consommer tout de suite le produit. Il faut toujours s'assurer, lorsqu'on prépare un plat surgelé, qu'il bénéficie d'une cuisson suffisante, afin d'éliminer toute souche bactérienne. Enfin, on ne doit jamais recongeler un produit décongelé, car les bactéries qui ont pu proliférer lors de la première décongélation réapparaîtront en nombre plus important.

Utiliser le four à micro-ondes

Un plat réchauffé au four à micro-ondes sera plus chaud à certains endroits qu'à d'autres et continuera à cuire encore un moment après l'arrêt de l'appareil. Pour éviter tout risque de brûlure, mélangez-le bien avant de servir puis laissez-le refroidir avant d'en tester la température sur le poignet ou bien en en goûtant une cuillérée avant de le proposer à votre enfant.

PRÉPARATION DES ALIMENTS

On doit toujours bien se laver les mains avant de commencer à faire la cuisine. Le mieux est d'avoir deux planches à découper, une pour les aliments cuits ou les légumes et l'autre réservée au poisson cru, à la viande et à la volaille. Plans de travail et planches à découper doivent être nettoyés avec un produit désinfectant, puis bien séchés ; quant aux torchons, ils doivent avoir chacun une fonction, ne vous servez pas du même pour essuyer la vaisselle et la chaise haute de bébé !

Il est tout aussi important de bien se laver les mains lorsqu'on a manipulé de la viande, des poissons crus ou des œufs que de bien se les sécher, car les bactéries adorent les milieux humides.

Pensez également, lorsque vous ouvrez un bocal, à en essuyer d'abord soigneusement le couvercle ; même principe pour les boîtes de conserve. Lavez régulièrement à la machine ou à la main l'ouvre-boîtes, qui doit rester d'une propreté irréprochable. Les aliments pour bébés préparés dans de bonnes conditions d'hygiène se conserveront deux jours au frais sans problème.

Lorsqu'on réchauffe un plat, il faut veiller à ce qu'il soit bien chaud à l'intérieur, quitte à le laisser refroidir ensuite ; pour être sûr que l'enfant ne se brûle pas avec, on peut en mettre une petite partie en contact avec l'intérieur du poignet, très sensible à la chaleur. On ne doit jamais réchauffer un plat plus d'une fois, jetez donc tout reste de nourriture réchauffé.

Si vous vous êtes coupé, pensez à couvrir la plaie d'un pansement car vous risquez de contaminer la nourriture que vous préparez avec les bactéries qui y prolifèrent.

UNE CUISINE VRAIMENT PROPRE

Pensez à nettoyer le plan de travail aussi bien avant qu'après y avoir préparé des aliments. Les torchons et les serviettes éponge sont de véritables nids à microbes, aussi faut-il en changer fréquemment, ou bien opter pour du papier absorbant ou des serviettes en papier que l'on jettera après usage et qui ne risqueront donc pas de véhiculer des bactéries.

HYGIÈNE DANS LA MAISON

Offrir une maison saine à son enfant n'implique pas forcément d'y faire le ménage à fond tous les jours ! Si l'on continue simplement à passer l'aspirateur et à faire la poussière une à deux fois par semaine comme d'habitude, le sol devrait rester d'une propreté suffisante pour qu'un enfant qui joue par terre et ramasse les objets qu'il y trouve pour les porter à la bouche ne rencontre aucun problème.

Pensez à toujours vous laver les mains après avoir changé la couche de votre bébé, et, une fois qu'il est propre, apprenez-lui à se laver les mains après être allé sur le pot. Il est utile d'expliquer aux petites filles comment s'essuyer de la façon qui convient, c'est-à-dire d'avant en arrière, pour éviter que les bactéries présentes dans la région anale ne migrent vers l'urètre. De telles règles simples aident réellement à prévenir les infections.

Sécurisez votre maison

Les accidents domestiques sont fréquents et touchent surtout les moins de 4 ans. Un jeune enfant, en effet, apprend vite à évoluer dans une maison sans pour autant savoir reconnaître les dangers qui le guettent. Ses parents ont pour devoir de le protéger le mieux possible de ces dangers, tout en les lui expliquant pour qu'il apprenne à adopter en grandissant le comportement qui convient.

Lorsqu'on s'attache à rendre sa maison sûre pour des enfants, on doit chercher ce qui se trouve à leur portée non seulement de manière directe mais aussi ce qu'ils pourront atteindre lorsqu'ils seront capables de se hisser debout en s'accrochant aux meubles. Inspecter chaque pièce en tâchant d'adopter le point de vue de votre enfant vous permettra d'y repérer les dangers potentiels.

DISPOSITIFS GLOBAUX

Les règles suivantes s'appliquent à l'ensemble de la maison.

PORTES

Un enfant peut se coincer très facilement les doigts dans une porte, il est donc nécessaire de les munir d'un bloque-porte les empêchant de se fermer ou de claquer.

ESCALIERS

Ne laissez jamais rien traîner sur les marches d'un escalier susceptible de vous faire trébucher, vous ou votre enfant. Placez une barrière de sécurité en haut et en bas de tout escalier, en laissant les trois premières marches libres pour permettre à l'enfant de s'entraîner à les monter sans risquer de faire une mauvaise chute.

Parc à jouets

Certains parents investissent dans un parc à jouets, qui présente l'intérêt d'offrir quelques moments de tranquillité. Des progrès ont été faits dans ce domaine, et les parcs à jouets sont mieux conçus et plus attrayants pour les enfants ; certains peuvent même servir de lit d'appoint pour bébé. Ils peuvent se révéler très utiles lorsque bébé commence à marcher à quatre pattes (vers 6 mois), et certains enfants seront ravis d'y jouer jusqu'à l'âge de 2 ans. Disposez-y quelques-uns de ses jouets favoris pour que votre bébé ne s'y ennuie pas trop vite.

5 règles de sécurité pour bébé

1 Ne jamais laisser son enfant seul. Un accident est vite arrivé, on ne doit donc jamais laisser un bébé sans surveillance. Si vraiment on veut pouvoir le laisser seul quelques instants, un parc à jouets peut être une solution. Ne laissez jamais un bébé seul dans une voiture, ni en compagnie d'animaux ou d'autres jeunes enfants, qui dans les deux cas peuvent avoir des réactions imprévisibles.

2 Rester vigilant. Il y a toujours le risque, lorsqu'on est débordé ou stressé, de laisser traîner un objet qui peut être dangereux, comme des ciseaux. Obligez-vous à toujours effectuer les gestes nécessaires à la sécurité de votre enfant, comme refermer la barrière de sécurité dans l'escalier ou ranger un ustensile dangereux après vous en être servi.

3 Placer les objets dangereux hors de sa portée. Les objets tels que couteaux, ciseaux ou médicaments doivent bien évidemment être rangés hors de portée des petites mains. Certains parents choisissent d'en laisser quelques-uns en évidence, pour pouvoir dire à leurs enfants de ne pas y toucher ; les ranger bien à l'abri reste tout de même plus sûr, et vous évite en outre de devoir répéter sans cesse : « Ne touche pas à ça » à votre enfant.

4 Investir dans des dispositifs de sécurité. Les barrières d'escalier, de fenêtre et les cache-prise sont indispensables à la sécurité de votre enfant dans la maison.

5 Le sensibiliser aux dangers. Il n'est jamais trop tôt pour expliquer les règles de sécurité à un enfant. Bébé ne suivra peut-être pas tout de suite vos conseils, mais il finira par les assimiler petit à petit.

Choisissez une barrière de sécurité facile à ouvrir et à refermer, car si elle est d'un usage compliqué vous serez tenté de la laisser ouverte. Certaines barrières se fixent au mur de manière permanente, d'autres sont amovibles, et il existe des modèles de voyage que l'on peut adapter sur son lieu de vacances, dans tous les cas, la barrière doit répondre aux normes de sécurité. N'oubliez pas de sécuriser aussi les barreaux de la rampe d'escalier s'ils sont espacés de plus de 10 cm.

FENÊTRES

Il existe des barrières de sécurité pour les fenêtres, afin d'empêcher tout risque de défenestration. On trouve aussi des bloque-fenêtre permettant d'en contrôler le degré d'ouverture (qui ne doit pas excéder 10 cm). Soyez très vigilant, assurez-vous que les enfants ne s'approchent pas des fenêtres ouvertes et qu'il n'y a pas de meuble à escalader à proximité des fenêtres.

Les cordelettes de rideaux peuvent quant à elles présenter un risque de strangulation ; on doit donc les attacher pour qu'elles soient inaccessibles.

Si vous avez une baie vitrée, vous pouvez y coller un ou deux autocollants bien visibles pour éviter qu'on s'y cogne.

MEUBLES ET OBJETS LOURDS

Tous vos meubles doivent être bien stables, sous peine que votre enfant les renverse sur lui en s'y agrippant pour se mettre debout.

Lorsque c'est possible, fixez les meubles instables au mur ou déplacez-les. Si les tiroirs peuvent être retirés complètement, adaptez-y des sécurités afin que l'enfant ne risque pas de les faire tomber sur lui. Placez votre téléviseur sur un meuble bas et équipez votre lecteur DVD d'un cache pour qu'il ne s'y coince pas les doigts. Vérifiez enfin qu'aucune grosse lampe ne soit posée trop près d'un bord de table et risque d'en tomber.

Équipement sécurité de base

Les équipements simples ci-après vous aideront à sécuriser votre intérieur :

- Barrière d'escalier
- Bloque-porte
- Sécurité ou barrière de fenêtre
- Cache-prise
- Protège coins de table
- Sécurités pour portes et tiroirs – aussi pour four et réfrigérateur
- Protection pour les plaques de cuisson afin que l'enfant ne puisse pas toucher aux casseroles sur le feu, éventuellement aussi protection pour les boutons de commande de la cuisinière
- Protection pour le robinet de la baignoire, sur lequel un enfant peut se cogner ou se brûler.

TAPIS

Ils ne doivent pas glisser. Pensez à les munir de scotch antidérapant s'ils n'en sont pas équipés.

CHEMINÉES ET RADIATEURS

Il doit toujours y avoir un pare-feu devant une cheminée, ainsi que, idéalement, devant un radiateur. Pensez à ne rien poser sur le dessus de la cheminée qu'un enfant pourrait vouloir atteindre.

PRIORITÉ SANTÉ

Danger hors d'atteinte

Lorsque bébé grandit et se met debout, puis se met à marcher, il vous oblige à surélever davantage tout ce qui est dangereux pour le garder hors de sa portée. S'il se met à avoir des velléités d'escalade, rien ne sera plus à l'abri sur les tables, les étagères ou les plans de travail. Votre enfant risque même d'en venir à déplacer des chaises ou des petits meubles pour s'en servir comme marchepied, si quelque chose suscite sa convoitise.

POUBELLES

Ne jetez pas tout à la poubelle sans réfléchir : certains déchets, comme les lames de rasoir ou les flacons de détergent, sont potentiellement dangereux et doivent être placés dans un sac fermé que l'on portera directement au local poubelles. Un jeune enfant peut très bien s'intéresser au contenu d'une poubelle sans être rebuté par son odeur ou son aspect, il est donc plus sûr de la ranger dans un placard, hors du regard, ou bien de l'équiper d'une sécurité empêchant un enfant de l'ouvrir.

PLANTES VERTES

Les plantes d'intérieur doivent être installées hors de portée des jeunes enfants, sous peine qu'ils les renversent ou veuillent goûter leurs feuilles, avec le risque d'empoisonnement que cela implique. L'amaryllis, le cyclamen et le lierre sont les plantes d'intérieur toxiques les plus connues. Méfiez-vous aussi des petits cailloux qui recouvrent parfois le terreau, avec lesquels un enfant pourrait s'étouffer.

RISQUES D'ÉTOUFFEMENT

Tout objet d'un diamètre inférieur à 3,5 cm présente un risque. Mettez de côté tout jouet composé de petites pièces cassables ou détachables (pensez aux jouets des aînés), ainsi que les crayons, stylos, pièces de monnaie et piles qui, neuves ou usagées, peuvent diffuser des substances toxiques si l'enfant les porte à la bouche. Attention aux petits magnets, bijoux et ballons de baudruche qui peuvent être avalés. Enfin, ne laissez jamais traîner de sacs plastiques, que, par sécurité, vous fermerez par un nœud.

OBJETS DANGEREUX

Tout objet coupant, fragile ou lourd est susceptible d'être dangereux. Ciseaux, couteaux, épingles et punaises sont autant d'objets tranchants et pointus que l'on trouve communément dans une maison ; quant à la porcelaine, le verre et les ampoules, ils se cassent facilement et peuvent causer des blessures. Certains outils peuvent également être lourds et présenter des arêtes coupantes, tout comme certains objets ou meubles qui, de plus, peuvent être instables et se renverser.

Lorsque votre enfant utilise un crayon ou un feutre, cela doit être sous votre surveillance, et vous devez le lui retirer lorsqu'il a terminé à moins qu'il utilise des crayons en cire ou des feutres spécial enfants.

RISQUES LIÉS AU FEU

Gardez hors de portée allumettes et briquets.

5 façons de prévenir les chutes

1. **Garder une lumière allumée la nuit** dans les escaliers ou tout endroit de passage.
2. **Ne pas laisser traîner d'objets par terre.**
3. **Ne pas avoir de tapis qui glissent.** Fixez-les au sol ou équipez-les d'un revêtement antidérapant.
4. **Veiller à ce que son enfant soit bien chaussé.** Dans la maison, mettez-lui des chaussettes à semelles antidérapantes, des pantoufles ou laissez-le marcher pieds nus.
5. **Garder le sol propre.** N'attendez pas pour nettoyer un liquide renversé ou des débris de nourriture.

PRODUITS TOXIQUES

Alcools, produits d'entretien, médicaments, boules antimites, maquillage, parfums, rince-bouche sont tous potentiellement toxiques et doivent être placés hors de portée des enfants (voir aussi page 415).

RISQUES LIÉS À L'ÉLECTRICITÉ

Les jeunes enfants sont souvent intrigués par les prises de courant, qui de plus sont d'un accès facile pour eux. Ils seront vite tentés d'enfoncer toutes sortes de choses dedans, avec le risque grave d'électrocution que cela suppose. Il faut donc absolument équiper toutes vos prises de cache-prise, avant même que bébé commence à évoluer dans la maison. Pensez aussi à désactiver le courant desservant les prises que vous n'utilisez pas si votre tableau électrique le permet.

Gardez sèche-cheveux, grille-pain et autres appareils électriques hors de portée de votre enfant, et ne disposez aucune lampe près d'un rideau sous peine de créer un risque d'incendie.

Les fils des appareils doivent également être disposés à l'écart des enfants, car ils présentent un risque d'étranglement lorsqu'ils sont longs. De plus un enfant peut, en tirant le fil, faire tomber l'appareil électrique sur lui. Il existe des gaines flexibles permettant de regrouper plusieurs fils, sachant qu'il convient de les cacher au maximum en les faisant passer à l'arrière des meubles, en les fixant si besoin aux plinthes.

RISQUES LIÉS À L'EAU

Bien que le grand public soit sensibilisé à ce danger, des enfants continuent de se noyer chaque année. Un jeune enfant ne doit jamais rester sans surveillance à proximité d'un point d'eau, même peu profond. Si vous utilisez un seau pour nettoyer vos sols, videz-le immédiatement après, *idem* pour la baignoire, sachant qu'il ne faut jamais laisser un enfant seul dans son bain un seul instant.

Équipez le siège des toilettes d'une sécurité permettant de maintenir le couvercle fermé lorsqu'on ne les utilise pas.

SECURITÉ INCENDIES

Les alarmes incendie sont une des diverses mesures qui existent pour s'en prémunir, encore faut-il vérifier leur conformité aux normes de sécurité. Il doit y avoir une alarme à chaque étage, placée de préférence dans une voie de passage. L'une d'elles doit se trouver près de la cuisine, mais pas à l'intérieur sous peine de se déclencher de manière intempestive.

Une alarme incendie est équipée de piles qui doivent être vérifiées régulièrement et remplacées suivant les instructions du fabricant. Vous pouvez également vous équiper d'extincteurs (que vous prendrez soin de ranger hors de portée des enfants), qui nécessitent également un entretien régulier, et sur lesquels figure une date limite d'utilisation.

Vérifiez que tous les revêtements aux sols et aux murs chez vous sont bien résistants au feu et faites attention aux bougies, à disposer avec soin et à ne jamais laisser brûler sans surveillance. Mettez toujours un pare-feu devant un feu ou même des braises, et rangez allumettes et briquets en lieu sûr.

Les cigarettes créent aussi un risque ; bien entendu, le mieux à cet égard est de ne pas fumer chez soi, mais si cela arrive, à vous-même ou à un membre de votre famille, ne laissez jamais une cigarette se consumer sans surveillance et prenez soin de bien l'éteindre.

Pensez à faire réviser votre système de chauffage régulièrement, et réfléchissez aux issues possibles qui se présenteraient à vous si un incendie venait à se déclarer. Dans la plupart des cas, ce sera la porte d'entrée, mais vous devez essayer de trouver une alternative au cas où les voies y menant se trouveraient bloquées par le feu. Indiquez aux personnes venant chez vous garder votre enfant comment réagir en cas d'incendie, et faites en sorte que les clés de toutes les portes et les fenêtres qui peuvent être verrouillées soient faciles à trouver.

Les pompiers de votre caserne vous conseilleront sans doute volontiers sur la manière dont vous pouvez minimiser le risque d'incendie, en fonction de votre type d'habitat. Ils pourront également vous indiquer quels détecteurs ou extincteurs conviennent le mieux chez vous, et quelle serait la meilleure issue en cas d'incendie.

RISQUES LIÉS AUX PRODUITS TOXIQUES

Bébés et jeunes enfants portent souvent ce qu'ils trouvent à la bouche, ce qui peut être dangereux s'il s'agit d'objets avec lesquels ils peuvent s'étouffer ou de substances qui paraissent inoffensives, mais sont en réalité toxiques. Soyez particulièrement vigilant si vous possédez un atelier ou un garage, car on y trouve des outils dangereux et des produits toxiques.

Pour minimiser le risque qu'un enfant s'empoisonne en ingérant un produit toxique :

- Rangez tous les produits toxiques hors de sa portée, dans des placards fermant à clé. Un rangement en hauteur ne suffit pas car un jeune enfant déterminé est tout à fait capable d'escalader d'une façon ou d'une autre pour l'atteindre.
- Gardez vos médicaments dans une armoire à pharmacie fermée à clé.
- Ne laissez jamais de produits dangereux sans surveillance ou à portée de votre bébé, cela peut facilement arriver, par exemple, lorsque le téléphone ou la porte d'entrée interrompt votre activité.
- Ne laissez pas de médicaments dans votre sac à main, et si ce dernier contient du maquillage ou d'autres produits ou objets potentiellement dangereux, prenez l'habitude de le ranger hors de portée de votre enfant. Faites de même avec le sac à main des personnes venant vous rendre visite.
- Lorsque vous achetez un produit dangereux, prenez garde à ce que son emballage ne soit pas attractif, par sa couleur ou son aspect, pour un enfant.
- Essayez d'acheter les produits ménagers les moins toxiques.
- Préférez les produits vendus dans une bouteille munie d'un bouchon sécurité ne pouvant être dévissé par un enfant – sans que cela vous dispense de les ranger en lieu sûr.

Le saviez-vous ?

La fumée de cigarette est très nocive pour la santé des enfants, même si vous ne fumez pas dans la même pièce.
Un enfant vivant dans une maison de fumeurs a un risque accru de développer un asthme, des infections pulmonaires, ou des otites séreuses (voir page 460). Il sera aussi plus sensible aux rhumes.
Il a également été démontré que si les deux parents fument durant la grossesse, le risque de mort subite du nourrisson est huit fois plus élevé que si aucun des deux parents ne fume.
En plus de ces dommages pour la santé, tous les trois jours dans le monde, une personne meurt dans un incendie provoqué par une cigarette...

Pourquoi ne pas dédier un tiroir de la cuisine à votre enfant, dans lequel vous rangerez quelques ustensiles sans danger pour lui avec lesquels il pourra jouer, tels qu'une cuiller en bois, une poêle et un bol en plastique ? Il pourra rester avec vous dans la cuisine en s'amusant, sans prendre aucun risque.

- Conservez les produits dangereux dans leur emballage d'origine, portant bien la mention de leur toxicité. Ne les transvasez pas dans des récipients alimentaires comme une bouteille de lait ou un pot de glace.
- Avant de les jeter, placez les substances toxiques dont vous n'avez plus l'usage dans un sac fermé.

PRODUITS DANGEREUX

Voici la liste de la plupart des produits dangereux qu'on peut trouver dans une maison. Certains vous paraîtront évidents, d'autres tels que le rince-bouche, qui souvent est à base d'alcool, sans doute moins. Si vous avez un doute sur un produit, remisez-le dans un meuble fermé à clé.

- Alcool
- Dégivrant
- Eau de Javel et autres produits détergents tels que liquide vaisselle, produits pour toilette, nettoyant pour four
- Produits de bricolage, comme le dissolvant ou le décapant
- Poudre ou tablettes pour lave-vaisselle
- Encaustique et autres produits d'entretien pour meubles
- Colles
- Insecticides et autres répulsifs pour animaux
- Parfum et maquillage (dont vernis à ongles et dissolvant)
- Boules antimites
- Médicaments, dont aspirine, paracétamol et compléments vitaminés
- Bains de bouche
- Pétrole et paraffine
- Désherbant

PRIORITÉ SANTÉ

Vêtements pour enfants

Il existe des normes de sécurité pour les vêtements pour enfant ou bébé ; celles-ci garantissent une protection contre un certain nombre d'accidents. Tout vêtement pour enfant doit être résistant au feu et ne pas comporter de liens qu'on puisse tirer comme ceux qui permettent de resserrer une capuche, ni de rubans décoratifs mesurant plus de 15 cm car il y a alors risque d'étranglement.

SÉCURITÉ DANS LA CUISINE

La cuisine est un endroit très attirant pour un enfant, il y a tant de choses à y explorer ! C'est en même temps une pièce particulièrement dangereuse pour lui, il ne faut donc jamais y laisser un enfant seul, même un seul instant, car un accident pourrait très vite arriver.

PLATS CHAUDS

Ne portez jamais votre enfant tout en préparant un plat chaud ou en le transportant (*idem* pour une boisson), vous risqueriez de le brûler ou de l'ébouillanter. Tout ce qui est très chaud doit être placé le plus loin possible, hors de portée de votre enfant, jamais sur un coin de table.

PLACARDS, TIROIRS ET PLANS DE TRAVAIL

Les sécurités pour portes et tiroirs ne seront véritablement utiles que si vous en choisissez qui sont simples à ouvrir, sous peine d'être tenté de les laisser ouverts. Elles doivent être installées partout, pas uniquement sur les tiroirs et placards bas.

Pour plus de sécurité, préférez tout de même toujours ranger en hauteur :

- Les produits ménagers – tout détergent est potentiellement toxique.
- Les rouleaux de film alimentaire et autres dévideurs munis d'un bord coupant pouvant provoquer des blessures.
- Les sacs en plastique, qui présentent un risque d'étouffement.
- Les magnets que l'on colle au frigidaire, très dangereux car un enfant peut les avaler et s'étouffer avec. En outre, s'il en avale plus d'un, il existe un risque sérieux de perforation intestinale.

N'asseyez pas votre enfant sur le plan de travail de la cuisine, il pourrait en tomber, sans compter le fait qu'il peut accéder à toutes sortes de choses dangereuses.

APPAREILS ÉLECTRIQUES

Lorsque vous cuisinez, préférez utiliser les plaques de cuisson les plus distantes, vers le mur, sans oublier de toujours tourner manches de poêles et de casseroles vers l'arrière. On trouve des barrières de sécurité pour cuisinières, et même des protections pour les boutons de commande de la cuisinière.

PRIORITÉ SANTÉ

Chaises hautes

Une chaise haute doit être bien stable et robuste. Si vous optez pour une chaise qui se fixe à la table, cette dernière doit être assez lourde pour supporter le poids de la chaise sans risquer de se renverser. Il faut bien entendu toujours attacher bébé dans sa chaise, et ne jamais l'y laisser sans surveillance.

Nettoyez régulièrement la grille de votre four ainsi que votre grille-pain, sans oublier de vider son tiroir à miettes car ces dernières, tout comme la graisse, sont promptes à s'enflammer. Ne laissez pas traîner de torchon à proximité d'une plaque de cuisson, et si vous avez une gazinière, servez-vous d'un allume-gaz plutôt que d'allumettes pour l'allumer. Vous pouvez aussi avoir dans votre cuisine une couverture anti-feu, qui permet de maîtriser un début d'incendie localisé.

Équipez votre réfrigérateur d'une sécurité pour que votre enfant ne risque pas de toucher des produits inappropriés tels que de la viande crue.

Enfin, veillez à bien refermer les portes de vos machines à laver le linge ou la vaisselle, qui peuvent cacher des petites pièces coupantes, et contiennent des détergents ; un enfant peut même avoir l'idée d'y grimper et de s'y enfermer, sans pouvoir en ressortir.

Les petits appareils ménagers tels que le grille-pain doivent être remisés loin de la bordure du plan de travail, sans fil électrique qui traîne sur lequel un bébé pourrait tirer pour amener l'objet à lui ou le renverser.

SÉCURITÉ DANS LA SALLE DE BAINS

La salle de bains est une pièce dangereuse pour les enfants. En faisant preuve de vigilance et en appliquant les mesures suivantes, vous minimisez les principaux risques de noyade, de chute ou de brûlure.

LA BAIGNOIRE

Elle doit être équipée d'un tapis antidérapant, avec un autre posé au sol à sa sortie. Le chauffe-eau doit être correctement réglé pour que la température de l'eau ne puisse excéder 49 °C, afin d'éliminer tout risque de brûlure grave. Vérifiez la température du bain avec l'intérieur du poignet ou un thermomètre de bain (qui indique une température idéale de 37 °C). Le bébé doit être tenu le plus possible à l'écart des robinets, car il risque de s'y brûler ou de s'y cogner, à moins que vous ne vous équipiez de protections pour robinets, qui suppriment ces risques. L'eau du bain d'un bébé doit simplement lui recouvrir ses jambes, ce qui suffit pour une toilette complète. Vers 6 mois, il commencera à se tenir assis dans un siège de bain, ce qui facilitera la tâche pour la personne qui le lave. Même avec ce type d'accessoire, ne laissez jamais un enfant de moins de 5 ans seul dans son bain. Lorsque l'enfant est sorti du bain, n'attendez pas pour vider la baignoire.

LES TOILETTES

Il existe des systèmes de sécurité permettant de maintenir le couvercle des toilettes fermé en dehors de leur utilisation.

PRODUITS DANGEREUX

Les produits suivants se retrouvent presque toujours dans une salle de bains, et doivent absolument être mis hors de portée :

- Produits de ménage, y compris détergent pour toilettes.
- Appareils électriques – à éviter dans une salle de bains, et à ne pas poser près d'un point d'eau.
- Médicaments – ils doivent rester bien rangés dans une armoire à pharmacie fixée haut au mur et fermée à clé.
- Maquillage et autres produits de beauté.
- Rince-bouche qui peut être toxique pour un enfant s'il l'avale.
- Objets coupants tels que rasoirs et ciseaux.
- Objets présentant un risque d'étouffement.
- Déchets dangereux tels que lame de rasoir usagée, flacon vide de rince-bouche ou de détergent.

Il peut être judicieux de garder la porte de la salle de bains fermée à clé ; pour y penser, collez un pense-bête sur la porte.

SÉCURITÉ DANS LA CHAMBRE

Les dispositions nécessaires à la sécurité dans cette pièce évoluent au fur et à mesure que l'enfant grandit.

LE LIT À BARREAUX

Choisissez avec soin le lit à barreaux, qui doit répondre aux normes de sécurité en vigueur avec des barreaux correctement espacés et un matelas ferme et peu épais. Proscrivez les couettes, duvets et gros oreillers, qui créent un risque de suffocation. La barrière latérale du lit doit être placée en position haute lorsqu'on laisse l'enfant seul dedans. Ne disposez pas non plus de grands jouets dedans, ils créent un risque d'étouffement pour un nourrisson.

Lorsque votre bébé commence à se mettre à quatre pattes ou debout, il faut mettre le matelas en position basse afin que la barrière arrive au niveau de sa poitrine. Lorsque celle-ci arrive au-dessous de sa poitrine, changez pour un lit « de grand ». Un enfant peut généralement dormir dans un lit à barreaux jusqu'à l'âge de 2 ans, sachant qu'il faut retirer les éventuels mobiles suspendus au-dessus de son lit lorsqu'il arrive à se mettre assis ou debout.

Un autre point important consiste à s'assurer que le bébé n'a ni trop chaud, ni trop froid. Beaucoup de parents craignent que leur bébé ait froid, oubliant qu'il risque tout autant d'avoir trop chaud ; il faut donc veiller à ce que la température de sa chambre reste modérée, et ne pas mettre le lit de bébé contre un radiateur ou le couvrir exagérément. Un adulte qui a trop chaud a la possibilité de se découvrir, mais un bébé n'en est pas capable. Pour plus d'informations relatives à la sécurité durant le sommeil, voir pages 194 à 197.

LA TABLE À LANGER

Un bébé peut facilement tomber d'une table à langer, c'est pourquoi, et cela concerne n'importe quelle surface en hauteur, vous ne devez jamais détourner votre attention de lui un seul instant. Certaines tables à langer sont équipées d'une ceinture de sécurité, mais vous pouvez aussi installer le matelas à langer directement par terre, en veillant bien sûr à garder lingettes et autres produits de toilette hors de la portée du bébé.

SÉCURITÉ DES JOUETS

Sélectionnez des jouets adaptés à l'âge de l'enfant. Il ne suffit pas de se référer à la tranche d'âge indiquée sur l'emballage, il faut aussi prendre en compte son stade de développement. Les jouets composés de petites pièces ne sont pas indiqués pour les enfants de moins de 3 ans, mais si le vôtre continue à porter des choses à la bouche après cet âge, évitez ces jouets jusqu'à ce que cela cesse. Les jouets d'enfants plus âgés présentent aussi un risque pour les bébés, soyez donc très vigilants.

Un jouet pour un enfant de moins de 3 ans doit être confectionné dans une matière douce, avoir des formes arrondies et n'être constitué que de grandes pièces. Sa fabrication doit être soignée, et les petites pièces comme les yeux d'une peluche ne doivent pas s'en détacher. Proscrivez les objets présentant des angles pointus, ou qui, par leur poids, pourraient blesser un enfant. Les ficelles des jouets à tirer ne doivent pas mesurer plus de 30 cm, sous peine d'un risque d'étranglement. Vérifiez également lors de l'achat d'un jouet en tissu qu'il est bien lavable en machine.

Les coffres à jouets ne sont pas l'idéal pour ranger des jouets : bien souvent, il faut les vider en partie pour accéder à l'objet voulu, et leur couvercle assez lourd peut se refermer sur les doigts ; un jeune enfant peut vouloir s'y cacher et se retrouver pris au piège. Le mieux est encore de ranger les jouets sur des étagères.

ANIMAUX DOMESTIQUES

La plupart des animaux domestiques s'entendent bien avec les enfants et se montrent même très patients avec eux, jusqu'à une certaine limite ; une surveillance constante s'impose donc. Outre le risque de morsure, un animal peut poser des problèmes d'hygiène ; il n'est donc pas recommandé d'en offrir un à un jeune enfant. Si vous possédez déjà un chien ou un chat, prenez certaines dispositions.

Il est bon d'apprendre à son enfant dès son plus jeune âge comment il doit aborder un animal, mais il lui faudra un peu de temps pour comprendre ces conseils et les appliquer.

Apprenez à votre enfant à :

- Être calme et doux avec les animaux.
- Ne pas déranger un chien ou un chat qui mange ou qui dort.
- S'immobiliser lorsqu'un chien s'approche.
- Ne pas aller vers un chien qu'il ne connaît pas.
- Ne pas toucher aux déjections animales.
- Se laver les mains après avoir joué avec un animal.

Un animal peut devenir jaloux à cause de l'arrivée d'un bébé, il faut alors l'aider à s'habituer à ce nouveau membre de la famille.

Quelques points à garder à l'esprit :

- En présence d'un chat, tendre un filet de protection sur le berceau pour éviter que le bébé ne soit griffé ou pire, étouffé par l'animal qui viendrait s'allonger contre lui. Si vous installez votre bébé dans son landau dans un jardin fréquenté par des chats, soyez extrêmement vigilant.
- Interdisez à tout animal domestique l'accès à la chambre de bébé.
- Ne laissez pas votre bébé approcher la litière du chat.
- Retirez les crottes de chien de votre jardin.
- Vermifugez régulièrement vos animaux.
- Délimitez un espace pour votre chien dans votre jardin, pour qu'il ne fasse pas ses besoins là où votre enfant joue et que vous sachiez toujours où il est.

La sécurité en dehors de la maison

Un accident pouvant survenir aussi bien à l'extérieur que chez soi, des mesures simples sont à respecter lorsque l'enfant est dehors, autour de la maison (cour, jardin) ou plus loin, le principe de base étant de ne jamais le laisser seul.

DANS LE JARDIN

Vérifiez d'abord qu'il est correctement clôturé, sans fil de fer rouillé, ni clous qui dépassent. Remisez votre outillage de jardin ainsi que d'éventuelles substances toxiques dans un endroit fermé à clé.

L'utilisation d'une tondeuse ou d'un taille-haie électriques est à éviter dans un jardin où se trouve un enfant.

STRUCTURE DE PLEIN AIR

Vérifiez qu'elle porte bien la marque NF, qui en garantit la qualité et la sécurité ; son équipement doit être résistant, bien conçu, sans angles saillants et être adapté à l'âge et au développement de votre enfant. Si vous procédez vous-même au montage, lisez attentivement la notice, et choisissez un endroit loin de tout mur ou barrière contre lesquels l'enfant pourrait se cogner, avec un sol pas trop dur ; l'idéal étant un sol amortissant pour aire de jeux, avec des particules agglomérées de caoutchouc, des copeaux de bois ou des morceaux d'écorce...

La présence d'un adulte est indispensable, et les équipements sont à contrôler et à entretenir régulièrement.

TRICYCLES ET VÉLOS

Les choisir un peu grands par rapport à la taille de l'enfant pour que celui-ci puisse les garder plus longtemps n'est pas conseillé pour sa sécurité.

Le casque est obligatoire, même pour quelques minutes. Son port réduit en effet considérablement le risque de traumatismes crâniens et l'adopter de manière systématique permet à l'enfant d'ancrer ce geste dans ses habitudes.

PRIORITÉ SANTÉ

Les plantes toxiques

Les plantes toxiques qu'on trouve le plus communément dans un jardin sont l'azalée, le cerisier d'amour, l'ancolie, la jonquille (ou narcisse), le daphné, les pieds-d'alouette, l'euphorbe, la digitale, le lis grimpant, la rose de Noël, le houx, l'hortensia, l'iris, le lierre, le genévrier, la cytise, le laurier, le muguet, la lobélie cardinale, le lupin, le gui, l'aconite, le liseron bleu, certains champignons, la morelle noire, le laurier rose, le troène, le rhododendron, les feuilles de rhubarbe, les pois de senteur, les feuilles de plants de tomates, la glycine et l'if.

Les plantes suivantes peuvent provoquer une irritation cutanée : jonquilles et daphné (toutes deux également toxiques), euphorbe (également toxique et irritante pour les yeux), rose de Noël (également toxique), jacinthe, iris et lierre (tous deux également toxiques), lobélie cardinale (également toxique et irritante pour les yeux, sauf les variétés rampantes), aconite (également toxique), morelle noire (également toxique), primevère et tulipe.

PISCINES ET POINTS D'EAU

Dès lors qu'un enfant a accès à un point d'eau ou à une piscine, une vigilance extrême s'impose.

Tous les propriétaires de piscines ont aujourd'hui l'obligation de les sécuriser : barrière, alarme, couverture ne dispensent pas d'une attention constante. Les bassins d'ornement qu'on trouve dans certains jardins doivent être comblés avec du sable, ou recouverts d'une grille métallique solidement fixée et pouvant supporter le poids d'un enfant ; on peut aussi les entourer d'une barrière.

Il faut toujours vider le contenu d'une piscine gonflable après la baignade et la remiser à l'écart après l'avoir retournée pour qu'elle ne puisse pas se remplir d'eau de pluie. Enfin, ne laissez à l'extérieur aucun contenant qui pourrait se remplir d'eau de pluie.

PLANTES TOXIQUES

Un jardin renferme nombre de plantes toxiques ou potentiellement dangereuses : certaines sont irritantes pour la peau et les yeux, d'autres ne doivent pas être ingérées sous peine d'intoxication sévère. C'est pourquoi il est nécessaire d'apprendre à son enfant à ne pas jouer avec les plantes et encore moins à porter leurs feuilles ou leurs baies à la bouche. Votre enfant aura sans doute du mal à le comprendre, il est donc nécessaire de le surveiller de près lorsqu'il évolue dans un jardin. Bien sûr, le mieux est encore de retirer toutes les plantes toxiques et dangereuses, et si l'on a un doute sur l'une d'elles, on peut toujours en porter un échantillon à une pharmacie pour se renseigner à son sujet. Si vous vous rendez compte trop tard que votre enfant a mis des feuilles ou des baies toxiques dans sa bouche, faites-en lui recracher le plus possible, puis emmenez-le immédiatement chez le médecin ; en cas de doute sur le caractère toxique de la plante, pensez à en emporter un échantillon avec vous.

DANS LE GARAGE

Demandez toujours à quelqu'un de surveiller votre enfant lorsque vous entrez ou sortez votre voiture du garage. Avant de démarrer, jetez également un coup d'œil sous votre voiture et autour de celle-ci.

À L'EXTÉRIEUR

Votre enfant et vous prendrez beaucoup de plaisir à explorer ensemble le vaste monde, mais si vous souhaitez lui garantir dans le même temps la plus grande sécurité possible vous devez absolument exiger de lui qu'il ne vous lâche jamais la main ou qu'il reste toujours bien attaché s'il est dans sa poussette.

DANS LA VOITURE

Voici toutes les mesures permettant d'assurer la plus grande sécurité possible à votre enfant en voiture :

- Achetez un siège auto adapté à l'âge, au poids et à la taille de votre enfant et assurez-vous qu'il y est bien assis. S'il a moins de 1 an et pèse moins de 9 kg, positionnez-le dos à la route. Enfin, bien évidemment, il ne doit jamais défaire son harnais ou l'enfiler de manière incorrecte.
- Ne laissez pas votre enfant jouer avec les poignées des portières ou les boutons des fenêtres. Si la place où il est installé est équipée d'un airbag, désactivez-le.
- Enclenchez la sécurité enfant empêchant les passagers arrière d'ouvrir les portières.
- Ne détournez jamais votre attention de la route, même si votre enfant vous y pousse. Si vous devez absolument vous arrêter, attendez de trouver un endroit vous permettant de le faire en toute sécurité.
- Retirez tout ce qui encombre trop votre voiture et risque de blesser quelqu'un si vous ralentissez ou vous arrêtez brutalement.

AU MAGASIN

Demandez à votre enfant de toujours rester à côté de vous et, s'il est dans un siège de chariot de supermarché, veillez à ce qu'il reste bien assis.

À L'AIRE DE JEUX

Restez toujours près de votre enfant, ne le quittez pas des yeux et essayez de lui apprendre à évoluer sur l'aire sans se mettre en danger. Les balançoires, par exemple, peuvent le heurter violemment s'il passe trop près d'elles et il doit toujours attendre, pour monter sur le tourniquet ou en descendre, que ce dernier soit parfaitement arrêté. Il ne doit jamais non plus gravir la rampe d'un toboggan et vous devez veiller à ce qu'il attende bien que l'enfant avant lui s'en soit dégagé pour l'emprunter à son tour.

AU SOLEIL

On doit exposer le moins possible un bébé au soleil, surtout vers le milieu de journée ou s'il a moins de 1 an : dans ce dernier cas, on l'habillera de vêtements amples et légers bien couvrants, et l'on n'oubliera pas de lui mettre un chapeau.

Gestes de premiers secours

Certaines situations exigent de faire appel à une aide médicale d'urgence, comme dans les cas suivants :

INTOXICATION

Si vous pensez que votre enfant a pu ingérer un produit toxique ou que ce dernier a pu entrer en contact avec sa peau ou ses muqueuses, appelez immédiatement le 15 ou le centre anti-poison. Tâchez de déterminer ce qu'il a effectivement ingéré, en quelle quantité et à quel moment, pour pouvoir en informer les secours. Ne le forcez pas à vomir, mais si cela se produit, prélevez un échantillon. Donnez-lui quelques gorgées d'eau à boire s'il a soif, pas plus.
Si votre enfant respire mais a perdu connaissance, mettez-le en position latérale de sécurité.

HÉMORRAGIE

En premier lieu, appliquez-vous à stopper l'hémorragie, en ayant si possible enfilé au préalable des gants médicaux jetables pour diminuer les risques d'infection croisée. Vérifiez que la blessure ne contient aucun corps étranger avant d'exercer dessus une pression avec le plat de la main, en l'ayant au préalable couverte d'un linge propre. Effectuez ensuite un pansement compressif Si la blessure concerne un membre, vous pouvez le surélever pour contribuer à arrêter le saignement.
S'il vous semble sentir un corps étranger, n'appuyez pas dessus mais autour, et disposez des compresses sur le pourtour de la plaie avant de faire le pansement pour éviter qu'il s'enfonce davantage.

BRÛLURES

Un bébé qui se brûle, même de manière superficielle, nécessite des soins immédiats. Placez le plus vite possible la zone brûlée sous l'eau courante froide, pendant au moins dix minutes. Puis recouvrez-la d'une compresse stérile et non adhésive, d'un mouchoir propre ou d'une autre protection propre telle que du film alimentaire, que vous maintiendrez en place à l'aide d'un bandage lâche. N'appliquez aucune crème, sous peine de créer une infection, et si la brûlure concerne un membre, surélevez-le pour éviter qu'il enfle.

NOYADE

Si vous trouvez votre bébé inanimé dans l'eau, sortez l'en immédiatement puis tenez-le incliné de sorte que sa tête se trouve plus basse que le reste de son corps, afin d'empêcher l'eau (ou ce qu'il vomirait éventuellement) d'obstruer ses poumons. S'il est inconscient mais respire toujours, mettez-le en position latérale de sécurité et appelez les urgences. S'il ne respire plus, essayez de le réanimer en pratiquant le bouche-à-bouche. Soufflez bien fort car l'eau dans ses poumons rendra à l'oxygène l'accès plus difficile.

ÉLECTROCUTION

Composez immédiatement le 15, puis rompez le contact entre l'enfant et le courant électrique en allant directement au tableau électrique si celui-ci est d'un accès facile.
Si vous ne pouvez pas couper le courant facilement, équipez-vous d'un outil non conducteur, comme un balai en bois, pour écarter l'enfant de la source électrique, en n'oubliant pas de vous placer au préalable sur un support sec et isolant, tel qu'un annuaire.

S'il barbote dans l'eau, il faut lui mettre des lunettes de soleil, ainsi qu'un maillot spécial lui couvrant les bras et les jambes.

Appliquez-lui régulièrement une crème solaire d'indice 30 au moins et gardez en mémoire qu'un bébé n'a pas besoin d'une exposition directe pour attraper un coup de soleil. Il existe des crèmes qui permettent par leur couleur (bleue, en général) de s'assurer que l'on n'a oublié aucune partie du corps.

Des études ont démontré qu'un enfant qui a été trop exposé au soleil et a attrapé des coups de soleil a davantage de risques de développer des mélanomes durant l'âge adulte. La peau des jeunes enfants est fine et réactive, donc particulièrement exposée à un risque de brûlure. Pensez donc à lui mettre de la crème solaire et pas seulement pendant les vacances mais aussi à tous les autres moments de l'année où le soleil est fort.

EN VOYAGE

Partir en voyage avec un enfant est pour lui une merveilleuse expérience et, pour être sûr qu'il en profite au mieux, il est bon de respecter quelques mesures simples de sécurité, telles que se renseigner auprès d'un médecin sur les éventuelles vaccinations nécessaires pour la destination choisie, ou les éventuelles précautions à observer pour éviter les problèmes d'intoxication alimentaire, qui peuvent être dangereux pour un bébé.

EN AVION

Les enfants de moins de 2 ans doivent généralement voyager sur les genoux de leurs parents, cependant

PRIORITÉ SANTÉ

Éviter le mal de ventre

Le simple fait de changer d'habitudes alimentaires lorsqu'on voyage peut expliquer que votre enfant ait mal au ventre. Mais il ne faut cependant pas exclure l'hypothèse d'une intoxication alimentaire. Pour réduire ce risque :

- Si l'eau courante ne vous paraît pas potable, faites-la bouillir au préalable, ou ne buvez que de l'eau en bouteille.
- Ne donnez à votre enfant que des produits laitiers pasteurisés.
- Ne lui faites consommer que des fruits lavés à l'eau potable, puis pelés.
- Préférez les jus de fruits en bouteille à ceux fraîchement pressés.
- Assurez-vous, comme à la maison, que toutes les viandes et poissons sont bien cuits.

certaines compagnies aériennes proposent, pour les bébés et nourrissons, une nacelle ou un siège enfant.

Renseignez-vous avant votre départ auprès de la compagnie aérienne sur les conditions de voyage qu'elle propose pour votre enfant. Il est possible, s'il a moins de 3 ans, qu'elle vous autorise à utiliser son siège auto (qui doit être conforme aux normes NF), lequel sera posé sur un siège normal.

EN TRAIN

Le mieux est de faire asseoir votre enfant sur vos genoux ou à côté de la fenêtre : ainsi, il sera sans doute moins tenté de se lever tout le temps. Ne le laissez pas courir d'un bout à l'autre du wagon, une secousse imprévue peut le renverser ou l'amener à blesser un autre passager. Vous pouvez par contre le prendre par la main pour lui faire visiter le train, lorsqu'il commencera à trouver le temps long, mais ne le lâchez sous aucun prétexte.

Suivi médical

Il est important pour un enfant d'être examiné régulièrement par un médecin ou un pédiatre pendant ses premières années, afin de pouvoir détecter rapidement tout problème éventuel. Il subira un examen médical dès le jour ou le lendemain de sa naissance, qui sera le premier d'une longue série. En tant que parent, vous demeurerez toutefois une personne clé pour veiller à sa santé, car en le voyant évoluer au quotidien vous serez généralement le premier à détecter le moindre souci.

LES MÉDECINS POUR ENFANTS

Il existe plusieurs types de spécialistes de la santé intervenant dans la petite enfance.

PÉDIATRES

Certains pédiatres traitent tous les problèmes infantiles alors que d'autres, tels que les cardio-pédiatres, sont spécialisés. Si votre pédiatre souhaite effectuer des examens approfondis sur un point particulier, il vous adressera sans doute à un centre hospitalier auquel il pourra être éventuellement lui-même rattaché, bien que son rôle soit *a priori* de suivre le développement de votre enfant en dehors d'un tel environnement. Si votre enfant est habituellement suivi par votre médecin traitant et que vous consultez un pédiatre, ce dernier transmettra son diagnostic par courrier à votre médecin, ainsi que le traitement mis en place, afin que ce dernier conserve tout l'historique médical de votre enfant.

MÉDECIN GÉNÉRALISTE

Le médecin généraliste traite nombre de maux de la petite enfance, il peut également vous conseiller sur la manière de soulager les symptômes de certaines maladies. Renseignez-vous dans votre quartier pour savoir s'il en existe un qui a particulièrement l'habitude des enfants, et tâchez par la suite de toujours consulter le même afin de pouvoir nouer un rapport de confiance avec lui.

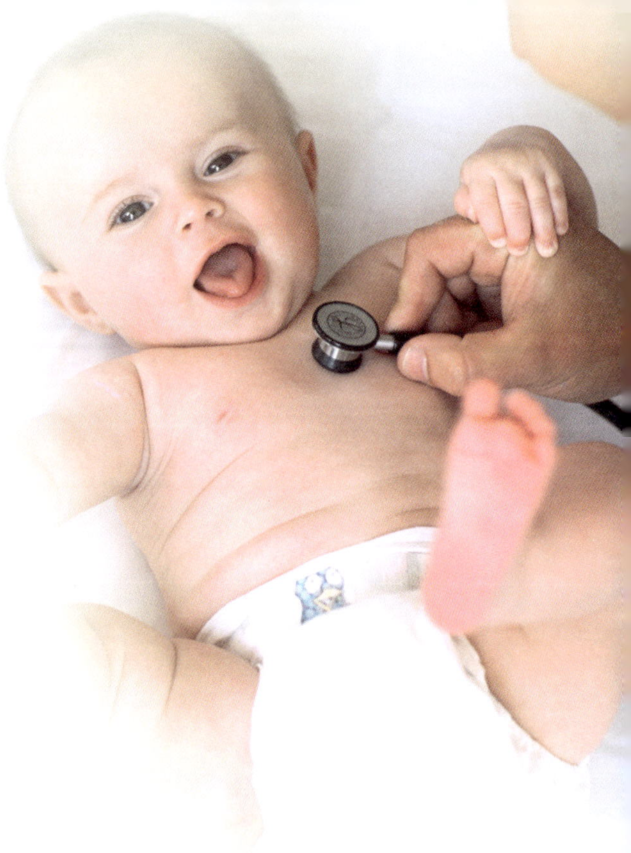

SAGE-FEMME

On peut choisir de rentrer rapidement chez soi après l'accouchement, auquel cas une sage-femme fera le lien avec l'hôpital et viendra vous rendre visite pour vous aider dans les soins à apporter au bébé et les petits problèmes pouvant vous concerner. Vous pourrez vous confier à elle si vous avez des inquiétudes concernant le développement ou le comportement de votre bebe, ou si vous vous sentez déprimée ; outre son expérience, qui lui permettra de répondre à toutes vos questions, elle saura si nécessaire vous orienter vers diverses associations pour jeunes mamans.

DENTISTE

Lorsque les dents de lait sont en place, le dentiste doit vérifier que leur implantation ne présage pas de problèmes pour les dents définitives et qu'elles ne présentent pas de caries. Il vous conseillera sur la manière dont vous devez apprendre à votre enfant à prendre soin de ses dents. Sachez qu'il existe des cabinets dentaires pour enfants, qui donneront à votre enfant une image plus rassurante de ce type de contrôle, ou en tout cas un peu plus ludique.

SUIVI DU DÉVELOPPEMENT

Votre pédiatre suit l'évolution en poids et en taille de votre enfant, qu'il rapporte à des courbes de croissance et de poids afin de détecter toute anomalie éventuelle ; cela se fait à la fois lors des visites programmées, qui sont obligatoires, et lorsque vous consultez parce que votre enfant est malade.

Chaque enfant grandit à son propre rythme, conditionné à la fois par des facteurs génétiques et par son environnement, c'est pourquoi l'on ne doit pas trop vite s'inquiéter s'il n'a pas franchi telle ou telle étape à l'âge dit « normal », mais se

ZOOM SUR... la luxation congénitale de hanche

Chez certains bébés, le cotyle, creux qui reçoit la tête fémorale, n'est pas suffisamment formé, ce qui entraîne cette dernière à se déboîter partiellement et parfois totalement. Cette anomalie congénitale (qui existe dès la naissance), appelée luxation congénitale de la hanche, est assez rare. Il est important de diagnostiquer le problème et de le traiter au plus tôt pour que l'enfant développe une aptitude normale à la marche car, sans traitement, il marchera plus tard, avec un risque important de boiterie. La jambe affectée pourra aussi paraître plus courte et la hanche concernée sera moins mobile.

On examine les hanches des bébés à la naissance, puis aux alentours de 6-8 semaines. Si un problème est détecté, il est pratiqué une échographie des hanches puis l'enfant est envoyé consulter un spécialiste en orthopédie pédiatrique. Le traitement dépend du degré de gravité de la luxation, un simple suivi peut suffire pour s'assurer que l'articulation de la hanche se forme correctement en grandissant, mais il est parfois nécessaire de mettre au bébé une culotte d'abduction, qui maintient ses jambes fléchies et écartées afin de permettre à l'articulation de se corriger. La traction n'est utilisée que pour traiter des cas particuliers, et ce n'est qu'exceptionnellement qu'une opération chirurgicale est requise.

rappeler qu'il ne s'agit que d'une moyenne, sans pour autant oublier de prendre note des progrès réalisés.

Le pédiatre vérifiera à chaque visite que l'enfant se développe bien, aussi bien du point de vue de la motricité globale (mouvements nécessitant l'intervention et la coordination de groupes musculaires importants) que de la motricité fine ; il contrôlera également sa vue, son audition et les progrès éventuels dans l'acquisition du langage, ainsi que la manière dont l'enfant se comporte et interagit avec les autres. En fonction de son stade de développement, il s'intéressera particulièrement à tel ou tel point, le plan moteur par exemple pour un enfant qui a environ 18 mois, car à cet âge on fait des progrès rapides dans ce domaine.

SANTÉ PHYSIQUE

Le bon développement d'un bébé dépend beaucoup de sa santé physique : le fait de se mouvoir au sol, par exemple, puis de se déplacer à quatre pattes pour enfin marcher suppose que les muscles fonctionnent correctement et bénéficient d'une bonne coordination, condition qui nécessite à son tour un système nerveux parfaitement opérationnel. Toute anomalie dans le développement de l'enfant doit alerter le professionnel de santé sur l'éventualité d'un problème médical. La visite médicale est souvent l'occasion de s'en apercevoir : par exemple un examen au stéthoscope peut permettre de détecter un souffle au cœur (voir encadré ci-dessous).

VISITES DE CONTRÔLE

Lorsque votre bébé a plus de 1 mois et demi, ses visites médicales se calent généralement sur le calendrier vaccinal (voir page 450). Le pédiatre pèse et mesure votre enfant à chaque fois, il peut aussi effectuer d'autres examens lui permettant d'avoir un bilan physique complet, en contrôlant ses hanches par exemple ou en auscultant son cœur.

Lors de vos visites chez votre médecin ou votre pédiatre, ce dernier vous interrogera sur les progrès de votre enfant et vous demandera si vous n'avez rien remarqué d'anormal concernant ses capacités visuelles ou auditives. Vous pourrez également poser des questions sur la santé et le développement de votre enfant. Évidemment, si quelque chose vous inquiète vraiment, vous n'attendrez pas votre prochaine visite pour lui en faire part.

PÉRIODE NÉONATALE (DE LA NAISSANCE À 1 MOIS)

L'examen du premier jour de vie vise à dépister d'éventuelles malformations et anomalies. On vérifie d'abord l'extérieur : les pieds et les mains, sa colonne vertébrale qui doit être bien formée, on examine ses yeux avec une petite lumière pour détecter d'éventuels signes de cataracte et sa bouche pour dépister une

ZOOM SUR… le souffle au cœur

Avec un stéthoscope, il arrive qu'on détecte, outre les bruits normaux, d'autres sons relatifs à un régime d'écoulement sanguin turbulent dans le cœur. Ces derniers peuvent indiquer la défaillance d'une valve cardiaque, ou un autre type de malformation, sachant que si un certain nombre de problèmes cardiaques sont déjà visibles dans les échographies anténatales, d'autres n'apparaissent qu'après la naissance. En effet, certaines malformations cardiaques congénitales sont dues à un problème de développement du cœur pendant la grossesse, alors que d'autres sont liées à la mise en place de système circulatoire, qui ne se fait qu'à partir du moment où l'enfant est né. La plupart des souffles au cœur que l'on observe dans la petite enfance sont considérés comme sans gravité, on dit qu'ils sont « fonctionnels » ; aucun traitement n'est alors requis, et ils disparaissent spontanément au cours des premières années de vie. Dans certains cas cependant, une opération peut être nécessaire pour traiter une malformation sous-jacente.

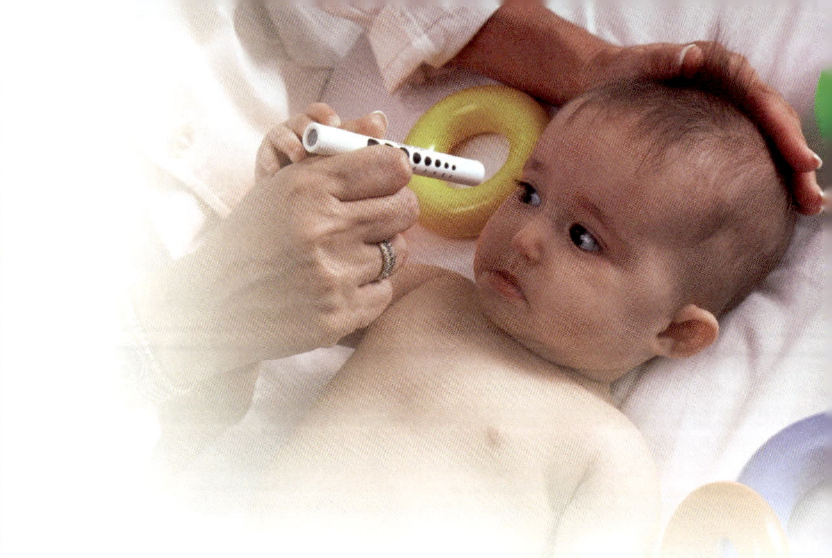

éventuelle fente du palais. On écoute également son cœur, on vérifie que ses hanches ne sont pas luxées, et si c'est un garçon on regardera également si ses testicules sont bien descendus. Enfin, des tests auditifs sont réalisés (voir page 439).

L'examen du deuxième jour et l'examen avant la sortie sont les mêmes que celui effectué en salle d'accouchement, sauf que le dernier comprend en plus une prise de sang, effectuée en général en piquant le talon du bébé, pour un dépistage systématique de certaines maladies métaboliques telles que l'hypothyroïdie (insuffisance de la glande thyroïde), qui peut entraîner des difficultés sérieuses telles que des problèmes d'apprentissage si elle n'est pas traitée à temps.

DE LA NAISSANCE À 3 MOIS

Tous les résultats des examens pratiqués durant cette période sont consignés dans le carnet de santé. Le pédiatre vous demandera si votre enfant suit du regard, sourit, gazouille et réagit aux sons (autant d'indicateurs qu'il voit bien, s'intéresse à son entourage et se développe socialement, et ne présente pas de retard au langage ni de déficience auditive).

Il vérifiera aussi que l'enfant a un tonus suffisant : le fait qu'il arrive à tenir sa tête est un bon signe.

ZOOM SUR... la descente des testicules

Lors du développement dans l'utérus, les testicules du bébé garçon migrent de l'intérieur de l'abdomen, où ils sont formés, jusque dans le scrotum. Un testicule, parfois les deux, n'effectuent parfois pas cette descente normalement. Ce problème est assez fréquent, puisqu'il touche environ 5 % des garçons à la naissance, en particulier les prématurés, la descente des testicules se produisant au cours des derniers mois de grossesse.
Chez certains enfants, le problème se résout tout seul et les testicules descendent dans le scrotum au cours du premier mois de vie. Si cela ne se produit pas, il faut intervenir pour deux raisons principalement : tout d'abord, la fertilité future de l'enfant pourrait être compromise car la température du corps est trop élevée pour produire du sperme, alors que dans le scrotum elle est idéale ; par ailleurs, le fait qu'un ou les deux testicules demeurent dans la cavité abdominale augmente le risque de tumeur. On peut enfin invoquer une simple raison d'esthétique. Vérifier que les testicules sont bien descendus constitue une étape importante de l'examen néonatal d'un nourrisson garçon, sachant que dans de rares cas on ne parvient pas à déceler leur présence dans le scrotum parce qu'ils ne se sont pas encore développés.
Il peut aussi arriver qu'un ou deux testicules remontent dans le pelvis au cours de l'examen : ce phénomène est dû à un réflexe musculaire, on dit alors que les testicules sont rétractiles, et dans ce cas ils sont facilement abaissables manuellement dans la bourse.
Un testicule rétractile est considéré comme normal et ne requiert aucun traitement ; il faut simplement vérifier qu'il finit par se maintenir spontanément dans le scrotum.
On peut avoir recourt à la chirurgie pour faire descendre les testicules et les fixer dans le scrotum, y compris lorsqu'un testicule normal remonte hors du scrotum plus tard dans l'enfance, ce qui arrive aussi.

Il procédera enfin à d'autres petits examens tels que vérifier les hanches, écouter le cœur et, chez les garçons, contrôler de nouveau que les testicules sont bien descendus. Il examinera les yeux pour s'assurer qu'il n'y a pas de signe de cataracte ou d'un autre problème oculaire pouvant affecter les nourrissons.

EXAMEN DES 6-9 MOIS

Durant cette période, votre bébé développe ses principales aptitudes motrices et commence à pouvoir s'asseoir tout seul et à se tenir debout avec appui. Vers 9 mois, il peut être capable de se lever seul ou de marcher à quatre pattes, étapes qui seront notées dans son carnet de santé. C'est aussi l'âge où il parvient à saisir les objets et à les passer d'une main à l'autre. Le pédiatre vous interrogera sur ses progrès en motricité fine et au niveau du langage (vers 9 mois, l'enfant peut commencer à babiller), il pourra aussi commencer à faire passer des tests d'audition à l'enfant. Votre enfant progresse également du point de vue du comportement social et de l'autonomie ; vers 6 mois, il parvient à porter des aliments à sa bouche à l'aide de ses doigts.

EXAMEN DES 12 MOIS

De nouveau, votre pédiatre vous posera quelques questions clés sur le développement de votre enfant. À cet âge, il se déplace probablement beaucoup et commence à marcher en se tenant aux meubles, voire s'essaie à quelques pas sans appui. Il se sert de sa main comme d'une pince (en utilisant le bout de l'index et le pouce) pour ramasser des petits objets. C'est aussi l'âge où il commence à dire « maman », « papa » ou d'autres petits mots ; il se nourrit seul à la cuiller et boit dans un gobelet.

EXAMEN DES 18-24 MOIS

Vers 2 ans, l'enfant a acquis de nombreuses compétences dans tous les domaines et votre pédiatre l'engagera dans certaines activités pour constater ses progrès. À ce stade, il marche probablement déjà très bien, il sait tenir un crayon et gribouiller avec et il peut empiler trois à six cubes.

Il a également progressé au niveau du langage, il exprime certains besoins à l'aide de phrases courtes, et il arrive peut-être à manger seul avec une cuiller.

TROUBLES DE LA VUE ET DE L'AUDITION

Des troubles de la vue et de l'audition peuvent compromettre le développement de l'enfant et, si les parents sont généralement capables de détecter des problèmes à ce niveau lors des activités qu'ils partagent au quotidien avec lui, ils doivent cependant faire effectuer certains tests en complément à l'occasion des visites médicales, ou même sans attendre, si ces problèmes paraissent sérieux.

4 manières de tester l'audition de votre enfant

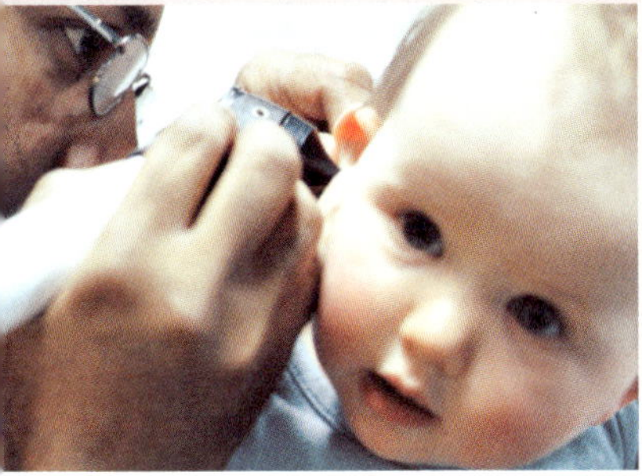

1 **Les premières semaines**, réagit-il aux bruits inattendus ?

2 **Vers 4 mois**, réagit-il à l'appel de son nom ?

3 **Vers 7 mois**, réagit-il à des bruits discrets ?

4 **Vers 9 mois**, commence-t-il à gazouiller ?

EXAMEN DE LA VUE

Chez le nouveau-né, on s'emploiera principalement à détecter un problème structurel tel qu'une cataracte. Ce n'est que lors de la visite des 6-8 semaines que l'on pourra réellement procéder à des tests tels que faire passer un objet devant les yeux de l'enfant pour vérifier qu'il le suit du regard.

Les tests visuels des premiers mois sont très simples. À 6 mois, par exemple, on observe si l'enfant saisit correctement les objets qu'on lui montre. À 2 ans, on peut procéder à des tests plus complexes, tels que demander à l'enfant de saisir des petits objets correspondant à des illustrations, et à 3 ans il doit être capable de retrouver sur un tableau un symbole qu'on lui montre de loin.

Si ces simples tests mettent en évidence un problème, vous devrez faire passer à votre enfant des examens plus approfondis, à l'hôpital ou chez un spécialiste.

DÉPISTAGE AUDITIF

Plusieurs types de dépistages auditifs peuvent être proposés durant la petite enfance, sachant que l'on peut aussi tester soi-même l'audition de son bébé (voir encadré ci-dessus).

Dépistage de surdité néonatale

Voici les méthodes permettant de tester l'audition d'un nouveau-né :

- **Recherche des oto-émissions auditives (OEA).** On place un casque sur les oreilles du bébé, lequel diffuse des signaux sonores alternativement dans chaque oreille. Des écouteurs insérés dans les oreilles recueillent les vibrations émises par la cochlée, si celle-ci fonctionne normalement.
- **Potentiels évoqués auditifs (PEA).** De nouveau, on utilise un casque qui émet un signal sonore. Ce dernier provoque une réponse dans l'oreille qui est transmise au cerveau, lequel déclenche une activité électrique. Un ordinateur enregistre et analyse ensuite cette activité. Si les résultats de ces tests ne sont pas concluants, il faut envoyer l'enfant chez un audiologiste.

Deux autres tests peuvent être également pratiqués :

- **Réflexe d'orientation conditionné** (à partir de 7 mois environ). La personne menant le test s'assoit face à l'enfant et retient son attention, pendant qu'une tierce personne produit des sons à haute et à basse fréquence en dehors de son champ de vision. L'enfant doit normalement se tourner vers ces bruits.
- **Test de bruits vocaux** (à partir de 18 mois). La personne menant le test assoit l'enfant à une table sur laquelle sont disposés des jouets, se place en face de lui et prononce à voix basse le nom des jouets, une main devant la bouche. L'enfant doit désigner les jouets énoncés.

Ces tests simples manquent bien sûr de précision, mais fournissent tout de même une bonne indication sur un éventuel problème d'audition.

Problèmes de développement

En tant que parents, vous serez généralement les premiers à détecter une éventuelle anomalie dans le processus de développement de votre enfant, bien qu'il faille savoir que le rythme d'acquisition des nouvelles notions varie énormément d'un bébé à l'autre, ainsi que la manière dont chacun d'eux franchit chaque étape. Néanmoins, n'hésitez pas à contacter un pédiatre ou un médecin si vous suspectez un problème, car même si le plus probable est que tout soit normal, cela aura au moins le mérite de vous rassurer ; enfin, un traitement éventuel pourrait être mis en place sans attendre, si jamais il était nécessaire.

En cas de problème, votre enfant pourra être orienté vers un pédiatre de ville ou de centre hospitalier, un orthophoniste, un psychologue, un kinésithérapeute ou d'autres spécialistes dans diverses disciplines. Le pédiatre sera généralement votre interlocuteur privilégié, il peut évaluer les difficultés de l'enfant dans le contexte de son état de santé et de développement moteur, et décider en toute connaissance de cause à quel type de thérapeute il convient de vous adresser.

PROBLÈMES DE DÉVELOPPEMENT FRÉQUENTS

Les problèmes de développement peuvent concerner un domaine spécifique ou être généraux (on parle alors de retard global de développement). Le chapitre 13 aborde plus en détail les problèmes longs et difficiles à traiter.

DÉFORMATION POSITIONNELLE

Si un bébé tourne toujours la tête du même côté lorsqu'il est couché, cela peut entraîner une déformation du crâne. S'il persiste, les muscles de son cou risquent d'être atrophiés sur ce côté, ce qui ne fera que renforcer le problème car, outre le fait qu'il n'est pas souhaitable que l'enfant garde toujours la tête dans la même position, il deviendra pour lui inconfortable de la tourner de l'autre côté. Votre médecin pourra vous indiquer quelques exercices à lui faire pratiquer pour faire travailler ces muscles ou bien vous orienter vers un kinésithérapeute. Des études montrent que si l'on ne fait rien, la forme de la tête s'améliore naturellement au fur

ZOOM SUR... l'hypotonie

Ce terme décrit une activité musculaire réduite, associée à des conditions telles que le syndrome de Down, la paralysie cérébrale et la dystrophie musculaire, mais elle peut aussi s'observer chez des enfants normaux et en bonne santé. Les muscles d'un enfant hypotonique mettent un temps anormalement long pour se contracter ou réagir à un stimulus, et ne peuvent rester longtemps contractés ; c'est pourquoi on décrit souvent ces enfants comme « mous », ils ne sont parfois pas en mesure de maintenir très longtemps une position donnée, comme tenir leur tête ou maintenir les bras levés. Ils ont tendance à évoluer à quatre pattes, puis à marcher plus tard que les autres. Une prise en charge par un kinésithérapeute peut être utile.

et à mesure que l'enfant grandit et passe moins de temps allongé sur le dos ; de plus lorsque les cheveux poussent, ils contribuent à améliorer l'aspect esthétique.

Dans de rares cas, un casque semi-rigide peut être prescrit, qui exerce sur le crâne des pressions permettant de remodeler la tête de l'enfant. On doit le remplacer au fur et à mesure que le crâne grandit et le faire porter à l'enfant jour et nuit pendant plusieurs mois.

FLUOROSE DENTAIRE

La fluorose dentaire résulte d'une trop grande concentration de fluor dans les dents. Les enfants ont beaucoup moins de caries depuis que l'on a enrichi l'eau courante en fluor ; en revanche, les cas de fluorose dentaire ont nettement augmenté. Heureusement, dans la majorité des cas, cette fluorose est modérée, sans manifestation visible ni incidence notable sur les dents. Elle provoque tout de même parfois l'apparition de taches blanches sur les dents, et peut fragiliser l'émail. Bien que seule une fluorose sévère puisse vraiment abîmer les dents, vous éliminerez tout risque en suivant les conseils suivants :

- Demandez à votre pédiatre ou à votre dentiste s'il est utile d'administrer un complément fluoré à votre enfant.
- Informez-vous auprès de votre mairie pour savoir si l'eau courante est enrichie en fluor. Si tel est le cas et que vous la buvez, votre enfant n'a pas besoin d'autre complémentation en fluor.
- Ne laissez pas votre enfant diversifier ses sources d'apport en fluor : si par exemple il boit déjà de l'eau enrichie en fluor ou prend des comprimés fluorés, achetez-lui un dentifrice sans fluor.
- Votre enfant ne doit pas ingérer plus de comprimés fluorés que ne l'indique la prescription. Contrairement à d'autres compléments qui peuvent être consommés en quantité, toute surdose en fluor est contre-indiquée.
- Tenez compte du fait que votre enfant avale certainement une partie du dentifrice fluoré, ne le laissez donc pas en mettre plus que l'équivalent d'un petit pois sur sa brosse à dents à chaque brossage, même s'il proteste ou vous en réclame plus parce qu'il en aime le goût.

PROBLÈMES DE MOTRICITÉ GLOBALE

Ce type de problèmes survient généralement dans les premiers dix-huit mois, au cours desquels le bébé fait de gros progrès en motricité globale. Si l'on suspecte un problème, on vous adressera à un pédiatre spécialisé ou à un kinésithérapeute. Dans de rares cas, les examens mettront en évidence un désordre musculaire tel que l'hypotonie (voir encadré page 441), mais le plus souvent ils serviront simplement à rassurer les parents, avec la mise en place éventuelle d'exercices de kinésithérapie qu'ils pourront faire pratiquer à leur enfant pour encourager ses progrès.

TROUBLES D'ACQUISITION DU LANGAGE

Diverses causes peuvent retarder l'acquisition du langage ; la plupart du temps, il n'y a pas lieu de s'inquiéter car on a affaire à un simple petit retard, qui dans certaines familles s'avère héréditaire. Il se peut aussi que l'enfant souffre de troubles de l'audition, qu'il convient alors de traiter.

Dans certains cas, cependant, le retard constaté relève d'un problème plus global dans le développement, qui exige des examens plus approfondis. Il arrive que l'on découvre que l'enfant n'a pas été suffisamment stimulé, par exemple lorsque son environnement ne l'a pas mis en situation d'apprendre ou ne l'a pas encouragé à parler.

Certains enfants souffrent de troubles du langage, lesquels affectent leur capacité à s'exprimer et/ou leur compréhension. Ils peuvent également rencontrer des problèmes de prononciation, lesquels pour une minorité d'entre eux se réfèrent à un trouble de l'aptitude à communiquer et à interagir socialement.

Dans tous les cas, l'enfant doit consulter un orthophoniste ainsi qu'éventuellement un pédiatre spécialisé dans le développement ; un dépistage auditif pourra être également mené.

PROBLÈMES DANS LE DÉVELOPPEMENT ET L'INTERACTION SOCIALE

Comme dans tous les autres domaines, chaque enfant apprendra à socialiser et à communiquer à son propre rythme et à sa manière. Les deux obstacles principaux à un bon développement dans ce domaine sont un retard dans l'apprentissage du langage ou bien des troubles plus généraux appelés « troubles du spectre autistique ».

PROBLÈMES DE VISION ET D'AUDITION

Le fait que l'enfant voie et entende bien conditionne ses progrès en motricité fine et dans le langage ; tout problème de vision ou d'audition doit donc être détecté et traité au plus vite, sachant que le dépistage systématique effectué dans les premières années de vie permet généralement de les révéler.

CATARACTE

La cataracte est une opacification du cristallin qui peut gêner la vision. Bien qu'elle se retrouve plus fréquemment chez les personnes âgées, elle peut survenir dès la naissance (cataracte congénitale) ou apparaître pendant l'enfance. Un seul œil ou les deux peuvent être affectés. Un bébé qui a une cataracte à un seul œil verra probablement bien avec l'autre, on ne s'apercevra donc pas forcément du problème si l'on ne pratique aucun examen.

L'impact d'une cataracte sur la vision dépend de sa taille et de sa position dans le cristallin : si elle est importante et située au milieu de ce dernier, elle gênera beaucoup plus la vue que si elle est réduite et décentrée.

N'hésitez pas à consulter votre pédiatre si vous suspectez un problème de vue chez votre bébé ou si vous remarquez que ses yeux « sautent » (mouvement d'oscillation involontaire et saccadé du globe oculaire, appelé « nystagmus »). S'il détecte un problème de cataracte, il vous orientera vers un ophtalmologue. Dans les cas sérieux, la chirurgie permet de remplacer un cristallin abîmé par un cristallin artificiel.

L'opération est planifiée selon le degré d'importance de la cataracte et de la gêne qu'elle occasionne : si cette dernière est modérée, on attend que le bébé grandisse. Par la suite, il devra généralement porter des lunettes et parfois un cache sur l'œil non opéré, obligeant l'autre œil à travailler et réduisant les risques d'amblyopie.

HYPERMÉTROPIE

Les enfants touchés par cette affection assez fréquente voient mieux de loin que de près, ce qui peut être dépisté lors d'un examen de routine ou par les parents. Si vous avez l'impression que votre enfant a des difficultés à bien voir les images d'un livre, s'il plisse les yeux ou se plaint d'avoir mal aux yeux ou à la tête, consultez un ophtalmologue, celui-ci vous recommandera sans doute le port de lunettes. Chez beaucoup d'enfants, l'hypermétropie disparaît en grandissant.

MYOPIE

Les enfants myopes, qui voient mieux de près que de loin, sont bien moins nombreux que les enfants hypermétropes. Consultez un ophtalmologue pour établir le diagnostic, celui-ci conseillera le port de lunettes, si nécessaire.

STRABISME

On parle de strabisme lorsque les yeux sont mal alignés et donnent l'impression de regarder dans des directions différentes. Ce trouble est souvent évolutif et peut avoir diverses causes bien que la plus fréquente soit le fait qu'un œil ne travaille pas assez par rapport à l'autre, parfois en raison d'une hypermétropie ou d'une cataracte. Les nouveau-nés souffrent assez communément de strabisme, mais si le phénomène ne s'est pas résorbé vers l'âge de 2 mois, on doit consulter un ophtalmologue.

En fonction de l'origine du strabisme, le port de lunettes, ou plus rarement l'opération, seront recommandés.

ASTIGMATISME

La courbure de la cornée, sur l'avant de l'œil, permet de faire converger les rayons lumineux provenant d'un objet sur la rétine à l'arrière de l'œil et de former une image. Si cette courbure n'a pas la bonne forme, l'image sera brouillée. Dans l'hypothèse où ce problème serait mis en évidence lors d'un examen de routine, il faudra prendre rendez-vous chez un ophtalmologue. L'astigmatisme touche beaucoup de jeunes enfants, mais disparaît généralement spontanément lorsqu'ils grandissent ; le port de lunettes peut être recommandé pour améliorer la vision entre-temps.

AMBLYOPIE (ŒIL PARESSEUX)

Ce problème survient lorsque les rayons lumineux ne convergent pas normalement vers l'arrière de l'œil, comme cela se produit si l'on est hypermétrope ou astigmate. La région du cerveau qui analyse les rayons lumineux sur la rétine pour former des images ne parvient alors à fonctionner correctement qu'en « oubliant » l'œil défectueux, qui travaille de moins en moins. On traite généralement ce problème par le port de lunettes ou d'un cache sur l'œil non atteint afin obliger l'œil paresseux à travailler.

PERTE DE TRANSMISSION AUDITIVE

On parle de « perte de transmission auditive » lorsque qu'il existe un trouble au niveau de l'oreille externe ou moyenne, où se situent le tympan, les osselets et la membrane tympanique.

La cause la plus courante est l'otite moyenne aiguë purulente (voir page 461), qui crée une perte auditive fluctuante. Cependant, si l'écoulement persiste, la déficience auditive pourra perdurer plusieurs mois et affecter l'apprentissage du langage. Une otite moyenne aiguë purulente peut aussi bien se résorber d'elle-même que nécessiter des médicaments ou une opération.

PERTE AUDITIVE DE PERCEPTION

Elle résulte d'un problème avec la cochlée ou le nerf auditif qui transmet les messages de l'oreille au cerveau. Ce type de perte auditive, rare, est présent dès la naissance ou apparaît dans les premiers mois de vie. Il est incurable et nécessite le port d'un appareil auditif, voire l'implant chirurgical d'une cochlée. Les enfants affectés par ce problème sensoriel peuvent requérir l'assistance d'un éducateur spécialisé à l'école. L'acquisition du langage est possible, mais sera certainement retardée, c'est pourquoi l'initiation précoce à la langue des signes sera sans doute très utile pour aider l'enfant à communiquer.

PROBLÈMES DE CROISSANCE

Le rythme auquel l'enfant grandit et prend du poids est un indicateur important de son bien-être.

Pensez bien à apporter le carnet de santé de votre enfant lors de vos visites chez le médecin ou le pédiatre, il y notera à chaque fois sa taille et son poids. Dans ce carnet, vous trouverez les courbes de poids, de taille et de périmètre crânien, qui diffèrent pour les filles et pour les garçons.

Il peut arriver que l'enfant cesse de prendre du poids, à la suite d'une maladie par exemple, mais cela doit rester ponctuel. Si le rythme auquel il grandit et prend du poids ralentit trop, on peut évoquer un retard de croissance, qui n'est que rarement dû à un problème clinique : le plus souvent, il résulte d'un apport nutritionnel insuffisant lié à de mauvaises habitudes alimentaires.

Si votre bébé ne prend pas assez de poids, vous devez détailler à la fois son régime alimentaire, ses progrès moteurs et son état de santé. S'il a des difficultés pour s'alimenter, une sage-femme ou un nutritionniste pourra vous conseiller et si le problème paraît d'ordre médical, il faudra faire des examens avant de mettre en place un traitement.

Si vous pensez que votre enfant a des problèmes de croissance, consultez votre médecin ou pédiatre, il prendra des mesures précises et les comparera aux précédents relevés de taille et de poids.

En surveillant la prise de poids d'un enfant, on dépiste par ailleurs le risque d'obésité, problème qui prend de l'ampleur dans toutes les classes d'âge et de population. Un enfant qui présente un indice de masse corporelle élevé ou qui prend rapidement du poids au cours de ses deux premières années aura un risque accru de devenir obèse.

Prévention santé

VISITE CHEZ LE DENTISTE

On recommande généralement d'attendre que l'enfant ait 3 ans pour l'emmener chez le dentiste, mais rien n'interdit de l'emmener avec soi lorsqu'on a rendez-vous, pour l'habituer à l'ambiance d'un cabinet dentaire.

Lors des premiers rendez-vous, le dentiste s'attachera à mettre l'enfant à l'aise, vérifiera qu'il se brosse correctement les dents, qu'il n'a pas de caries et que ses dents définitives auront bien la place de pousser correctement. Si tout va bien, il recommandera de prévoir une visite de contrôle environ tous les six mois.

VACCINS

Un calendrier vaccinal est mis en place dans la petite enfance, afin de prémunir l'enfant contre diverses maladies infantiles. Lors de la consultation prévue pour le vaccin, le médecin fera également le point avec vous sur la santé de votre enfant et sur ses progrès.

POURQUOI FAIRE VACCINER SON ENFANT ?

Faire vacciner un enfant permet à la fois de le protéger de maladies potentiellement dangereuses et d'éliminer le risque qu'il puisse contaminer d'autres enfants dans son entourage.

On doit vacciner le plus d'enfants possible car une minorité d'entre eux ne peut l'être pour raisons médicales : si un pourcentage suffisamment élevé de la population est vacciné, ce petit nombre d'enfants vulnérables sera protégé, selon un principe qu'on appelle l'« immunité de groupe ». Si l'on vaccine moins, davantage d'enfants se retrouvent porteurs potentiels et l'infection se transmet plus facilement. Pour conclure, choisir de ne pas faire vacciner votre enfant revient à compter sur les autres parents pour faire vacciner les leurs…

LES VACCINS PROTÈGENT DES INFECTIONS SUIVANTES :

Tuberculose

Cette infection bactérienne fait encore des ravages dans les pays en voie de développement. Elle réapparaît aussi parfois dans certains pays développés, où elle touche particulièrement des individus évoluant près d'un foyer de la maladie ou ayant des parents ou des grands-parents originaires d'un pays où la tuberculose est encore présente. On propose alors de vacciner les nouveau-nés de ces personnes à risque. L'infection se transmet par les personnes malades lorsqu'elles toussent ; elle touche généralement d'abord les poumons mais parfois d'autres parties du corps. Il existe des traitements efficaces, que l'on doit absolument prendre sous peine de développer des symptômes persistants ou même de mettre son pronostic vital en jeu.

Diphtérie

La diphtérie est devenue rare dans les pays développés. Elle se transmet par une personne infectée qui tousse ou éternue, atteint la gorge et peut provoquer des difficultés respiratoires. L'infection peut passer dans le sang, affecter les fonctions vitales et aller jusqu'à provoquer un arrêt cardiaque.

Tétanos

Cette maladie est causée par une bactérie qui pénètre dans une blessure et libère une substance toxique dans le sang. Cette toxine touche les nerfs qui contrôlent les muscles, provoquant de fortes contractures musculaires. Celles-ci interviennent au niveau de la gorge ou de la poitrine, rendant difficile la déglutition ou la respiration, ou au niveau de l'articulation temporo-maxillaire ; c'est pourquoi on évoque parfois le tétanos comme la « maladie de la mâchoire bloquée ». Il existe des traitements efficaces mais, sans soins, les symptômes peuvent persister et même être mortels.

Coqueluche

Maladie bactérienne provoquant des quintes de toux caractéristiques qui évoquent le chant du coq, d'où son nom. Particulièrement dangereuse pour les jeunes enfants, elle a pratiquement disparu en raison de la large couverture vaccinale mise en place.

Poliomyélite

Grâce aux campagnes de vaccination, elle a pratiquement disparu des pays développés. Elle peut provoquer des symptômes légers comme très graves, et entraîner des troubles du système nerveux voire des paralysies. Le virus se transmet par le biais de matières fécales infectées, avec souvent comme vecteur de l'eau ou de la nourriture. La poliomyélite fait encore des ravages dans certains pays en voie de développement.

Calendrier vaccinal

Dès la naissance	BCG pour les enfants vivant dans un milieu à risque
2 mois	premières vaccinations : Diphtérie, Tétanos, Coqueluche, Polio, HiB, Hépatite B (première injection)
3 mois	premier rappel : Diphtérie, Tétanos, Coqueluche, Polio, HiB, Hépatite B (deuxième injection)
4 mois	deuxième rappel : Diphtérie, Tétanos, Coqueluche, Polio, HiB
10-15 mois	Hépatite B (troisième injection)
À partir de 12 mois	Rougeole, Oreillons, Rubéole (première dose)
16-18 mois	Diphtérie, Tétanos, Coqueluche, Polio, HiB (premier rappel)
Avant 6 ans	B.C.G., Rougeole, Oreillons, Rubéole (deuxième dose)
6 ans	Diphtérie, Tétanos, Polio (deuxième rappel)

Haemophilus influenzae type B (HiB)

Cette bactérie peut engendrer des complications graves telles qu'une méningite ou une septicémie (empoisonnement du sang). Elle peut également provoquer une épiglottite, inflammation du cartilage souple qui se trouve derrière la langue, laquelle engage le pronostic vital (voir page 469).

Méningocoque du groupe C

Il peut également provoquer l'apparition d'une méningite ou d'une septicémie, qui peuvent mettre en jeu le pronostic vital (voir page 467).

Rougeole

Elle provoque une éruption cutanée accompagnée de symptômes grippaux. Ses complications peuvent s'avérer très sérieuses voire mortelles, comme l'encéphalite.

Oreillons

Les oreillons se caractérisent par un gonflement des glandes salivaires à l'avant des oreilles ou autour du cou, avec plusieurs complications possibles (voir page 479).

Rubéole

Les symptômes sont généralement assez légers, mais il peut y avoir des complications sérieuses notamment dans la période prénatale (voir page 480).

Pneumocoque

Cette bactérie peut provoquer de graves maladies, dont la pneumonie (voir Infections pulmonaires page 465) et la méningite (voir page 467).

CAS OÙ L'ON NE VACCINE PAS

Les rares raisons pour lesquelles on ne vaccine pas sont les suivantes :

- Si l'enfant est malade et a de la fièvre (mais pas s'il a un simple rhume)
- S'il souffre d'une déficience immunitaire (traité pour un cancer, sous immunosuppresseurs, atteint du sida...).

EFFETS SECONDAIRES

Tous les vaccins peuvent provoquer des effets secondaires, qui dans la grande majorité des cas seront mineurs ; les complications sérieuses telles qu'une grave réaction allergique sont rares. On peut observer un gonflement ou une rougeur à l'endroit de la piqûre, ainsi qu'une légère fièvre ; parfois, lorsqu'on vaccine contre la rougeole ou la rubéole, une forme atténuée de la maladie apparaît.

La fièvre se traite de la manière habituelle (voir page 453), mais si elle est très forte et entraîne des convulsions fébriles (voir page 455), appelez un médecin, ainsi que lorsque :

- La température du bébé atteint ou dépasse 39 °C.
- Le bébé a des convulsions.
- Il a une forte réaction au vaccin.

ZOOM SUR... la vaccination ROR

Certains parents se sont inquiétés des possibles complications qu'entraînerait le vaccin contre la rougeole, les oreillons et la rubéole, dont des cas d'autisme et des symptômes gastro-intestinaux, selon un article paru en 1998 et basé sur l'étude de seulement douze enfants atteints de ces troubles après avoir été vaccinés. À la suite de cette publication, le nombre d'enfants vaccinés chuta, soit parce que certains parents choisirent de leur administrer ces vaccins de manière fractionnée, soit parce qu'ils y renoncèrent complètement. Il était assez difficile de se procurer les vaccins simples, qui de plus avaient été beaucoup moins étudiés (et utilisés) que le vaccin triple.

On se mit à observer de plus en plus de cas de rougeole, ce qui est très inquiétant lorsqu'on sait les complications sévères qu'elle peut engendrer. Il est tout à fait normal qu'en tant que parent vous vous posiez des questions ; vous ne devez pour autant pas oublier que le vaccin ROR a déjà été administré à des millions d'enfants dans le monde, sans qu'aucune étude menée sur de larges populations n'ait corroboré en quoi que ce soit les risques dénoncés par le Dr Wakefield en 1998. Le vaccin triple est fortement conseillé par la plupart des spécialistes, car il protège contre trois maladies qui peuvent s'avérer redoutables et constitue donc un bénéfice majeur pour les enfants.

Il convient cependant de rappeler que le risque de complication grave suite à un vaccin est considérablement moindre que le risque de développer la maladie contre laquelle il protège.

VACCINS POUR VOYAGER

Les enfants comme les adultes peuvent avoir besoin de se faire vacciner avant de partir en voyage, en particulier lorsqu'ils se rendent dans un pays en voie de développement. Certains vaccins ne sont pas indiqués avant un certain âge, il convient donc se renseigner à ce sujet avant même d'organiser son voyage, afin de valider la destination en toute connaissance de cause. Par ailleurs, pensez à vous y prendre bien à l'avance.

Quand votre bébé est malade

Nombre de parents supportent mal de voir leur bébé malade, sans doute parce que ce dernier est incapable d'expliquer ce qu'il ressent. Pour vous aider à gérer la situation sans angoisse et ne faire appel à un médecin que lorsque cela est utile, voici un petit guide des bobos de tous les jours, ainsi que des gestes utiles pour soulager les symptômes.

FIÈVRE

La température d'un enfant varie entre 36,5 °C et 37,8 C°, au-delà on parle de fièvre. La fièvre indique que le système immunitaire lutte contre une infection ; on doit cependant la faire baisser car elle provoque des symptômes désagréables pour l'enfant, voire des convulsions fébriles (voir encadré page 455).

PRENDRE LA TEMPÉRATURE

On peut prendre la température avec un thermomètre électronique, que l'on place dans la bouche (pour un enfant) ou sous l'aisselle (pour un bébé), ou bien avec un thermomètre auriculaire qui se place dans l'oreille, mais ne convient pas aux enfants souffrant d'une infection à l'oreille.

TRAITER LA FIÈVRE

La fièvre est généralement associée à des frissons, à des maux de tête et à une déshydratation. Elle est fréquente durant l'enfance, et ne dure généralement pas longtemps. Un enfant qui a de la fièvre peut devenir rouge et paraître brûlant au toucher. Prenez sa température, puis :

- Faites-le boire beaucoup.
- Rafraîchissez-le avec un gant de toilette mouillé d'eau tiède.
- Ne le couvrez pas trop même s'il frissonne, vous ne feriez qu'augmenter davantage sa fièvre.
- Ne surchauffez pas la pièce, il faut qu'il y fasse simplement bon.
- Donnez-lui un médicament pour faire baisser la fièvre (voir encadré ci-dessous).

ZOOM SUR... **les médicaments pour enfants**

Pour traiter fièvre et douleur chez l'enfant, le médecin prescrit généralement un produit contenant du paracétamol ou de l'ibuprofène (en vente libre). Comme pour tout médicament, il convient de lire attentivement la notice et de suivre les recommandations d'usage. Un enfant de moins de 12 ans ne doit pas consommer de produit contenant de l'aspirine, car il y a un risque réduit mais réel qu'il développe le syndrome de Reye, maladie rare et potentiellement fatale qui affecte le cerveau et le foie.

Une fois toutes ces mesures prises, après une demi-heure, reprenez la température de votre enfant. Si en vingt-quatre heures elle n'a toujours pas baissé ou si d'autres symptômes vous inquiètent, appelez un médecin.

PRIORITÉ SANTÉ

Quand appeler le médecin ?

Vous connaissez votre enfant mieux que quiconque et ne devez donc pas hésiter à demander conseil si vous êtes inquiet. Si votre enfant vous semble comme à son habitude, souriant et réactif à vos sollicitations, ce sont là autant d'indicateurs de son bien-être. Vous devez contactez un médecin si votre enfant :

- Vous paraît moins actif qu'à l'ordinaire.
- Pleure anormalement souvent.
- Pleure en émettant des sons inhabituels.
- Mange ou boit moins.
- Fait moins pipi.
- Vomit.
- A du sang dans ses selles.
- Présente une fièvre qui reste supérieure à 39 °C, malgré les mesures prises pour la faire baisser (voir page 453) ou qui persiste plus de vingt-quatre heures.
- A l'air d'avoir du mal à respirer.
- Présente une ou plusieurs taches rouges (pour plus d'informations sur la méningite et la septicémie, voir pages 467-469).

ADMINISTRER UN MÉDICAMENT

En tant que parent, vous serez forcément amené à donner des médicaments à votre enfant. Il est donc bon de connaître le meilleur mode d'administration pour les plus courants d'entre eux, aussi bien par rapport au confort du bébé que pour être sûr de préserver pleinement leur efficacité. Peu de bébés aiment prendre des médicaments, vous devez donc la plupart du temps vous montrer patient et persévérant, l'idéal étant de pouvoir vous faire aider.

ADMINISTRATION PAR VOIE ORALE

Elle concerne les médicaments qui s'administrent avec une cuiller ou une grosse seringue. Redressez votre bébé ou faites-le asseoir pour que sa tête soit plus haute que son corps. Apportez-lui sa boisson préférée pour après, mais ne mélangez pas le médicament avec car vous ne sauriez alors plus si l'enfant a bien tout pris. Si la notice ne l'indique pas comme contre-indiqué, administrez le médicament de préférence juste avant le repas, lorsque le bébé a faim.

GOUTTES POUR LES OREILLES

Faites asseoir ou allongez votre bébé à côté de vous, sa tête sur vos genoux. Tirez doucement son oreille vers l'arrière et vers le haut pour ouvrir son canal auditif, et faites-y tomber les gouttes. Maintenez sa tête sur le côté environ trente secondes pour éviter que le produit ne ressorte.

GOUTTES POUR LES YEUX

Allongez votre enfant sur le dos, mettez sa tête sur vos genoux et passez votre bras autour. Abaissez doucement sa paupière inférieure pour pouvoir mettre les gouttes entre celle-ci et le globe oculaire. Avec un bébé, faites-vous aider si possible pour le maintenir dans la position souhaitée et lui faire ouvrir les yeux. Vous pouvez aussi l'enrouler dans une couverture pour qu'il garde les bras contre le corps.

COUPURES ET ÉCORCHURES

Il faut stopper l'hémorragie et empêcher la blessure de s'infecter. Si vous avez des gants chirurgicaux, mettez-les pour nettoyer la plaie, autrement lavez-vous soigneusement les mains.

Passez d'abord la blessure sous l'eau froide, puis nettoyez-la avec des compresses en prenant soin d'en changer pour chaque endroit. Commencez par le milieu

ZOOM SUR... les convulsions fébriles

Elles surviennent surtout pendant l'enfance, lorsque la température du corps monte brutalement. Environ 3 % des enfants entre 6 mois et 5 ans en font l'expérience, sachant que certaines familles y sont plus sujettes que d'autres. Le corps commence par se raidir, puis suivent des convulsions. Si votre bébé se met à convulser, vous devez :

- L'allonger sur le côté, la tête un peu plus basse que le reste du corps.
- Laisser passer la crise sans tenter de l'immobiliser.
- Appeler les urgences si les convulsions n'ont pas cessé au bout de cinq minutes. Vous pouvez aussi vous rendre immédiatement chez votre médecin ou pédiatre une fois la crise passée, afin qu'il ausculte l'enfant pour déterminer la cause de sa fièvre. Il pourra avoir besoin de pratiquer une analyse de sang et d'urine, ainsi qu'un examen des oreilles, de la gorge et des poumons.

Dans la plupart des cas, les convulsions fébriles sont dues à un virus qui ne nécessite aucun traitement particulier, hormis les médicaments habituels pour faire baisser la fièvre (voir page 453). Il arrive cependant qu'on détecte une infection bactérienne, qui nécessite une cure d'antibiotiques. Votre médecin vous expliquera comment gérer la fièvre et les symptômes d'une crise de convulsion si elle était amenée à se reproduire (le risque de récidive est de 40 %). Certains enfants, par ailleurs, font des crises de convulsions fébriles très longues et ont alors besoin de médicaments. Le problème disparaît généralement lorsque l'enfant grandit. Seuls ceux qui font de manière répétée des crises graves ou prolongées peuvent par la suite devenir épileptiques.

de la blessure pour aller ensuite vers sa périphérie afin de ne pas risquer d'y introduire de nouvelles bactéries. Enfin, séchez avec une gaze propre et mettez un pansement si la blessure est superficielle, ou une gaze maintenue par une bande adhésive si la blessure est plus importante.

PRIORITÉ SANTÉ

Les infections

Dès lors qu'il y a plaie, il y a risque d'infection. Il est donc recommandé d'avoir toujours des gants chirurgicaux dans sa trousse de secours, et de bien laver ses mains ainsi que la plaie avant de la soigner.

HÉMATOMES

Ils résultent de petits vaisseaux sanguins qui ont éclaté et hors desquels le sang a coulé, provoquant un gonflement et un inconfort qu'il convient de traiter.

On peut lutter contre la formation d'un hématome en appliquant un linge trempé dans de l'eau froide, puis essoré, pendant cinq à dix minutes sur la bosse qui se forme. Sachez qu'un hématome peut mettre plusieurs jours à apparaître, lorsque le sang s'écoule très lentement hors des vaisseaux sanguins.

MORSURES

Lavez d'abord soigneusement la plaie à l'eau et au savon, puis séchez-la avec des compresses propres. Recouvrez ensuite la morsure d'une gaze stérile ou d'une

ZOOM SUR... le choc anaphylactique

C'est une réaction allergique sévère à une piqûre d'insecte ou à un produit alimentaire tel que des noix, heureusement rare mais qui impose de réagir très vite car le pronostic vital peut être engagé. Elle se traduit par une respiration difficile ou sifflante, un gonflement au niveau du visage, du cou et des yeux, ainsi que des plaques rouges sur la peau. L'enfant peut même perdre connaissance. Si vous constatez de tels symptômes, appelez immédiatement les urgences et dans l'intervalle faites asseoir l'enfant pour qu'il respire mieux, tout en vous efforçant de le rassurer.
Si votre enfant est sujet à ce type de réaction sévère, ayez toujours sur vous une dose d'adrénaline prête à lui être administrée, sachant que vous comme toute autre personne s'occupant de lui devez avoir appris à lui faire la piqûre.

compresse et demandez à votre médecin de vous prescrire des antibiotiques ou un sérum antitétanos.

Si la plaie saigne, comprimez-la avec un linge propre ou une compresse stérile et surélevez le membre. Emmenez l'enfant aux urgences si la morsure est sérieuse ou qu'elle ne s'arrête pas de saigner.

COUP DE SOLEIL

Si malgré toutes vos précautions, votre enfant attrape un coup de soleil, appliquez un linge mouillé d'eau froide sur la zone concernée, puis badigeonnez-la avec une crème réparatrice.

Trousse de premiers secours

On en trouve de toutes faites, que l'on peut éventuellement compléter. Il est aussi tout à fait possible d'en confectionner une soi-même, en veillant toujours à ce qu'elle puisse bien se fermer et qu'elle reste remisée dans un endroit fermé à clé. Elle doit contenir les produits de base suivants :

- Un thermomètre
- Du paracétamol ou un autre antidouleur pour enfants
- Une crème pour soigner les brûlures
- Une crème calmante contre les piqûres d'insectes
- Du désinfectant
- Des ciseaux
- Des pansements, bandages et compresses
- Une bande adhésive
- De la gaze stérile
- Une seringue et une cuiller pour administrer les médicaments

Si son coup de soleil est très étendu ou s'il a des cloques, emmenez-le chez le médecin. Pensez aussi à lui proposer des boissons fraîches, car il est possible qu'il soit déshydraté.

PIQÛRES D'INSECTES

On doit commencer par retirer le dard, ce qui peut se faire en le grattant doucement avec la tranche d'une carte de crédit. Pour soulager la douleur et réduire le gonflement, appliquez ensuite une poche de glace (un sac de petits pois congelés fera une poche de glace idéale, ou bien un glaçon dans un gant de toilette).

ÉCHARDES

Si l'écharde n'est pas tout à fait rentrée, on peut essayer de la retirer. Sinon mieux vaut faire appel à un médecin car on risque de faire mal à l'enfant sans autre résultat que de l'enfoncer davantage. Nettoyez d'abord l'endroit où se trouve l'écharde à l'eau froide ; si un bout est encore sorti, attrapez-le à l'aide d'une pince à épiler préalablement stérilisée dans la flamme d'une allumette ou d'un briquet, puis refroidie. Retirez-la doucement, dans le même angle suivant lequel elle s'est enfoncée. Effectuez si possible l'opération avec des gants chirurgicaux afin de réduire les risques d'infection.

CORPS ÉTRANGERS

Les jeunes enfants, curieux de nature, ont une fâcheuse tendance à mettre des petits objets dans la bouche, quand ce n'est pas dans le nez ou dans les oreilles. Si vous craignez que votre bébé ait avalé quelque chose, mieux vaut consulter un médecin : dans la plupart des cas l'objet se retrouvera évacué dans les selles, mais on peut pratiquer une radiographie pour vérifier qu'il ne reste pas bloqué. Si votre enfant s'est enfoncé quelque chose dans l'oreille, regardez d'abord si l'objet est toujours visible, et penchez sa tête sur le côté pour essayer de le faire ressortir. S'il reste coincé, consultez un médecin sans essayer de retirer l'objet vous-même, vous ne feriez sans doute qu'enfoncer davantage l'objet et risqueriez d'endommager la structure interne de l'oreille, très fragile.

Enfin, pour ce qui est du nez, un enfant qui s'est coincé un petit objet dans une narine doit être emmené immédiatement aux urgences.

ZOOM SUR... les médicaments

Lorsqu'on prescrit un médicament pour votre enfant, n'hésitez pas à poser les questions suivantes à votre médecin ou à votre pharmacien :

- À quoi sert ce médicament ?
- Quelle quantité dois-je en donner, et à quelle fréquence ?
- À quels moments de la journée vaut-il mieux l'administrer, plutôt avant ou après les repas par exemple ?
- Dois-je m'attendre à d'éventuels effets secondaires ?

Si votre enfant souffre d'une maladie chronique ou est déjà sous traitement, n'omettez pas de le rappeler à la personne qui vous prescrit ce médicament.

Avant de stocker ou d'administrer un médicament, on doit toujours :

- Lire attentivement l'étiquette pour en vérifier le nom, la posologie et la date de péremption.
- Doser avec soin le médicament, en suivant les recommandations du médecin.
- Respecter la durée d'un traitement antibiotique, sans jamais l'écourter.
- Conserver le médicament au frais, au sec et à l'abri de la lumière, voire au réfrigérateur pour certains.

Maladies infantiles

Voici la liste des principales maladies infantiles, ainsi que d'infections plus rares comme la méningite ou l'épiglottite dont il est bon de savoir reconnaître les symptômes pour pouvoir les traiter au plus vite.

INFECTIONS DUES AU FROID

Un enfant attrape facilement froid et a souvent le nez qui coule. Les virus responsables sont nombreux et l'enfant les attrape facilement parce que son système immunitaire n'a pas appris à les combattre. Les collectivités dans lesquelles il évolue constituent bien évidemment des lieux de transmission, car les virus grippaux se transmettent généralement par les mains d'enfants malades

qui n'ont pas utilisé de mouchoir pour s'essuyer le nez, par leur toux ou leurs éternuements. Contrairement à ce que beaucoup de gens pensent, ce n'est pas parce que l'on ne s'est pas assez couvert ou que l'on sort avec les cheveux mouillés que l'on attrape froid...

SYMPTÔMES

L'enfant a le nez qui coule ou le nez bouché, il éternue et peut avoir de la fièvre. Un mal de gorge peut aussi se déclarer, avec une toux qui empire souvent la nuit. Généralement, l'enfant manque d'appétit et paraît fatigué, voire léthargique.

Des complications sont possibles, telles qu'une infection pulmonaire ou une otite : c'est ce qu'on appelle une surinfection, ou infection bactérienne secondaire. Chez l'enfant, un simple rhume peut provoquer de la fièvre, qui peut à son tour déclencher des convulsions fébriles.

Un enfant met en moyenne une semaine pour se remettre d'un rhume.

TRAITEMENT

On doit faire boire l'enfant et éventuellement lui administrer un médicament pour faire baisser la fièvre (voir page 453). Consultez un médecin si :

- Il a une forte fièvre, que vous n'arrivez pas à faire descendre.
- Il paraît très léthargique.
- Il ne mange ni ne boit plus rien.
- Sa toux est persistante ou grasse.
- Sa respiration est difficile ou sifflante.
- Il se touche souvent l'oreille.

Si par ailleurs d'autres symptômes vous inquiètent, vous pouvez bien sûr également consulter.

OTITES

L'otite est une infection banale de l'oreille moyenne, qui peut avoir une cause bactérienne ou virale. Chez l'enfant, la trompe d'Eustache, qui relie l'oreille externe à l'oreille moyenne, est plus courte que chez l'adulte et positionnée beaucoup plus

ZOOM SUR... l'otite séreuse

Des otites à répétition peuvent entraîner un problème d'otite chronique appelée otite séreuse, qui tire son nom des sécrétions épaisses et collantes qui se forment dans l'oreille moyenne. Une déperdition auditive peut en résulter, qui peut compromettre l'acquisition du langage ou d'autres apprentissages majeurs.
L'otite séreuse se résorbe généralement sans traitement, mais si les problèmes d'audition persistent on peut poser des drains dans les oreilles : l'opération consiste à insérer des petits tubes dans le tympan pour laisser le liquide s'écouler hors de l'oreille moyenne, et l'air circuler afin d'éviter que le liquide se reforme. On peut éventuellement procéder aussi à l'ablation des adénoïdes.

à l'horizontale. Lorsqu'il attrape froid, les sécrétions qui se forment s'évacuent donc moins facilement, créant un terrain propice à l'infection, ce qui explique pourquoi nombre d'enfants ont des otites à répétition.

SYMPTÔMES

Ils sont de type grippal (nez qui coule, toux), avec parfois un peu de fièvre. L'enfant porte la main à ses oreilles, qui généralement lui font mal, ou bien ne manifeste sa gêne que par un manque d'appétit ; il est alors assez malaisé pour les parents de déterminer qu'il s'agit d'une otite.

Le tympan peut s'enflammer au point de se perforer (à cause de la pression), il laisse alors s'écouler du pus. Par la suite, sa membrane se reconstitue d'elle-même.

Des otites à répétition peuvent se transformer en otites séreuses. Les autres complications, heureusement rares, sont la méningite (inflammation des enveloppes de la moelle épinière et du cerveau, voir page 467) et la mastoïdite (inflammation de la mastoïde, base de l'os temporal).

DIAGNOSTIC ET TRAITEMENT

Le médecin examine les oreilles de l'enfant avec un otoscope, instrument médical constitué d'un manche et d'une tête munie d'un système lumineux, afin de détecter toute rougeur ou gonflement du tympan.

Il prescrit ensuite des médicaments contre la fièvre et la douleur, voire des antibiotiques, bien que dans la plupart des cas une otite se résorbe d'elle-même.

BRONCHIOLITE

C'est un inflammation des bronchioles, petits canaux qui conduisent l'air aux alvéoles pulmonaires, causée le plus souvent par le virus respiratoire syncytial. La maladie survient généralement dans la première année de vie. Elle est le plus souvent bénigne, mais peut engendrer des problèmes respiratoires, qui requièrent alors une hospitalisation.

SYMPTÔMES

Ils sont généralement de type grippal, accompagnés au bout de deux ou trois jours d'une toux sèche. La respiration du bébé peut devenir difficile ou sifflante, ce qui peut l'empêcher de bien s'alimenter ; si tel est le cas, consultez un médecin.

DIAGNOSTIC ET TRAITEMENT

Le médecin ausculte les poumons de l'enfant et prélève généralement un peu de ses sécrétions nasales pour identifier le virus. Il peut aussi faire pratiquer une échographie des poumons.

Si le bébé a des symptômes modérés, vous pouvez le garder à la maison en lui administrant du paracétamol et en le faisant bien boire ; pensez aussi à humidifier sa chambre à l'aide d'un appareil ou en plaçant une coupelle d'eau sur son radiateur.

On décide généralement de faire hospitaliser l'enfant s'il a besoin d'être mis sous oxygène ou de se voir administrer un bronchodilatateur, lequel nécessite un appareil à nébulisation qui délivre le produit par le biais d'un masque ; on s'en sert particulièrement pour ventiler les voies aériennes des nourrissons qui respirent mal. D'autres produits existent aussi sous forme liquide, que l'on doit administrer au moyen d'une sonde.

L'enfant guérit au bout d'une quinzaine de jours, mais il pourra continuer à tousser ou garder une respiration sifflante pendant encore quelque temps.

ANGINE

Cette inflammation des amygdales, d'origine parfois bactérienne, est le plus souvent infectieuse.

ZOOM SUR... l'apnée obstructive du sommeil

10 % environ des enfants ronflent la nuit ; une minorité d'entre eux en retirent des troubles respiratoires et peuvent être sujets à l'apnée obstructive du sommeil. Cela est généralement dû au fait que leurs amygdales ou leurs végétations sont trop volumineuses, et bloquent le passage de l'air. Les enfants présentant ce trouble sont souvent fatigués car ils n'ont pas un sommeil réparateur. D'autres, au contraire, deviennent hyperactifs. Le traitement consiste à retirer les amygdales et les végétations.

SYMPTÔMES

S'il est assez grand, l'enfant se plaint de la gorge, les autres signes étant léthargie, fièvre, maux de tête, douleurs gastriques et ganglions.

TRAITEMENT

On peut prescrire des antibiotiques si l'on suspecte une cause bactérienne, autrement on traite simplement la fièvre et l'inconfort avec les médicaments usuels.

Une angine se soigne généralement en quelques jours. En cas d'angines récurrentes, on peut envisager de faire retirer les amygdales.

LARYNGITE

Due généralement à un virus, la laryngite est une affection courante qui touche le larynx et parfois la trachée. C'est en automne que l'on en dénombre le plus, chez les enfants entre 6 mois et 6 ans et plus particulièrement encore chez ceux âgés de 1 à 2 ans.

SYMPTÔMES

On observe généralement d'abord de la fièvre et des symptômes grippaux tels qu'un nez qui coule, puis l'enfant développe une toux sèche et une respiration bruyante, particulièrement à l'inspiration. Il peut devenir enroué, ou même, dans certains cas, totalement aphone. Les symptômes s'aggravent généralement la nuit, l'inflammation de la gorge pouvant provoquer un rétrécissement de la trachée et gêner la respiration.

TRAITEMENT

Si les symptômes sont légers, laissez simplement votre enfant se reposer à la maison en lui donnant beaucoup à boire ainsi que des médicaments contre la fièvre. Vous pouvez placer une coupelle emplie d'eau ou un humidificateur dans sa chambre pour l'aider à mieux respirer. S'il continue à respirer difficilement, consultez un médecin. Les traitements actuels sont très efficaces et seuls de rares cas nécessitent une hospitalisation, lorsqu'on doit combattre l'infection de manière plus énergique ou placer l'enfant sous oxygène.

GRIPPE

La grippe, ou influenza, est très contagieuse ; elle se transmet par les sécrétions des personnes infectées.

SYMPTÔMES

Ils apparaissent au bout d'environ deux jours et sont similaires à ceux que l'on observe quand on attrape froid, en plus virulents.

Un enfant grippé a souvent une température supérieure à 38 °C, des frissons, le nez qui coule, une toux sèche et peut aussi éternuer. Il arrive qu'il se plaigne de maux de gorge et ait des ganglions. Ces symptômes s'accompagnent généralement d'une perte d'appétit.

Les complications sont fréquentes chez les bébés et les jeunes enfants, se manifestant sous la forme d'infections bactériennes affectant le plus souvent les poumons ou les oreilles.

TRAITEMENT

L'enfant peut devoir prendre des médicaments pour faire baisser la fièvre et l'inconfort qu'elle suscite. Pensez à le dévêtir le plus possible et même à passer un linge humide sur son corps si sa température monte beaucoup. Il doit se reposer et boire suffisamment pour ne pas risquer de se déshydrater. Dans la plupart des cas, les symptômes disparaissent au bout de quelques jours, mais vous devez consulter si votre enfant n'est encore qu'un nourrisson et que les symptômes persistent ou que sa fièvre dépasse 39 °C. Prenez également rendez-vous chez votre médecin ou chez votre pédiatre si votre bébé a une respiration difficile ou sifflante, s'il a mal aux oreilles ou qu'un liquide s'en écoule, s'il a mal à la gorge, s'il a une toux persistante ou grasse, car tous ces symptômes suggèrent des complications pouvant nécessiter un traitement spécifique.

INFECTIONS PULMONAIRES

Cette appellation recouvre plusieurs types d'infections, qu'on appelle bronchites lorsqu'elles touchent les voies aériennes supérieures, et pneumonie lorsqu'elles s'étendent plus bas dans les poumons.

Un enfant peut attraper une bronchite à tout âge, laquelle peut tout autant avoir pour cause une bactérie qu'un virus. Elle se transmet par la toux ou les éternuements.

La pneumonie est une affection plus grave, qui peut avoir des causes autres qu'infectieuses, comme l'inhalation d'un produit chimique. On peut aussi en attraper une à tout âge, mais les jeunes enfants ou ceux souffrant d'une maladie chronique y sont particulièrement exposés.

SYMPTÔMES

Une bronchite se manifeste généralement par des symptômes grippaux : l'enfant a de la fièvre et tousse, surtout pendant la nuit. Sa toux est grasse et le fait expectorer ; elle peut aller jusqu'à le faire vomir. Sa respiration est sifflante.

Lorsqu'il s'agit d'une pneumonie, l'enfant commence par attraper froid puis son état se détériore rapidement. S'il s'agit d'une pneumonie infectieuse (la plus courante), il a de la fièvre et une toux généralement grasse. Sa respiration peut être rapide et sifflante, il peut aussi se mettre à bleuir parce qu'il s'oxygène mal.

Si votre enfant a une toux importante ou persistante, une respiration difficile ou que vous remarquez d'autres signes inquiétants comme une forte fièvre (plus que 39 °C), appelez un médecin. Une simple bronchite peut tout à fait se transformer en pneumonie, maladie grave qui dans de rares cas se révèle mortelle.

DIAGNOSTIC ET TRAITEMENT

Une infection pulmonaire se détecte à l'aide d'un stéthoscope, mais il arrive qu'on prescrive une radiographie pour confirmer le diagnostic. Si l'enfant va très mal, il peut se voir prescrire des antibiotiques par voie intraveineuse. À la maison, vous devrez sans doute lui donner des médicaments pour faire baisser la fièvre et calmer sa toux, sans oublier de le faire bien boire.

Une pneumonie nécessite généralement une hospitalisation, avec une kinésithérapie respiratoire pour aider à dégager les bronches des sécrétions infectieuses.

Si votre bébé a une bronchite, la fièvre ne durera que quelques jours, mais il pourra continuer de tousser pendant plusieurs semaines. Une pneumonie est plus grave qu'une bronchite, mais si elle est bien traitée l'enfant peut en guérir rapidement. S'il présente une déficience immunitaire il s'en remettra moins facilement et aura un risque accru de complications. Bronchite et pneumonie sont des maladies qui peuvent devenir chroniques.

COQUELUCHE

La coqueluche est une forme de bronchite (voir rubrique précédente) causée par la bactérie *Bordetella pertussis*. L'infection des voies aériennes peut se propager à l'ensemble du tissu pulmonaire (on parle alors de pneumonie). Il arrive que l'enfant convulse, mais la plupart du temps il récupère sans problème, même si chez certains jeunes enfants ou nourrissons le pronostic vital peut être engagé.

Le vaccin contre la coqueluche n'est pas efficace à 100 % mais il réduit tout de même considérablement le risque de contamination et atténue en outre les effets de la maladie si on se retrouve malgré tout contaminé.

SYMPTÔMES

Au début, on observe des symptômes grippaux, puis l'enfant développe une toux caractéristique composée de quintes se terminant par un sifflement. Les crises de toux s'intensifient généralement pendant la nuit.

Lorsqu'il tousse, l'enfant peut avoir le visage congestionné, vomir ou saigner du nez. À force, la toux peut faire éclater des petits vaisseaux dans la conjonctive (le blanc des yeux) et y faire apparaître des points rouges. Certains jeunes enfants cessent même de respirer quelques instants (épisodes d'apnée), ils n'émettent alors pas de sifflements.

Les crises de toux peuvent durer jusqu'à six semaines, et la toux elle-même perdurer pendant des mois.

TRAITEMENT

Il est généralement possible de garder son enfant à la maison, mais si ses quintes de toux sont très sévères ou s'il s'agit d'un bébé dont vous notez qu'il a des épisodes d'apnée, vous devez le faire hospitaliser.

On prélèvera probablement des sécrétions nasales pour identifier la bactérie en cause.

Administrer de l'érythromycine (un antibiotique) au début de la maladie permet de réduire les symptômes de manière conséquente, mais cela implique que tout l'entourage de l'enfant soit également mis sous traitement.

MÉNINGITE

C'est une inflammation des méninges, membrane qui enveloppe le cerveau et la moelle épinière. Elle peut avoir des causes diverses, qui le plus souvent sont de nature virale ou bactérienne. Une méningite virale est généralement bénigne, alors que dans le cas d'une méningite bactérienne les symptômes sont plus forts et se déclarent plus rapidement. Une infection bactérienne peut en outre se transmettre au sang et provoquer une septicémie.

SYMPTÔMES

Ils sont les suivants :

- Fièvre
- Vomissements
- Apathie
- Manque d'appétit
- Somnolence
- Crise de convulsions, perte de connaissance.

PRIORITÉ SANTÉ

Le test du verre

Les signes d'une méningite ne sont pas toujours évidents à détecter, et encore moins chez un bébé : il est donc important de guetter tout signe éventuel, sans écarter la possibilité d'une méningite trop hâtivement lorsqu'on n'observe pas tout de suite d'éruption cutanée, car elle peut survenir dans un deuxième temps.
Dès lors qu'on détecte les signes d'une possible éruption (que ce soient un petit point rouge ou une tache plus étendue), on peut pour en vérifier la nature presser fermement le bord d'un verre dessus : s'ils s'estompent ou blanchissent sous la pression, *a priori* rien de bien grave ; mais s'ils restent tout aussi visibles à travers le verre, appelez les urgences.
Si, malgré ce test, vos inquiétudes persistent, vous pouvez tout de même consulter un médecin car si vous suspectez une méningite personne ne vous en voudra de vous être montré trop prudent.

Les enfants en âge de s'exprimer se plaindront de maux de tête, d'une raideur au niveau de la nuque et d'une sensibilité anormale à la lumière. Ils développeront par ailleurs une certaine léthargie. Si une septicémie bactérienne se développe, on peut observer une éruption cutanée sous la forme de petits points rouge vif qui finissent par se rejoindre pour former des plaques pourpres (voir encadré ci-dessus).

Si un quelconque signe vous fait suspecter une méningite, même s'il ne s'agit que d'une seule petite tache rouge, consultez immédiatement. Une méningite virale se soigne généralement en quelques jours. Cependant, certaines méningites sont très virulentes et nécessitent des soins en urgence. Certains enfants en guérissent vite, alors que d'autres en garderont toujours des séquelles, telles qu'une déficience auditive ou une épilepsie.

DIAGNOSTIC

Le médecin procède à une ponction lombaire, qui consiste à prélever un peu du liquide qui se trouve entre les méninges et la moelle épinière. Il peut également effectuer des prises de sang ainsi qu'un prélèvement dans la gorge pour arriver à identifier la bactérie à l'origine de l'infection.

TRAITEMENT

Une méningite d'origine bactérienne requiert un traitement immédiat avec prise d'antibiotiques par voie intraveineuse. On peut aussi injecter d'autres produits par intraveineuse ou administrer d'autres traitements jusqu'à ce que l'état de l'enfant s'améliore.

Un enfant atteint d'une méningite virale ne nécessite généralement que peu de soins.

ÉPIGLOTTITE

Infection sévère due à la bactérie *Haemophilus influenzae* de type B, qui cause l'inflammation de l'épiglotte, petite proéminence à l'arrière de la langue. Depuis que le vaccin contre cette bactérie est entré dans le calendrier vaccinal pour enfants (voir page 450), cette infection s'observe beaucoup plus rarement.

En gonflant, l'épiglotte et les tissus environnants limitent le passage de l'air dans la trachée et jusqu'aux poumons. L'infection peut se propager au sang (on parle alors de septicémie), et l'enfant peut alors aller particulièrement mal.

L'épiglottite frappe surtout les enfants âgés de 1 à 6 ans.

SYMPTÔMES

Votre bébé a beaucoup de fièvre, il est visiblement malade. Sa gorge est douloureuse, il a une gêne à la déglutition et salive beaucoup. Mais le symptôme le plus typique est de le trouver assis, penché en avant, la bouche ouverte, manifestant bruyamment son besoin de respirer. Si vous observez un tel comportement, consultez au plus vite.

TRAITEMENT

Si le médecin suspecte une épiglottite, il prendra immédiatement la décision de faire entuber votre enfant, ce qui se pratique sous anesthésie générale et nécessite par la suite une mise sous perfusion d'antibiotiques.

Avec un tel traitement, votre enfant se remettra parfaitement au bout de quelques jours. Son entourage proche et vous-même devrez en revanche prendre aussi des antibiotiques pour éviter toute contamination.

CONJONCTIVITE

C'est l'inflammation de la conjonctive (qui enveloppe le globe oculaire et l'intérieur de la paupière). Elle s'observe fréquemment, en particulier durant les deux premières semaines de vie.

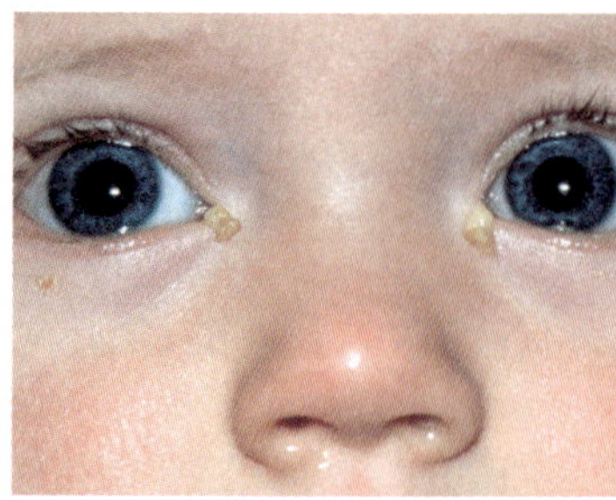

Une conjonctivite peut avoir diverses causes, dont une origine bactérienne, mais ne nécessite généralement aucun traitement.

SYMPTÔMES

On observe une rougeur de la conjonctive, pouvant s'accompagner d'écoulements purulents.

TRAITEMENT

Vous devez nettoyer les yeux de votre enfant avec un coton bien propre mouillé d'eau (en changeant de coton pour chaque œil).

Si la rougeur et les écoulements persistent, consultez un médecin qui pourra vous prescrire une crème ou des gouttes antibiotiques.

Une conjonctivite infectieuse étant très contagieuse, les enfants gardés en collectivité doivent rester à la maison jusqu'à ce qu'ils soient guéris ; ils ne doivent pas non plus prêter leurs bavoirs ou leurs serviettes car ce sont des agents de contamination très courants.

GASTRO-ENTÉRITE ET INTOXICATION ALIMENTAIRE

On peut avoir une gastro-entérite ou une intoxication alimentaire à tout âge, mais c'est particulièrement ennuyeux pour un bébé ou un jeune enfant car ils courent un risque sérieux de se déshydrater. Une gastro-entérite peut être due à toutes sortes de bactéries ou virus, dont certains résultent d'une hygiène alimentaire insuffisante. L'origine la plus fréquente de la gastro-entérite infectieuse chez l'enfant est un rotavirus, qu'on observe particulièrement en hiver ; les infections bactériennes sont beaucoup plus rares.

SYMPTÔMES

L'enfant a la diarrhée et peut aller jusqu'à vomir. Il est aussi possible qu'il ait de la fièvre, se montre apathique et que l'on observe des signes de déshydratation.

S'il a du sang dans ses selles, on peut suspecter une infection bactérienne. L'enfant risque alors de se plaindre de maux de ventre, avoir beaucoup de fièvre, qui peuvent déboucher sur des convulsions fébriles (voir page 455).

TRAITEMENT

Vous devez donner des médicaments pour faire baisser la fièvre, mais surtout bien faire boire votre enfant. Votre pédiatre ou votre pharmacien pourront vous conseiller certains solutés de réhydratation orale, qui doivent être administrés jusqu'à ce que les symptômes disparaissent : le bébé peut alors reprendre son régime habituel, sachant qu'il n'est pas nécessaire de supprimer le lait ni de le couper avec de l'eau.

Contactez votre médecin si :

- Diarrhée ou vomissements persistent au-delà de vingt-quatre heures.
- Votre bébé présente des signes de déshydratation.
- Il y a du sang dans ses selles.
- Il a beaucoup de fièvre.

Il se peut alors que votre bébé doive être hospitalisé pour être mis sous perfusion, et afin qu'on puisse prélever et analyser des échantillons de ses selles. Si ces examens révèlent une origine bactérienne, il sera certainement mis sous antibiotiques.

On ne donne pas de médicaments pour traiter la diarrhée car cela peut n'avoir pour effet que d'aggraver les symptômes. Si votre enfant a des problèmes gastriques, n'attendez pas qu'il se déshydrate pour l'encourager à boire.

INFECTIONS URINAIRES

Ces infections sont assez courantes chez l'enfant et peuvent affecter l'urètre (cystite) ou les reins (pyélonéphrite) ; on doit toujours rechercher la cause de l'infection afin d'adapter le traitement. Certains enfants ont un problème au niveau des voies urinaires qui les rend plus sensibles à ce type d'infection. De manière générale, une infection rénale doit être soignée au plus vite afin d'éviter qu'elle gagne les reins.

SYMPTÔMES

Les symptômes pour une cystite sont souvent légers, l'enfant n'a pas de fièvre ou à peine. En revanche, s'il souffre d'une pyélonéphrite, il se sentira mal et aura beaucoup de fièvre.

Un bébé atteint d'une infection urinaire n'est pas capable d'expliquer ce qu'il a. En tant que parent, vous constaterez juste qu'il a un peu de fièvre et pourrez croire qu'il a simplement attrapé un virus. Si la fièvre dépasse les 39 °C, il y a risque de convulsions fébriles (voir page 455) ; le bébé peut aussi se mettre à vomir, avoir la diarrhée et refuser de bien s'alimenter ; vous devrez alors prendre garde à ce qu'il

Prélever un échantillon d'urine

Pour prélever un échantillon d'urine chez un jeune enfant, on peut soit lui demander de faire pipi dans un pot parfaitement propre, soit l'équiper d'une poche en plastique adhésive (après avoir bien nettoyé la peau aux endroits de contact pour retirer le plus d'agents contaminants possibles), que l'on enlève dès que la miction a eu lieu. Chez un jeune enfant très malade, un médecin peut collecter l'urine directement dans la vessie à l'aide d'une seringue : on appelle cela une ponction sus-pubienne. On peut aussi effectuer un prélèvement par cathétérisme, l'idéal étant, bien sûr, lorsque l'enfant est plus grand, de lui demander de produire lui-même un échantillon par mi-jet.

ne se déshydrate pas. Enfin, il est aussi possible qu'il présente un ictère, qui se manifeste par un jaunissement de la peau et du blanc des yeux.

Chez un enfant plus âgé, les symptômes seront probablement non spécifiques – fièvre, léthargie, manque d'appétit, vomissements et diarrhée – mais ils pourront s'accompagner de signes plus révélateurs comme une baisse de la production d'urine, une douleur à la miction, une douleur abdominale ainsi qu'une douleur dans le bas du dos. On pourra aussi parfois observer un problème d'énurésie nocturne, chez des enfants chez lesquels la propreté était parfaitement acquise.

DIAGNOSTIC ET TRAITEMENT

Une infection urinaire nécessite la mise en place rapide d'un traitement antibiotique soignant les causes infectieuses les plus courantes chez l'enfant. On adaptera ce traitement par la suite, une fois l'urine analysée et la bactérie en cause identifiée.

L'échantillon d'urine sera soit analysé sur place, soit envoyé à un laboratoire.

ZOOM SUR... le reflux vésico-urétéral (RVU)

Le reflux vésico-urétéral, souvent héréditaire, résulte d'une anomalie fonctionnelle ou anatomique des voies urinaires. D'habitude, les uretères (tubes musculaires qui relient les reins à la vessie) rejoignent la vessie suivant un angle oblique, ce qui empêche le reflux de l'urine et explique l'absence de valve, *a priori* inutile. En cas de RVU, cet angle oblique ne se retrouve pas, provoquant un reflux plus ou moins sévère selon que l'urine remonte dans l'uretère uniquement lorsque la vessie se contracte pour une miction, ou qu'elle remonte jusqu'aux reins même sans miction. Dans ce dernier cas, une cystite peut provoquer de graves dommages car l'urine infectée touche les reins, pouvant susciter maladies chroniques des reins et problèmes de tension.
Le RVU a tendance à s'estomper avec l'âge, mais on doit durant tout le temps où on l'observe protéger les reins des infections.
Les enfants chez qui l'on a mis en évidence un RVU peuvent devoir subir un scanner ou une radiographie afin de déterminer leur type de reflux. Pour minimiser le risque d'infection, on leur prescrit généralement une cure d'antibiotiques.

CONSTIPATION

Tous les bébés n'ont pas le même transit : certains ont des selles tous les jours presque à heure fixe, d'autres peuvent ne pas en avoir pendant trois ou quatre jours, notamment ceux qui sont au sein. Si l'on remarque que les selles sont dures et espacées, et qu'elles génèrent de l'inconfort ou une douleur, on peut suspecter un problème de constipation.

Un enfant peut connaître un petit épisode de constipation à la suite d'une maladie infectieuse telle qu'un rhume ; il arrive aussi qu'il se fasse une petite déchirure au niveau de l'anus, provoquée par une selle trop dure ou trop grosse, qui l'amène alors à se retenir, mais tout revient dans l'ordre lorsque la blessure guérit. La constipation peut aussi devenir un problème persistant, le plus souvent d'ordre psychologique, qu'elle soit liée à un refus du pot, à des problèmes familiaux ou à une difficulté d'adaptation en crèche. Elle relève rarement d'un problème médical tel qu'une hypothyroïdie ou une déficience musculaire dans le bas des intestins.

SYMPTÔMES

L'enfant constipé éprouve des douleurs en essayant d'aller à la selle, ou il se plaint, avant d'y aller, d'avoir mal au ventre. Le rectum peut se remplir et se distendre au point qu'il ne ressent plus l'envie d'aller aux toilettes et perd le contrôle de ses sphincters.

DIAGNOSTIC ET TRAITEMENT

Si vous pensez que votre bébé est constipé, consultez rapidement : le médecin aura besoin d'examiner votre enfant pour vous conseiller sur la manière de rétablir son transit.

Une constipation légère se soigne généralement en faisant bien boire l'enfant et en lui proposant davantage d'aliments à base de fibres. Certains laxatifs permettent de retenir plus de liquides dans les intestins et de ramollir les selles, tandis que d'autres stimulent l'activité de la paroi intestinale.

ZOOM SUR... **le zona**

Cette maladie affecte surtout les adultes, mais il arrive aussi qu'elle touche les enfants. Elle est due au virus responsable de la varicelle, qui peut rester latent dans les cellules nerveuses puis se réactiver, provoquant l'éruption de cloques sur une zone en particulier, souvent le dos.
L'éruption est souvent précédée de démangeaisons et d'une sensation d'inconfort ; la mise en place rapide d'un traitement antiviral permet d'en réduire l'ampleur et la durée.

Une constipation plus sévère nécessite un traitement plus énergique, pouvant comprendre des laxatifs stimulants ou osmotiques et des boissons spécialement conçues pour augmenter l'eau contenue dans les selles. Certains traitements doivent être pris sur une certaine durée pour que de nouvelles habitudes intestinales se mettent en place ; on rappelle généralement aussi le fameux conseil consistant à manger au moins cinq fruits et légumes par jour, en pensant par ailleurs à boire suffisamment.

Dans les cas les moins graves, la constipation disparaît au bout de quelques jours, mais si cela dure plus longtemps, le rectum peut s'en trouver distendu et l'enfant mettra un certain temps pour reconnaître de nouveau les signes qu'il est sur le point de déféquer. Une constipation chronique accompagnée d'un problème de propreté peut s'avérer très difficile à gérer pour un enfant, qui aura besoin de beaucoup de soutien et de compréhension de la part de ses parents.

VARICELLE

Cette maladie très répandue est provoquée par le virus varicelle-zona, qui déclenche une éruption cutanée caractéristique.

SYMPTÔMES

Des boutons rouges apparaissent qui se transforment en cloques, souvent d'abord sur le visage et le tronc, puis sur les membres ; on relève aussi une légère fièvre. Les boutons mettent environ cinq jours pour sortir, puis il s'y forme des croûtes. Chez certains enfants, la varicelle peut se réduire à seulement quelques boutons.

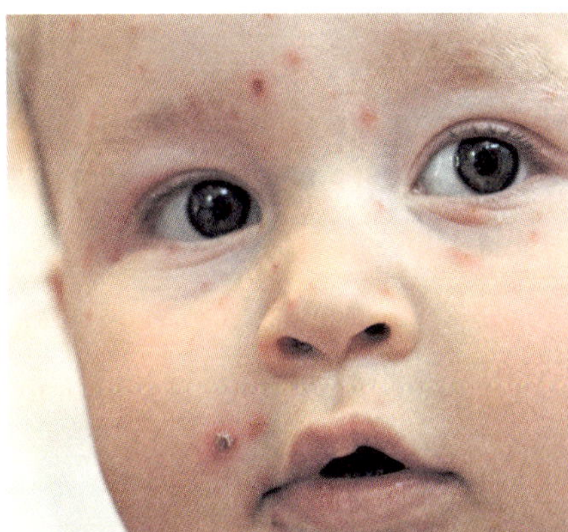

La plupart des bébés sont principalement gênés par les démangeaisons qu'entraîne l'éruption, ou par un bouton dans la bouche, qui peut être douloureux. On observe rarement une surinfection bactérienne des boutons, et plus rarement encore des complications conduisant à une encéphalite (inflammation du cerveau).

DIAGNOSTIC ET TRAITEMENT

L'éruption cutanée rend généralement le diagnostic aisé. Quant au traitement, il consiste le plus souvent à appliquer une crème calmante et cicatrisante, en complément d'un médicament contre la fièvre. Les enfants qui présentent une immunité déficiente réagissent plus au virus de la varicelle ; on préfère donc généralement leur administrer un traitement antiviral en perfusion, de même qu'à tout autre nourrisson, adolescent ou adulte présentant une réaction virulente.

La plupart des enfants guérissent en une dizaine de jours, sachant qu'une fois que l'on a eu la varicelle on ne risque plus de l'attraper ; le virus peut cependant rester latent dans certaines cellules nerveuses telles que celles du dos, et provoquer par la suite un zona (voir encadré page 474). La varicelle n'est plus contagieuse lorsque les cloques se sont toutes asséchées.

ÉRYTHÈME INFECTIEUX

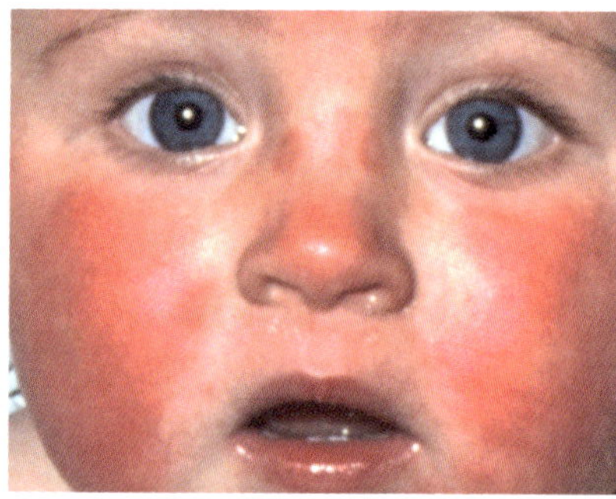

L'érythème infectieux, également appelé « cinquième maladie », peut s'attraper en toutes saisons mais sévit particulièrement au printemps. Il se transmet par les sécrétions des personnes infectées, et peut s'attraper à tout âge.

SYMPTÔMES

L'enfant a d'abord de la fièvre et des maux de tête. Les anglophones parlent de *slapped cheek syndrome*, car on a l'impression que la joue a reçu une gifle, symptôme qui apparaît environ une semaine plus tard. L'enfant peut avoir un peu de fièvre ou pas du tout ; une éruption apparaît ensuite sur le tronc, les bras et les cuisses, qui peut s'accompagner de démangeaisons et persister jusqu'à six semaines.

On observe rarement des complications chez l'enfant, hormis parfois des inflammations ou des douleurs articulaires.

TRAITEMENT

Aucun traitement spécifique n'est requis car les symptômes sont légers, et l'enfant n'est pas obligé de rester à la maison.

SYNDROME BOUCHE-MAIN-PIED

Cette maladie virale très répandue se caractérise par des lésions vésiculeuses de la bouche (y compris sur la langue), ainsi que sur les mains et les pieds. Ces lésions, douloureuses, se résorbent en une semaine. La maladie peut survenir à n'importe quel âge, mais elle touche particulièrement les enfants de moins de 10 ans. On ne doit pas la confondre avec la fièvre aphteuse, qui affecte les porcs, les moutons et les bovins.

SYMPTÔMES

L'enfant devient d'abord pâle et fiévreux pendant un jour ou deux, puis il se met à avoir mal à la gorge et des petits boutons apparaissent dans sa bouche, qui se transforment en ulcères buccaux. Un jour ou deux plus tard, d'autres boutons se forment sur ses mains, ses pieds, ses jambes, ses fesses et parfois d'autres endroits du corps. Ils ressemblent aux boutons de la varicelle mais sont plus petits, et généralement ils brûlent au lieu de simplement gratter.

Les rares complications possibles sont une inflammation du cœur (myocardite) ou une encéphalite (inflammation du cerveau).

TRAITEMENT

On administre du paracétamol ou d'autres médicaments du même type pour faire baisser la fièvre et soulager les douleurs buccales, sachant que certaines boissons ou aliments frais tels que les crèmes glacées peuvent également les atténuer. S'il s'agit d'un bébé, vous devez le faire boire même si cela lui est désagréable. Cette maladie est particulièrement contagieuse pendant la phase d'éruption des boutons et des ulcères, mais ensuite le virus passe dans les selles ; il est donc important d'observer des règles d'hygiène parfaites, notamment se laver les mains soigneusement avant de manger ou après être allé aux toilettes, ce qui réduira beaucoup le risque de contagion.

Cette maladie est relativement bénigne et les symptômes se résorbent généralement au bout d'environ une semaine. L'enfant sera principalement gêné par les plaies au niveau de la bouche, qui pourront provoquer un inconfort lorsqu'il mange ou avale.

ROUGEOLE

Cette maladie infantile virale s'observe beaucoup moins de nos jours grâce au grand nombre d'enfants qui ont reçu le vaccin ROR ; elle n'a pour autant pas disparu, et a même connu un pic de recrudescence à la suite de la période où l'on s'est mis à moins administrer ce vaccin.

La rougeole peut être très dangereuse et si, généralement, les enfants qui l'attrapent se sentent juste un peu malades, un nombre réduit mais tout de même significatif (environ un cas sur cinq mille) pourra développer des complications potentiellement mortelles telles qu'une inflammation du cerveau (encéphalite), des diarrhées ou une hépatite (inflammation du foie). Les enfants présentant une déficience immunitaire, tels que ceux qui sont sous chimiothérapie, sont particulièrement exposés à ce genre de complications.

SYMPTÔMES

Ils sont d'abord de type grippal : fièvre, nez bouché, toux, et sont parfois doublés d'une conjonctivite. Au bout d'environ trois jours, une éruption survient, d'abord sur le visage, puis derrière les oreilles, qui se propage ensuite au reste du corps. Ce sont d'abord des amas de petits boutons, qui se rejoignent au bout d'environ trois jours pour former des taches. Une otite ou une pneumonie peuvent aussi se déclarer.

TRAITEMENT

Il consiste généralement à faire baisser la fièvre et à veiller à ce que l'enfant boive suffisamment. En cas d'otite ou de pneumonie, on prescrit en plus des antibiotiques.

La rubéole est déjà contagieuse avant même que survienne l'éruption cutanée, et le demeure dans les cinq jours qui la suivent.

OREILLONS

Certains enfants ont les oreillons sans presque qu'on s'en aperçoive, d'autres auront des ganglions et de la fièvre pendant trois jours. Les complications sont rares, et si l'on observe parfois une déficience auditive, elle demeure temporaire et ne concerne presque toujours qu'une oreille.

Dans de rares cas, les oreillons déclenchent une méningite, inflammation des membranes recouvrant le cerveau et la moelle épinière (voir page 466), ou provoque une infection du cerveau lui-même (encéphalite). On observe aussi parfois l'inflammation d'un testicule, mais davantage chez les adolescents et les adultes que chez les jeunes enfants. L'inflammation ne touche presque jamais les deux testicules, et n'engendre donc presque jamais de problème d'infertilité. Enfin, une inflammation articulaire peut survenir (arthrite).

Cette maladie virale se rencontre beaucoup moins depuis que le vaccin ROR a été mis en place dans le calendrier vaccinal, mais elle a connu un pic de recrudescence après la fameuse période où l'on s'est mis à moins vacciner les enfants. Votre enfant risque d'attraper les oreillons surtout en hiver et au printemps, par les sécrétions des personnes infectées.

SYMPTÔMES

Des ganglions se forment derrière une oreille, puis quelques jours plus tard derrière l'autre. Ils se résorbent au bout de cinq à dix jours, mais peuvent être douloureux et gêner la déglutition. La maladie reste contagieuse une semaine après leur apparition.

TRAITEMENT

Si l'enfant éprouve une gêne à la déglutition, faites-le beaucoup boire et donnez-lui des aliments faciles à avaler. Un antidouleur pour enfants le soulagera et fera baisser sa fièvre. Vous devez consulter votre médecin sans tarder si votre enfant vous paraît très affecté, se plaint de maux de tête ou d'avoir la nuque raide, mais aussi si vous observez un gonflement au niveau des testicules, une douleur abdominale ou une douleur persistante aux oreilles.

ROSÉOLE INFANTILE

Cette maladie virale commune provoque une éruption cutanée ainsi qu'une fièvre élevée. Elle touche surtout les enfants âgés de 6 à 24 mois.

SYMPTÔMES

Forte fièvre, toux sèche, oreilles douloureuses et ganglions dans le cou sont les symptômes les plus typiques, qui s'accompagnent parfois d'une diarrhée modérée. Quelques jours plus tard, des petits boutons apparaissent sur le visage et sur le tronc.

TRAITEMENT

Aucun traitement particulier n'est requis, sauf pour traiter une fièvre qui pourrait générer des convulsions fébriles (voir page 455). On doit bien sûr toujours s'assurer que son enfant boit suffisamment et lui administrer un antidouleur s'il ne se sent pas bien. On en guérit au bout d'une semaine.

RUBÉOLE

Aussi connue sous le nom de « rougeole allemande », cette infection virale est généralement bénigne et peut passer inaperçue. Elle n'est en réalité dangereuse pour le bébé que pendant la période de gestation, et se transmet par les sécrétions des personnes infectées.

SYMPTÔMES

On observe une éruption de petits boutons, d'abord sur le visage et le tronc puis sur tout le corps. Cette éruption persiste jusqu'à cinq jours. Des glandes lymphatiques enflées (ganglions) et une fièvre modérée sont les symptômes éventuels de la maladie. Exceptionnellement, on observe aussi une inflammation des articulations (arthrite) ou du cerveau (encéphalite).

TRAITEMENT

Aucun traitement particulier n'est requis, hormis le fait de juguler la fièvre ou l'inconfort à l'aide des médicaments usuels.

VERS INTESTINAUX (OU OXYURES)

Ces parasites se retrouvent assez fréquemment chez les enfants qui ne sont pas encore en âge d'être scolarisés. Ce sont des petits vers qui prolifèrent dans l'intestin et dont les femelles migrent la nuit vers l'anus pour y pondre leurs œufs. L'enfant se gratte, prélevant ainsi des œufs avec lesquels il contamine d'autres personnes qui les ingèrent, et recréent ainsi un nouveau cycle.

Les vers intestinaux se répandent facilement et nécessitent des mesures d'hygiène strictes pour en venir à bout.

SYMPTÔMES

Les vers peuvent provoquer des démangeaisons intenses dans la région anale et parfois dans les parties génitales. Il arrive aussi que l'enfant n'ait pas de symptômes et ne se plaigne pas, auquel cas on mettra un certain temps pour s'apercevoir du problème. On peut normalement apercevoir les petits vers à l'œil nu lorsqu'on examine l'anus de l'enfant.

TRAITEMENT

Vous devez couper court les ongles de votre enfant pour éviter qu'il se gratte, et essayer de l'empêcher de sucer son pouce ou de se ronger les ongles. S'il accepte de les garder, vous pouvez également lui faire porter des gants en coton.

L'enfant doit impérativement se laver bien et souvent les mains pour se débarrasser des vers, mais aussi pour empêcher une réinfestation. Changez-lui ses sous-vêtements le matin, et faites-lui faire une toilette car de nouveaux œufs auront pu être pondus pendant la nuit. Pour limiter tout risque de propagation, chaque membre de la famille doit avoir sa propre serviette de bain, qui doit être lavée fréquemment. Vous devez observer ces mesures pendant au moins six semaines, lesquelles correspondent à la durée de vie des vers. Divers traitements peuvent être prescrits, mais ils ne permettent pas de tuer les œufs et exigent donc aussi d'observer les mêmes mesures d'hygiène strictes pendant quinze jours, sans compter que tous les membres de la famille devront également être traités.

Même avec les médicaments et ces mesures d'hygiène, on peut avoir du mal à se débarrasser de ces vers, auquel cas votre médecin pourra vous conseiller encore d'autres médicaments et d'éventuelles mesures complémentaires, comme passer l'aspirateur sur le matelas et changer souvent la literie et le linge de nuit.

POUX

Beaucoup d'enfants en attrapent, surtout dans les crèches ou les écoles, lieux qui favorisent leur transmission.

SYMPTÔMES

L'enfant se met à se gratter la tête, et lorsqu'on examine son cuir chevelu on peut voir soit des poux, soit leurs œufs, appelés « lentes », collés à ses cheveux et qui ne s'éloignent du cuir chevelu que parce que ces derniers poussent.

TRAITEMENT

Les produits changent car les poux développent une résistance à certains d'entre eux, mais ils consistent toujours en l'application d'une lotion pour les cheveux ou d'un shampoing, associée à l'utilisation d'un peigne à dents serrées pour retirer les lentes. Si votre enfant a des poux, demandez conseil à votre pharmacien.

Les poux se transmettent par le contact des cheveux mais aussi par l'intermédiaire des brosses, des peignes, des vêtements et des serviettes.

IMPÉTIGO

Ce problème de peau assez fréquent est d'origine bactérienne. Très contagieux, il s'observe surtout dans la petite enfance et tend à gagner les zones cutanées déjà fragilisées par exemple par de l'eczéma.

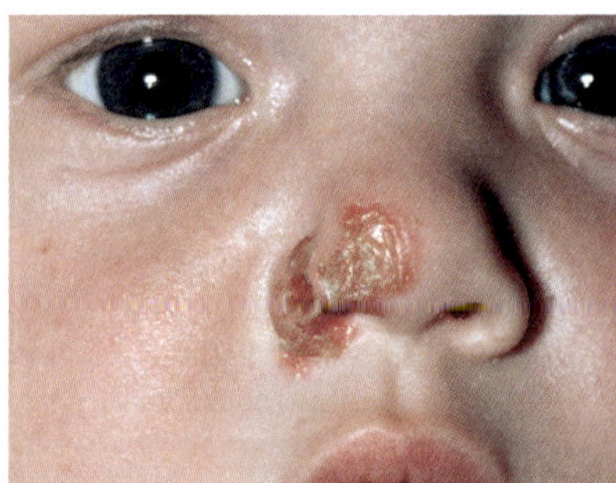

SYMPTÔMES

Ce sont presque toujours d'abord le visage et les mains qui deviennent rouges, puis les symptômes

ZOOM SUR... la dermatite séborrhéique

Cette forme d'inflammation cutanée affecte généralement d'abord le cuir chevelu, puis elle peut s'étendre au visage et aux divers endroits où se trouvent des plis (derrière les oreilles, dans le cou, sous les bras, vers l'aine, voire dans les plis des cuisses). La dermatite séborrhéique touche les nourrissons mais ne provoque ni démangeaisons, ni gêne particulière. On appelle croûtes de lait les croûtes jaunes qui se forment sur le cuir chevelu, alors que sur le reste du corps on observe seulement des rougeurs.

Divers traitements existent, dont des crèmes hydratantes spéciales et d'autres produits destinés à traiter les infections bactériennes et fongiques (pour éviter qu'elles perpétuent le cycle). Des onguents spéciaux permettent de retirer les croûtes de lait, qui se décollent plus facilement après avoir laisser agir quelques heures.

s'étendent à d'autres parties du corps. Ensuite de petites cloques se forment, qui éclatent et laissent place à des croûtes d'une couleur miel très caractéristique.

DIAGNOSTIC ET TRAITEMENT

C'est en examinant les zones affectées que l'on pose généralement le diagnostic, ou bien en analysant un prélèvement pour isoler la bactérie en cause. Le traitement est à base d'antibiotiques, en comprimés ou bien en crème pour les cas modérés. Cette maladie étant très contagieuse, gardez votre enfant à la maison jusqu'à ce que ses croûtes se soient complètement asséchées.

ECZÉMA

L'eczéma est une maladie chronique, qui touche particulièrement les enfants et peut nécessiter l'intervention d'un spécialiste. Cette maladie de la peau se manifeste par des rougeurs et des démangeaisons, que l'on soigne très bien grâce aux mesures ci-après.

Un enfant sur cinq environ développe un eczéma atopique (associé à un problème d'allergie), qui survient généralement durant sa première année de vie. Le plus souvent, ces enfants ont des antécédents allergiques dans leur famille, avec par exemple des problèmes d'asthme ou de rhume des foins, auxquels eux-mêmes sont d'ailleurs particulièrement exposés. Ils peuvent aussi être allergiques à un aliment particulier ou à un composant alimentaire. L'eczéma atopique tend à se résorber avec l'âge, et disparaît chez la moitié des enfants lorsqu'ils grandissent.

Aller chez le médecin

Pour une affection courante

Vous pourrez trouver difficile, même pour une affection courante, de retenir toutes les informations fournies par votre médecin lors d'une consultation. Pour être sûr d'en retenir les principaux enseignements, vous pouvez tout à fait préparer à l'avance les questions suivantes, afin de bien en noter les réponses :

- Quel est le diagnostic ?
- En combien de temps mon enfant devrait-il guérir ?
- Quel va être son traitement, et que dois-je faire pour soulager ses symptômes ?
- Dois-je consulter de nouveau si je ne constate pas d'amélioration au bout de vingt-quatre heures ?

Pour une affection grave

Si vous consultez un médecin parce que votre enfant souffre d'une affection courante telle qu'une infection virale, le diagnostic et le traitement seront généralement faciles à comprendre ; ils le seront sans doute moins si votre enfant est gravement malade. Il pourra alors être utile de vous faire accompagner par un ami ou par un membre de votre famille, qui pourra vous aider à retenir les informations qui vous seront données.

Il sera aussi bon de réfléchir avant tout entretien avec un médecin à ce qui vous préoccupe, et de préparer une liste de questions : il peut en effet être très frustrant de ressortir d'un rendez-vous pris de longue date pour se rendre compte que l'on a oublié de demander certaines choses. N'oubliez pas non plus de noter le nom du médecin qui vous a reçu, ainsi que ceux de vos autres contacts. Demandez ce qui va se passer ensuite, et de quelle manière votre médecin traitant sera informé du dossier médical de votre enfant ; normalement, vous devriez vous voir remettre une copie de tous les courriers qui lui seront adressés, et si tel n'est pas le cas vous pouvez en faire la demande.

Si l'on vous délivre des nouvelles inquiétantes concernant votre enfant et que vous ressentez le besoin d'en parler, sachez qu'il existe au sein de l'hôpital un service consacré à l'écoute et au soutien de la famille : renseignez-vous donc à ce sujet, et n'hésitez pas à demander à votre médecin de vous écrire le nom exact du mal dont votre enfant souffre ; le cas échéant, il pourra vous faire un croquis pour vous aider à comprendre ce dont il s'agit.

SYMPTÔMES

L'eczéma provoque rougeurs et démangeaisons, qui peuvent être intenses au point de réveiller l'enfant la nuit, sachant qu'un environnement confiné tend à aggraver les symptômes. Les zones où l'enfant se gratte deviennent purulentes, puis forment des croûtes. Des grattages répétés peuvent entraîner un épaississement de la peau, qui devient alors très sèche et nécessite l'application fréquente d'une crème hydratante.

L'eczéma a tendance à affecter différentes parties du corps selon l'âge de l'enfant : chez le nourrisson, il touche plus souvent le visage, le cou et parfois le cuir chevelu, alors que chez les enfants plus grands on en retrouve surtout au niveau des plis des articulations.

Il arrive qu'une plaque d'eczéma s'infecte, car les bactéries traversent plus facilement la barrière cutanée lorsque la peau est fragilisée, c'est ainsi qu'un herpès, par exemple, pourra venir se greffer sur un problème d'eczéma. Enfin, on s'est aperçu que l'eczéma tend à s'aggraver dans les périodes où les enfants qui y sont sujets sont stressés.

TRAITEMENT

Vous devez en premier lieu bien couper les ongles de votre enfant, éviter certaines substances irritantes pour sa peau telles que le savon, et l'habiller avec des matières non synthétiques.

Choisissez un bon émollient pour hydrater sa peau, ainsi qu'un substitut de savon convenant pour ce type de problème. Divers onguents existent aussi y compris des stéroïdes, dont vous devez user avec parcimonie et seulement avec l'accord de votre médecin. Ce dernier vous prescrira peut-être des antihistaminiques pour soulager les démangeaisons, ainsi que d'autres médicaments pour traiter les éventuelles infections bactériennes et virales.

En cas d'eczéma sévère, on fait parfois recouvrir les zones concernées de bandages humides, afin de faciliter l'absorption des traitements par la peau et de protéger l'eczéma du grattage par les ongles. Dans de rares cas seulement, l'eczéma requiert une hospitalisation.

13 Quand votre bébé est différent

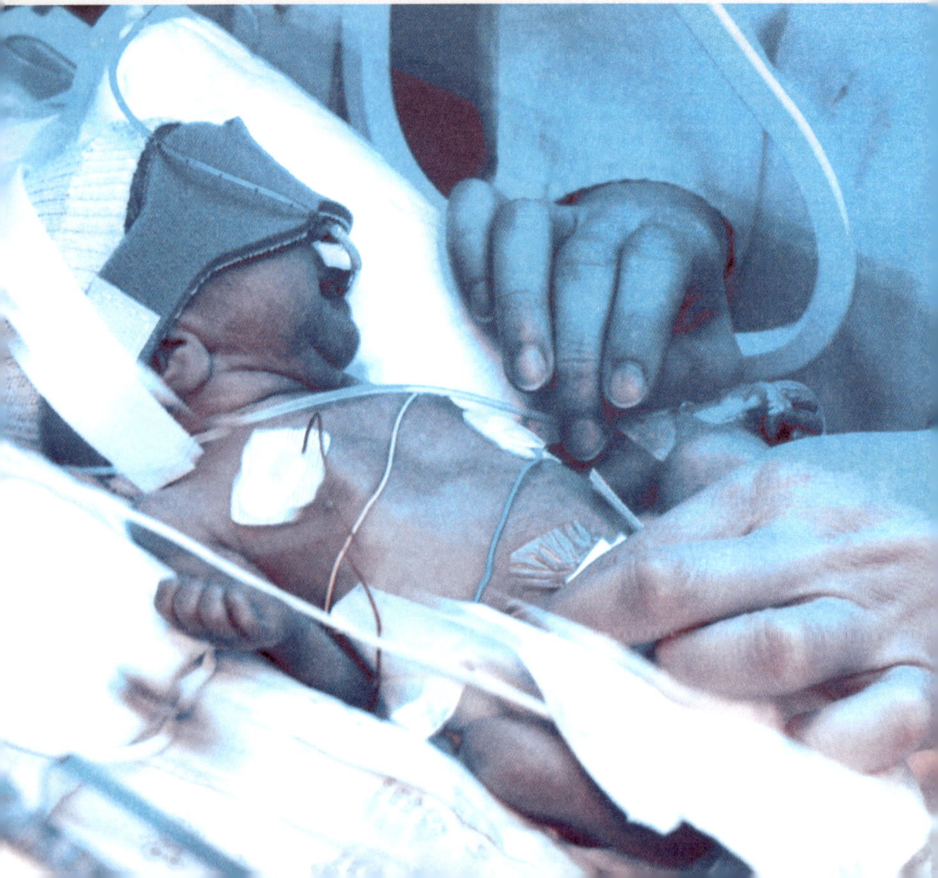

Une épreuve pour les parents

La plupart des parents s'attendent à un accouchement sans problème, avec à la clé un bébé parfait : cela tient sans doute au fait que l'espèce humaine se doit d'être optimiste, car, si nous envisagions toujours le pire, nous serions dans un état d'angoisse permanent. Malheureusement, tous les bébés ne naissent pas parfaitement formés ou normaux, et c'est toujours un grand choc pour les parents que de se trouver confrontés à ce genre de cas. Si votre bébé a un problème, vous pourrez, sous le coup de l'émotion, penser que ce qui vous arrive est insurmontable, mais sachez que vous finirez par apprendre à gérer les difficultés, souvent bien mieux que vous ne pouviez l'envisager dans un premier temps.

C'est parfois l'accouchement lui-même qui provoque une blessure ou un problème médical ponctuel, plus rarement une malformation, telle qu'une luxation, ou encore un handicap plus sérieux. La plupart du temps, le traitement mis en place n'est que de courte durée, mais il peut parfois perdurer durant toute la vie de votre enfant, et influera alors sur la manière dont vous prendrez soin de lui et l'élèverez. Pour plus d'explications sur les blessures et problèmes fréquents lors de l'accouchement, reportez-vous aux pages 498 à 507.

Outre les tâches déjà épuisantes auxquelles sont aussi confrontés tous les parents, il vous faudra peut-être administrer un traitement quotidien à votre enfant, vous fournir en équipements ou matériels adaptés, consulter des spécialistes, planifier des sessions de rééducation physique ou comportementale, et prévoir éventuellement des séances chez un orthophoniste. Vous devez rester en contact quasi permanent avec votre médecin traitant, vous renseigner auprès de votre mairie sur les services auxquels a droit votre enfant, et vous tenir continuellement informé des dernières avancées thérapeutiques; sans compter le fait qu'il peut être physiquement épuisant de s'occuper d'un enfant que des problèmes moteurs empêchent d'être autonome.

Programmes d'intervention précoce: sont-ils efficaces ?

Les programmes d'intervention précoce sont assez récents. On considère aujourd'hui qu'ils sont utiles, car des études sur des animaux ont clairement démontré que les fonctions cérébrales peuvent largement évoluer lorsqu'on leur fournit un « apprentissage » et une stimulation renforcés. Cette aptitude qu'a le cerveau d'un jeune animal (ou d'un jeune enfant) à emmagasiner de nouvelles informations est appelée « plasticité ». Cette qualité, qui permet d'accroître les capacités d'apprentissage, diminue fortement chez les enfants plus grands et les adultes.

On espère ainsi qu'en stimulant au maximum l'enfant au moment où ses capacités d'apprentissage sont optimales, on va pouvoir annuler, ou du moins minimiser, les déficits déjà enregistrés. Ainsi, des études ont révélé que les programmes « head start » mis en place aux États-Unis avaient eu des effets positifs sur des enfants atteints notamment du syndrome de Down (ou trisomie 21), avec une amélioration cognitive, une meilleure adaptabilité, une amélioration de la motricité fine et de l'autonomie, par comparaison avec un groupe similaire d'enfants n'ayant pas suivi ce programme, et ayant comme eux l'âge d'entrer en maternelle. Après quelques années, la différence notée entre les deux groupes s'était néanmoins estompée.

L'intervention précoce s'est révélée efficace pour aider les enfants atteints d'autisme et de troubles de l'audition, elle a en outre permis à certains enfants prématurés de mieux se développer. Malgré tout, on ne peut affirmer avec certitude que ce programme présente un bénéfice réel pour tous les enfants: chez ceux présentant une paralysie cérébrale ou un retard dans le développement non dû à une prématurité, l'intervention précoce paraît réellement être un plus. Toutefois les progrès ne sont pas aussi importants qu'on pourrait l'espérer et semblent concerner surtout les enfants les moins gravement atteints.

Certaines interrogations subsistent sur la manière d'identifier clairement les enfants qui peuvent en tirer un vrai bénéfice, et sur l'importance de ce bénéfice à long terme.

À l'évidence, des études complémentaires devront encore être menées pour que l'on puisse affirmer avec certitude que ces programmes sont vraiment utiles.

Rien d'étonnant, du coup, à ce que vous éprouviez des sentiments ambivalents à l'égard de cet enfant: même s'ils devraient être la plupart du temps positifs, il pourra vous arriver de lui en vouloir, ou plutôt d'en vouloir à son handicap. Bien que cela n'ait rien d'anormal, vous risquez alors d'éprouver de la colère vis-à-vis de vous-même, mêlée d'un sentiment de tristesse et de culpabilité.

Vous ne pourrez sans doute pas vous empêcher d'imaginer comment votre enfant aurait pu être s'il avait été normal et en retirerez peut-être une certaine amertume, en vous disant aussi que vous n'avez finalement pas la vie dont vous auriez pu rêver.

Essayez de ne pas avoir honte de ressentir tout cela, et rappelez-vous qu'il nous arrive à tous de nous apitoyer sur nous-mêmes.

Il est bien évidemment difficile, voire frustrant, de s'occuper d'un enfant qui n'est pas en parfaite santé ou totalement apte physiquement ; il ne faudra donc pas vous en vouloir si vous vous sentez parfois découragés... Attendez-vous, dans l'ensemble, à devoir subir un niveau de stress plus élevé que la normale, et à ne pas toujours vous entendre avec votre conjoint sur les décisions à prendre concernant votre enfant, car celles-ci ne seront pas toujours évidentes ni agréables.

SOINS MÉDICAUX

Tâchez de trouver pour votre enfant un médecin à la fois compétent et disponible, et qui ait, de préférence, déjà une expérience de son type de problème. Les spécialistes sont des acteurs importants de l'équipe médicale qui prend en charge votre enfant, mais n'oubliez pas qu'ils ont tendance à ne s'attacher qu'à un des aspects de l'enfant, laissant à votre pédiatre ou à votre médecin traitant un rôle prépondérant à jouer : outre les vaccins ou le traitement d'affections bénignes, ce dernier coordonne les soins de votre enfant et veille à son bien-être général ; veillez donc à le tenir informé de tous les traitements mis en place par les spécialistes, sans hésiter à lui demander son avis ou quelles démarches ultérieures il pourrait suggérer.

Dans tous les cas cependant, ne perdez jamais de vue le fait que vous demeurez, par rapport à cette équipe médicale, les personnes les plus importantes pour votre enfant : personne n'en sait plus que vous sur son histoire, sur les soins qu'il a déjà pu recevoir et sur ses besoins futurs. Pour rester le plus efficace possible, pensez à vous organiser en tenant, par exemple, un calendrier ou en créant un tableau sur votre ordinateur, sur lesquels noter tous les rendez-vous importants et les démarches à effectuer.

Si certains soins ou équipements vous sont refusés par la caisse d'assurance maladie de votre localité, demandez à votre médecin de vous aider à faire évoluer cette décision : parfois le fait de fournir davantage de documentation ou des courriers d'un personnel soignant permettra de la faire changer d'avis.

Équipements spéciaux

Une large gamme de produits peut vous aider à vous occuper d'un jeune enfant ayant des besoins particuliers. Certains peuvent vous être fournis par les centres d'aide à l'indépendance des handicapés, d'autres pourront être remboursés par votre assurance.

Chaises et transats de baignoire

Disponibles sous diverses formes, ils facilitent largement la vie des parents, car il peut être extrêmement malaisé – et mauvais pour le dos - de donner le bain à un jeune enfant dans une grande baignoire.

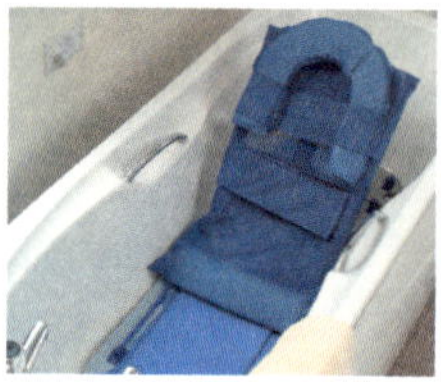

Pots spéciaux

On trouve des pots et des anneaux réducteurs de toilettes munis d'un dossier intégral, ainsi que des chaises percées à roulettes lesquelles servent aussi bien pour la douche que pour les toilettes, ce qui peut se montrer très pratique.

Lits à barreaux

Optez pour un lit dont le sommier se règle en hauteur et dont la barrière latérale s'abaisse – vous y installerez plus facilement votre enfant. Prévoyez aussi un matelas et des oreillers anti-suffocation, où se crée une poche d'air lorsque la tête de l'enfant s'y appuie.

Activités ludiques

Certains jouets présentent un réel intérêt pour aider les enfants à améliorer leur sens de l'équilibre ou leurs capacités à manipuler et à coordonner, tandis que d'autres sont spécialement conçus pour venir en appoint d'une thérapie ou pour permettre de jouer en toute sécurité. On trouve aussi des jouets munis d'interrupteurs ou de manettes spéciales, adaptés à certains handicaps.

Vêtements spéciaux

Dotés de scratchs positionnés uniquement sur le devant, ils permettent d'habiller un nourrisson sans avoir à le retourner sur le ventre ; veillez sinon à ce que la taille soit élastiquée.

Poussettes

On en trouve avec dossier inclinable, appuie-tête, marchepied et cales latérales, suffisamment robustes pour transporter des enfants handicapés moteur.

Sièges auto

Dotés d'une base pivotante, avec des mécanismes d'attache adaptés et des supports pour les pieds et la tête, ils vous aident à installer plus facilement l'enfant et à le transporter en toute sécurité. Il existe aussi des sièges spéciaux problèmes de hanches.

ÉDUCATION

En France, les enfants handicapés ont le droit d'être intégrés au système d'éducation national. Des services spécialisés existent dans toutes les régions, et des programmes d'intervention précoce sont proposés aux enfants ayant des besoins spécifiques, jusqu'à ce qu'ils soient en âge d'être scolarisés. Vous devez inscrire votre enfant et le faire évaluer pour déterminer l'importance de ses difficultés ; s'il en découle qu'il a des besoins particuliers, il bénéficiera d'une thérapie sur un plan physique, comportemental ou autre, et les thérapeutes se rendront généralement à votre domicile.

Une fois votre enfant en âge d'être scolarisé, vous devrez vous tourner vers les autorités compétentes de votre département.

SOMMEIL

Les enfants qui présentent un retard de développement, une paralysie cérébrale (infirmité motrice d'origine cérébrale, ou IMC) ou un certain nombre d'autres handicaps, développent davantage de troubles du sommeil que les autres.

Dans beaucoup de familles, le problème majeur réside dans le fait que l'enfant a développé de mauvaises habitudes de coucher. Un enfant aura un sommeil de meilleure qualité s'il se couche tous les soirs à la même heure, et que le moment d'aller au lit est précédé d'une période calme avec des habitudes instituées. Idéalement, un enfant doit aller se coucher dans une chambre calme et sans lumière, sans petite musique ni autre aide associée telle que le bercer systématiquement ou lui donner un biberon de lait. Il est difficile pour tout parent de se montrer ferme sur les habitudes du coucher, mais, si l'on y parvient, les résultats sont tout à fait impressionnants.

Le reflux gastro-œsophagien (voir page 223), plus fréquent chez les enfants souffrant d'une IMC ou de désordres équivalents, peut être à l'origine d'un inconfort susceptible de venir perturber le sommeil. Ce problème médical doit donc être également envisagé comme cause possible d'un trouble du sommeil.

DISCIPLINE

Les enfants handicapés ont tout autant besoin de « règles » de discipline que les autres enfants (voir pages 386-387), à condition, bien sûr, de tenir compte de leur niveau de développement et de leurs aptitudes, pour fixer les attentes en conséquence. Si l'on ne demande pas à un enfant de 2 ans de se comporter comme un adulte, on ne peut exiger d'un enfant handicapé que ce dont il est capable. Il est également souhaitable avec ces enfants d'éviter d'entrer dans la confrontation ; à cet égard, voici ci-après quelques conseils qui devraient vous aider.

CULPABILITÉ

À chaque fois que vous refusez à votre enfant quelque chose qu'il vous demande, il est probable que vous vous sentiez coupable ; et, bien que le fait de le blâmer pour un mauvais comportement ou de le tenir à l'écart d'un danger demeure la bonne réponse, vous pouvez avoir du mal à supporter que cela le rende triste ou le fasse pleurer. Il est tout à fait normal que, dans ces moments-là, vous vous demandiez si vous avez pris la bonne décision et agi comme il le fallait. Si vous vous êtes mis en colère et avez élevé la voix, si vous avez perdu patience ou avez simplement prononcé un « non » ferme, le fait que cela rende malheureux votre enfant, même de manière temporaire, peut vous affecter.

Rassurez-vous, tous les parents connaissent ce sentiment de culpabilité ; mais, si votre enfant présente un handicap ou un retard dans son développement, il peut s'en trouver décuplé. Il vous paraît injuste de vous montrer sévère avec votre enfant, lui qui a déjà dû gérer tant de difficultés par rapport aux autres enfants. Sachez pourtant que votre enfant a tout autant besoin que les autres d'apprendre à se comporter correctement en fonction de son stade de développement. Il pourra vous être pénible de le contrarier, mais ne pas lui demander de faire des efforts n'en ferait qu'un enfant « gâté », et surtout le restreindrait davantage dans ses capacités.

SAVOIR DIRE OUI

Encore une fois, les principes permettant de savoir à quels moments on peut dire oui à son enfant (voir page 386) sont les mêmes qu'il soit handicapé ou non. Si certains comportements à risque ne doivent pas être tolérés, les règles de discipline sont strictement les mêmes que pour n'importe quel enfant.

6 façons de vous faciliter la vie

1 **Mobilisez votre entourage familial.** Votre famille peut énormément vous aider, à la fois physiquement (en prenant soin de votre bébé) et sur un plan émotionnel (en vous soutenant dans les moments de doute et en vous montrant combien vous et votre enfant avez d'importance pour elle). Dans certaines familles, la foi apporte aussi un grand soutien.

2 **Prenez du temps pour vous.** Autorisez-vous une pause de temps en temps, en laissant une personne de confiance prendre le relais. Ce qui compte, c'est de faire quelque chose pour vous, que ce soit faire une sieste, aller au cinéma, aller faire de la gym, ou juste sortir vous promener. Il nous arrive à tous d'être parfois de mauvaise humeur, stressé ou simplement fatigué ; se ménager des moments pour soi de manière régulière permet d'aborder de nouveau tous les problèmes avec plus de recul.

3 **Investissez-vous dans votre relation avec votre conjoint.** Les parents d'un enfant souffrant d'un handicap concentrent presque toujours l'essentiel de leur énergie sur lui. Il faut cependant s'efforcer d'entretenir une bonne relation avec son conjoint. Ménagez-vous des moments où vous pourrez vous retrouver rien que tous les deux, et surtout efforcez-vous de communiquer le plus possible. Votre quotidien sera bien plus agréable si vous vous occupez ensemble de votre bébé. Écouter avec empathie les sentiments de votre conjoint est une merveilleuse manière de le soutenir, et, bien sûr, lorsque lui-même comprend vos émotions et vos angoisses vous vous sentez mieux.

4 **Contactez des associations.** Le simple fait de converser avec des gens qui rencontrent les mêmes difficultés que vous peut vous aider. Peu importe de quel genre de handicap votre bébé souffre, il y a toutes les chances qu'une association qui le concerne existe, et puisse vous fournir des informations quant à son éducation, à divers aspects de son problème, et vous aide à vous préparer l'avenir. Des forums de discussion et des sites pour les parents existent également sur Internet.

5 **Informez-vous.** Apprenez-en autant que vous le pouvez sur ce dont souffre votre bébé, cela vous permettra de mieux vous y adapter ; de plus, savoir ce que vous devez faire et de quelle manière calmera nombre de vos angoisses.

6 **Faites-vous aider.** Certains parents ont vraiment besoin d'un soutien psychologique : renseignez-vous sur les groupes d'assistance psychopédagogique. Vous pouvez aussi consulter un psychologue ou un groupe de soutien religieux.

Pour tous les enjeux importants, il est essentiel que vous ayez le dernier mot. Votre enfant ne doit rien faire qui puisse engendrer une prise de risque pour lui, il ne doit pas faire de mal aux autres, abîmer ou casser des objets de valeur, et il doit faire sa sieste et aller au lit lorsque vous le lui demandez. Il doit aussi bien prendre ses médicaments et se plier aux séances thérapeutiques et médicales.

Essayez cependant d'exercer votre autorité dans une ambiance la moins conflictuelle possible. Il est généralement assez facile de faire prendre ses médicaments à votre enfant, mais que faire s'il refuse de coopérer ? La réponse n'est pas évidente, mais elle ne le serait pas forcément plus avec un enfant qui n'a par ailleurs aucun problème : on peut essayer d'être ferme, présenter la chose comme un jeu, proposer de faire une pause ou promettre une récompense. Cependant, s'il refuse systématiquement de se plier à telle ou telle thérapie, essayez de convenir d'une autre approche, peut-être plus ludique, avec son thérapeute. Dans tous les cas, vous devez veiller à ce que votre enfant se couche à une heure raisonnable et fasse la sieste, car, s'il est fatigué, son comportement n'ira pas en s'améliorant, comme n'importe qui.

Pour toutes les questions de discipline, deux principes prévalent :

- Si, par le passé, votre enfant a déjà coopéré de manière satisfaisante, continuez à attendre de lui le même comportement lorsque la même situation se représente. S'il ne se tient pas bien, soyez ferme et insistez pour qu'il vous écoute.
- Si cela ne donne aucun résultat, peut-être devez-vous vous montrer moins exigeant et lui en demander un peu moins.

Les enfants dits « atteints de troubles particuliers » ont des capacités variables : certains, parmi les plus atteints, en restent à peu près au stade du bébé, alors que d'autres, comme ceux qui souffrent de troubles de la vue ou de l'audition, peuvent pratiquement tout faire comme les autres enfants du même âge. De manière générale, la discipline doit toujours être adaptée au niveau de développement de l'enfant.

AUTONOMIE

Le risque est de vous montrer trop protecteurs : votre enfant a traversé tant d'épreuves durant sa courte vie que vous souhaitez lui éviter tout tracas supplémentaire. Comme il a déjà des problèmes, vous avez peur qu'une blessure ou un accident ne majore son handicap, et vous craignez que sa confiance en lui soit mise à mal par des échecs répétés s'il essaie de faire les mêmes choses que les autres enfants. Cela peut finir par le décourager de se lancer dans quoi que ce soit d'un peu ambitieux ; il se peut que vous ne le laissiez pas monter sur une balançoire ou s'essayer au tricycle par peur qu'il tombe.

Vous aurez pris l'habitude de pourvoir à tout ce dont votre enfant a besoin au quotidien, et peut-être tirerez-vous une réelle satisfaction à l'aider à s'alimenter ou à s'habiller. Or, s'il est plus facile et plus rapide que vous fassiez tout cela à sa place, votre enfant doit pouvoir avoir l'occasion d'apprendre à effectuer certaines de ces tâches lui-même.

Un enfant handicapé fonctionne souvent suivant les mêmes ressorts psychologiques que les autres enfants : il éprouve lui aussi le besoin naturel d'exercer un certain contrôle sur le monde qui l'entoure. Chaque fois qu'il parvient à accomplir quelque chose par lui-même, il en est heureux et le sera encore plus s'il sent que vous êtes fiers de lui. Il ne sera pas le seul à être confronté à l'échec : aucun enfant, lorsqu'il s'efforce de progresser et d'acquérir de nouvelles compétences, ne connaît le succès à tous les coups. Sachez néanmoins que vous pouvez faire de cet échec une expérience positive, en employant des formules telles que : « Je sais que… est très difficile pour toi. Tu as vraiment essayé d'y arriver. Je suis fier de toi ! » En donnant à votre enfant l'occasion de s'essayer à de nouvelles activités et d'en faire davantage par lui-même, vous lui donnez une chance de réussir et d'avoir plus confiance en lui. Même si un équipement spécial est nécessaire ou qu'il faut prendre des précautions particulières, il prendra tout autant de plaisir à faire du vélo qu'un autre enfant, voire même plus. Il est important qu'on lui donne une chance d'aimer la vie et de s'accomplir, bien évidemment dans la mesure de ses capacités. Encouragez votre enfant à s'impliquer dans des activités auxquelles participent d'autres enfants, en adaptant les règles si besoin, ou en ajoutant des mesures de sécurité. Votre enfant sera plus heureux et se sentira beaucoup mieux si on le traite le plus possible comme un enfant normal.

AMOUR

Vous n'aviez certainement pas prévu que vous auriez un enfant handicapé. Maintenant qu'il est là votre amour pour lui est le même que celui de tout parent pour son enfant. Bien sûr, il ne peut pas faire disparaître son handicap, mais il vous donnera le sentiment que tout ce que vous faites pour lui en vaut la peine. Quelles que soient ses capacités, votre enfant est unique, donc merveilleux, et il demeurera toujours irremplaçable à vos yeux.

Accidents à la naissance

La plupart des accidents à la naissance concernent les accouchements par voie basse, bien que les césariennes comportent leurs propres risques.

CÉPHALHÉMATOME

Lors d'un accouchement par voie basse, les contractions utérines peuvent pousser la tête du bébé contre l'os pelvien de la mère, créant une bosse molle (poche de sang) et laissant apparaître un bleu sur la peau du cuir chevelu. Les céphalhématomes se forment sur un des côtés de l'arrière de la tête – ou sur les deux – mais pas sur le dessus. Ils se résorbent en général assez vite, diminuant en taille et durcissant, mais peuvent déclencher un ictère (voir

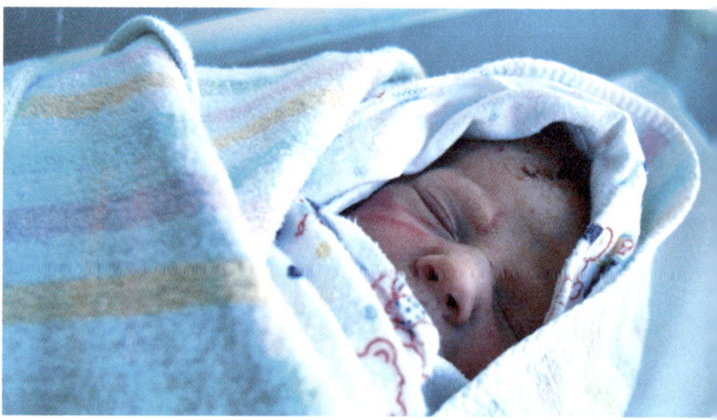

page 99) car l'hématome est rempli de globules rouges qui doivent être détruits. La plupart du temps, la bosse disparaît complètement, mais il arrive qu'on continue ensuite à sentir une petite boule dure sur le crâne du bébé.

FRACTURE DE LA CLAVICULE

Ce sont les gros bébés qui courent le plus de risque de se fracturer la clavicule lors d'un accouchement par voie basse. On s'en rend compte généralement le lendemain, car la peau recouvrant la clavicule apparaît gonflée ou bleuie. Ce problème n'est pas grave et ne nécessite aucun traitement ; un nouveau-né qui a une clavicule cassée évitera juste peut-être de lever les bras au-dessus de la tête, mais bougera par ailleurs normalement. Plus rarement, lors d'un accouchement difficile, le nerf qui part de la moelle épinière du bébé et passe sous la clavicule pour rejoindre l'avant-bras peut être abîmé ; dans ce cas, l'enfant ne peut pas lever le bras ou utiliser son épaule correctement, et laisse reposer mollement son bras à ses côtés. Heureusement la plupart du temps, ces problèmes se résorbent en quelques semaines.

SEPTUM DÉVIÉ

Lorsque le bébé est encore dans le ventre de sa mère, ou durant l'accouchement, il arrive que son nez subisse une pression importante qui fait dévier la cloison nasale (laquelle sépare le côté droit du côté gauche du nez). À la naissance, le nez paraît alors déformé, sa partie inférieure décentrée, et les narines de tailles différentes. Il est possible, lorsqu'on observe une déviation de la cloison nasale, de demander à un ORL de la remettre en place, ce qui se fait assez facilement, avant que le bébé ait quitté à l'hôpital.

MARQUES DE FORCEPS

Lorsque l'accouchement s'est effectué au forceps, le bébé peut présenter des marques sur la tête, aux endroits où l'instrument a été appliqué. Ces marques bleu-noir curvilignes s'estompent peu à peu, puis disparaissent, mais environ une semaine plus tard, après que les marques sont parties, on sent parfois au niveau de la joue de l'enfant, sous la peau, une petite boule dure de la taille d'une cacahuète. Cela résulte d'une blessure, causée par le forceps dans la couche grasse profonde de la peau, qui va progressivement se résorber et disparaître. Il arrive cependant que la pression exercée par le forceps abîme le nerf facial qui contrôle les muscles de la bouche, et la bouche du bébé en est toute déformée lorsqu'il se met à pleurer ; ce problème disparaît généralement au bout de quelques semaines.

Pathologies néonatales courantes

Les conditions de l'accouchement, ou la prématurité du bébé, peuvent provoquer des petits problèmes, généralement sans gravité.

POLYCYTHÉMIE ET HYPOGLYCÉMIE

Lorsqu'on accouche d'un bébé très gros ou très petit, il se peut qu'il ait trop de globules rouges ou pas assez de sucre dans le sang (surtout si la mère a développé un diabète gestationnel).

La polycythémie, que l'on suspecte lorsque la couleur de peau du bébé tire vers le rouge, se trouve confirmée par un test sanguin qui révèle un taux d'hémoglobine ou d'hématocrites élevé (mesure du volume des cellules sanguines). Votre médecin peut encourager votre bébé à boire, lui ponctionner du sang pour le remplacer par des fluides IV, ou bien encore ne rien faire et attendre que les choses reviennent d'elles-mêmes à la normale.

L'hypoglycémie provoque tremblements, pâleur, respiration rapide et léthargie. Dans la plupart des hôpitaux, on détermine rapidement le niveau de sucre dans le sang en piquant le talon du bébé ; on place ensuite une ou deux gouttes de sang sur une bandelette réactive, puis on lit la valeur, soit manuellement soit avec un appareil. Les nourrissons qui se révèlent hypoglycémiques se voient administrer du glucose par voie orale (de l'eau sucrée ou une autre préparation du même type), pour faire remonter leur taux de sucre dans le sang. Si cela se montre insuffisant, on administre des produits à base de glucose par intraveineuse. La plupart des enfants hypoglycémiques régulent d'eux-mêmes leur taux de sucre dans le sang lorsqu'une alimentation variée est mise en place.

TACHYPNÉE TRANSITOIRE

Certains nouveau-nés ont une respiration trop rapide due au fait qu'ils n'ont pas pu évacuer totalement le liquide pulmonaire fœtal de leurs poumons. Les enfants nés par césarienne, et qui n'ont pas forcément eu le temps de se préparer à leur naissance, sont les plus souvent affectés. La plupart des nourrissons présentant ce trouble doivent rester sous observation pendant un jour ou deux, le temps que le problème se résolve.

JAUNISSE

Durant les premiers jours de sa vie, il se peut que la peau et le blanc des yeux de votre bébé se mettent à jaunir : on appelle cela une jaunisse, ou ictère néonatal. L'ictère survient lorsque le sang contient une quantité trop élevée de bilirubine, déchet résultant de la dégradation de l'hémoglobine.

Chez les adultes et les enfants plus grands, la bilirubine est évacuée de manière efficace du système sanguin par le foie, puis sécrétée dans la bile ; *in utero*, la bilirubine passe dans le placenta et est éliminée par le foie de la mère. Chez beaucoup de nourrissons nés à terme, le foie met trois ou quatre jours pour développer cette fonction d'élimination, et ne devient efficace qu'encore un peu plus tard chez les prématurés.

Durant les trois ou quatre premiers jours après la naissance, la bilirubine s'accumule dans le sang et, si le niveau devient trop élevé, il peut en résulter un ictère.

Les ictères sont très fréquents chez les nouveau-nés qui ont un céphalhématome (voir page 496) ou d'autres hématomes provoqués par l'accouchement, chez les nourrissons qui ont un groupe sanguin différent de celui de leur mère (voir encadré Les anticorps maternels, page 118), ainsi que chez les enfants prématurés.

La photothérapie

Cette thérapie fondée sur l'exposition à la lumière fut mise en place dans la médecine moderne bien avant que l'on sache pourquoi elle était efficace. On s'était mis à l'employer simplement parce qu'une infirmière particulièrement perspicace avait remarqué que les nourrissons dont on poussait le berceau près d'une fenêtre avaient beaucoup moins de risque de développer une jaunisse que ceux pour qui on ne le faisait pas. Des lampes spéciales furent alors élaborées pour émettre artificiellement une lumière ayant la même fréquence que le soleil.

Nous savons aujourd'hui que la photothérapie fonctionne par diffusion d'énergie aux molécules de bilirubine présentes dans la peau et les vaisseaux sanguins superficiels. Cette énergie modifie légèrement la structure de la molécule de bilirubine, ce qui lui permet d'être facilement éliminée dans l'urine. La photothérapie ne permet donc pas de soigner la jaunisse, mais elle maintient le niveau de bilirubine à un niveau raisonnable jusqu'à ce que le foie soit devenu suffisamment mature.

La photothérapie est efficace seulement si les rayons frappent directement la peau ; pour une efficacité optimale, on doit exposer le plus de surface de peau possible. C'est pour cela qu'on déshabille entièrement les bébés – en leur laissant juste leur couche, et parfois aussi un bonnet –, et qu'on les place dans une couveuse chauffée, pour qu'ils n'attrapent pas froid. On protège aussi généralement leurs yeux avec un masque du même type que ceux qu'on utilise en avion pour dormir – même s'ils ont le plus souvent les yeux fermés –, des études ayant révélé que chez des animaux de laboratoire un usage prolongé de la photothérapie pouvait provoquer des lésions aux yeux. Toutefois, jusqu'à présent, on n'a rapporté aucun cas chez le nourrisson. Lorsqu'un bébé est sous photothérapie, on ne peut pas visuellement se rendre compte de l'importance de son ictère, car la photothérapie amène une diminution de la bilirubine à l'endroit où le rayon de lumière frappe ; le bébé aura donc un aspect beaucoup moins jaune, même si le niveau de bilirubine est encore élevé dans ses vaisseaux sanguins.

Plus le nourrisson passe de temps sous la lampe, mieux cela fonctionne. Donc, si votre nouveau-né développe une jaunisse, l'équipe médicale vous demandera de le sortir le moins longtemps possible de sa couveuse. Vous pourrez cependant rester à ses côtés, des ouvertures étant ménagés dans la couveuse pour vous permettre de le toucher et de communiquer avec lui pendant la durée de son traitement.

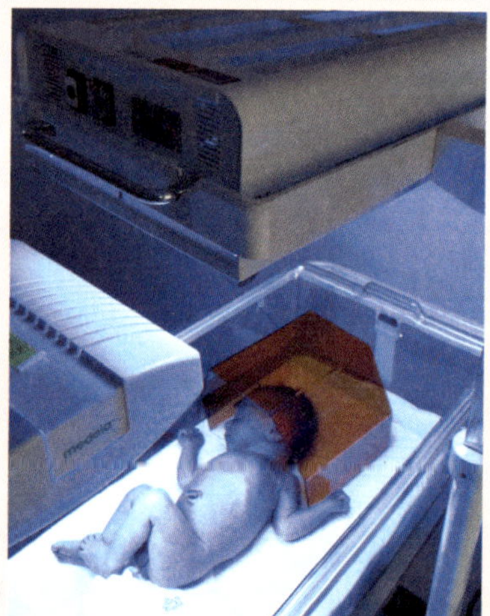

La plupart du temps, la jaunisse n'a pas besoin d'être traitée, la bilirubine ne devenant dangereuse que si sa concentration devient très élevée ; généralement, le pédiatre surveillera simplement sa valeur jusqu'à ce qu'elle redevienne normale (comme la bilirubine atteint son niveau le plus haut les 3e ou 4e jour après la naissance, votre pédiatre pourra vous conseiller de consulter à nouveau à ce moment-là si vous être déjà sortie de l'hôpital).

Le traitement généralement indiqué est la mise en place d'une photothérapie (voir ci-contre).

Malformations à la naissance

Au vu de la complexité de la structure du corps humain, du processus incroyable permettant à un œuf fécondé composé d'une seule cellule de former un organisme constitué de millions de cellules, et des centaines d'erreurs qui peuvent survenir au cours de tous ces développements, le nombre de bébés qui naissent sans anomalie est tout simplement remarquable. Il arrive tout de même parfois que l'on observe des malformations, mais elles sont la plupart du temps peu importantes. Voici celles qui reviennent le plus fréquemment :

DOIGTS MALFORMÉS OU SURNUMÉRAIRES

Ce problème, presque toujours héréditaire, est connu sous le nom de polydactylie : un deuxième orteil plus long que le gros orteil, un cinquième orteil atrophié, deux doigts réunis à la base (mais séparés au bout), ou encore des orteils surnuméraires.

Ces doigts surnuméraires peuvent aussi bien être des doigts totalement formés que de simples appendices longs d'un à deux centimètres, sans os ni ongle, partant du cinquième doigt.

Beaucoup de parents choisissent de faire retirer le doigt surnuméraire pour des raisons esthétiques, bien qu'il ne pose aucun problème de santé. Quelques points de suture suffisent pour ceux qui ne sont rattachés que par de la peau ; quant aux doigts davantage formés, ils nécessitent de faire hospitaliser l'enfant.

MOLLUSCUM PENDULUM

Ce sont des excroissances de peau, que l'on observe le plus souvent devant le lobe de l'oreille, mais qui peuvent se trouver ailleurs sur le corps.

LUXATION DE LA HANCHE

Si le pédiatre détecte à l'examen un ressaut au niveau de l'articulation de la hanche, cela peut signifier que le cotyle, creux qui reçoit la tête fémorale, n'est pas encore bien formé (voir luxation congénitale de la hanche page 433).

PIED BOT

Cette malformation du pied peut aussi bien être unilatérale que bilatérale. À la naissance, le bébé tient son pied pointé vers le bas, tourné (côté gros orteil vers le haut) et fléchi vers l'intérieur suivant un angle de 45 degrés environ. Le risque d'avoir un bébé avec un pied bot augmente si l'un des parents, un frère ou une sœur, ont déjà cette malformation.

On ne connaît généralement pas la cause de cette déformation, mais elle peut être due à une mauvaise position du fœtus dans l'utérus. Le pied bot peut aussi résulter de maladies rares musculaires ou nerveuses, qui affectent alors en outre d'autres articulations que celle du pied.

Un nourrisson qui présente un pied bot nécessite d'être pris en charge très tôt. Un traitement non chirurgical, qui consiste à disposer le pied dans la position la plus proche possible de la position normale sans forcer, et à le plâtrer ainsi, peut être très efficace. Une semaine plus tard, on retire le plâtre et l'on en met un nouveau, après avoir de nouveau repositionné le pied un peu mieux. On répète ce processus chaque semaine et lorsque l'enfant a environ 3 mois on parvient à la position souhaitée. On plâtre alors une dernière fois le pied correctement orienté pendant deux ou trois mois.

La chirurgie est réservée aux enfants pour lesquels le traitement par plâtrage ne convient pas, ou qui présentent un cas plus difficile. Quoi qu'il en soit, le plâtrage comme la chirurgie donnent d'excellents résultats, permettant de retrouver un pied présentant une belle apparence et une parfaite fonctionnalité.

TESTICULE NON DESCENDU

Si, à la naissance, un testicule est non descendu, cela ne suscite pas d'inquiétude, car il gagnera généralement sa position normale au bout de quelques mois. Pour plus d'informations à ce sujet, voir encadré sur la descente testiculaire page 437.

Si l'on ne détecte aucun testicule, ce qui est très rare (sauf chez certains bébés prématurés), d'autres examens doivent être menés. Peu fréquemment, cela peut suggérer que l'enfant est de sexe féminin, avec un appareil génital externe masculinisé ; on effectuera alors un test sanguin pour analyser les chromosomes, qui détermineront si l'enfant est de sexe féminin ou masculin.

HYDROCÈLE

C'est un épanchement de liquide séreux entre les feuillets de la vaginale qui enveloppent le testicule, lequel fait gonfler la bourse. Si l'hydrocèle est modérée ou moyenne, elle se résorbe dans les premiers mois de la vie ; parfois, cependant, elle ne disparaît pas, parce qu'elle est trop importante ou associée à une hernie inguinale (voir page 129). Dans ce cas une petite opération chirurgicale est recommandée.

SOUFFLE AU CŒUR

Votre médecin pourra détecter un souffle au cœur. Celui-là survient lorsque l'écoulement du sang, dans une zone du cœur ou une section d'artère, est turbulent (pas aussi régulier que la normale). Les souffles détectés les premiers jours de la vie sont souvent provisoires, et peuvent disparaître dès le lendemain : ce phénomène est considéré comme tout à fait normal. Certains souffles au cœur, cependant, sont révélateurs d'un problème structurel du cœur. Dans un cœur normal, les ventricules droit et gauche sont parfaitement séparés par une cloison appelée septum interventriculaire, mais celle-ci peut présenter un orifice, grand comme une pièce de monnaie, qui permet le passage direct du sang d'un ventricule vers l'autre. Ce souffle se détecte typiquement après le 2e ou le 3e jour, mais la plupart des CIV se referment d'elles-mêmes lorsque le cœur grandit (voir aussi page 435).

AUTRES PROBLÈMES CARDIAQUES

Il existe toutes sortes de malformations cardiaques moins courantes, dont certaines sont sérieuses. Les symptômes qui peuvent alerter sur un tel problème incluent un bleuissement des lèvres (et non des pieds et des mains, qui sont naturellement bleu pourpré chez les nouveau-nés en bonne santé), une respiration rapide, une pâleur et un manque d'appétit. Lorsqu'un défaut cardiaque structurel est suspecté, votre médecin doit procéder à de plus amples investigations, ou bien vous orienter vers un pédiatre cardiologue.

FENTE PALATINE

La fente palatine est une ouverture dans le palais, qui crée une communication entre les cavités orale et nasale. Chez le nouveau-né, cette malformation peut entraîner des difficultés à s'alimenter, car la fente palatine rend généralement impossible la dépression buccale nécessaire au nourrisson pour téter. On peut temporairement remédier à ce problème en s'équipant d'un biberon doté d'une très large tétine (comme celle qu'on utilise pour les agneaux), ou en faisant faire un faux palais en plastique, semblable à celui qu'on utilise en orthodontie, afin de fermer artificiellement cette ouverture. On recommande généralement d'opérer la fente palatine avant l'âge de 1 an, et les résultats sont excellents.

Les formes plus graves de fentes labiopalatines s'accompagnent d'un bec-de-lièvre ; on doit alors effectuer une chirurgie réparatrice plus importante, mais le résultat là encore est très bon. En général, les enfants qui ont été opérés d'une fente palatine deviennent par la suite sujets aux otites, ont souvent des troubles d'acquisition du langage et une voix nasillarde caractéristique.

FOSSETTE SACRO-COCCYGIENNE

Une fossette sacro-coccygienne est un petit creux au niveau de la zone sacro-coccygienne, en bas de la colonne vertébrale, dans le quart médian supérieur des fesses. S'il s'agit d'une simple dépression cutanée peu profonde, elle ne doit pas susciter d'inquiétude ; mais, si elle comporte une touffe de poils, une excroissance cutanée ou qu'on ne peut en voir bien le fond, on doit suspecter un contact direct avec l'épine dorsale et l'éventualité de diverses anomalies appelées spina bifida.

Les fossettes sacro-coccygiennes sont le plus souvent superficielles, mais il leur arrive d'être profondes et de communiquer par une fistule avec l'espace sous-dural, permettant ainsi aux bactéries de la peau de provoquer une infection sérieuse de la moelle épinière. Ce problème peut entraîner à son tour le développement d'un kyste, le plus souvent bénin mais pouvant exercer une pression sur la moelle épinière, ainsi qu'une formation incomplète du bas de la colonne vertébrale amenant des troubles nerveux, plus particulièrement au niveau des membres inférieurs. Bien que les fossettes sacro-coccygiennes soient fréquentes et les spina bifida ou fistules relativement rares, votre pédiatre vous conseillera en cas de doute de pratiquer un examen (sonogramme ou IRM) pour écarter tout risque éventuel.

HYDROCÉPHALIE

Normalement, le cerveau et la colonne vertébrale baignent dans un liquide protecteur semblable à de l'eau appelé liquide céphalo-rachidien (LCR), produit en petites quantités dans quelques cavités présentes à l'intérieur du cerveau, les ventricules cérébraux. Ce liquide emprunte des voies de circulation anatomiques pour gagner les zones comprises entre le cerveau et le crâne, mais également entre la moelle épinière et les vertèbres. Le liquide céphalo-rachidien se renouvelle constamment, une partie étant normalement réabsorbée par des cellules à la surface du cerveau, pour que son volume global reste constant. Si les voies de circulation s'obstruent, le liquide s'accumule dans les ventricules en amont et ces derniers, en se dilatant, peuvent provoquer des troubles.

On parle d'hydrocéphalie lorsqu'on retrouve un niveau trop important de liquide céphalo-rachidien et qu'il se met à exercer une pression trop forte sur le cerveau.

Une hydrocéphalie, due à un défaut de circulation du liquide céphalo-rachidien, peut survenir chez des nourrissons prématurés, lorsqu'un saignement s'est déclaré dans les ventricules : des caillots de sang peuvent bloquer la voie qu'emprunte normalement le liquide pour sortir du ventricule affecté. L'hydrocéphalie peut aussi résulter d'une malformation des ventricules ou des voies de circulation au cours de la gestation, être la marque d'une cicatrice résultant d'une infection du cerveau *in utero*, ou révéler une tumeur au cerveau qui comprime un ventricule ou une voie de circulation.

Elle peut aussi résulter d'un mécanisme secondaire, lorsque, par exemple survient un défaut de résorption quand les cellules qui s'en chargent à la surface du cerveau ont été affectées par une méningite (voir page 467) : il se produit alors un déséquilibre entre la production du liquide et son élimination, avec pour conséquence un volume élevé de LCR et une pression accrue dans les ventricules.

Au fur et à mesure que l'hydrocéphalie se développe, le volume accru de LCR amène un rapide accroissement du crâne. Un périmètre crânien anormalement important (voir aussi page 355) peut révéler la présence d'une hydrocéphalie. Si le crâne ne peut s'agrandir suffisamment vite et que la pression à l'intérieur augmente davantage, la fontanelle commence à se bomber : le bébé se met alors à vomir et devient apathique. Autre signe de cette pression accrue, le regard en coucher de soleil, appelé ainsi parce que l'enfant a le regard fixé vers le bas et que seule la partie supérieure de son iris est visible au-dessus de la paupière, comme lorsque le soleil disparaît derrière l'horizon. Si l'hydrocéphalie se développe lentement et que les symptômes ne sont pas aigus, on peut procéder à une ponction lombaire pour faire baisser la pression. Ces ponctions se font souvent de manière répétée sur les enfants prématurés qui présentent une hydrocéphalie à la suite de saignements dans les ventricules cérébrales, pour temporiser en attendant que les caillots de sang bloquant la circulation du LCR soient réabsorbés par le corps. Il arrive aussi qu'on pose une dérivation permettant de faire communiquer les cavités ventriculaires avec une autre cavité naturelle dans laquelle le liquide céphalo-rachidien va se résorber, généralement l'abdomen (dérivation ventriculo-péritonéale). Cette dérivation est parfois munie d'une valve sensible à la pression, qui n'autorise le liquide à quitter le ventricule que lorsque cette dernière est trop forte.

Les dérivations peuvent engendrer toutes sortes de complications, les plus graves étant une panne ou une infection. Ces dernières années, certains centres ont arrêté cette méthode et préfèrent pratiquer un petit trou dans une paroi du ventricule pour le mettre en communication avec une autre zone où le liquide circule bien. Le recul est encore insuffisant aujourd'hui pour pouvoir affirmer que cette deuxième possibilité est bien la meilleure.

Table des matières

Avertissement de l'éditeur :
Les informations contenues dans ce livre ne sauraient en aucun cas se substituer aux avis et conseils de professionnels de santé.

Publié pour la première fois en 2009 sous le titre *Your babycare Bible*
au Royaume Uni par Carroll and Brown Limited
20 Lonsdale Road, Queens Park, London, NW6 6 RD, Royaume Uni

Traduit à partir du livre à l'origine produit par Carroll & Brown Limited
20 Lonsdale Road, Queens Park, London, NW6 6 RD, Royaume Uni

Reponsable éditoriale : Emily Cook
Photographies : Jules Selmes
Mise en pages : Les PAOistes

Traduit de l'anglais par
Catherine Bricout
Catherine Ceresne
Julie Ceresne
Véronique Merland
Béatrice Nicodème

Avec la collaboration de Raphaelle Vinon

Achevé d'imprimer en janvier 2011
sur les presses de C&C en Chine.
ISBN : 978-2-0501-07706-4
41.0942.7/01
Dépôt légal : avril 2012